自国自心

章太炎与中国传统思想的更生

王锐 著

2019年·北京

图书在版编目(CIP)数据

自国自心:章太炎与中国传统思想的更生/王锐著.
—北京:商务印书馆,2019
ISBN 978-7-100-17121-2

Ⅰ.①自… Ⅱ.①王… Ⅲ.①章太炎(1869-1936)-思想评论 Ⅳ.①B259.25

中国版本图书馆 CIP 数据核字(2019)第 036341 号

权利保留,侵权必究。

自国自心
章太炎与中国传统思想的更生
王 锐 著

商 务 印 书 馆 出 版
(北京王府井大街36号 邮政编码100710)
商 务 印 书 馆 发 行
山东临沂新华印刷物流
集团有限责任公司印刷
ISBN 978-7-100-17121-2

2019年4月第1版　开本640×960　1/16
2019年4月第1次印刷　印张21.75
定价:65.00元

中年章太炎

晚年章太炎

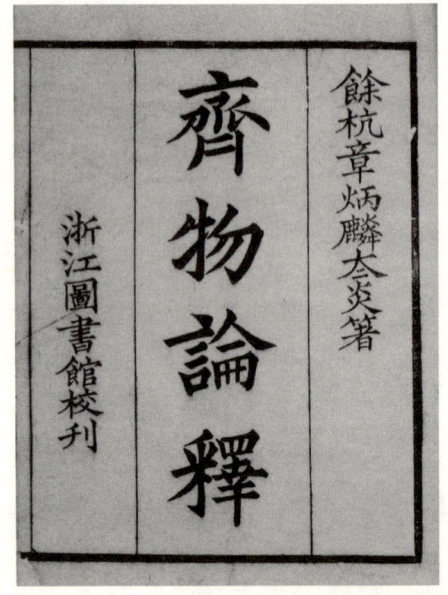

《齐物论释》书影

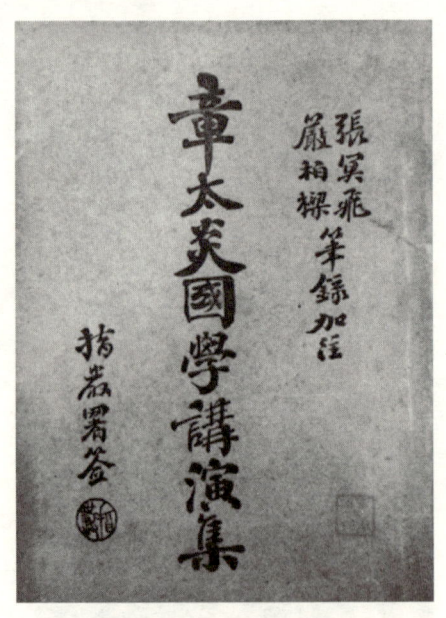

《章太炎国学讲演集》书影

章太炎与中国现代学术基础的奠定(代序)

姜义华

一、关于章太炎思想与学术定位的思考

最近,为指导同学撰写博士学位论文,翻出了四十多年前在北京图书馆新善本书库用铅笔抄录的章太炎1908至1909年手定《太炎集》目录,和当时所拍摄的《太炎集》手稿全部照片。又翻到当时一同发现的《訄书》共和二千七百四十七年秋七月在东京刊行的再版断句本所附的《校勘表》,这是章太炎出狱到日本亲自校订后制作的。根据章太炎意见,秋九月,又出了一个新版,订正了讹误,取消了断句。正是在《訄书》这一新的版本上,章太炎又开始了新一轮的修订。我仔细抄录了章太炎对该书目录所做的改动,并将书中各篇修订的地方和《訄书》及后来的《检论》逐字逐句做了比较,迻录在我从上海带去的自校本上,改动很大,或既不同于《訄书》又不同于《检论》者,都另行抄录。我将它视为《訄书》与《检论》间的一个过渡本。

读着已经发黄发脆的这些四十多年前的笔记,不能不感谢北京图书馆当年慷慨给予的支持与极大帮助,同时也感慨,除去朱维铮在编校《訄书》与《检论》时使用过我给他提供的所有这些材料外,至今似乎都没有学者对北京图书馆珍藏的这些手稿做过专门研究。出版《章太炎全集》时,似乎也没有考虑将这些手稿影印面世,供人们进行更加深入的研究。

从撰写大学毕业论文开始,参与章太炎思想与学术研究,算来已五十六七年了,至今仍觉不如意处甚多,这当然是自己水平有限。1983 年完成的那本《章太炎思想研究》,论及章太炎"向封建网罗勇猛冲决",认为章太炎进行的是"一场夭折了的哲学革命",评价章太炎是"致力于民族文化近代化的巨匠",这些用语便无不打着那个时期深深的烙印。① 近二十多年来,一批新的学术专著与论文,已大大拓展和深化了相关研究。但恐怕还有不少问题非常值得我们进一步去探究。怎样给章太炎的思想与学术一个准确的历史定位,从早先的地主阶级反满派、封建专制主义维护者、否定主义的思想家、有学问的革命家,到新近流行的国学大师、反传统主义思想家、反现代主义思想家,等等,历来众说纷纭,至今亦仍莫衷一是。

最近,一个非常热门的话题,是如何建立起不是继续依傍他人,而是真正符合中国实际、世界实际的现代中国学术话语体系?在讨论这一问题时,不能不想到一百多年前章太炎这方面的思考与努力。正是基于这场讨论的启迪,我想用"中国现代学术的伟大奠基者"这样一个概括来说明我对章太炎思想与学术地位的总评价。

章太炎思想与学术的创见与贡献是多方面的。综观 1908 年前后章太炎编选的《太炎集》手稿、出版的《新方言》《文始》《国故论衡》《齐物论释》等著作,以及对《訄书》所做的再一次大幅度修订,可以看出,它们中有着非常明确的一以贯之的宗旨和基本思路,构成一个相互紧紧联系在一起的有机整体。1910 年创刊的《学林》杂志在发刊词《学林缘起》中谈到章太炎的著述"章章有条牒"时指出,他的著述,实际上主要针对当时这样一些倾向:"今文诸师,背实征,任臆说,舍人事,求鬼神";"守文者或专寻琐细,大义不举,不能与妄者角";"玄言久替,满而不盅,则自谕适志者寡";"学术既隐,款识声律之士,代匿以居上第,至乃钩援岛客,趣以干誉,其言非碎,则浮文也。浮使人惑,碎使人厌,

---

① 参见姜义华:《章太炎思想研究》,上海:上海人民出版社 1985 年版。

欲国学不亡无由"。①这段概述,应当是得到章太炎充分认可的,它相当全面而准确地说明了章太炎思想与学术中一以贯之的宗旨与思路是什么。进一步考察一下章太炎在这几个方面坚持了什么,反对了什么,做出了什么样的贡献,便不难理解他为什么成为现代中国学术的伟大奠基者。

二、弃"巫"而尊"史"的学术坚守

古代文明起源时,具有强烈宗教神秘色彩的巫师几乎毫无例外地都曾经扮演了非常重要的角色。这些巫师是原始社会氏族的知识精英、精神领袖,他们作为智慧的化身,负责解答灵魂世界和现实世界诸多疑难的问题。由"巫"演进而形成宗教。世界上大多数文明的知识谱系和价值谱系,都带有浓厚的宗教色彩。

大量考古发现的资料已经证明,中国远古时代,也曾有过以宗教型神明崇拜为主要特征的文化,如红山文化、良渚文化,它们都曾一度非常兴盛,但都没有传承下来。而宗教色彩淡薄、世俗性很强的祖先崇拜,特别注重传宗接代、血缘关系、现实生活世代相接的仰韶文化、龙山文化,则生生不息,发展延续下来。中华文明与轴心时代其他文明非常重要的区别,就是中华文明较早走出了由"巫"主导的时代,而特别重视和尊重人自身的历史传承和历史联系,重视人俗世化的即人们现实生活经验的不断积累。中国知识谱系与价值谱系最大的特点,就是一直将人而不是将神,将人的现实生活、社会交往、社会治理而不是将宗教信仰或将对物的崇拜放在整个知识谱系、价值谱系的核心地位。

近代以来,以康有为为代表的维新人士,看到宗教在西方文明各国政治与社会发展演进过程中曾发挥的举足轻重的作用,便试图利用

---

① 《学林缘起》,《学林》第1册。

经今文学的"微言大义"与"非常奇异可怪之论",将儒学改造为神学化、宗教化的儒教或孔教,将孔子塑造为一个像基督教、伊斯兰教一样的宗教(儒教)的教主,并提议立孔教为国教,主张在全国城乡遍建孔学会,他本人,则欲师法德国马丁·路德宗教改革,成为当代中国的马丁·路德,"庶以化导愚民,扶圣教而塞异端"。这就是《学林缘起》中所说的"今文诸师,背实征,任臆说,舍人事,求鬼神"。

章太炎熟悉康有为的这一主张,但从一开始就不赞成。他认为这既不符合儒学的实际,更不适合中国历史与当下的国情。

1897年4月在上海时务报馆中,章太炎就因反对建立孔教,反对将康有为尊为孔教的教皇、视康有为为"南海圣人",批评这么做"有煽动教祸之虞",而与康门弟子发生激烈冲突,遭到殴打,愤而离开时务报馆。① 为说明康有为将儒学神学化、宗教化,违背儒学历史真实,1899年8月至1900年2月,他以"章氏学"署名,在梁启超主编的《清议报》上发表了长篇论文《儒术真论》。北京图书馆收藏有这篇论文的全文抄清稿,章太炎对此稿又做了数十处修订与近十处重要增补。这篇论文依据《墨子·公孟》中墨子对儒家的批评,反证儒家确实"以天为不明,以鬼为不神",认为"此足以得儒术之真"。在1900年出版的《訄书》初刻本作为总结的最后一篇《独圣下》中,章太炎指出,正是孔子摒弃了影响甚大的上古鬼神之说、五行及感生之说,"生民之智,始察于人伦,而不以史巫尸祝为大故","神怪绌,则人道始立"。② 北京图书馆还收藏有章太炎1913年所撰写的《驳建立孔教议》手稿,该文更明确指出,孔子对中国文化最大的贡献,就是十分重视历史,把许多国家档案和原始文献公之于众:"盖孔子所以为中国斗杓者,在制历史、布文籍、振学术、平阶级而已。"他概括孔子之功:"令晚世得以识

---

① 冯自由:《中华民国开国前革命史》,上海:上海良友印刷公司1928年版,第112页。

② 参见章太炎:《訄书(初刻本)·独圣下》,载《章太炎全集》第3册,上海:上海人民出版社2014年版,第105页。

古,后人因以知前,故虽戎羯荐臻,国步倾覆,其人民知怀旧常,得意幡然反正,此其有造于华夏者,功为第一。"章太炎在这篇文章中还指出,"中土素无国教";"老子以道莅天下,其鬼不神;孔子亦不语神怪,未能事鬼;次有庄周、孟轲、孙卿、公孙龙、申不害、韩非之伦,浮尔俱作,皆辩析名理,察于人文,由是妖言止息,民以昭苏"。文章亦进一步指出:"国民常性,所察在政事日用,所务在工商耕稼,志尽于有生,语绝于无验。人思自尊,而不欲守死事神,以为真宰,此华夏之民,所以为达。"这是对中国传统知识谱系和价值谱系根本特征一个非常有见地的概括。①

章太炎本人的学术研究,在新的社会与文化环境中非常自觉地继承与发扬了"辩析名理,察于人文"这一"弃巫而重史"的优良传统。他对传统经学包括传统小学的检讨和新的诠释,对诸子学说的解读与弘扬,对思想史、学术史的系统梳理,对生产工艺史、社会生活史、风俗习惯史研究的提倡,都立足于对整个中国历史的深入了解;他在推进中国人类学、社会学、法学、语言文字学、文学、宗教学、哲学等现代学科建立时,也无一不是"所察在政事日用,所务在工商耕稼,志尽于有生,语绝于无验"。

"巫"与"史",代表了知识谱系与价值谱系的两种不同路向。"巫"的文化,经常同神话、奇迹、江湖骗子的谎言、普遍的迷信、救世主的权势欲及宗教的狂热相联系;而"史"的文化,坚持从现实的前提出发,将如实描述人们的实践活动的发展演变过程视为自己的最高职责。章太炎1901年撰写的《征信论》,从方法论上清楚说明了这两种不同路向的差异。他指出:"诸学莫不始于期验,转求其原。视听所不能至,以名理刻之。独治史者为异。始卒不逾期验之域,而名理却焉。今之散儒,曾不谕是也,故微言以致巫,玄议以成惑。"②针对康有为所鼓吹

---

① 参见章太炎:《驳建立孔教议》,载汤志钧编:《章太炎政论选集》下册,北京:中华书局1977年版,第688—693页。
② 章太炎:《征信论下》,载《章太炎全集》第4册,第48页。

的三统三世说,他评论道:"夫礼俗政教之变,可以母子更求者也。虽然,三统迭起,不能如循环;三世渐进,不能如推毂。心颂变异,诚有成型无有者?世人欲以成型定之,虽燔炊史志犹可。"①一是创造一个尽善尽美的理想世界和莫能例外的普遍法则,要求人们按照这个理想世界和普遍法则来改变现实生活与现实世界;另一个则是坚持从现实世界的实际状况出发,对学术,对生活,都不迷信那些和现实完全脱节的空谈与幻想。新知识和新价值观念的建立,都坚持以人的实际生活为中心,充分尊重历史实际联系,须臾不离中国社会的实践。后者,正是章太炎治学的根基之所在。

三、超越琐细、疏通致远的人文化成

《学林缘起》中所说"守文者或专寻琐细,大义不举,不能与妄者角",切中乾嘉以来盛极一时的朴学之弊。震慑于文字狱严酷的淫威,朴学家们纷纷埋首考订经典史籍中的文字音韵、典章名物,常常只知其小,不知其大,只知其分,不知其合,这就是"专寻琐细,大义不举"②。章太炎本人原先所接受的教育和所从事的研究,包括他精心撰著的《膏兰室札记》和《春秋左传读》,也不例外。章太炎能够成为中国现代学术的奠基者,就是因为他较早便意识到朴学家们治学的这一缺陷,并在学术实践中兢兢业业致力于超越琐细、疏通致远,既知其小,更见其大,既知其分,更见其合,在人文学科众多领域构建了具有鲜明现代性的新的学术体系。

我在 2002 年出版的《章炳麟评传》乙编"思想家与学者章炳麟"中分十四节对传主的学术成就做了专门叙述。③就具有鲜明现代性的新的学术体系而言,我以为,以下几个领域最值得注意:

---

① 章太炎:《征信论下》,载《章太炎全集》第 4 册,第 51 页。
② 《学林缘起》,《学林》第 1 册。
③ 参见姜义华:《章炳麟评传》,南京:南京大学出版社 2002 年版,第 300—614 页。

其一,语言学学术体系。

文字音韵,在清代朴学中成绩可称卓著,它们为章太炎语言学方面获得重大突破提供了可靠基础。章太炎本人,在早期《诂经精舍课艺文》《膏兰室札记》《春秋左传读》等著作中,文字音韵的考订基本上沿袭前辈学者路数,而 1908 年前后陆续完成的《新方言》《小学答问》《文始》及《国故论衡》上卷等著述,则标志着他不仅总清代以往学术之大成,而且使语言学作为一个全新的学术体系得以诞生。他的这些著作系统研究了远古汉语言文字如何形成,其后如何与社会变迁相伴而发展和变化,各地方言为什么既相差异又相统一。他还专门批驳了一些人当时所鼓吹的汉字比拼音文字落后而代表着不开化这一从根本上否定汉字的论断,研究并制定了汉字注音的方案,讨论了汉字书写怎样更方便、普遍识读汉字如何与教育普及相结合等非常现实的问题。语言文字是一个民族文化的载体,它直接影响着一个民族的思维方式和思想、情感、意志的表达方式,章太炎在语言学上的努力,所维护的不仅是汉语言文字存在与提升的必要性、合理性,而且是全部中国人文乃至社会科学以汉语言文字表达、存在、提升的必然性、合法性。

其二,历史学学术体系。

章太炎毕生酷爱读史。十五岁时初读四史;其后,考订《春秋左氏传》更是用心。《自订年谱》中说他二十一岁时"求《通典》读之,后循诵凡七八过"①,对他影响最大的史书可能就是这部《通典》。唐代杜佑的《通典》,是一部中国古代社会政治制度通史性质的专著,分作食货、选举、职官、礼、兵、刑法、州郡、边防八典,凡二百卷,"每事以类相从,举其终始,历代沿革废置及当时群士议论得失,靡不条载,附之于事"②。章太炎在《中国通史略例》中批评自唐而降,诸为史者,"纪传泛滥,书志则不能言物始,苟务编缀,而无所于期赴",力主史著当"扬榷大端,令

---

① 章太炎:《太炎先生自订年谱》,台北:文海出版社 1981 年版,第 18 页。
② 杜佑:《通典》第 1 册,北京:中华书局 1988 年版,第 1 页。

知古今进化之轨",可以说,正是继承和弘扬了《通典》这一传统。①

章太炎未能完成编撰一部《中国通史》的计划,但他的《訄书》和《检论》以及许多史论,已经展现了他的历史学学术体系的概貌。他所拟定的《中国通史目录》中列有十二典,分别是种族、民宅、浚筑、工艺、食货、文言、宗教、学术、礼俗、章服、法令、武备,包括人自身的生产、物质生产、精神生产、制度发展沿革等各个方面,而这些正是《訄书》和《检论》及其他史论关注的重点。过去,我在《章太炎思想研究》《章炳麟评传》中已经对《訄书》和《检论》做了较为详细的介绍,这里不再赘述。章太炎将人类学、民族学、社会学、宗教学等学科重要成就引入历史研究,扩大了历史学的视野;在对历史人物、历史事件进行考察与评价时,不仅坚持澄清史事,而且特别注意从全局、从长时段加以分析,努力做到"上以藏往,下以知来"。他在思想史、学术史、社会史、制度史方面开风气之先的许多真知灼见,对他同时代人的史学研究及现代中国史学发展,产生过深刻的影响。

其三,哲学与宗教学学术体系。

正是《学林缘起》中所说的"玄言久替,满而不盅,则自谕适志者寡",激励着章太炎奋起致力于哲学。章太炎名副其实是中国第一个和近代以来西方哲学进行高层次对话并自觉努力构建自己哲学与宗教学体系的学者。他所撰写的《革命道德说》《无神论》《俱分进化论》《建立宗教论》《五无论》《四惑论》《齐物论释》《国故论衡》下卷以及《菿汉微言》等一系列著作,应对科学发展所引发的宇宙与人生知识的全面更新,应对全球性联系及现代化浪潮的全新挑战,应对中国社会三千年未有的大激荡,利用他所熟悉的中国最富思辨性的老子、庄子哲学,印度最富思辨性的唯识法相哲学,以及他认真研读了的德国康德、费希特、黑格尔及他们追随者的哲学著作,通过这三大哲学资源的融

---

① 参见章太炎:《訄书(重订本)·中国通史略例》,载《章太炎全集》第3册,第336页。

通和汇合,结合其他哲人的讨论,试图对东西哲学讲坛上环绕本体论、认识论争论最为激烈的一系列重大问题,说明自己的见解,从而构建起他独具特色的哲学体系。

章太炎自诩为"千百年来未有等匹"的是他精心创立的"齐物"哲学。①他倡导"离言说相,离名字相,离心缘相"②,就是要求摆脱或超越政治家、哲学家们制造出来并被宣布为具有普适性的那些概念、观念、标准、规范、公理的束缚,承认万事万物的差异本是客观存在,它们各有其存在的必然性、合理性,都具有独立自主、不受外来控制、压迫和束缚而自由选择自由发展的权利。他认为,必须正视"物之不齐"这一客观存在的基本事实,这就要认清"物竞天择,优胜劣汰"将矛盾冲突视为唯一动力的线型进化学说的不足,看到善若进化、恶亦进化,乐若进化、苦亦进化,必须真正承认"一切众生,及与己身,真如平等无别异"③,使"物竞天择,优胜劣汰"为人类所约束;对于不同时代、不同文明,就必须坚持历史主义态度,确认"道本无常,与世变易。执守一时之见,以今非古,以古非今(或以异域非宗国,以宗国非异域者,其例视此),此正颠倒之说"④。他提出一个极为明确的命题:"体非形器,故自在而无对;理绝名言,故平等而咸适。"⑤这就是坚决反对以西方列强的是非为判断所有是非的唯一标准,坚决反对借文明、强者、"先进者"之名,无情地压迫、掠夺和蹂躏所谓野蛮、弱者和"落后者"。"齐物"哲学还要求打破强权加于个人的种种束缚,保障真正意义上的"个人的自主"。章太炎指出,如果不充分承认和尊重每个人的这一自主权利,那就不可能做到真正的"齐物":"若其情存彼此,智有是非,虽复泛爱兼利,人我毕足,封畛已分,乃奚齐之有哉?"⑥世界本来就充满了

---

① 参见章太炎:《与龚宝铨》,载马勇编:《章太炎书信集》,石家庄:河北人民出版社2003年版,第586页。
② 章太炎:《齐物论释》,载《章太炎全集》第6册,第5页。
③ 章太炎:《俱分进化论》,载《章太炎全集》第4册,第413页。
④ 章太炎:《齐物论释》,载《章太炎全集》第6册,第18—19页。
⑤ 同上,第3页。
⑥ 同上,第5页。

差异,不同文明各有其存在的历史价值,想强行消灭这些差异,只能是幻想:"齐其不齐,下士之鄙执;不齐而齐,上哲之玄谈。"①章太炎在这里从根本上否定黑格尔用世界的整体性凌驾于个人之上的宇宙终极目的论,并直接否定了当时西方列强想凭借经济的、政治的、军事的及意识形态的力量将他们所维护的世界秩序强行推广至全世界的主张和行径。"齐物"哲学于此充分显示了它的现代品格。

在人文学术的其他领域,如文学、美学、伦理学,等等,章太炎也有许多深邃的认识和精辟的论述,对于这些学科的现代发展提供了无论如何也不可忽视的宝贵资源。

四、立足于"自国自心"的社会科学

章太炎是一位革命家,一位有学问的革命家,他的治学和他所参与的社会发展、社会变革紧密相连。在与实际斗争联系更为直接、应用性更强的社会科学领域,他更一贯旗帜非常鲜明地反对简单化地照搬照抄别国理想与经验,坚持从中国历史与现状的实际出发。《学林缘起》中说谴责一些"款识声律之士","代匮以居上第,至乃钩援岛客,趣以干誉",奉西方特别是日本一些似是而非的理论为不二经典,用许多包含着严重片面性的所谓科学理论来构建中国社会科学,指导中国社会变革实践,针对此,章太炎明确提出,中国教育与中国学术都必须坚定不移地以"自国自心"为自己的基本立足点。

章太炎在《〈社会通诠〉商兑》中指出,必须注意社会科学研究的对象和自然科学研究的对象迥然有别,两者研究的结果普适程度很不一样:"社会之学,与言质学者殊科:几何之方面,重力之形式,声光之激射,物质之化分,验于彼土者然,即验于此土者亦无不然;若夫心能流衍,人事万端,则不能以一方以为权概。"②自然科学所研究的自然现

---

① 章太炎:《齐物论释》,载《章太炎全集》第6册,第5页。
② 章太炎:《〈社会通诠〉商兑》,载《章太炎全集》第4册,第337页。

象和所发现的自然规律,通常不受时间与空间的限制,社会现象和社会发展则不然,它们很难超越特定时间、空间和特定基础、特定条件的限制,正因为如此,根据局部地区有限现象归纳出来的社会发展法则,就不可能具有自然规律那样的普适性。因此,在介绍和评价西方一些社会科学成果时,便不能将它们的研究所得出的若干结论简单化地套用到中国及东方其他许多国家。因为他们的研究经常"所征乃止赤黑野人之近事与欧美亚西古今之成迹"①。显然不能置各国历史实际于不顾,而一概以他们所得出的结论为不二准绳,以他们所确定的是非为是非:"历史成迹,合于彼之条例者则必实,异于彼之条例者则必虚;当来方略,合于彼之条例者则必成,异于彼之条例者则必败。"②章太炎认为,这是政治学、经济学、社会学、法学等社会科学研究中应当尽量避免与克服的一种严重的弊端。

在中国现代政治学发展中,康有为、严复、梁启超以及孙中山等人,对西方近代政治学说做了大量介绍与宣传,并都非常热心地以这些学说作为他们推进变法维新和发动革命的指导思想。章太炎在这方面给我们留下《国家论》《代议然否论》《诛政党》《政党论》等一系列著作,正是以坚持从"自国自心"出发而显示了自己的特色。针对当时如火如荼的立宪运动以及革命党中一些人对于议会制的迷信,章太炎在《代议然否论》中仔细分析了西方议会制产生的历史背景和这一制度的得失,比较了中国与这些国家国情的异同,说明"君主之国有代议则贵贱不相齿,民主之国有代议则贫富不相齿,横于无阶级中增之阶级"③。他特别强调,在师法和移植西方这些制度时,必须清醒地意识到:"他国未有议员时,实验未箸,从人心所县揣,谓其必优于昔。今则弊害已章,不能如向日所县拟者。汉土承其末流,琴瑟不调,即改弦而

---

① 章太炎:《〈社会通诠〉商兑》,载《章太炎全集》第 4 册,第 336 页。
② 同上,第 337 页。
③ 章太炎:《代议然否论》,载《章太炎全集》第 4 册,第 318 页。

更张之尔,何取刻画以求肖为?"①他指出:"吾党之念是者,其趋在恢廓民权。民权不借代议以伸,而反因之扫地"②,因此,不能一厢情愿地寄希望于代议制,而要认真研究中国国情,寻找到切实可行的"抑官吏伸齐民"的方法。为真正做到"抑官吏伸齐民",他主张,总统唯主行政国防,于外交则为代表;司法不为元首陪属,其长官与总统敌体;教育独立,长官亦与总统敌体;凡制法律不自政府定之,不自豪右定之,令明习法律者与通达历史周知民间利病之士参伍定之,以塞附上附下之渐;法律既定,总统无得改,百官有司毋得违越,有不守者,人人得诉于法吏,法吏逮而治之;民有集会、言论、出版诸事,除劝告外叛、宣说淫秽者,一切无得解散禁止,有则得诉于法吏而治之。③为真正做到"抑富强,振贫弱",他主张,要限制遗产继承,即"限袭产之数,不使富者子孙蹑前功以坐大也"④。他更提出:"田,不自耕植者不得有;牧,不自驱策者不得有;山林场圃,不自树艺者不得有;盐田池井,不自煮暴者不得有;旷土,不建筑穿治者不得有"⑤,凡此,都是为了"不使枭雄拥地以自殖"⑥。他还主张要确保劳动者获得应得的报酬:"官设工场,辜较其所成之直四分之以为饩廪,使役佣于商人者,穷则有所归也。"⑦为防止资本与权力相勾结,他认为,必须严格规定:"在官者,身及父子皆不得兼营工商,托名于他人者,重其罪,籍其产。身及父子方营工商者,不得入官,不与其借政治以自利也。"⑧他称这一政体,"谓之共和,斯谛实之共和矣;谓之专制,亦奇觚之专制矣"⑨。这里,充分显示了章太炎在政治学方面如何坚持从中国实际出发进行思考这一根本特点。

　　章太炎这里所提出的"田,不自耕植者不得有"云云,和他在

------

①② 章太炎:《代议然否论》,载《章太炎全集》第4册,第318页。
③　参见同上。
④⑤⑥⑦　同上,第319页。
⑧　同上,第319—320页。
⑨　同上,第323页。

《訄书·定版籍》中所说的《均田法》一脉相承,互相印照,则清楚显示了他是如何强烈地意识到中国经济发展中农民问题、土地及其他资源分配问题的决定性意义,这在同时代的学人中也属凤毛麟角。

法学,是章太炎关注的又一个重点,在这方面,他有许多专门论述。在《五朝法律索隐》中,他严厉批评"季世士人,虚张法理,不属意旧律,以欧美有法令,可勒因之也",说这些"菑涵于西方法令者,非直不论是非,有不暇论利害,直以殉时诡遇",①同时,他也批评另一些人"沾沾欲复《唐律》",他们不知"汉、唐二律皆刻深不可施行"。②章太炎认为,要有效防止"官吏贼民,宦家武断","当专以法律为治,而分行政司法为两涂。诸司法官由明习法令者,自相推择为之,咨于政府,不以政府尸其黜陟。夫长吏不奸裁判之权,则无由肆其毒。司法官不由朝命,亦不自豪民选举,则无所阿附"③。在中国历史上各种法律之中,章太炎最推崇魏、晋、宋、齐、梁五朝之法,说:"五朝之法,信美者有数端:一曰重生命;二曰恤无告;三曰平吏民;四曰抑富人",以此,他要求继承和弘扬这一"损上益下""抑强辅微"的优良传统,"参以今制,复略采他方诸律",建立现代法律体系。④重生命、恤无告、平吏民、抑富人,表明了章太炎所希望建立的现代法律体系,其根本就是充分维护广大民众的各种权利,对权力的行使与资本的活动有效地实行监督和制约。他在《代议然否论》中特别强调:"总统与百官行政有过及溺职受赇诸罪,人人得诉于法吏,法吏征之逮之而治之";"轻谋反之罪,使民不束缚于上";"司法枉桡,其长得治之,长不治,民得请于学官集法学者共治之";"凡经费出入政府,岁下其数于民,所以止奸欺也。凡因事加税者,先令地方官各询其民,民可则行之,否则止之,不以少数制多数也。数处可否相错者,各视其处而行止之,不以多数制少数也";

---

① 参见章太炎:《五朝法律索隐》,载《章太炎全集》第4册,第72页。
② 参见同上,第73页。
③ 章太炎:《代议然否论》,载《章太炎全集》第4册,第312页。
④ 参见章太炎:《五朝法律索隐》,载《章太炎全集》第4册,第73—80页。

"民无罪者,无得逮捕,有则得诉于法吏而治之,所以遏暴滥也";民众"有外交宣战诸急务,临时得遣人与政府抗议";"民有集会、言论、出版诸事,除劝告外叛、宣说淫秽者,一切无得解散禁止;有则得诉于法吏而治之,所以宣民意也"。①如是等等,处处凸显了他的法治学说具有何等浓厚的现代性。

对于中国现代教育学的形成,章太炎也多有贡献。《论教育的根本要从自国自心发出来》,发表于1910年5月在东京出版的《教育今语杂志》,这个题目,就清楚说明了章太炎教育思想核心之所在。在这个演讲中,章太炎告诫学人:"别国人的中国学,我们不能取来做准。就使是中国人不大深知中国的事,拿别国的事迹来比附,创一种新奇的说,也不能取来做准。强去取来做准,就在事实上生出多少支离,学理上生出多少谬妄,并且捏造事迹。"他尤其痛恶拿着一些外来的教条,胡乱到处套用,说:"舞弄条例,都可以随意行去,用这个做学说,自己变成庸妄子,用这个施教育,使后生个个变成庸妄子。"从自国自心出发,是坚持从中国的实际出发,从中国人的实际出发,绝非抱残守缺,故步自封,所以,章太炎强调:"要知道,凡事不可弃己所长,也不可攘人之善。弃己所长,攘人之善,都是岛国人的陋见。"②

在社会学、人类学、民族学、民俗学等领域,章太炎都做了筚路蓝缕的可贵探索,贯穿着从自国自心出发的同样精神。

中国现代社会科学是20世纪初方才开始形成的。它在形成和发展过程中,先是受西方和日本强烈的影响,后来又受到苏联强烈的影响。要不要从自国自心出发,怎样真正从自国自心出发,是一直困扰着中国社会科学家的历史性的问题。章太炎是坚定不移地要求从自国自心出发者,他的努力至今仍令人钦佩不已,就是因为他的研究,给后继者做出了表率。

---

① 参见章太炎:《代议然否论》,载《章太炎全集》第4册,第318—319页。
② 本段中的引文参见章太炎:《论教育的根本要从自国自心发出来》,载吴齐仁编:《章太炎的白话文》,沈阳:辽宁教育出版社2003年版,第37—49页。

我在 2014 年 10 月发表的《论章太炎思想学术的现代品格》一文,①最后引用章太炎对自己"思想变迁之迹"做出的概括与总结"自揣平生学术,始则转俗成真,终乃回真向俗"说,他思想学术的形成、发展和演变,系由尘俗世界的空前动荡,革命风暴下政治、经济、教育、科学、文化的全面挑战所推动,而他经由深入思考在思想学术领域所得出的各种结论,则正是为了解决各类社会实际问题。要真正做到从转俗成真到回真向俗,必须有足够的知识基础和足够的智慧与能力。章太炎曾说:"凡古近政俗之消息,社会都野之情状,华梵圣哲之义谛,东西学人之所说,拘者执著而鲜通,短者执中而居间,卒之鲁莽灭裂,而调和之效终未可睹。譬彼侏儒,解遘于两大之间,无术甚矣。余则操'齐物'以解纷,明'天倪'以为量,割制大理,莫不孙顺。"②操"齐物"以解纷,就是确认所有的社会事状与种种思想学说的存在,都有其历史的必然性、合理性;明"天倪"以为量,就是以"自然之分"权衡其是非得失,决定取舍。凭借这一态度,章太炎从中国、印度、欧洲、日本许多学派那里吸取了营养,不仅能从思想相近的学说中学到许多东西,而且能从观点相异或截然相反的一些学说中发现有价值、有启发的因素,经过自己艰苦的探索与独立思考,使自己的思想与学术具有了真正的批判性与原创性。我想,这正是章太炎能够成为现代中国学术伟大奠基者的秘密之所在。

---

① 姜义华:《论章太炎思想学术的现代品格》,《团结报》2014 年 10 月 31 日,第 7 版。
② 章太炎:《菿汉微言》,载虞云国整理:《菿汉三言》,上海:上海书店出版社 2011 年版,第 72 页。

目　录

章太炎与中国现代学术基础的奠定（代序）……… 姜义华　001

导论　世变与学变——"传统"在近代中国 …………… 001
　　一、研究缘起 ……………………………………………… 001
　　二、相关研究论著回顾 …………………………………… 013
　　三、方法与思路 …………………………………………… 023

第一章　章太炎学术思想之形成与旨要 ………………… 033
　　一、对中国传统学术的批评 ……………………………… 036
　　二、扬弃西学与反思东学 ………………………………… 047
　　三、章氏国学之旨要 ……………………………………… 060
　　四、《齐物论释》中的学术文化观 ……………………… 071
　　五、结语 …………………………………………………… 082

第二章　《教育今语杂志》与章太炎的学术实践 ……… 086
　　一、《教育今语杂志》的创办经过 ……………………… 088
　　二、言说与批评之对象 …………………………………… 099
　　三、章太炎的教育理念 …………………………………… 110
　　四、结语 …………………………………………………… 118

第三章　语言文字之学与章太炎对中国文化的论述 …… 121
　　一、中国文字的近代危机 ………………………………… 124
　　二、语言文字与民族性 …………………………………… 133

三、语言文字缘起、转注与假借的意义 …………… 142
　　四、整齐方言之道 …………………………………… 149
　　五、结语 ……………………………………………… 156

第四章　辛亥革命前后章太炎对道法政论之阐释 …… 160
　　一、《非黄》中的法家思想 …………………………… 164
　　二、"不尚贤"与"分异政俗" ………………………… 177
　　三、《检论》中的道法思想 …………………………… 188
　　四、结语 ……………………………………………… 197

第五章　章太炎的典章制度之学 …………………… 202
　　一、思想背景 ………………………………………… 205
　　二、论述中国历代制度之特色 ……………………… 215
　　三、关于"科道制"的论争 …………………………… 227
　　四、章氏典章制度之学的同声相应者 ……………… 238
　　五、结语 ……………………………………………… 250

第六章　章太炎晚年对"修己治人"之学的阐释 …… 252
　　一、章氏"修己治人"之学产生的思想背景 ………… 255
　　二、修己之道：表彰王学与提倡读经 ……………… 263
　　三、读史以致用 ……………………………………… 275
　　四、结语 ……………………………………………… 285

结论 …………………………………………………… 287

附录一：《国故论衡》何以名"国故" ………………… 303
附录二：近代中国的"国学" ………………………… 314

后记 …………………………………………………… 325

导论　世变与学变——"传统"在近代中国

一、研究缘起

在中国历史上,每逢社会转型与动荡之际,便会出现对整个时代诸问题进行反思与探讨的人物。晚周之际,诸子百家蜂起;汉魏之际,名法玄理之士各有擅场;明清之际,士人遗老著书反省世变,中国传统思想在这些时代里表现得尤为绚丽多姿。及至近代,中国遭遇亘古未见的变局,更是激起感时忧国的有识之士对历史与现状展开充分探讨,希望为忧患丛生的中国寻找一条合适的出路,章太炎(1869—1936)就是这些人当中的翘楚。他早岁就学于杭州诂经精舍,师从朴学名家俞樾,打下坚实的学问基础。中日甲午之战后目睹时艰,毅然投身于政治运动,参与变法维新,力倡以革政挽革命。庚子年清廷因内部政争而引来八国联军,导致北方数省沦为列强蹂躏之所,章太炎因此深感清政府绝不能挽救日益深重的国家危机,遂决然告别改良,走向革命之路。他宣传革命之文风行一时,影响深远,20世纪中国另一位革命家毛泽东在半个世纪之后仍然对之赞佩不已。①辛亥革命之后,章太炎为了让中华民国名实相副,与各色政客及野心家展开斗争,憎恶权势,视若蔑如,虽遭袁世凯囚禁而志气不衰,虽被党国新贵以"反革命"罪通缉而毫不屈服,其志节与气概被时人赞为"民国之祢衡"②。

---

① 参见龚育之、石仲泉:《毛泽东的读书生活》,北京:生活·读书·新知三联书店1986年版,第206页。
② 参见高一涵:《民国之祢衡》,载郭双林、高波编:《中国近代思想家文库·高一涵卷》,北京:中国人民大学出版社2015年版,第1—2页。

1906年章太炎东渡日本,在主持革命工作的同时设坛讲学,向留日中国学子讲授国学。当时在他身边聚集了周氏兄弟、钱玄同、许寿裳、朱希祖、黄侃等一批年轻人,章太炎与他们在思考未来中国的发展之时,都注意到了民之"自觉"与国之"自觉"的问题,认为变革政治、振兴军事与发展经济之外,思想学术上尤须能够自立,塑造具有中国特色的文化品格,以此作为中国未来发展的重要精神基础。章太炎指出:"国所以立,在民族之自觉心,有是心,所以异于动物。"①反之,"人无自觉,即为他人陵轹,无以自生;民族无自觉,即为他民族陵轹,无以自存"②。许寿裳也强调个人自觉为国家独立的重要基础:

> 人生何事?文明何义?性灵之运也欤,人道之光也欤,人间意识之开辟也欤。然则国家何用?国家者,人类所由以进文明之形式也。由之以上征,由之以扩展,由之以发人道之辉光,由之以腾性灵之驰骋。而其成也,一根于自觉,固非更有外物焉可主张是,可纲维是,可推而行是。由是言之,兴国之命,自觉而已。惟有自觉,性灵于是乎广运,人道于是乎隆施,人间之意识于是乎启发,人类之光荣乃显焉,文明之意味乃全焉。无自觉者必无国家,有之亦犹丧源之水,其涸固旦暮间耳。③

鲁迅则主张个人觉醒与国家凝聚之间的密切关系:

> 内曜者,破黮暗者也;心声者,离诈伪者也。人群有是,乃如雷霆发于孟春,而百卉为之萌动,曙色东作,深夜逝矣……盖惟声

---

① 章太炎:《印度人之论国粹》,载《章太炎全集》第4册,上海:上海人民出版社2014年版,第383页。
② 同上,第384页。
③ 旒其(许寿裳):《兴国精神之史曜》,载张枬、王忍之编:《辛亥革命前十年间时论选集》第3卷,北京:生活·读书·新知三联书店1977年版,第298页。

发自心,朕归于我,而人始自有己;人各有己,而群之大觉近矣。①

又言:

  明哲之士,必洞达世界之大势,权衡校量,去其偏颇,得其神明,施之国中,翕合无间。外之既不后于世界之思潮,内之仍弗失固有之血脉,取今复古,别立新宗,人生意义,致之深邃,则国人之自觉至,个性张,沙聚之邦,由是转为人国。人国既建,乃始雄厉无前,屹然独见于天下。②

其他章门弟子在那一时期虽未直接用"自觉"二字,但也曾表达过相似的主张。周作人认为在今日,具备良好的立国精神十分关键:

  凡种人之合,语其原始,虽群至庞大,又甚杂糅而不纯,自其外表观之,探其意气之微,宜傥然无所统一,然究以同气之故,则思想、感情之发现,自于众异之中不期而然,趋于同致。自然而至,莫或主之,所谓种人之特色,而立国之精神者是已。国人有此,乃足自集其群,使不即于漓散。且又自为表异,以无归于他宗,然后视其种力,益发挥而光大之,渐以成文化力而强也。③

在这批弟子中,钱玄同尤其认同章太炎的学说,二人时常通宵达旦讨论如何复古。④钱氏强调复兴传统,意义非凡:

---

 ① 鲁迅:《破恶声论》,载《鲁迅全集》第8卷,北京:人民文学出版社1998年版,第23—24页。
 ② 鲁迅:《文化偏至论》,载《鲁迅全集》第1卷,第56页。
 ③ 独应(周作人):《论文章之意义暨其使命因及中国近时论文之失》,载张枬、王忍之编:《辛亥革命前十年间时论选集》第3卷,第306页。
 ④ 参见周作人:《钱玄同的复古与反复古》,载沈永宝编:《钱玄同印象》,上海:学林出版社1997年版,第7页。

> 吾侪今日作事,宜师古,宜复古,宜存古,而决不可泥古……宜师古者,即因圣王制作具有精意之故焉。宜复古者,即后世事物不如古昔者,宜复古焉。宜存古者,古制有不适宜于今日者,未必尽属弊政,乃时势不同之故,如井田等是,虽不能见诸施行上,而宜保存,庶几后人得有追想其祖宗创造之丰功伟烈,庶几种性民德赖以不坠也。故愚谓凡文字、言语、冠裳、衣服,皆一国之表旗,我国古来已尽臻美善,无以复加。①

章太炎及其门生,既认识到思想与文化上的自觉之重要性,遂在各自领域践行此道。其中周氏兄弟致力于文学著译,特别是向国人介绍俄罗斯、波兰、匈牙利等东欧国家的文学作品,宣传那些国家志士仁人的革命精神,唤起同样作为近代帝国主义受害者的中国人对被压迫民族的同仇敌忾之情。②钱玄同、黄侃追随章太炎表彰国故,特别是在音韵学、文字学方面与章氏相互探讨,黄侃还参与到章太炎搜集整理中国各地方言的工作当中。③《说文》曰:"学,觉悟也。"章太炎本人在那一时期,则以弘扬中国传统思想与学术为职志,视国学为中国思想文化自觉的具体表现,正是因为有这方面的巨大成就,他才被视为"有学问的革命家"。

1906年7月章太炎甫抵日本,革命党人就在东京为他举行盛大的欢迎会。在演说中章太炎认为欲革命成功,须具备感情。如何培养感情?章氏强调其道有二:一为"用宗教发起信心,增进国民的道德";一为"用国粹激动种性,增进爱国的热肠"。④关于后者,章太炎认为

---

① 杨天石主编:《钱玄同日记(整理本)》上册,北京:北京大学出版社2014年版,第180页。
② 参见周作人:《知堂回想录》上册,北京:北京十月文艺出版社2013年版,第266—275页。
③ 章太炎十分欣赏黄侃的学术,曾专门致函《国粹学报》,称赞他"学问精专,言必有中",希望后者能刊登其论著。(参见司马朝军、王文晖合撰:《黄侃年谱》,武汉:湖北人民出版社2005年版,第45页)
④ 参见章太炎:《在东京留学生欢迎会上之演讲》,载章念驰编订:《章太炎演讲集》,上海:上海人民出版社2011年版,第3页。

"不晓得中国的长处,见得别无可爱,就把爱国爱种的心,一日衰薄一日。若他晓得,我想就是全无心肝的人,那爱国爱种的心,必定风发泉涌,不可遏抑的"①。在他看来,国粹即为中国历史,包括语言文字、典章制度及人物事迹。不久之后,革命党机关报《民报》上刊登《国学讲习会序》,告知章太炎即将设坛讲学。其中作者特别指出:"夫国学者,国家所以成立之源泉也。吾闻处竞争之世,徒恃国学古不足以立国矣,而吾未闻国学不行而国能自立者也。"②因此章太炎的讲学,将使"国学所以昌明之道,与由何道以昌明之,吾人皆将获确证于先生"③。宋教仁则在1906年9月26日的日记中写道:"至民报社访章枚叔,坐谈最久。枚叔言国学讲习会已经成立,发布章程,其科目分预科、本科,预科讲文法、作文、历史,本科讲文史学、制度学、宋明理学、内典学。"④章太炎希望宋教仁能担任宋元理学的授课教师,后者认为自己"于宋元理学尚未入门,派别亦不清楚,至于区分学别,折衷古今,则更不能矣,此实不能任也"⑤。随后章太炎又与他讨论如何教授作文,宋氏建议是否可分为文理与文辞,分别讲授,章太炎表示部分同意。宋氏复询问章太炎是否打算讲授中国宗教,章氏言及将于文史学中略讲一二,但中国除儒、释、道之外,其余皆为异教,不能明其教理。⑥可见,章太炎已初步定下讲授国学的详细计划。与此同时,章太炎讲授诸子学、语言文字之学与文学的讲义被集结为《国学讲习会略说》,在日本秀光社印刷出版。而在《民报》与《国粹学报》上,章太炎也发表了许多论述语言文字、历代思想学说、典章制度等方面的文章。

1908年起,革命党内部出现分裂危机:章太炎、陶成章等光复会领袖与孙中山、黄兴等人之间产生巨大矛盾;章氏曾经的论学契友刘

---

① 章太炎:《在东京留学生欢迎会上之演讲》,载章念驰编订:《章太炎演讲集》,第6页。
②③ 国学讲习会发起人:《国学讲习会序》,《民报》第7号。
④⑤ 宋教仁:《我之历史》,载陈旭麓主编:《宋教仁集》下册,北京:中华书局2011年版,第654页。
⑥ 参见同上。

师培脱离革命阵营,并做出不利于章太炎之举;革命党几次起义,也皆以失败告终。革命形势处于低谷,反倒让章太炎有了更多钻研学问的时间。他分别把有关语言文字之学的论著《新方言》《小学答问》结集出版,《文始》的一部分开始在杂志上连载。1910年又将《国故论衡》与《齐物论释》付梓,同时修改旧作《訄书》。在这些著作中,章太炎素来重视小学,认为此乃国学的根本,《新方言》论述他对整齐中国各地方言的主张,当时即有读者感觉"颇多新义"①;《小学答问》为与众弟子论学时的记录,探讨汉字本字借字的流变之迹;《文始》集中分析汉字的孳乳规律。《国故论衡》收录了章太炎关于小学、文学、诸子学方面的文章,原创性极高,其中《原学》明确表达了他对中国文化与学术的整体看法,此书堪称章太炎清末学术思想的总结。②《齐物论释》以解读庄子思想的形式,阐发了他关于学术、政治、社会的见解,并且将其上升到哲学的高度,使其更具思辨性,在哲学层面上论述他关于近代中国文化自觉的设想。

　　除了著书立说,章太炎依然讲学不辍。1908年3月22日钱玄同与龚宝铨请章太炎讲授小学,后者答应下来,并告知川籍留日学子也曾与他商洽此事。③是年4月4日,章太炎在东京清风亭开讲国学,④后来经商议,由钱玄同等人出面张罗,将场地改为神田大成中学教室⑤。关于讲授内容,章太炎后来回忆为他眼中的中国独有之学——

---

　　①　徐兆玮著,李向东等标点:《徐兆玮日记》第2册,合肥:黄山书社2013年版,第800页。

　　②　在《国故论衡》出版不久,章太炎便对此书进行修改,关于他的校定版本,历来说法不一,近日周振鹤将所藏带有章太炎批注笔记的版本影印出版,使得这一谜团得以解开,即章太炎自言的"初校本"为1910年在日本出版的原书上进行修订之版本,而非出版之书为"初校本"。犹有进者,在此影印本上,章太炎对正文的修订精益求精,既有相关材料的补充,又有思想性的阐发。(参见章太炎:《国故论衡(先校本)》,北京:商务印书馆2015年版)

　　③　参见杨天石主编:《钱玄同日记(整理本)》上册,第123页。

　　④　参见同上,第125页。又参见朱元曙、朱乐川整理:《朱希祖日记》上册,北京:中华书局2012年版,第60页。

　　⑤　参见同上,第126页。

小学与历史。①但据钱玄同日记中所载,他听讲的内容包括小学、文学、《汉书》《文心雕龙》《文史通义》等历代典籍。任鸿隽则回忆章太炎还向学子讲授《庄子》,而《国故论衡》中的篇章,亦为授课之讲稿。②听课学生多深受章太炎学说的影响,如朱希祖在听完章太炎首次授课之后,开始阅读《訄书》中的《清儒》,"始知清代经学之派别",数日后又披览《论语言文字之学》。③这批听课弟子后来各有成就,周作人说:"那时太炎学生一部分到了杭州,在沈衡山领导下做两级师范的教员,随后又做教育司(后来改称教育厅)的司员,一部分在北京当教员,后来汇合起来成为各大学的中国文字学教学的源泉,至今很有势力。"④

自从《国粹学报》创刊以来,章太炎一直是主要作者之一。但1911年他对钱玄同说:"《国粹学报》去岁已鲜佳篇。"⑤正当章太炎对《国粹学报》颇有微词之际,1910年《学林》杂志在日本发行,章氏关于中国历史与文化的论著遂多发表于此。这本刊物的发行人声称:

余杭章先生以命世之材,旅居不毛,赫然振董,思所以延进后生,求一二傲傥者与之适道。谓前世学术,始或腐蚀不修,终以沦灭者有之矣,未有贤儒更出,婪落周汉而中道剥丧如今日者。其咎不专在趣新。徒以今文诸师,背实征,任臆说,舍人事,求鬼神,己先冒赣,守文者或专寻琐细,大义不举,不能与妄者角。重以玄言久替,满而不盅,则自谕适志者寡。学术既隐,款识声律之士,代匮以居上第。至乃钩援岛客,趣以干誉,其言非碎,则浮文也。

---

① 参见《章太炎先生答问》,载《太炎最近文录》,上海:国学书室1915年版,第112页。
② 参见任鸿隽:《记章太炎先生》,载陈平原、杜玲玲编:《追忆章太炎》,北京:生活·读书·新知三联书店2009年版,第212—213页。
③ 参见朱元曙、朱乐川整理:《朱希祖日记》上册,第61页。
④ 周作人:《知堂回想录》上册,第278页。
⑤ 章太炎:《与钱玄同》,载马勇编:《章太炎书信集》,石家庄:河北人民出版社2003年版,第140页。

浮使人惑，碎使人厌，欲国学不亡无由。今之所急，在使人知凡要。凡要远矣，不在九能目录中。盖无尺蠖之诎者，无独伸之功；无龙蛇之蛰者，无跃见之用。博而约之，易简而天下之理得以是牖民，如璋如圭然。先生所为书，既章章有条牒矣。同人复请著《学林》，尽其广博，以诒遐近，先生则诺。①

在这里，作者指出由于今文经学治学方法背离实事求是，具有创见的学说遂日益泯灭，加之率由旧章者流于饾饤，致使中国学术愈显衰微，以至于治国学者纷纷援引日本人的研究，借此扬名显身，这些看法恰与章太炎当时对情势的观察若合符契。职是之故，《学林》杂志中除了黄侃的诗文之外，皆为章太炎的论学之作，②特别是他将自己先前写好却未发表的文章，如《秦献记》《征信论》等一一刊布。这些文章基本上反映了章太炎对中国历史与文化各个面向的较为成熟的思考。日本的国粹主义者颇为关注这份杂志，专门撰文介绍，称赞章太炎的学问，并谓《学林》计划年出4册。③虽然最终只刊行了2册，但与《国故论衡》一样，《学林》杂志也可视为章太炎清末学术思想的一次总结，二者合而观之，方可一窥章氏思想之梗概。

通过梳理1906年至辛亥革命爆发前章太炎的相关学术活动，可以大致呈现他是如何实践关于文化自觉的主张。1910年，章太炎在《教育新语杂志》上发表《论教育的根本要从自国自心发出来》一文，其中指出："本国没有学说，自己没有心得，那种国，那种人，教育的方法，只得跟别人走。本国一向有学说，自己本来有心得，教育的路线自然

---

① 《学林缘起》，《学林》第1册。
② 章太炎在《学林》中发表的论学文章为：《封建考》、《五朝学》、《信史》(上下)、《思乡愿》(上下)、《与农科大学教习罗振玉书》(以上刊于第1册)；《释戴》、《非黄》、《征信论》(上下)、《秦政记》、《秦献记》、《医术平议》、《程师》、《与人论文书》(以上刊于第2册)。《文始》连载于第1、2册。
③ 参见汤志钧：《章太炎旅日散记》，载氏著：《乘桴新获——从戊戌到辛亥》，南京：江苏古籍出版社1990年版，第719页。

不同。"①在章氏看来，中国文化传承不绝，历代学者治学各有心得，今人应在继承前人基础之上，将中国学术发扬光大。所以，"自国的人，该讲自国的学问，施自国的教育，像水火柴米一个样儿，贵也是要用，贱也就要用，只问要用，不问外人贵贱的品评"②。这番话堪称他对自己学术思想的高度概括，他进入民国以后的一系列见解主张，大体上皆本乎此。而"自国自心"四字，窃以为乃是认识章太炎生平与学术的重要切入点。所谓"自国"，即从中国历史本身出发来认识各种传统思想的渊源流变与利弊得失，立足于当下中国的现状，对之扬榷得失，而非醉心于借助外来标准衡量古昔学说，甚至流于食人余唾，全然不顾本国自身在漫长历史演进中所形成的特性。所谓"自心"，即立言论说，应尽力做到有自己的心得，能够在不失其基本意涵之前提下别开生面，甚至化腐朽为神奇，让古人遗言能为今人提供知识与道德上的助益。而非照搬古人旧章，人云亦云；亦非抄撮群说，言不及义，而中国传统思想是否能够在近代具备应有的价值，这一点至为关键。

　　章太炎之所以能在当时提出"自国自心"之论，根本原因在于，他对中国历史与现状有着深入的思考。章氏青年时期亲炙俞樾、黄以周、孙诒让等朴学名家之教诲，治学强调实事求是、不发空论、语出心得，通过在诂经精舍求学数载，打下了非常坚实的中国旧学功底，在小学与经学方面造诣极高，颇得士林赞誉。同时他还对中国历史，尤其是中国历代典章制度以及诸子之学具有极为深入的了解，这些都是他后来能够对中国传统学术展开全盘性阐释的重要基础。犹有进者，章太炎对于中国传统的认知，绝非步武清人，局限于饾饤之学，而是"遭世衰微，不忘经国"③，将自己的思考放在近代中国救亡图存的背景之

---

①　章太炎：《论教育的根本要从自国自心发出来》，载章念驰编订：《章太炎演讲集》，第76页。
②　同上，第86页。
③　章太炎：《菿汉微言》，载虞云国整理：《菿汉三言》，上海：上海书店出版社2011年版，第71页。

下展开，在参与一系列政治活动的同时，从具体实践出发，努力思索中国未来的发展道路，希望能建设衔接历史与现实，具有中国特色的学术与文化。此外，近代中国面临的一个主要文化危机，即传统意义上以儒家文化为核心，具有差序格局特征的"天下"图景，在东西列强面前，渐渐地失去了存在的根基。在这一情势下，"中国"从一"天下体系"，被迫转型为近代意义上的民族国家。中国传统思想，在近代的存在形式，随之也与往昔不同，即不再是东亚世界长期以来的"普世"价值，而日渐变为作为民族国家形式的中国之文化特性，即论证中国自身主体性、凝聚中国人心的重要资源。章太炎对于"自国自心"问题的阐释，便是在这一古今变局之下进行，因此，他需要重新阐释中国传统，使之能适应时代，继续富于生命力。

章太炎对于中国传统的阐释，终其一生，主要针对三种思潮。在戊戌变法前后，康有为鼓吹的今文经学，对思想界造成极大冲击，章太炎先前亦受其影响，但随着二人政治立场渐行渐远，加之章氏认识到康学的弊病，遂极力回击，构建自己对于中国传统，尤其是中国经学流变的论述。1906 年，章太炎东渡日本，直接面对各种西学与东学，这让他认识到，中国传统在此局面下遭受到极大的冲击，若不能回应，则中国文化难以自立，因此他一方面反思各种现代性主张，一方面不断论证中国传统思想在各个领域的独特性，他关于"自国自心"的思考，即成熟于这一阶段。及至新文化运动之后，章太炎目睹全盘反传统之论尘嚣直上，年轻一代对于中国传统愈发隔膜，于是不断撰文、演讲，创办章氏国学讲习会，抨击当时的新学巨子，提倡读史读经，希望借此力挽狂澜。

中国近代思想，由于西学与东学的大量涌入而深受冲击，许多士人在撰文立说之时，无论主观好恶如何，都必须考虑到这一颇为严峻的局面。但更为明显的事实是，中国是一个拥有数千年传统的文明古国，本身已经积累了十分丰富的思想传统，每个人的思想言说，立身处世，都或深或浅打上了传统的烙印。由于近代中国国势衰微，不少人开始视中国传统为一沉重的负担,从具体层面的批判开始,激化到希冀将其全盘打倒推翻,认为此乃步入"文明"社会的不二法门。不过即便如此,传统依然无处不在,不少近代的趋新之士感叹许多源自域外的事物与学说,一入中国就由橘变枳,本意全失,这一方面由于近代的西学或东学之引进,多是希望能立即借此来挽狂澜于既倒,心情既然急促焦虑,认识难免失之浮泛;但另一方面,中国本身具有悠久的历史,从学术思想到典章制度,本身自成特色,其沿革流变,在近代以前,基本也是依据中国历史自身的发展来呈现,新旧之间,并无巨大的断裂,而多是渊源有自,一脉相承。所以当近代国人必须"开眼看世界"时,许多古所未闻的因素进入中国,如若不能与传统有效接榫,则方枘圆凿,在所难免,陈寅恪所感叹的"吾徒今日处身于不夷不惠之间,托命于非驴非马之国"①,这一点未尝不是主要原因。正如顾颉刚所言:"古今学术思想的进化,只是一整然的活动。无论如何见得突兀,既然你思想里能够容纳,这容纳的根源,就是已在意识界伏著。这伏著的东西,便是旧的;容纳的东西,便是新的。新的呈现,定然为旧的汲引而出;断不会凭空无因而至。所以说'由旧趋新'则可,说'易旧为新'则不可。"②分析近代中国之面貌,必须充分认识到传统因素的重要性,在能较为清晰且全面地把握中国传统之内涵的前提下,方能更好地理解近代中国的各种新局与困局。

关于中国传统思想与近代历史的关系,周昌龙曾指陈:

> 严复、康有为、梁启超、章太炎等近代最具影响力的思想家,其思想关怀固由西学与时代激成,要亦承袭丰厚之传统资源,尤其明清以来倾向于重视情欲、各身、智识、经世等新命题而形成的

---

① 陈寅恪:《俞曲园先生病中呓语跋》,载陈美延编:《陈寅恪集·寒柳堂集》,北京:生活·读书·新知三联书店2001年版,第164页。
② 顾颉刚:《中国近来学术思想界的变迁观》,载桑兵等编:《近代中国学术思想》,北京:中华书局2008年版,第99页。

近代传统,更为其最直接的思想渊源。浸淫于儒学、诸子学、佛学、西学此一新学术知识体系中,晚清对时代最具反应能力之知识分子,其思想特色,本在融会贯通,不拘新旧中西,一炉共冶,力图形成一种打破传统格局,却不违离近代传统走向的新典范。严复翻译《天演论》之余又点评《老》《庄》,康有为著《孔子改制考》又注《中庸》《孟子》,梁启超论公德私德,章太炎几度改作《订孔》篇,谭嗣同作《仁学》等,都可视为建构此一新典范的努力。在建构过程中,超越传统之创新与回归传统之反省,乃随时抑扬,不滞于一境。然其创新既非全然西化,反省亦不同于单纯保守。其思想系贯通的、辩证的,而非二分的、逆转的。①

正如作者所言,这些近代中国第一流的思想家们,在思考中国的现状时,都充分继承了中国传统思想与学术的诸多因子,并将后者内化为构建自己学说体系的重要组成部分。所以在展开近代思想史的研究时,从中国传统的内部变迁着眼,以多元的眼光看待传统,进而对这些问题进行探讨,乃是认清近代中国思想与学术流变的关键点。

当传统面临危机的时刻,其实也正是生逢其时者对之进行诠释,使之产生新的生机与价值的历史性机遇。本书之作,即尝试从个案研究入手,探讨章太炎从近代中国文化自觉——即"自国自心"的角度出发,对中国传统思想进行阐释,在近代的历史语境下,从不同面向论证中国文化的主体性,使之能成为国人立身行事、思考政治与社会问题的重要基础。笔者力求通过梳理他在具体的历史语境里的思路与心路之历程,分析章太炎一生如何孜孜以求,思考中国传统思想在近代变局中的因应之道。同时注意到章氏学术思想一旦形成后所引起的各方回应与互动,从论争场景中呈现出他思想的特色,借此分析中国传统思想在近代变局之下所可能产生的各种效应。《庄子》的《达生》

---

① 周昌龙:《超越西潮:胡适与中国传统》,台北:学生书局2001年版,自序第1页。

曰:"弃世则无累,无累则正平,正平则与彼更生,更生则几矣。"郭向注:"更生者,日新之谓也。"①章太炎对中国传统思想的阐释,正是希望后者能重换光彩,在不离根本的基础上"更生",以示"日新"之象。章氏甚为青睐《庄子》,且认为"正名"之道,"废语多有可用为新语者"②,因此本书遂以"更生"二字彦其名,以期尽可能符合太炎本意。

二、相关研究论著回顾

章门弟子之一的许寿裳在为乃师作传时说道:"先生出类拔萃,虽则他的入手功夫也是在小学,然而以朴学立根基,以玄学致广大,批判文化,独具慧眼,凡古今政俗的消息,社会文野的情状,中、印圣哲的义谛,东西学人的所说,莫不察其利病,识其流变,观其会通,穷其指归。'千载之秘,睹于一曙'。这种绝诣,在清代三百年学术史中没有第二个人,所以称之曰国学大师。"③故而关于他的论述与研究,于章氏在世之时就已经出现,如汪太冲的《章太炎外纪》。④此后,以章太炎为主题的各种论述层出不穷,不论是稗官杂谈抑或高文典册,到如今相关成果汗牛充栋,并且每年还会新增不少论文甚至著作。其中颇有论断精当成一家之言者,然陈陈相因,材料与论点了无新意者实话说来也所在多有。若要巨细匪遗,一一罗列,以求完备,进而评其高下得失,此等工作量,笔者实在力有不逮,并且觉得也无甚必要。所以在这里,笔者打算将一些与本研究相关且具有学术意义与参考价值,同时曾给予笔者启发的论著进行梳理,以期使读者大体能明了章太炎研究的趋势与现状。⑤

---

① (晋)郭向注释、(唐)成玄英疏:《庄子注疏》,北京:中华书局2011年版,第342页。
② 章太炎:《訄书(重订本)·正名杂议》,载《章太炎全集》第3册,第230页。
③ 许寿裳:《章太炎传》,天津:百花文艺出版社2004年版,第4页。
④ 参见汪太冲:《章太炎外纪》,北京:文史出版社1924年再版。
⑤ 陈学然曾经梳理并分析晚近以来研究章太炎学术思想论著,并指出章学研究中值得关注的新领域,其文颇有参考价值。(参见氏著:《章太炎的学术思想及其研究史检讨》,载陈勇主编:《民国史家与史学》,上海:上海大学出版社2014年版,第237—247页)

章太炎在清末的许多文章当中,对中国传统学术批评不轻,甚至臧否圣人,轻视经典,这在时人眼里,无疑开启后来一系列抨击旧学之风的先河。因此关于章太炎思想的研究,很大程度上便是凸显其"反传统"的一面。亲历清末民初学术思想风潮的钱穆,晚年反思近代学风,认为只重潮流,忽视继承传统。作为"巨儒"的章太炎,在《国故论衡》一书里,将通行于清季的"国粹"改为"国故",并且用儒门异端的王充之《论衡》作书名,甚至"轻视孔子",认为"孔子地位乃远在释迦之下"。①这种态度在钱穆看来影响极深,后来胡适虽然表面上称章太炎为"死老虎",实则"其所为《中国古代哲学史》一书,称述先秦诸子,大体因承章氏《国故论衡》之意,惟文言、白话有所不同而已"②。凸显章太炎思想中反传统的面向。余英时秉承钱穆这一观点,在《五四运动与中国传统》一文里,强调章太炎、康有为对新文化运动的风气有创始之功,并就章太炎与鲁迅之间的思想传统进行分析。③与之相似,陆宝千分析章太炎的经世思想,指出:"太炎虽能由君卿、贵与,旁吸西学,发为经世之论;推其源流,乃在荀、商、申、韩。荀、韩倡言性恶,昧人生价值之源;太炎所说,遂成无根之水。"④犹有进者,"儒家治平之道,根于心性之学,故有本有源;唱经世之说,成经世之业者,多能于客观事业中安顿其性命。太炎能运环玮之词,发窈窕之思,缀博奥之文;惜其先溺于朴学,再溺于佛学,其经世之见,自相戾反,终成戏论"⑤。强调章太炎在对中国传统的认识上,因不明以理学为代表的心性之说,故其思想陷于矛盾。

　　这一思路的代表之作,当属王汎森的《章太炎的思想——兼论其

---

①　参见钱穆:《谈当前学风之弊》,载氏著:《学籥》,北京:九州出版社 2011 年版,第 201—202 页。
②　同上,第 207 页。
③　参见余英时:《五四运动与中国传统》,载氏著:《现代危机与思想人物》,北京:生活·读书·新知三联书店 2003 年版,第 63—67 页。
④　陆宝千:《章太炎在晚清之经世思想》,载"中央"研究院近代史研究所编:《近世中国经世思想研讨会论文集》,台北:"中央"研究院近代史研究所 1984 年版,第 656 页。
⑤　同上,第 657 页。

对儒学传统的冲击》一书。作者梳理论述章太炎思想的几个面向，呈现出他的思想特色，以及如何冲击到儒学的正统地位。作者认为章太炎虽然表彰古文经学，继承清代朴学传统，但他反对"通经致用"，因此他的成就也正是传统经学的失败。章太炎表彰诸子，促使诸子之学在近代的复活，但随之而来的是孔子地位之崩堕。《齐物论释》等著作中透露出的佛学因素，与儒家的伦理性社会结构乖离。章氏在论述中国历史时，揄扬长期被视为"异端"的人物，更是直接或间接地促发近代传统的崩溃。同时章太炎的反传统思想给予新文化运动中的主角们不小启发。①此书条分缕析，思路异常清晰，基本上涉及章太炎思想的主要内容。书中所谓的"传统"，基本是指汉代以来所形成的经学处于支配地位、儒学作为思想基础的历史形态。从这一角度来看，章太炎在近代的许多论著，自然对之造成极大的冲击。但是从另一方面来看，章太炎用来完成这一工作的凭借，很大程度上依然是中国传统内部的其他思想因素，而且许多内容，在历史上未必与正统学说处于势不两立的状态，而是处于"潜伏"的状态。如果将"传统"的定义扩大的话，近代中国一方面是西学大量涌入，另一方面是许多儒学之外的思想重新焕发活力。那么或可认为，章太炎的思想内容，是在借对中国传统思想广为阐释，在不离于中国历史自身进程的前提下，将"传统"进行改造，使之能在近代得以自立，成为未来中国发展的重要思想与文化基础。

近代中国被席卷至以西方为发动者的"现代性"旋涡之中，章太炎对此深有感触。河田悌一认为章氏为"否定一切桎梏的思想家"，面对方兴未艾的西化潮流，章太炎坚守中国传统学术的独特价值，强调其历史传承与民族性，以此对抗近代西欧的侵略性，此乃贯串在他一生言行中的一条主线。②同样是对"现代性"问题的思考，汪晖在《现代中

---

① 参见王汎森：《章太炎的思想——兼论其对儒学传统的冲击》，台北：花木兰文化出版社2010年版。

② 参见〔日〕河田悌一：《否定的思想家——章炳麟》，王富山、吴雁南摘译，《贵阳师范学院学报（社会科学版）》1980年第3期。

国思想的兴起》一书里,从思想史的角度反思中国的含义为何,相关诸问题是如何历史地形成或建构的,以及怎样理解中国现代。关于第二点,作者从天理世界观和公理世界观的相互关系中展开分析。在中国自身的转变之中,传统的历史与政治认同让位于一种新型的认同方式,即在公理世界观框架内的民族认同形式,而公理世界观的支配性正产生于现代国家主权及其知识体制的确立。因此欲对这一现代化进程进行思考及批判,则须对公理世界观及其自然概念进行去公理化或去自然化。①在此论述体系下,作者就章太炎辛亥前十年的论著展开探讨,指出章氏思想存在内在悖论,即一方面强调个体观念,构成近代反传统主义的出发点之一,另一方面极力宣传民族认同,建立中华民国。既如此,则须深入他的思想内部,讨论其中内涵。章太炎对现代性的批判,体现在他拒绝个体与进化论的历史目的论相结合,同时揭露与批判"公理"世界观,从而质疑现代社会政治认同的出发点。在这一基础上,关于中国传统,章氏表彰国学,主要是针对作为异族的满洲统治而言的文化概念,而后方为现代国际关系中的国家概念。另一方面,在清末的政治语境下,章太炎张扬个人的价值,基于对国家权力扩张的警惕,否定宗族与其他社会团体,这提供了后来反传统主义的思维逻辑。②由此可见,章太炎在解构作为现代性之重要表征的公理时,同样动摇了中国传统学术与政治的根基。这一观点,自然可以凸显章太炎作为现代性的强烈质疑者之角色,这在今日反思各种文化霸权的宰制,树立中国自身的文化主体性尤为具有启示意义。但章太炎在批评西方现代国家建制的同时,对中国古代典章制度以及作为统治利器的法家学说颇有阐扬,这一部分,或许同样可视为他否定"公理"的具体表现——产生于近代西方的政治制度具有普适性,构建具有中国历史特色的政治制度,而法家学说对"中饱"阶层

---

① 参见汪晖:《现代中国思想的兴起》上卷第 1 部,北京:生活·读书·新知三联书店 2015 年版,第 47—71 页。

② 参见汪晖:《现代中国思想的兴起》下卷第 1 部,第 1011—1076 页。

的警惕与批判,无疑也给予章氏否定清末宗族与社会团体不小的启发。总之,中国传统在章太炎清末的思想体系里,应予以更多的重视与分析。

章太炎在当时对各种现代性因素的认识与吸收,无疑主要来自明治时代的日本。因此,章太炎的思想某种程度上有着跨越国界的意义。在 1945 年战后的日本学界,章太炎、鲁迅等人的思想为代表的"近代中国",成为一面对照"近代日本"的镜子,来透视"近代日本"被扭曲了的黑暗一面,以此展开自我批评。近藤邦康梳理出一条由丸山真男、西顺藏、竹内好为谱系的日本学界对中国近代之认识。他自己本此思路,分析章太炎思想在清末革命中的意涵,指陈章太炎批判性地继承了康有为的救亡课题,并将之深化到排满与反帝,把救亡的主题不再寄托于皇帝,而是整个汉民族,同时阐释"无生主义",将长期匍匐于君主制之下的万民转化为革命的主体,唤起后者抵抗压迫的政治自觉,切断作为王朝统治参与者的士大夫传统,创造出站在民族革命前列的知识人革命家。一言以蔽之,章氏否定继承戊戌变法,开辟辛亥革命的道路。①

---

①　参见〔日〕近藤邦康:《从一个日本人的眼睛看章太炎思想》,《社会科学战线》1984 年第 2 期;又参见〔日〕近藤邦康:《救亡与传统——五四思想形成之内在逻辑》,丁小强等译,太原:山西人民出版社 1988 年版,第 47—136 页。按:战后日本左翼学者成立了"中国近代思想史研究会",希望在认可中华人民共和国的革命成就基础上,了解近代中国革命的思想根源,以及其中展现出的不同于近代资本主义体制的政治与社会图景,从而反思日本近代的军国主义道路。其中西顺藏梳理章太炎的"无生主义",认为在此基础上产生的新的政治主体,推翻了清王朝统治,抵抗了日本侵略,最终建立了人民民主专政政权。而这一论述,遭到了岛田虔次等人的质疑与批评,后者着眼于表彰章太炎对中国传统的阐释,认为其革命主张奠基于传统的经史研究之中。(参见〔日〕石井刚:《佛声·国粹·人民:"二战"后日本学界关于章太炎辛亥革命前思想之定位问题的争辩》,载张志强主编:《重新讲述蒙元史》,北京:生活·读书·新知三联书店 2016 年版,第 273—292 页)在今天,吸收并继承战后日本左派章太炎研究的精髓是极有学术与现实意义的:通过梳理章太炎的思想,描绘出一幅不同于近代西方发展道路的图景,并且将以章太炎为代表的晚清思想,与之后的中国革命衔接起来,发掘中国近代思想流变中真正能成为构建中国自身思想话语体系的资源,超越晚近流行的只将其作为一种陈言刍狗般的"史料"的态度,避免总是去人云亦云地不断哀叹近代中国没有出现与近代西方或当代美国相符合的思想。

这一带有左派色彩的分析思路,在近二十年东亚局势与中日学界基本价值观与社会国家认同取向的变化之下,愈发显得倍受冷漠。在所谓"东亚区域交流"的视野下,近代以来东学对中国士人影响颇广,特别是章太炎于清末长期居住在日本,因此关于他对日本思想与学术的认识及吸取,便成为中日学界认识章太炎思想的另一方式。关于这一问题,小林武在《章太炎与明治思潮:另一个近代》一书中进行了颇为翔实的研究。作者通过对明治时期日本思想状况的掌握,分析章太炎所受到的影响,特别是他如何借助日本译介的西学书籍来了解西洋哲学,以及比较他与日本学者之间对西学认识之异同。比如论述章太炎对宗教学者姉崎正治的学说之吸收;章氏通过日译本的叔本华著作,借助后者所著的《道德大原论》来构建自己的道德学说;章太炎的哲学思想与明治时期日本哲学界的比较,等等。以章太炎为例,展示出近代中日思想交流的复杂面貌。[1]陈学然则认为:"无论是章太炎与明治时期日本学术的关系,或者是章氏思想的日本因缘与近代中国知识社群的兴起等,都是未来有待展开的史学新域。……细察章氏乃至于与他有师友渊源的留日知识精英如何接受域外学术文化、如何选取或者是怎样加以批判的情况,在未来仍有值得深入探研的需要。"[2]

从近代中日思想交流的视角来研究章太炎思想,彭春凌在《儒学转型与文化新命——以康有为、章太炎为中心(1898—1927)》一书中,通过梳理章太炎、康有为在近代复杂历史场景之中对于儒学(或称之为"儒教")的诠释与解读,特别是章太炎对于日本学者相关论点的吸收与排拒,章氏在台湾期间所亲历的种种景象,以此分析近代儒学转型之面向。作者谈及:"本书从儒学自身新生转进的历史视角来考察新文化反孔批儒问题,既是梳理儒学传统现代转换的路径和方向,又

---

[1] 参见〔日〕小林武:《章太炎与明治思潮:另一个近代》(《章炳麟と明治思潮:もう一つの近代》),东京:研文出版社2006年版。
[2] 陈学然:《章太炎的学术思想及其研究史检讨》,载陈勇主编:《民国史家与史学》,第246—247页。

是期望开启与激活新文化本来拥有的多维层次、多元空间。"①这一设想自然极好,书中也有所体现,比如关于章太炎对《周易》的认识之分析,认为《周易》开启了章氏对"经"的价值的回归之旅;章太炎对康有为式儒学的抨击如何影响新文化运动中的批孔话语。只是除此之外,如何真正呈现"多维层次、多元空间"?章太炎之于儒学,除去日本因素,更和他对中国历史的认识息息相关,他对历代儒者的评价,归根结底还是基于他对中国历史与现状的考察,以及当时政治、社会的变动与斗争对他的影响。他对儒法、儒道关系的梳理,明末诸遗老言行的评价,五朝学术的阐扬,宋儒学说的扬弃,皆不外乎此。而他对王学态度,较之当时许多人因歆羡日本而大力提倡,更显示出他独到的思虑。所谓近代东亚思想之互动,或可为理解章氏学说提供新的角度,但若想真正抓住他思想的核心,他对中国历史、现状与未来的思考,窃以为还应该按照章太炎自己所提倡的,从"自国自心"出发。

在"有学问的革命家"这一称号之下,关于章太炎对中国传统的认识,很长时间被置于清末革命的进程之中考察,根据某些"革命"标准来评判其学术,因此章氏一方面对近代西方的代议制大加抨击,另一方面称赞秦政,遂被视为"在历史认识上走向了歌颂君主绝对集权的荒谬地步"②。重订本《訄书》论中国学术流变部分,章氏非议正统儒学、表彰异端之学的倾向值得肯定,③但同时他宣扬提倡国粹,并对流行于世的各种新学进行批判或否定,则成为章太炎"自我否定"的表征,于是他讨论中国历代制度的文章也成为其思想上的瑕疵。④在此

---

① 彭春凌:《儒学转型与文化新命——以康有为、章太炎为中心(1898—1927)》,北京:北京大学出版社 2014 年版,第 3 页。
② 朱维铮:《〈民报〉主编章太炎》,载氏著:《音调未定的传统》,沈阳:辽宁教育出版社 1995 年版,第 297 页。
③ 参见朱维铮:《〈訄书〉发微》,载氏著:《求索真文明——晚清学术史论》,上海:上海古籍出版社 1996 年版,第 259—283 页。
④ 参见朱维铮:《〈国故论衡〉校本引言》,载氏著:《求索真文明——晚清学术史论》,第 288—290 页。

视野下,中国传统本身须具备就当时而言的"进步意义",然后章氏对之所进行的阐释方能被认可。

晚近以来,对于中国传统与近代思想的认识,不再只以线性的趋新进化史观看待。因此关于章太炎与中国传统,遂有了多视角的探讨。张昭军从章太炎儒学思想的演进历程、对儒学的学术研究、对儒家思想的阐释三个方面展开探讨,认为章太炎之于儒学,有民族主义色彩强烈;融合古今中西,深厚杂博;基于理性,富有逻辑三个特点。通过梳理章太炎的儒学思想,作者强调:"中国近代思想文化的近代化是以中国传统文化为基础的近代化,有着自己身后的文化底蕴和内在理路;借鉴和吸收西方文化而创新新文化,必须深契于中国社会发展的要求。"①王玉华在《多元视野与传统的合理化:章太炎思想的阐释》一书中,认为近代中国无论是欧化主义者抑或传统主义者,都将中国社会文化秩序的转型界定在"一元"的思维模式之上,此乃情绪化的非理性因素作用的结果。章太炎则不然,他"将文化看成为一个伟大的生命之流,在多元视野中以追求'传统的合理化'为其思想的归趋,而章太炎所追求的'传统的合理化',也正是意指包含着'民族性'这一'空间'之思维在'时间'的轴线上不断得到伸展的无限过程,当然,这一与'传统'互动的本土文化的'时代性'之产生,同时也包含了'他者'"②。江湄认为章太炎在学术上以探求真理为职志,强调学术之权存在于民间,教化社会风俗之责由"师儒"承担,这些皆非政府所能范围,故不可借颠覆传统、惑乱人心之罪名取消学术自由,这一"政""俗"和"真""俗"相分相补又相济的社会,符合"齐物"之道。所以,章太炎的思想既有彻底的批判性,又具深刻的保守性,很难用激进或保守这样的传统框架来认知。③这

---

① 张昭军:《儒学近代之境——章太炎儒学思想研究》,北京:社会科学文献出版社2002年版,第304页。

② 王玉华:《多元视野与传统的合理化:章太炎思想的阐释》,北京:中国社会科学出版社2004年版,第558页。

③ 参见江湄:《"齐物"世界中的学术、道德、风俗与政治——章太炎的"学术"观念及其对中国学术思想史的阐释》,《史学月刊》2011年第12期。

些观点,对更为全面地认识章太炎思想极有助益。

所谓"多视角",除了观点之外,更为重要的是看待与理解史事的方法与角度,只有认识到史事的复杂面貌,回归历史本身进行梳理,方能对之有更好的理解。关于学术史的研究,桑兵指出:"只有比勘各种文献,掌握有关人事的相互关系,才能逐一揭开语结,理解文本,进而发现内外联系,从虚实两面认识真相与真意。"①在《章太炎晚年北游讲学的文化象征》一文里,作者细致勾画了 1932 年章太炎晚年北上讲学的具体场景与背后学界新旧南北派分的关系变化。新文化运动之后,章门弟子新、旧之间势同水火,乃师形象因之颇显复杂,章太炎 1932 年北游南归之后开办国学讲习会,与对当时北平学术空气的不满大有关系,而他虽然在新文化运动之后被视作保守落后,但是"余威犹在",其言论仍然为一部分旧学功底较好的学者所重视。这对于了解章太炎进入民国以后其言论背后所呈现的历史本事,无疑极有帮助。②这一研究极有方法论上的启示意义。而作者在另一篇文章中所指出的,"认识民国学界的老辈,可见学术发展,必有传承,虽然后人往往奢望截断众流,横空出世,毕竟不能凿空逞臆。而'五四'以后的学院化学术建设,不仅渊源于西学和清末的新学,仍然受固有学术文化的制约"③。此虽非专就章太炎而论,然触类旁通,亦可循此思路以理解他在中国近代思想史、学术史上的地位与作用。

章太炎在清末极力宣扬国粹的价值,在罗志田的研究当中,作者认为彼时朝野双方虽然在政治立场上对立,但在文化方面皆曾有保存国粹的愿望与具体努力。在这一点上,朝野之间呈现出明显的共性。因此政治上的对立与学术上的相契之间,需要仔细分疏。④此外,在

---

① 桑兵:《国学与汉学:近代中外学界交往录》,北京:中国人民大学出版社 2010 年版,第 15 页。
② 参见桑兵:《章太炎晚年北游讲学的文化象征》,《历史研究》2002 年第 4 期。
③ 桑兵:《民国学界的老辈》,《历史研究》2005 年第 6 期。
④ 参见罗志田:《国家与学术:清季民初关于"国学"的思想论争》,北京:生活·读书·新知三联书店 2003 年版,第 83—142 页。

《道亦方法？章太炎、胡适等人关于"一以贯之"的新说及争议》一文里,作者通过分析章太炎、胡适等人关于《论语》中"一以贯之"的诠释,展现诸家各自的思想特色,并指出在经典淡出的时代里,使得人们对于经典的解释能更为开放。同时思想与学术典范的转移,使得各种解释之间充满紧张、冲突与竞争。更有甚者,为了表明各自的立场与态度,导致观点相似的人彼此因文化或政治上的分歧而不得不各自反对对方。①由此可见,关于中国近代思想史的认识,需要破除长期以来被固化的派别观念,注意到当时不同立场的人对具体观点的阐释之异同,尽可能回归论争场景之中。理解章太炎思想在近代各种语境中的意义,将研究更加细致化,亦应如是为之。②

汪荣祖教授认为章太炎思想之要义在于"强调每一种文化都具有特殊性格,不必也不应与别种文化同化。在文化交流中,各文化既然都有特性,自应站在平等的地位。……文化既各各相异,各有其特性,唯有相互尊重,而不能也不必要求甲文化臣服于乙文化"③。在《康章合论》一书当中,作者指出康有为、章太炎二人"早年批判传统,原无意要消灭传统;从传统中解放出来之后,仍须在传统的基础上创新;如果传统被消灭了,则创新的基础也没有了"④,所以进入民国以后"西化派显然与章炳麟水火不相容,但两者之间,并不是单纯的中、

---

① 参见罗志田:《道亦方法？章太炎、胡适等人关于"一以贯之"的新说及争议》,载氏著:《经典淡出之后:20世纪中国史学的转变与延续》,北京:生活·读书·新知三联书店2013年版,第107—131页。

② 不过虽然如此,但值得注意的是,在中外的近代史论述里,其实并无真正意义上为"恢复"史实而展开的历史书写。自古以来,关于晚近历史的书写,某种意义上都是一种政治或文化立场的表达,从司马迁与班固之差别,便可窥其一斑。而在各种意识形态与价值观交相碰撞的今日,这一特点更为凸显,在霍布斯鲍姆与保罗·约翰逊两位英国史家关于20世纪历史的书写之巨大差异上,即有很明显的体现。即便是以考证为主的研究,在描绘当时历史图景之时,其实也透露出撰述者自身的观点与取舍。因此关键在于,在进行研究之时,应有相当的思想自觉,能够分析或判断某一历史论述背后的现实意涵为何,并且对自身研究的问题意识与相关立场有清晰的体认。

③ 汪荣祖:《章太炎的文化观》,载氏著:《章太炎散论》,北京:中华书局2008年版,第116—117页。

④ 汪荣祖:《康章合论》,台北:联经出版事业公司1988年版,第117页。

西之争，而是文化观点的根本歧异。西化派认为文化只有程度上的不同，并无成分上的各异，而章氏认为既有程度上的不同，更有成分上的各异。因为各个文化各由其特殊的历史、语言、风俗等条件所形成，各具特色，不可能像物质世界那样普及与单一①，因此"如果强行模仿或直接采用西方的近代文明，不顾本国文化的特性，必不能相宜"②。这一论点，对笔者长期以来阅读章太炎著作启发极大。此外，关于章太炎生平与思想的系统而全面之研究，姜义华教授无疑具有导夫先路之功。他在《章太炎思想研究》一书当中，详细论述了章太炎的生平事迹与思想变迁，分析章太炎思想之特色，如他借国粹激发民族主义，对经学的新诠，将清代的小学研究改造为具有近代意义的语言文字之学，并且呈现他在各个不同历史时期的地位与作用。与本研究相关的是，书中对章太炎如何以新的眼光看待中国传统文化进行了颇为详尽的分析，认为章太炎是"致力于民族文化近代化的巨匠"，同时指出他思想的影响与内在的矛盾。③此外，他在《章炳麟评传》一书中对章太炎主要的学术论著之内容进行了细致梳理，勾画出章氏思想之全貌，对于整体把握章太炎之言行极有助益。④而将章太炎在清末民初的学术工作总结为"华夏文化的疏浚与重构"，强调他站在中国文化发展的历史转捩点上，一方面扬弃中国传统，一方面赋予其新的内涵与意义，视此为章氏致力于民族振兴事业的重要部分。⑤这更是本研究之所以进行的最直接的启迪。

三、方法与思路

在思想史领域，所谓研究方法，最基本的工作或许是先熟读研究

---

①② 汪荣祖：《康章合论》，第124页。
③ 参见姜义华：《章太炎思想研究》，上海：上海人民出版社1985年版，第423—512页。
④ 参见姜义华：《章炳麟评传》，南京：南京大学出版社2002年版，第300—614页。
⑤ 参见姜义华：《章太炎》，台北：东大图书公司1990年版，第49—81页。

对象留下的文章著作。近代人物,种类繁多,并非人人都有志立言以垂后世,不少武人政客、商界名流,最为操心者,当为个人事业之成败,文章云云,多数只是作为有利于个人事业发展的一种工具。所以彼等多有专门司笔札之事的幕僚或秘书,不少言论,多为后者代劳不说,除非与切身利益极其相关,最多也只是发发意见,以示自己对于某事,百忙之中,依然重视罢了。但是像章太炎这样的人物则不然。虽然章氏一生难以忘情政治,但是对自己的学术成绩,他更是重视。所以欲对他有所了解,进而展开研究,除了熟悉基本生平之外,最为重要者,莫过于逐字逐句地熟读其各类文章著作,不但要理解其立言本旨,还须明晰其思想变迁轨迹,对于他的论学之作,更要知晓他论述对象的大致情况。比如章氏论诸子之作,若研究者本身对诸子学一知半解,荀韩老庄,只知其名,未读其书,那么如何能晓得章太炎之观点,特色何在?背后指向为何?又例如近代今古文之争,章氏后来自言其恪守古文经学,并对康有为的经学思想大加抨击,可是若对中国经学流变模糊不清,连自汉代以来最基本的几部经学著作,如《春秋繁露》《白虎通义》等都未尝披览,那么又如何能探讨章氏经学思想之究竟。章太炎论政之时,经常谈及中国古代制度特色,以此作为自己的立论参考,若对中国古代法典沿革、官制变迁皆不甚了了,那么又如何能分析章太炎对于政治问题的种种思考。

犹有进者,近代以来,西学东渐,当时不少学者,或是出于目睹世变,将国之强弱与学之优劣混为一谈,遂真心想为中国学术另辟新路;或是学乏根底,不得已而借助各种新说自鸣其高,傲视同侪,以求名利双收,都渐渐认为研究中国学问,若是不参照或模仿西方理论,那么其著作价值将会大打折扣。流风所及,时人常说的某某论著理论水平如何,基本是指其中所运用的西方理论而言,这一点在研究近百年中国历史方面体现得尤为明显。西方思想演变中的各种史事,或可作为审视中国思想流变的一种参考,但是若不顾历史本相,径直将西欧文艺复兴以降思想变迁史中的一些重要因素与具体概念,生搬至近代中国思想史的研究当中,将一些或许本非关键的面向放大,以为非如此,则梳理历史脉络将无从谈起,这一点在不少论著里都体现得异常明显。当年胡适对于自己所写的《清代学者的治学方法》一文视之甚高,认为"是一篇很好的方法论"①。他在其中大谈清代朴学与西方近代科学的相似之处,并视此为清代学术之价值所在,其缺点在于只是钻研古书,未曾涉及自然万象。②但今日思之,其观点然耶否耶,此不待详辩而可明也。而后之视今,得无如今之视昔?

因此正如姜义华教授所言:"近代以来,中国进入一种全新的世界联系之中,也从东西各国引进了一整套全新的名词、概念、话语体系。这一全新的名词、概念、话语体系,在不少方面有助于深化对中国历史与现状,特别是对于世界历史与现状的认识。但是,这一整套全新的名词、概念、话语体系,基本上是舶来品,用它们来解读中国时,经常会与中国实际的历史与现状无法真正对接。尤其是当对这一套新的名词、概念、观念体系由欢迎到崇拜更转变为一种宗教式的信仰、形成所谓'名教'时,许多人竟宁可不相信事实,也要相信这样的观念,相信这样的名词。发展到极致时,名与实可以完全相反。"③就章太炎而言,他早年也和大多数有识之士一样,对于西方学说甚为醉心,不但翻译社会学著作,还立志用新观点写一部能够明了社会进化轨迹的《中国通史》。《訄书》初刻本与重订本中的许多篇章,都能看到他对于西学的汲汲吸取。但是他后来认识到,人文世界,难以化约为一,远西理论,乃是根据彼土的社会与历史经验总结而来,用于中国,方枘圆凿之处比比皆是,所以他强调认识中国历史发展特色的重要性,而对于政治与社会问题的思考,对于学术问题的阐释,他也皆是从这一点出发。

---

① 曹伯言整理:《胡适日记全集》第 3 册,台北:联经出版事业公司 2004 年版,第 510 页。
② 参见胡适:《清代学者的治学方法》,载欧阳哲生编:《胡适文集》第 2 册,北京:北京大学出版社 1998 年版,第 282—304 页。
③ 姜义华:《走出思想上文化上的"被殖民"》,《社会科学》2012 年第 5 期。

此外前文提到,章太炎强调论学须"从自国自心发出来",批评学人对于本国学说毫无心得,其良莠之判断,一以外人的说法为准,强调"本国的学问,本国人自然该学,就像自己家里的习惯,自己必定应该晓得,何必听他人的毁誉"。① 凡此种种,在在显示,研究章太炎思想,应从历史本身出发,通过解读与梳理各类材料,尽可能的勾勒出史事的本相与脉络。否则岂止郢书燕说,简直厚污古人。②

本书主要关注章太炎如何阐释中国传统思想,这就引出一个问题,在中国近代思想史的研究中,如何定义"传统"? 长期以来,许多论著只要提及"传统",不言自明,便指儒学。而对于儒学,也多指宋明理学。当然,自元代以来,理学成为官学,科举考试奉朱注《四书》为圭臬。到了清代,统治者虽然出身异族,却大力褒奖抬高理学,所谓"理学名臣",在清朝代有其人。因此理学对士人的影响,自然是既深且远。但即便如此,对于中国传统思想的认识,亦不可如是而已。战国时期,诸子蜂起,百家争鸣,各派学说,并行于世。墨子非儒,庄子嘲讽曾、孔,韩非视儒墨为五蠹之一,儒家学说,在当时绝非一枝独秀,而是常受到其他学说的批评,并且诸子各派,像儒、墨、道、法、阴阳等,也皆有一套系统的学说,彼此相互激荡、影响。这些思想,虽然汉代以降,多处于隐而不彰的地位,但其影响力却依然可见。每当政治动荡,社会混乱,许多被儒者视为异端的思想便又进入士人视野里,像汉晋之际,先是名法之学兴盛,继之以道家式的清谈,其间还有鲁胜注释

---

① 参见章太炎:《论教育的根本要从自国自心发出来》,载章念驰编订:《章太炎演讲集》,第76—86页。

② 这里还引申出一个问题,近代以来,中文词汇里大量出现源自日语的词,并且造成了长期且巨大的影响,"迁延演变至今,这些概念名词已经成为人们不言而喻的认识前提且工具,正本清源诚非易事,拨乱反正似无可能,而因陋就简,则犹如戴上有色眼镜,了解过去,认识现在,展望未来,均不免变形变色,无法为世界展现中国思想文化的本意"(桑兵:《近代"中国哲学"发源》,《学术研究》2010年第11期)。笔者在论述章太炎思想时,也时常苦于寻觅可以准确恰当描绘其本旨的词语,但一时之间,难以在现有基础上不顾习惯,造就新词,处处使用章氏语汇,则行文上将极为不便,甚至造成非驴非马之相。因此也只好"因陋就简",在一些关键意涵上,使用章太炎本人论著里使用过的词汇,而在一般叙述时,在不使阐释过于失真的情形下,则使用今日约定俗成的用语。

《墨辩》,阐扬绝学。唐代虽有官方编订的《五经正义》,但杨倞注《荀子》,杜牧注《孙子》,这些文本对后世影响依然存在。唐末五代,藩镇混战,道家思想又被人们拾起,作为批判君主制度的利器。历代政治改革,如王安石变法与张居正新政,表面上遵循儒家之道,实际上从政策到政风,基本上属于法家。而墨学看似汉代以后趋于消亡,但其提倡的伦理准则,在民间社会依然长存不衰。就算是儒门内部,同样分成不同学派,汉儒明天人,讲致用;魏晋南朝,清谈之余,重视礼法,以义疏之法治经;宋代以降,关闽廉洛之学日渐兴盛,同时复有金华、永嘉经世之学不容小觑。①

所以,这些学说其实都属于"传统思想",它们在近代的被发现、被诠释,进而成为构建时代思潮的要素,皆应该予以足够的重视,并从中国传统思想内部变迁的角度展开分析。②否则在谈论近代思想时,把诸子学的兴起视为对儒学的冲击,进而论断此乃"反传统"的先河。或是把同样一段史实看成时人提倡"民间文化",抨击"庙堂文化",殊不知在历史长河里,能读得懂这些典籍的人,难道不多是与庙堂关系紧密的士大夫吗!萧公权在20世纪40年代指出:"近代人士讲到中国文化,总不免拿儒家思想来做代表,好像认识了儒家思想就可以认识中国文化的全体。其实民族文化是一个复杂的体系,决不是一家一派

---

① 其实梁启超在1902年所撰的《保教非所以尊孔论》一文里,已经提纲挈领地勾勒出历史上儒学内部的变迁。(参见氏著:《保教非所以尊孔论》,载吴松等点校:《饮冰室文集点校》第3集,昆明:云南教育出版社2001年版,第1346页)如果将视野扩大,看待中国传统思想本身的渊源流变,同样可以此理推之。

② 本文对"传统"的理解,借鉴德国哲学家伽达默尔(Hans-Georg Gadamer)的相关解释。在伽达默尔看来,一切认知都是受到"前见"——即历史与传统的影响,人不能完全无视并摆脱传统。因此,近代启蒙运动主张用理性来排斥传统,实际上乃一种偏见。此外,在承认传统对后世具有影响力的基础上,必须认识到,长期以来形成的权威,并非自然而然的存在,而是依赖于承认,并且这种承认本身即为一种理性的活动。同时所谓传统,也需要不断的肯定、培养与掌握,在此基础上,传统并非一成不变,而是在不断的阐释过程中被赋予了新的内涵。(参见氏著:《真理与方法——哲学诠释学的基本特征》,洪汉鼎译,北京:商务印书馆2007年版,第362—394页)关于诠释学在中国思想史研究中的启示,参见陈荣华著:《高达美诠释学:〈真理与方法〉导读》(台北:三民书局2011年版,第135—144页)。

的思想所能包括。儒家思想虽然博大宏深,有合文通治的妙用,然而它原来不过是先秦显学之一。儒家以外还有许多'持之有故,言之成理'的学说。这些学说都是先民思想的结晶,中国文化的泉源。我们尽可认儒家为思想的主潮。但是舍百川而不受,必定无以成就沧海的洪深。我们尽可奉儒家为文化的大宗,但是弃小宗而不祀,恐怕要犯'数典忘祖'的错误。"①所以阐扬传统,"评量抉择的标准,不是任何一时一代、一家一派的主观意见,而当于全体文化、全部历史中求之"②。因此本书关于"传统"的论述,乃是将中国历史进程中的各种学说与门类,皆视为传统思想的组成部分,个别学说在历史上或长期隐而不彰,但依然属于传统思想的范围之中。或许可以这样认为,中国传统思想本身乃一多元的形态,且蕴含着丰富的诠释之可能,人们可以根据具体的历史脉络,从中国自身现状出发,对之进行阐释,在不失本相的前提下使之或发扬光大,或推陈出新。它们自具生命力,能够成为时人面对世局思考因应之方时的重要参考,而非枯枝败叶、一潭死水。

陈寅恪尝言:"夫圣人之言,必有为而发,若不取事实以证之,则成无的之矢矣。圣言简奥,若不采意旨相同之语以参之,则为不解之谜矣。既广搜群籍,以参证圣言,其言之矛盾疑滞者,若不考订解释,折衷一是,则圣人之言行,终不可明矣。"③在思想史研究中,对于前人言论,应该力求明晰其背后为何而发与未曾明言的具体所指;同时钩稽史料,指出其言论所引起了怎样的回应与论辩,以及梳理对于同一具体事件或问题的相关论述,以彰显其言论在所处时代中的位置为何,如此庶几免于单调的就思想谈思想,将思想与具体的历史语境分离,

---

① 萧公权:《圣教与异端——从政治思想论孔子在中国文化史中的地位》,载汪荣祖编:《萧公权先生全集之九·迹园文录》,台北:联经出版事业公司1983年版,第36页。
② 同上,第55页。
③ 陈寅恪:《杨树达论语疏证序》,载陈美延编:《陈寅恪集·金明馆丛稿二编》,北京:生活·读书·新知三联书店2001年版,第263页。

仿佛所有的思想演说不是放之四海皆准的金玉良言，就是立言者两耳不闻窗外事的空发议论，这样的思想史研究，只见"思想"，却毫无"史"的意义。陈寅恪研究魏晋清谈，认为当时士人对于玄言的取舍与辩论，背后乃是有着具体的政治立场之分野，代表着当日政治上之实际问题，不可单纯以口头虚语视之，这便是将古人言行置诸具体的历史场景之中进行论述。①此外，他研究曹操在建安年间所颁布的求贤令，指出东汉末年士大夫多出于儒家大族，强调道德，严于修身，故力倡仁孝廉让。而曹操出身卑贱，欲有所作为，必须摧破前者所奉行之信条，于是强调才能为要，不计德行。如此论述，其所颁文告背后所蕴含的本旨，于焉显现。②同样的，研究章太炎对中国传统思想的阐释，须将章太炎相关言行（主要是言论）置于具体的历史场景之中进行论述，尝试了解章氏言论背后的特定指向，同时分析他对于时代的关怀与忧虑。爬抉史料，多方参证，通过对具体问题的叙述，展现章太炎思想形成的过程，在掌握他论著本意之基础上，分析他对中国传统思想的阐释，主要是在怎样的历史语境下为之，概念的辨析与史事的梳理交相进行，此外关注他的相关学说一旦形成，如何影响到他看待世局，进而为现实问题提供因应之道。

基于上述考虑，本书在章节上的安排，分几个部分探讨章太炎如何对中国传统思想展开阐释，着重以传统思想的某个面向为中心，从具体的历史语境入手，庶几能将章氏思想的"源"与"流"大体呈现。除去导论，本书第一章讨论章太炎在近代西学东渐、中国传统思想面临极大危机的时代背景下，通过对中西印著作的研读与思考，提出治学应从"自国自心"出发：既不可故步自封，率由旧章，亦不能自弃立场，舍己从人。这一思想的形成，颇经历了一番转折，其

---

① 参见陈寅恪：《陶渊明之思想与清谈之关系》，载陈美延编：《陈寅恪集·金明馆丛稿初编》，北京：生活·读书·新知三联书店2001年版，第201—229页。

② 参见陈寅恪：《书世说新语文学类钟会撰四本论始毕条后》，载陈美延编：《陈寅恪集·金明馆丛稿初编》，第49—51页。

中体现了他对西学与中学的抉择与取舍,对世局的分析,以及对中国学术如何在此变局之中有以自立的深刻忧虑。这番心路与思路的历程,窃以为是认识章太炎思想特色之关键,故先述及此,作为分析章太炎其他具体学说的出发点。犹有进者,章太炎诠释中国传统,首先着眼于在哲学层面批判黑格尔以降的西方"普世"主义思潮,从哲理上论证中国文化的主体性,进而努力构建自己的哲学体系,这使得他的思想较之同时代人尤具深度。这番心路与思路的历程,窃以为是认识章太炎思想特色之关键,故先述及此,作为分析章太炎其他具体学说的出发点。

章太炎关于"自国自心"思想的论述,发表在清末光复会创办的《教育今语杂志》上面。因此第二章集中论述《教育今语杂志》的创办经过,以及分析章太炎在上面发表的关于教育方面的文章。在清末的语境里,教育问题的话语权引来各方政治势力激烈争夺,作为清季重要革命团体光复会的成员,章太炎及其门生,正是在这样的历史背景下,借助撰写通俗文章,向大众宣传自己的教育主张。章氏的"自国自心"之道,不仅针对学术领域,更体现了他对教育改革与教育方针的关怀,尤其是他对清政府相关政策的态度,甚至可以说,《教育今语杂志》乃章太炎"齐物"哲学的一次实践。犹有进者,从社会文化史的角度来看,具体的生存环境如何影响章太炎的思想主张,通过这一个案的研究,亦可具体而微的呈现。

在章太炎一生的学术活动中,致力最多的当属语言文字之学,他之所以被称为"清学殿军",很大程度上也是因为其小学功底充分继承了清代朴学之传统。然而在章太炎那里,他面临的是近代中国文化遭遇到了极大的危机与挑战,以中国语言文字为表达形式的中国学术与思想在世变面前日益受到西学的冲击,中国文字存在的理由与价值不再是天经地义,而是成为时人质疑的对象之一。在这样的时势之下,以保存并光大国学为己任的章太炎,对于中国语言文字,已经不可能照搬清人治学旧章。他受到近代西方学说的启发,从中国文化的整体性出发,在对语言文字的定义、中国文字的特点等方面展开了新的诠释。因此他的语言文字之学,绝非只局限于近代学科分类下的"语言学"范畴里展开讨论,而是和他对中国历史文化的流变与当前危机的认识及思考息息相关。第三章便从这一角度出发,分析章太炎的语言文字之学。

近代中国,诸子之学复兴,先秦子书不但成为学术研究中的热门,更是时人回应世变的重要参考。章太炎正是这股思潮的代表人物之一,他以平等的眼光审视诸子各派,并提出自己的独到之见,许多论著极为深刻地影响到后来的诸子学研究。所以第四章聚焦于辛亥革命前后章太炎对道、法二家政论之阐释,从中探讨章氏子学之特色。章太炎借法家思想反击清末的立宪思潮,并陈述自己对法治的认识;通过诠释道家,提出治国应"区分政俗";民国建立以后,章太炎进一步深化自己的理论,希望能在政治实践上避免缺失,使中国的法治建设趋于良善。章太炎之于诸子,从中国历史与文化本身脉络出发,根据对时局的感观,阐释诸子思想中能对今世有所贡献者。在他那里,传统与现代之间绝非处于割裂状态。

章太炎治学范围虽广,但一大特色便是对历史极为重视。他于清末重新审视经学,认为经书乃历史记载,这一颇具颠覆性的主张背后,显现他希望将历史作为未来中国文化建设的重要组成部分。因此第五章以章太炎的典章制度之学为例,讨论章氏史学之特色。他对中国历代典章制度的研究,既继承了乾嘉朴学的考史之风,对于历代制度之具体内容多有考证,语必征实,不蹈空言;同时复能摆脱饾饤之学的视野狭隘与琐碎之失,以历史演变的整体视角出发,研精覃思,通过对于制度沿革之论述,别其良莠,总结出可为今世借鉴效仿者,以期学以致用。同时本章以20世纪20年代的"科道制"论争为例,呈现章太炎如何借自己对中国历代典制的理解来发表政见。最后再梳理近代史学史上与章太炎观点同声相应之人,尝试勾勒一种较不同于主流论述的史学史流变。

第六章的主要内容为分析章太炎晚年所提倡的"修己治人"之学。章氏晚年目睹政局混乱,民族危机加剧,开始重新思考经学与儒学的价值。他不像许多人那样,将这些现状归结于中国传统不适应西方政治与文化,进而开始批评中国传统文化,而是视此为中国历史演进中各种消极因素交织而成,在今日凑合呈现的结果。基于此,他晚年表彰王学、提倡读经,希望借此改善国民道德,以达"修己"之效。此外,他力言读史的重要性,希望人们能了解中国历史大势,熟知历代政治社会变迁,以及疆域沿革梗概,通过对于历代史事的稔熟,能够从中吸取足以为当下所借鉴与取法之处。章太炎晚年虽然鼓吹读经,但他的儒学观绝非率由旧章,而是身处中国近代思想史的转型时代里,通过思考历史与现状,对中国传统学术进行改造与更新,让后者在新的时代里有以自立。

第一章 章太炎学术思想之形成与旨要

近代中国的思想与学术面临两大时代主题:一为中国出路何在,一为古今东西之争。随着晚清以来国势衰微,中国传统思想与学术受到极大冲击,许多人开始质疑,禹域旧章能否在滔滔世变中提供人们有效的因应之道,让中国得以振衰起微。而规模日渐宏大的西学东渐,更让中国士人认识到中国之外,犹有其他学问存焉,且后者本末兼具,有体有用。加之这种了解与接触是建立在西方的坚船利炮对中国的威胁之上,学问的高低,往往被认为与国力的强弱息息相关,因此近代中国人对于西方与西学,很大程度上并非处于平等地位,能平心静气地来扬榷得失,而是以被迫面对开始,进而变为仰慕歆羡,视西学为近世世界文明的象征,是能使国家臻于富强的利器。①梁启超在甲午之战后大声疾呼:"故国家欲自强,以多译西书为本,学者欲自立,以多读西书为功。"②之后在论述中国历史大势时,他更是强调:"今世之著世界史者,必以泰西各国为中心点,虽日本、俄罗斯之史家,亦无异议焉。盖以过去现在之间,能推衍文明之力以左右世界者,实惟泰西民

---

① 美国历史学家史华慈(Benjamin I. Schwartz)曾说:"很少有人会断言,18、19世纪以来的西方在政治、社会、意识形态等各方面形成了一个轻易可被理解的综合体。"(氏著:《寻求富强:严复与西方》,叶凤美译,南京:江苏人民出版社1990年版,第1页)但正如论者所言,"西方文明"在十八十九世纪里,已成为一重要概念,并且将"西方"与"东方"相对比,更是由来已久。(参见〔英〕雷蒙·威廉斯:《关键词:文化与社会的词汇》,刘建基译,北京:生活·读书·新知三联书店2005年版,第564—566页)犹有进者,在清末民初的语境里,不可否认的是,时人对于西方,特别是西欧与美国,除去一二超拔之士,基本上将其视为进步的、华美的象征,特别是当拿中国与之做对比时,更是如此。

② 梁启超:《〈西学书目表〉序例》,载吴松等点校:《饮冰室文集点校》,第141页。

族,而他族莫能与争也。"①西学(或者深受西学影响的东学)在近代越来越多中国人眼中地位愈发重要且高大。后来梁启超晚年追忆清季学术时说道:"海禁既开,所谓'西学'者逐渐输入;始则工艺,次则政制。学者若生息于漆室之中,不知室外更何所有;忽穴一牖外窥,则粲然者皆昔所未睹也;还顾室中,则皆沈黑积秽;于是对外求索之欲日炽,对内厌弃之情日烈。"②这一描述,颇为形象地刻画出近代中国人追求西学时的心态。

黄遵宪认为梁启超为文"惊心动魄,一字千金,人人笔下所无,却为人人意中所有,虽铁石人亦应感动,从古至今文字之力之大,无过于此者矣"③。梁氏的文章著作,在近代中国影响极大,中国近代史上的许多风云人物都曾受其影响。④而他所说的上述观点,很大程度上也是近代中国知识分子的一种"集体心态"。身处近代变局,借彼邦之烛,照此土之幽,本无可厚非。然时人对于中国传统学术的认识,很大程度上却皆以西方学说作为标准。前者良莠与否,价值有无,多半程度上根植于是否与后者有相契合之处,是否符合启蒙运动以来西方现代性价值体系之下的相关标准。王国维在20世纪20年代感叹,较之古昔以来的"道出于一",近代由于西学之输入,致使"道出于二",这一过程,"光绪中叶,新说渐盛,逮辛亥之变,而中国之政治学术几全为新学所统一矣"⑤。而看待中国传统学术,时人也越来越依赖于彼土相关理论,若不循此道,那么其著作价值将会大打折扣。就算是有心与之一争高下,其争胜之道也是努力让自己运用"先进"理论的水平较之

---

① 梁启超:《中国史叙论》,载吴松等点校:《饮冰室文集点校》第3集,第1620页。
② 梁启超:《清代学术概论》,台北:五南图书出版股份有限公司2012年版,第94页。
③ 黄遵宪:《致饮冰主人书》,载丁文江、赵丰田编:《梁任公先生年谱长编(初稿)》,北京:中华书局2010年版,第138页。
④ 关于梁启超文章的影响,参见张朋园的《梁启超与清季革命》(台北:"中央"研究院近代史研究所1999年版,第183—233页)。
⑤ 王国维:《论政学疏稿》,载谢维扬、房鑫亮主编:《王国维全集》第14卷,杭州:浙江教育出版社2010年版,第212页。

外人,更胜一筹,而不是强调中国传统学术自有其方法与内涵,不可以域外之学牵强附会,率尔为之。对此,文学史家刘永济在20世纪40年代曾感慨:"今人之习西方文哲学者,每喜以之拟我国语言哲学,而忘其不相类;初学之士,见其新奇,信而不疑,辗转相传,贻误实大。今人有谓屈子《天问》中之思想为怀疑哲学者,有谓并无屈子其人亦如希腊作史诗之荷马者,皆强异为同也,不可不辨。否则与清季人士谓西洋声光化电诸科,我亦有之牵强附会者何异。"①

谈及近代学人对中国传统学术之阐释,章太炎无疑堪称翘楚。对于章氏国学,私淑其人的庞俊曾如是评论:"既而亡命日本,因得广览希腊、德意志哲人之书。又从印度学士,躬习梵文,咨问印土诸宗学说。于是欧陆哲理,梵方绝义,并得餍而饫之。盖至是而新知旧学,融合无间,左右逢源,灼然见文化之根本,知圣智之忧患,返观九流,作《原道》《原名》《明见》《辨性》《道本》《道微》《原墨》诸篇,精辟创获,清儒不能道其片言。其说始出,闻者震惊,而卒莫之能易。"②在这里,庞俊论章太炎子学研究之成绩,从后者对于欧洲及印度哲学皆有所涉猎这一点上立论,而不把他归列于一般的笃旧老辈之列。后来与庞俊学术及政治立场不大相同的侯外庐,在分析章太炎哲学思想时,也指出他对于哲学领域的诸多概念问题皆有论及,其知识背景是对古今中外的哲学思想广泛吸收,所以"这种运用古今中外的学术,糅合而成一家言的哲学体系,在近世他是第一个博学深思的人"③。二人皆认为章太炎之所以出类拔萃,乃是能够广泛地左右采获,将中印欧学说之精华熔于一炉。

章太炎1906年东渡日本,致力革命的同时,复设坛讲授国学,一

---

① 刘永济:《今日治学易犯之过失》,载氏著:《文学论 默识录》,北京:中华书局2010年版,第512—513页。
② 庞俊:《章太炎先生学术述略》,载白敦仁纂辑、王大厚整理:《养晴室遗集》上册,成都:巴蜀书社2013年版,第370页。
③ 侯外庐:《近代中国思想学说史》下册,上海:生活书店1947年版,第861页。

时间颇受留学日本的青年学子青睐。对于研究中国学术,他指出:"本国没有学说,自己没有心得,那种国,那种人,教育的方法,只得跟别人走。本国一向有学说,自己本来有心得,教育的路线自然不同。几位朋友,你看中国是属于那一项?中国现在的学者,又属于那一项呢?"①强调研究学问,应从"自国自心"出发,要以本国历史脉络为根基,要有自己的心得,不可徒蓦他国、一味追风、人云亦云。这一观点,堪称章太炎学术思想之主干,体现其对世风学风的反思与针砭。他自言:"中年以后,著纂撰渐成,虽兼综故籍,得诸精思者多,精要之言,不过四十万字。而皆持之有故,言之成理。"②认为自己文章著作佳处即在于有独到心得,而非追随风气,舍己从人。然而章太炎的这些观点,绝非一贯如此,而是在他经历世变与学变之时,通过思考,进而逐渐成形,这期间的思路与心路,体现了近代中国知识分子在中学与西学之间的取舍与抉择。而他所强调的"自国自心"之学,内蕴为何,与同时代其他学人相比,特色何在?他在构筑自己思想体系时又经历了哪些思考?这些面向,同样需要仔细梳理,方能窥探章氏思想之究竟。

一、对中国传统学术的批评

章太炎早年就学于杭州诂经精舍,师从晚清朴学大家俞樾,诂经覃史,董理诸子,治学范围,基本以清代考据学为主。甲午之战中国败于日本,章太炎深受刺激,开始由书斋走向社会,广泛吸收时代思潮,以求救国家于陆沉。1897年,章氏与宋恕等人创办"兴浙会",并自撰章程,在其中他指出:"《七略》著目,恢韬群籍。百家余裔,流别滋繁。学者各以性情所近,然必当知其要义。大抵经以《周礼》、两《戴记》为最要,由训诂通大义,足以致用。史以三史、《隋书》《新唐书》为最要,

---

① 章太炎:《论教育的根本要从自国自心发出来》,载章念驰编订:《章太炎演讲集》,第76页。
② 章太炎:《自述学术次第》,载虞云国整理:《菿汉三言》,第191页。

所谓五经之庙,可以观怪。子以管、墨为最要。至荀子则入圣域,固仲尼后一人。持衡诸子,舍兰陵其谁哉!"①谈及自己眼中中国传统学术的精要所在,并认为居今之世,治学的重点应为"知其要义",从中总结致用之道。一年之后,章氏上书李鸿章,陈述自己对当时政治与外交的看法,其中他向后者提到自己的治学历程与思路:

> 幼诵六籍,训诂通而已。然于举业,则固绝意不为。年十七,浏览周、秦、汉氏之书,于深山乔木间,冥志覃思,然后学有途径,一以荀子、太史公、刘子政为权度。持此三子以观古今中外之册籍,有旁皇周浃者曰知之矣。涉是曰近之矣。吐言相戾,陈义不相应,则以为未知楚夏,不在六艺之科。会天下多故,四裔之侵,慨然念生民之凋瘵,而思以古之道术振之。②

在这里,章太炎先是自陈其对中国传统学术的感观,强调自己青睐荀子、司马迁、刘歆,并以此为基础去审视中国历代学术得失。此外还谈到在世变面前,他希望"以古之道术振之",即从中国传统学术中寻求医治时代弊病之良方。总之,章太炎在甲午战后,有感于时局日艰,希望能从中国传统学术中汲取精华,进而学以致用。他对待后者的态度,主要是在不同学派之间扬抑与取舍(例如尊荀与倾向古文经学)。③

但当时的时代氛围却是不少人已经开始因国势衰微而质疑传统

---

① 章太炎:《兴浙会章程》,转引自汤志钧编:《章太炎年谱长编(增订本)》下册,北京:中华书局 2013 年版,第 576 页。
② 章太炎:《与李鸿章》,载马勇编:《章太炎书信集》,第 19 页。
③ 值得注意的是,章太炎此时虽然自言青睐古文经学,但实际上仍然颇受康有为经学观点的影响,这在初定本《訄书》中有比较明显的体现。而在他与康氏因政治立场之别而彻底分道扬镳之后,章太炎才力图去除自己学说当中的今文经因素,并对康有为经学思想展开猛烈的抨击。此外,章太炎强调自己推崇荀子,也与当时不认同谭嗣同、梁启超的"非荀"论说息息相关,即不认可谭嗣同试图建立的一套借以"冲决网罗"的哲学体系。因此,章太炎的这番自我陈述,应置于具体历史背景中,方能明其所指。

学术的价值与作用。康有为在《新学伪经考》当中认为流传已久的儒家经典,多乃刘歆为谄媚王莽而伪造,因此"始作伪乱圣制者自刘歆,布行伪经篡孔统者成于郑玄。阅二千年岁、月、日、时之绵暧,聚百、千、万、亿衿缨之问学,统二十朝王者礼乐制度之崇严,咸奉伪经为圣法,诵读尊信,奉持施行,违者以非圣无法论,亦无一人敢违者,亦无一人敢疑者"①。如此诠释,只是因为不能将神州之衰明白嫁祸于孔子,所以才把历代流传、诠释的经典视为"伪经"。表面上是辨伪,实质上体现他对历代学说的强烈不满,因其弊而疑其伪。②

而在严复看来,中国之衰,八股堪称祸首,但尚不止此。他指出:

> 超俗之士,厌制艺则治古文词,恶试律则为古今体;鄙折卷者,则争碑版篆隶之上游;薄讲章者,则标汉学考据之赤帜。于是此追秦汉,彼尚八家,归、方、刘、姚,恽、魏、方、龚;唐祖李、杜,宋祢苏、黄;七子优孟,六家鼓吹。魏碑晋帖,南北派分,东汉刻石,北齐写经。戴、阮、秦、王,直闻许、郑,深衣几幅,明堂两个。钟鼎校铭,珪琮著考,秦权汉日,穰穰满家。诸如此伦,不可殚述。然吾得一言以蔽之,曰:无用。非真无用也,凡此皆富强而后物阜民康,以为怡情遣日之用,而非今日救弱救贫之切用也。……学者学所以修己治人之方,以佐国家化民成俗而已。于是侈陈礼乐,广说性理。周、程、张、朱,关、闽、濂、洛。学案几部,语录百篇。《学蔀通辨》,《晚年定论》。关学刻苦,永嘉经制。深宁、东发,继者顾、黄,《明夷待访》,《日知》著录。褒衣大袖,尧行舜趋。迤迤声颜,距人千里。灶上驱房,折箠笞羌。经营八表,牢笼天地。夫如是,吾又得一言以蔽之,曰:无实。非果无实也,救死不赡,宏愿

---

① 康有为:《新学伪经考》,载姜义华、张荣华编校:《康有为全集》第1集,北京:中国人民大学出版社 2007 年版,第 355 页。
② 参见萧公权:《康有为思想研究》,汪荣祖译,台北:联经出版事业公司 1988 年版,第 76 页。

长赊。所托愈高,去实滋远。①

在这里,严复对中国传统考据、辞章以及义理之学皆大加批判,认为前两者"无用",后者"无实",凡此种种,皆对救亡毫无裨益。他将传统学术分为义理、考据、辞章,多为清中叶以来各派学人所阐释,以此表明自己对学风的认识。②严复的这种批判之语,不啻是对整个清学史的否定。犹有进者,梁启超回忆清季学风,谈到有识之士"以其极幼稚之'西方'知识,与清初启蒙期所谓'经世之学'者相结合,别树一派,向于正统派公然举叛旗"③。明清之际学者的著作,在近代备受青睐,被视为中国民主与民族思想的先驱,而严复对之一并抨击,更可见其态度之决绝。所以在当时就有人如是感观:"我国论世之儒,以国势之危,有如累卵,人民无识,邈若要荒,虽明知厉阶于政体,要必先蔽罪于古圣贤之立教。孔子之名大矣,虽跅弛之子,或有所畏避而不敢讥。自兹以降,无不遭后人指摘者,而于宋代诸儒为尤甚,一述及之,怒发裂眥,不辨其人其书之美恶然否,鹰击毛鸷,体无完肤,若必欲摧烧其书,磨灭其名,而后快者。"④

1899 年,章太炎在《今古文辨义》一文中写道:"就廖氏之说以推之,安知孔子之言与事,非孟、荀、汉儒所造耶?孟、荀、汉儒书,非亦刘歆所造耶……彼古文既为刘歆所造,安知今文非亦刘歆所造以自矜其多能如邓析之为耶?而《移让博士书》,安知非亦寓言耶?然则虽谓兰台历史,无一语可以征信,尽如蔚宗之传王乔者亦可矣。"⑤依他之见,

---

① 严复:《救亡决论》,载王栻主编:《严复集》第 1 册,北京:中华书局 1986 年版,第 43—44 页。
② 参见余英时:《清代学术思想史重要观念通释》,载氏著:《中国思想传统的现代诠释》,台北:联经出版事业公司 2013 年版,第 457—469 页。
③ 梁启超:《清代学术概论》,第 94 页。
④ 谷生:《利用中国之政教论》,载张枬、王忍之编:《辛亥革命前十年间时论选集》第 2 卷上册,第 39—40 页。
⑤ 章太炎:《今古文辨义》,载汤志钧编:《章太炎政论选集》上册,北京:中华书局 1977 年版,第 115 页。

今文经学之弊,会导致历史的虚无化,使得中国上古无信史可言。然则他毕竟生活在一个"数千年未有之大变局"的时代,旧史的内容与体裁,已经不尽能满足今人的知识需求。因此他重视历史的一大表现,便是立志于撰一新史。1901年5月4日,孙宝瑄在日记中写道:"诣彦复及枚叔谈。余尝论史分五种:曰国史,曰年史,曰政史,曰事史,曰人史。枚叔于政史之下,为增学史。彦复于国史之上为增地史。合为七史,史学该备矣。"①由此可见章太炎有志于梳理中国历代学术流变,同时他对中国传统学术的批评,也随之展开,并未自外于时代氛围。

1906年,章太炎在东京留学生欢迎会上追忆自己的革命生涯,谈到自己"自从甲午以后,略看东西各国的书籍,才有学理收拾进来"②,民族主义思想因之体系化。与之相似,他在学术见解上的变化也与"有学理收拾进来"息息相关。当他还在杭州诂经精舍治学时便感慨"举世皆谈西学者,无阮仪征、魏邵阳之识,吾道孤矣",因此"漆室悲时,端忧多暇",同时"取周秦诸子,笼罩西书",借此方式来吸收理解西学,并作为评价先秦诸子的标准。③之后在《訄书》重订本中,章太炎增加了多篇讨论中国思想与学术的文章。同时他在整本书里引述了大量西方近代论著。正如姜义华教授所梳理:"《訄书》中直接注明作者与书名的,就有英国人类学泰斗泰勒(章氏译作梯落路)的《原始人文》,芬兰哲学家、人类学家韦斯特马克的《人类婚姻史》(章氏译作

---

① 孙宝瑄:《忘山庐日记》上册,上海:上海古籍出版社1983年版,第356页。
② 章太炎:《在东京留学生欢迎会上之演讲》,载章念驰编订:《章太炎演讲集》,第1页。
③ 参见章太炎:《上俞樾书》,转引自俞国林、朱兆虎:《章太炎上曲园老人手札考释》,《文献》2016年第1期。按:章太炎在诂经精舍学习时,时常参加上海格致书院举办的课艺活动,并多次获奖。从他参与过的征文题目来看,有不少涉及自然科学知识者,章氏能对此发表议论,可见他在当时已经颇留心吸收西学。而他后来在《自订年谱》中不提及此事,也与他对中西学术的思考已与早年有异相关。关于章太炎的这些早年事迹,参见熊月之:《章太炎早年参加书院课艺活动钩沉》(载《章太炎先生生平及思想学术研讨会论文集(2016年)》)。

'威斯特马科《婚姻进化论》'),美国著名社会学家吉丁斯(章氏译作葛通哥斯)的《社会学》,日本著名社会学家有贺长雄的《族制进化论》,日本文学家涩江保的《希腊罗马文学史》,语言学家武岛又次郎的《修辞学》,宗教学研究者姉崎正治的《宗教学概论》。书中引述的,还有瓦伊知的《天然民族之人类学》,载路的《民教学序论》,白河次郎、国府种姓的《中国文明史》,远藤隆吉的《中国哲学史》,桑木严翼的哲学著作,以及培根、洛克、卢梭、康德、斯宾塞等人的许多观点。"①这些涉及范围极广的西学与东学,正是章太炎借来反思批评中国传统学术弊病的重要参照物。

在《订孔》里,章太炎援引日人远藤隆吉之论,认为孔子地位与学识并不相符。古之六艺,为晚周诸子所广闻,并非孔子独擅。而孔子的"道术",不抵孟、荀远甚,特别是荀子,"以积伪俟化治身,以隆礼合群治天下",深得致用之道,其正名之学,堪比古希腊的苏格拉底与亚里士多德,因此"其视孔氏,长幼断可识也",只是因为孟、荀应世之才不及孔子,加之"才与道术,本各异出,而流俗多视是崇堕之",因此未有后者这般声誉。所以在章太炎看来,孔子地位,只是"古良史也",既非"至圣先师",更非"教主"。②此论一出,引起不小波澜。许之衡观察到:"余杭章氏《訄书》,至以孔子下比刘歆,而孔子遂大失其价值,一时群言多攻孔子矣。"③后来张尔田于民初孔教存废的论争中,坚持建立孔教的必要性,对于反对以宗教视儒学的章太炎,他强调:"太炎文枭,陈谊高简,浑浑圜矣。虽然,真理之在天壤,如水银泻地,未必太炎为是,而沟犹瞀儒为非。"④所以及至晚年,他仍然指出:"自有一般学者,不承认孔子为教祖,欲夷孔子与诸子为伍。其讲孔子,则杂之于道、

---

① 姜义华:《章太炎思想研究》,第164—165页。
② 参见章太炎:《訄书(重订本)·订孔》,载《章太炎全集》第3册,第132—133页。
③ 许之衡:《读〈国粹学报〉感言》,载桑兵等编:《国学的历史》,北京:国家图书馆出版社2010年版,第53页。
④ 张尔田:《孔教》,《甲寅》第1卷第3号。

法、名、墨之中,而于是中国文化之来源,永无明了之一日。"①将章太炎之卑视孔子,上纲上线到致使中国文化来源不明的"高度"。

章太炎说荀子的"正名"思想能和希腊先贤媲美,实则反映了他颇关注西方哲学中的论理与修辞之学。在那一时期他指出:"科学兴而界说严,凡夫名词字义,远因于古训,近创于己见者,此必使名实相符,而后立言可免于纰缪。不然,观其概义则通,而加以演绎,则必不可通;观其固有名词则通,而证以事实,则必不可通,此之谓不成文义而已矣"②,而以此为准则,"中国文辞,素无论理,新学迭起,更立名号,亦或上本经典,点窜《诗》《书》,徒取其名义相似,而宗旨则一切不顾,欺饰观听,侜张为幻"③。显示出他对中国传统学术中相关内容极为不满。本此见解,他反思中国历代学术,认为之所以如此,宋人欧阳修、苏轼乃主要祸首。

在《訄书》重订本的《学蛊》中,章太炎指出:"修不通六艺,正义不习,而睋以说经,持之无故,诐诐以御人,辞人也。不辨于名理,比合训言,反覆其文,自以为闻道,遭大人木疆,而己得尸其名,以色取仁,居之不疑矣。……轼之器,尽于发策决科,上便辞以耀听者;义之正负,朝莫之间,不皇计也。又飞钳而善刺也,审语默以自卫也,不知者一,宁墨藏其九;知不合一也,九合者不言。导人于感忽之间、疑玄之地以取之,故终身言谈无衅。且听辩之道,甲乙是非,本以筹策校计少多而断优绌。斯道少衰,惟后胜以为倞。故轼之诘人,专以后起伏击,无问其得失盈于算数未也。……修之烈,令专己者不学而自高贤,自谓以文辞承统,正体于上,玄圣素王。轼也使人跌邅而无主,设两可之辩,仗无穷之辞,遁情以笑,谓道可见端,而不睹其尾,谓求学皆若解闭者,以不解解之也。"④在章氏看来,欧阳修治学不循名责实,唯师心自用;

---

① 张尔田:《论中国文化及其宗教道德》,《汉学》第1辑。
②③ 参见章太炎:《论承用维新二字之荒谬》,载汤志钧编:《章太炎政论选集》上册,第242页。
④ 章太炎:《訄书(重订本)·学蛊》,载《章太炎全集》第3册,第144—145页。

苏轼善于用恍惚两可之辞来左右逢源，使人受其文辞蛊惑，进而不辨真伪。二人流风所及，弊病甚夥，宋代以降，中国学术日渐衰微，"淫文破典，耕靡者众"，学人不再汲汲于辨名实、审论理，二人应负主要责任。①对于章太炎此论，梁启超颇不以为然，他说："近儒或以欧阳修、苏轼为宋学界之蠹，其论稍过。"②然章太炎表面上是在批评欧、苏，实际上更是焦虑中国学术的前途。在他看来，既然中国学术中极为缺乏论理正名之道，那么"不知新圣哲人，持名实以遍诏国民者，将何道也？又不知齐州之学，终已不得齿比于西邻邪？"③在评价王学之时，章氏同样感慨道："悲夫！一二三四之数绝，而中夏之科学衰。故持一说者，傀卓于当年，其弟子无由缘循干条以胜其师，即稍久而浸朽败。"④对中国传统学术中的逻辑思维阙失而深感担忧，认为此乃后者难有进步之重要原因。

与此相似，章太炎虽然称赞颜元堪比"三代之英，罗马之彦"，但"独恨其学在物，物物习之，而概念抽象之用少"⑤。他认为习斋因病理学空疏而束书不观，此乃不明了抽象概念的重要性，在章氏看来："中国自六经百家以逮官书，既不能昭晰如谱，故胶于讲读者，貤缪于古人而道益远。非书者不可用，无良书则不可用。今不课其良不良，而课其讲读不讲读，即有良书，当一切废置邪？"⑥可见章太炎在批评习斋的同时，还认为中国古代典籍"不能昭晰如谱"，即条理性欠缺。他的这一认识，同样是在与西洋哲学对比之下所形成。依章氏之见："观今西方之哲学，不啻万物为当年效用，和以天倪，上酎其言，而民亦沐浴膏泽。虽玄言理学，至于浮屠，未其无云补也。"⑦强调哲学虽无立竿见影的致用之效，但其中所显现的思辨与逻辑，依然能影响到一

---

①③　参见章太炎：《訄书（重订本）·学蛊》，载《章太炎全集》第3册，第145页。
②　梁启超：《论中国学术思想变迁之大势（续前）》，载吴松等点校：《饮冰室文集点校》第1集，第275页。
④　章太炎：《訄书（重订本）·王学》，载《章太炎全集》第3册，第148页。
⑤　章太炎：《訄书（重订本）·颜学》，载《章太炎全集》第3册，第149页。
⑥⑦　同上，第150页。

国文化的高下。据宋教仁记载,1906年章太炎甫抵日本,"与余(宋教仁)一见面时,甫通姓名,即谈及哲学研究之法,询余以日本现出之哲学书以何为最。余以素未研究,不知门径对之,盖孤负其意不小矣"①。由此可窥见章太炎对哲学极其关注。他在大量吸收西方哲学理论之后,以此为标准来反观中国旧学,其不满意处自不能免。与章太炎一样,王国维在晚清也钻研西方哲学与美学。虽然章太炎对王国维的文学主张颇不以为然,二人于此一方面差异不小,但王国维也曾指出:"余非谓西洋哲学之必胜于中国,然吾国古书大率繁散而无纪,残缺而不完,虽有真理,不易寻绎,以视西洋哲学之系统灿然,步伐严整者,其形式上之孰优孰劣,固自不可掩也。"②因此"异日昌大吾国固有之哲学者,必在深通西洋哲学之人无疑也"③。这一看法,与章太炎极为相似,显示出在精通西方哲学的学人眼中,中国传统学术之弊病所在。

  作为"有学问的革命家",章太炎在清季治学讲学同时,复参与了一系列政治活动。对于晚清政治,冯友兰说:"辛亥革命的一部分动力,是绅权打倒官权,就是地主阶级的不当权派打倒地主阶级的当权派。"④姑且忽略里面所含的意识形态话语,冯氏此论不为无见。士绅阶层之相背,实为清廷存亡与革命成败之关键。章太炎以古学名家而投身革命,著书立说,这一行为本身,便足以在士人群体里激起极大影响。⑤所以与章氏熟识的孙宝瑄在当时便说道:"莂汉所著书出。颇鼓动一世,造孽无穷。"⑥而在长期的革命实践中,他对当时中国民众,特别是士阶层的道德水准大为失望,认为整个社会风气已趋于极度败

---

① 宋教仁:《宋教仁日记》,长沙:湖南人民出版社1980年版,第200页。
②③ 王国维:《哲学辨惑》,载谢维扬、房鑫亮主编:《王国维全集》第14卷,第9页。
④ 冯友兰:《三松堂自序》,南京:江苏文艺出版社2011年版,第34页。
⑤ 据出身士人家庭的汪东回忆,其祖父先前反对革命党人的宣传,但在看了章太炎的《驳康有为论革命书》之后,遂称赞"这篇文章很有道理"。可见章氏论著在士阶层的影响之一斑。(参见汪东:《同盟会和〈民报〉片断回忆》,载全国政协文史资料委员会编:《辛亥革命回忆录》第6集,北京:中华书局1963年版,第24—25页)
⑥ 孙宝瑄:《忘山庐日记》上册,第470页。

坏。在《革命道德说》一文里，章太炎将社会群体分为十四种职业，分别评判其道德高下。其中学究、艺士、通人、幕客、京朝官、方面官、雇译人这些群体主要皆为在朝或在野的士人，而在章氏看来，无论其穷通与否，彼辈的道德水准皆无足观，或是多诈多贪，或是工于谄媚，或是弄权乱法，总之"知识愈进，权位愈申，则离于道德也愈远"①。而对于以士阶层为主体的立宪派这一政治上的对头，他更是大加抨击，认为"彼新党者，犹初习新程墨者也，是非之不分，美恶之不辩，惟以新为荣名所归……原其用心，本以渴慕利禄之故，务求速化，一朝摈弃，率自附于屈原、韩愈之徒"②。凡此种种，使得章太炎开始反省长期作为士阶层立身处世标准的儒家学说，在此时还是否能够起到维系社会道德之作用。

在他看来，"儒家之病，在以富贵利禄为心。盖孔子当春秋之季，世卿秉政，贤路壅塞，故其作《春秋》也，以非世卿见志。其教弟子也，惟欲成就吏材，可使从政。而世卿既难猝去，故但欲假借事权，便其行事，是故终身志望，不敢妄希帝王，惟以王佐自拟……孔子之讥文人，谓之'不仕无义'，孟子、荀卿皆讥陈仲，一则以为无亲戚、君臣、上下，一则以为'盗名不如盗货'。而荀子复述太公诛华仕事，由其不臣天子，不友诸侯。是儒家之湛心荣利，较然可知"③。虽然孔子视乡愿为"德之贼"而讥之，但是"夫一乡皆称愿人，此犹没身里巷，不求仕宦者也。若夫'逢衣浅带，矫言伪行，以迷惑天下之主'，则一国皆称愿人。所谓中庸者，是国愿也，有甚于乡者也。孔子讥乡愿，而不讥国愿，其湛心利禄又可知也"④。所以"用儒家之道德，故坚苦卓励者绝无，而冒没奔竞者皆是"⑤。总之，他十分犀利地指出，儒家身上所具有的名

---

① 章太炎：《革命道德说》，载《章太炎全集》第4册，第292页。
② 章太炎：《箴新党论》，载《章太炎全集》第4册，第297页。
③ 章太炎：《论诸子学》，载章念驰编订：《章太炎演讲集》，第38页。
④ 同上，第39页。
⑤ 同上，第40页。

利富贵思想致使宗尚其学者多追求仕宦显达。虽然后来章太炎自言此番论调,名为订孔,实则订康,乃是借批评孔子来打击论敌康有为,但在当时,他对儒家道德学说实鲜有好评,这远不只是针对康有为而发。

在主《民报》笔政时期,章太炎用宗教激励道德,视佛教为化民成俗之利器,因此发表了许多关于佛学的文章。这一举动颇遭人质疑,对此他解释道:

> 至所以提倡佛学者,则自有说。民德衰颓,于今为甚,姬、孔遗言,无复挽回之力,即理学亦不足以持世。且学说日新,智慧增长,而主张竞争者,流入害为正法论;主张功利者,流入顺世外道论。恶慧既深,道德日败。矫弊者,乃憬然于宗教之不可泯绝。而崇拜天神,既近卑鄙;归依净土,亦非丈夫干志之事。至欲步趋东土,使比丘纳妇食肉,戒行既亡,尚何足为轨范乎?自非法相之理,华严之行,必不能制恶见而清污俗。若夫《春秋》遗训,颜、戴绪言,于社会制裁则有力,以言道德,则才足以相辅。使无大乘以为维纲,则《春秋》亦《摩奴法典》,颜、戴亦顺世外道也。拳拳之心,独在此耳。①

在这段对于自己为何提倡佛学的辩说里,依章太炎之见,晚近以来,社会情状日趋复杂,且域外新说传入中国,人们的思想与见识渐显纷繁,已非往昔道一风同之世可比。在这样的情形下,儒家学说已难有规范社会道德与行为之力,如若强制推行儒家教化,只能适得其反,成为空洞的教条。而对当时的儒家学说,章太炎指出:"夫以洛、闽儒言,至为浅薄,而营生厚养之士,昌言理学,犹且为人鄙笑,况复高于此者?"②

---

① 章太炎:《人无我论》,载《章太炎全集》第4册,第452—453页。
② 章太炎:《建立宗教论》,载《章太炎全集》第4册,第440页。

因此,"六经者,记载之文,非为立德也"①,"故六籍之化人,犹滑稽之称说,主文谲谏之流"②。总之,对于儒家教化,章太炎虽未肆意抨击,但他指出前者功效俨然丧失,这对于儒家所强调的"致君尧舜上,再使风俗淳"之理想而言,不啻一极大的冲击。相较于当时梁启超借表彰宋明理学与曾国藩等人的事迹来提倡私德,章太炎对于儒学的感观,在内容上着实具有很强的批评性。

二、扬弃西学与反思东学

近代西学传入中国,首先是因洋务运动致使大量格致之学进入中国人的视野,然后法律、政治、历史等人文社会科学接踵而来。毛泽东说:"那时,求进步的中国人,只要是西方的新道理,什么书也看。……要救国,只有维新,要维新,只有学外国。"③梁启超记载乃师康有为接受西学的经历时谈道:"其时西学初输入中国,举国学者,莫或过问,先生僻处乡邑,亦未获从事也。及道香港、上海,见西人殖民政治之完整,属地如此,本国之更进可知。因思其所以致此者,必有道德学问以为之本原,乃悉购江南制造局及西教会所译出各书尽读之。彼时所译者,皆初级普通学,及工艺、兵法、医学之书,否则耶稣经典论疏耳,于政治哲学,毫无所及。而先生以其天禀学识,别有会悟,能举一以反三,因小以知大,自是于其学力中,别开一境界。"④康有为的例子,在近代绝非个案,而是许多19世纪末未曾踏出国门中国士人接受西学之普遍现象。梁启超回忆自己在戊戌变法前后与夏曾佑等人聚谈西学的情形,他们觉得"既然外国学问都好,却是不懂外国话,不能读外

---

① 章太炎:《思乡原下》,载《章太炎全集》第4册,第136页。
② 同上,第138页。
③ 毛泽东:《论人民民主专政》,载《毛泽东选集》第4卷,北京:人民出版社1991年版,1469—1470页。
④ 梁启超:《南海康先生传》,载吴松等点校:《饮冰室文集点校》第3集,第1944页。

国书，只好拿几部教会的译书当宝贝。再加上些我们主观的理想——似宗教非宗教，似哲学非哲学，似科学非科学，似文学非文学的奇怪而幼稚的理想。我们所标榜的'新学'，就是这三种原素混合构成"①。对于西方各个不同学科之间的区别，尚未有明确的概念，特别是将自然科学与社会科学混为一谈，由于在19世纪的知识体系里，自然万象其原理放之四海皆准，并无此土彼土之异，因此康梁等人的这一思路，极其容易引申认为各国历史、社会、政治等方面也类乎此，进而将西方思想与价值体系视为全人类发展的指明灯。对此，章太炎在晚年的自订年谱中回忆："时新学初兴，为政论者辄以算术物理与政事并为一谈。余每立异，谓技与政非一术，卓如辈本未涉此，而好援其术语以附政论，余以为科举新样耳。……余所持论不出《通典》《通考》《资治通鉴》诸书，归宿则在孙卿韩非。"②值得注意的是，此一描述乃章太炎事后追忆。当时他是否完全不受这一风气影响，根据他早年所撰的《膏兰室札记》中多有将先秦诸子学说比附西方自然科学这一点来看，着实令人怀疑，但他在当时，确实已有不依西学来认识中国传统思想之倾向。

1899年章太炎致信梁启超，谈及自己颇热衷于学习西方哲学，特别是社会进化论。在他看来，"哲学家言，高语进步退化之义者，虽清眇阔疏，如谈坚白，然能使圆颅方趾，知吾身之所以贵，盖亦未始不急也"③。而进化论中的优胜劣汰之说，更使得章氏对于中国人的前途深感忧心，中国人"一旦替为台隶，浸寻被逼，遁逃入山，食异而血气改，衣异而形仪殊，文字不行，闻见无征，未有不化为生蕃者。船山《思问录》之所为惧也"④。显示出他接受进化论之后，对于中国能否在优胜劣败的世界里生存之深刻焦虑。然同时他还说道："儒者之说，多言无鬼神，异于释迦基督之言灵魂者。夫肢体一蹶，亘万世而不昭，则孰

---

① 梁启超：《亡友夏穗卿先生》，载杨琥编：《夏曾佑集》下册，上海：上海古籍出版社2011年版，第1150页。
② 章太炎：《太炎先生自订年谱》，台北：文海出版社1971年版，第16页。
③④ 章太炎：《与梁启超》，载马勇编：《章太炎书信集》，第40页。

肯致死,民气之懦,诚无足怪。然惟无鬼神,而胤嗣之念乃独切于佗国,形家之说,至欲以枯骨所藏,福利后裔。今知不致死以御侮,则后世将返为蛮獠猩狒,其足以倡勇敢也明矣。然则儒者之说,固不必道及无色界天,无间地狱,而后可作民气也。"①当时康梁诸人震于西方之强,有感中国之弱,遂有模仿基督教改造儒学之意。而章太炎则认为儒学之中,自有其价值所在,不需比附基督教然后方有以立。②他对俞樾说,自己"校译西书,宗旨所在,仅取知彼知己,于袄教异说,一无所录"③。关于这一点,他在后来的《儒术真论》等文章里面有详细的申论。1903年他对宋恕感慨:"国粹日微,欧化浸炽,穰穰众生,渐离其本。"④总之,章太炎已经开始反思,看待中国问题是否应当全盘参照西学。

1906年章太炎东渡日本,主《民报》笔政,在与立宪派的论战过程中,他开始进一步反思西学对中国历史与现状的适用性。⑤当时严复译述的《社会通诠》颇为流行。夏曾佑说"今日神州之急务,莫译此书若"⑥,因为此书之作用在于"胪陈事物之实迹,则执著者久而自悟。泰西往例,莫不如斯。今使示之以天下殊俗,无不有此一境"⑦。通过总结社会发展"规律",为中国指明未来道路抉择。书中将人类历史发展分为图腾社会、宗法社会、军国社会三阶段,严复在按语中言及民族主义乃宗法社会之产物,因此力斥革命党排满之非。对此章太炎撰《〈社会通诠〉商兑》一文以为反驳,他指出:"观其(严复)所译泰西群籍,于中国事状有毫毛之合者,则矜喜而标识其下;乃若彼方孤证,于

---

① 章太炎:《与梁启超》,载马勇编:《章太炎书信集》,第41页。
② 章太炎在当时依然认为儒学有维持社会道德之力,这与后来他在日本时的看法并不相同。
③ 章太炎:《上俞樾书》,转引自俞国林、朱兆虎:《章太炎上曲园老人手札考释》,《文献》2016年第1期。
④ 章太炎:《与宋恕》,载马勇编:《章太炎书信集》,第17页。
⑤ 章太炎开始反思西学,一个不容忽视的缘由便是他由于"《苏报》案"而入西人监狱,在狱中饱尝苦头,使他开始质疑西人宣传的"文明""民主"是否真的是名实相符。(参见章念驰:《沪上春秋——章太炎在上海》,台北:三民书局1995年版,第32—33页)
⑥ 夏曾佑:《〈社会通诠〉序》,载王栻主编:《严复集》第5册,第1555页。
⑦ 同上,第1557页。

中土或有抵牾,则不敢容喙焉。夫不欲考迹其异同则已矣,而复以甲之事蔽乙之事,历史成迹,合于彼之条例者则必实,异于彼之条例者则必虚;当来方略,合于彼之条例者则必成,异于彼之条例者则必败。抑不悟所谓条例者,就彼所涉历见闻而归纳之耳,浸假而复谛见亚东之事,则其条例又将有所更易也。"①社会发展,不能以根据某一国家或地区所总结的规律作为放之四海皆准者,严复书中最大弊病,在于将西方历史经验视为人类社会的唯一"条例",以此来审视中国历史,规划中国未来,合于西方理论则是,不合则非。

基于这样的认识,章太炎进一步强调:

> 社会之学,与言质学者殊科,几何之方面,重力之形式,声光之激射,物质之化分,验于彼土者然,即验于此土者亦无不然。若夫心能流衍,人事万端,则不能据一方以为权概,断可知矣!②

在这里,他认为自然科学与人文现象不能等而观之。后者纷繁复杂,不同地域情状各异,不能以单一标准来衡量。另一方面,当时的西方社会学,主要源自19世纪的法人孔德,他倡导"实证主义",欲将人文界之万象以自然科学方法治之,章太炎在其他文章中谈道:"社会学起自殑德。殑德疾吼模、康德诸哲理,名之为虚灵学。其言曰:草昧世惟有宗教,次有虚灵学,次有质学。然后人驳之曰:希腊盛时,既有质学而姝志。虚灵者,乃在文学复古以后。是殑德之说已先与社会成迹不符。"③孔德社会学的弊端,就是将人文万象化约为一,而忽略各国各地发展中之不同面貌,以至于其结论与事实违离。章太炎此论,虽含有政治立场,但也为他学术思想的体现。辛亥革命之后,章太炎再回忆起此事,依然认为严复翻译了《社会通诠》,虽名通诠,其实是西方

---

①② 章太炎:《〈社会通诠〉商兑》,载《章太炎全集》第4册,第337页。
③ 章太炎:《规新世纪》,《民报》第24号。

一家之论，严复对于西方历史传统并不精深，而又多引以裁断事情，此为"知总相而不知别相"。①而当时正在中西文化之间反复求索的钱玄同，读到章太炎驳严复之文后，在日记中说："夫严氏为今世一般人所看重，所译者又为哲理深邃之书，其有颠倒原文，淆乱真意之处，人固难以识别。今以章氏之学识、之卓见，纠而正之，固有功社会不浅也。"②由此可窥见章氏此文的反响。

犹有进者，随着章太炎更为深入地阅读中西印著作，他开始反思启蒙运动以降甚为流行的西方理论本身所存在之弊病。章氏认为风行一世的进化论并不能带来人间仙境。而是"若以道德言，则善亦进化，恶亦进化；若以生计言，则乐亦进化，苦亦进化。双方并进，如影之随形，如罔两之逐影，非有他也"③。对于所谓"公理"，章太炎指出："其所谓公，非以众所同认为公，而以己之学说所趋为公。然则天理之束缚人，甚于法律；而公理之束缚人，又几甚于天理也。"④在"公理"笼罩之下，个体的差异性与自主性被尽皆抹杀，"言公理者，以社会抑制个人，则无所逃于宙合。然则以众暴寡，甚于以强陵弱"⑤。此外，近代中国人欲模仿基督教来建立"孔教"，革命党中也不乏信奉上帝者。而章太炎则强调："欲使众生平等，不得不先破神教"，揭示基督教所宣称的"无始无终""全知全能""绝对无二""无所不备"诸说之谬误，并对斯宾诺莎的泛神论与康德的神不可知论展开商榷。⑥柏拉图被视为西方哲学鼻祖，章太炎亦指出其"idea"之说自有缺陷，在"实有"与

---

① 参见章太炎：《菿汉微言》，载虞云国整理：《菿汉三言》，第50页。按：当然，严复到了辛亥革命前后，已经不再对西方政治体制汲汲向往，而是主张立国之道必须根植于本国的历史发展脉络，国情不同，不可将域外制度轻易移植。因此他对中国政治中的儒法传统也不再肆力抨击，而是提倡其值得发扬借鉴之处。这一转化，实为理解严复一生思想脉络之关键。此非本文所能涉及，故只是在此点到为止。
② 杨天石主编：《钱玄同日记（整理本）》上册，第89页。
③ 章太炎：《俱分进化论》，载《章太炎全集》第4册，第405页。
④ 章太炎：《四惑论》，载《章太炎全集》第4册，第469页。
⑤ 同上，第474—475页。
⑥ 参见章太炎：《无神论》，载《章太炎全集》第4册，第414—423页。

"非有"之间纠缠不清,最终沦于名实相反。①总之,章太炎在当时,一反趋新者流不加择别,拥抱西学,而是覃研深思,自抒心得,与西方古今诸哲展开对话,批评流行思潮之失,反对以某一学说涵盖四海,显示出极强的思想独立性。②

经过这一番对西学的扬弃,章太炎回头再看中国传统学术,便明确指出:"中西学术,本无通途,适有会合,亦庄周所谓'射者非前期而中'也。今徒远引泰西,以证经说,有异宋人以禅学说经耶?夫验实则西长而中短,冥极理要,释迦是孔父非矣。九流诸子,自名其家,无妨随义抑扬,以意取舍。乃者以笘籥笺注六艺,局在规蔓,而强相皮傅,以为调人,则只形其穿凿耳。"③在他看来,中国学术并非没有缺点,但研究之道,决不可因此而不顾事实,任意取西学来比附。因此在《征信论》一文中,章太炎指出西方算学发达,与古籍所载的周厉王行暴政,畴人子弟星散四方无关;戴震在《孟子字义疏证》等书中对人欲的肯定,自有其中国思想史的渊源,并非受近代西方启蒙思想影响;而当时颇被人青睐的中国人种西来说,更是出于附会,毫无实证。④

此外,章太炎观察时人对待中国传统学术的态度:"一班无聊的新党,本来看自国的人,是野蛮人;看自国的学问是野蛮学问;近来听见德国人……还说中国人民,是最自由的人民;中国政事,是最好的政事;回头一想,文明人也看得起我们野蛮人,文明人也看得起我们野蛮学问,大概我们不是野蛮人,中国的学问,不是野蛮学问了。在学校里边,恐怕该添课国学汉文。"⑤对此他指出:"听了别国人说,本国的学

---

① 参见章太炎:《建立宗教论》,载《章太炎全集》第4册,第428页。
② 关于章太炎在这一方面所思所想之详情与得失,参见姜义华的《章太炎思想研究》(第316—422页)。
③ 章太炎:《与人论朴学报书》,载《章太炎全集》第4册,第156页。按:对于"中国人种西来说",章太炎曾经深信不疑,但后来他开始反省此论,强调中国人也许可溯源于中国西南西北地区,但绝非源于中亚。
④ 参见章太炎:《征信论上》,载《章太炎全集》第4册,第47—48页。
⑤ 章太炎:《论教育的根本要从自国自心发出来》,载章念驰编订:《章太炎演讲集》,第81页。

说坏,依着他说坏,固然是错;就听了别国人说,本国的学说好,依着他说好,仍旧是错。"①"本国的学问,本国人自然该学,就像自己家里的习惯,自己必定应该晓得,何必听他人的毁誉?"②了解与研究中国传统学术,乃是中国人职责所在,不应以是否受外人"待见"来决定自己的态度。近代以来的西洋汉学,最初致力其事者多为来华传教士与外交官,伴随学术研究的,乃是彼辈写下许多关于中国的评论,其中卑视中国历史与文化处所在多有。在章太炎看来,"别国有几个教士穴官,粗粗浅浅的人,到中国来要知道一点儿中国学问,向下不过去问几个学究,向上不过去问几个斗方名士,本来那边学问很浅,对外人说的,又格外浅,外人看中国自然没有学问。古人说的,'以管窥天,以蠡测海'。一任他看成野蛮如何。近来外人也渐渐明白了,德国人又专爱考究东方学问,也把经典史书略略翻去,但是翻书的人,能够把训诂文义真正明白么?"③在这里他虽然语多凌厉,然其中显现的乃是他对中国传统学术不能自立,研究风气唯西是尊的深刻焦虑。

甲午一战,中国败于日本,国人在震惊失落之余,对日本文明日感歆羡,认为向其学习,可让"同文同种"的中国走向富强。张之洞在风行一世的《劝学篇》中说道:"至游学之国,西洋不如东洋。一、路近费省,可多遣。一、去华近,易考察。一、东文近于中文,易通晓。一、西书甚繁,凡西学不切要者,东人已删节而酌改之。中、东情势风俗相近,易仿行,事半功倍,无过于此。"④梁启超在戊戌变法失败后亡命东瀛,阅读大量日本人所译著的新学书籍,如行山阴道上,目不暇接,深感知识体系上为之一新,因此极力鼓吹欲求新知者,应学习日语。他

---

① 章太炎:《论教育的根本要从自国自心发出来》,载章念驰编订:《章太炎演讲集》,第79页。
②③ 同上,第81页。
④ 张之洞:《劝学篇·游学第二》,载赵德馨主编:《张之洞全集》第12册,武汉:武汉出版社2008年版,第175页。

颇为自信地说:"学日本语者一年可成;作日本文者半年可成;学日本文者数日小成,数月大成。"①张之洞与梁启超,一在朝,一在野,皆强调学习日本之益。因此东学在晚清知识界有着极大的影响力。而张之洞说"中、东情势风俗相近",这一观念在当时颇深入人心。虽然日本明治维新以来厉行福泽谕吉等人所极力鼓吹的"脱亚入欧""文明开化"诸政策,但在不少目睹禹域各方面衰败的中国士人眼中,正所谓"礼失求诸野",仿佛日本保留并光大了中国传统文化。例如吉田松阴等"维新志士",多信奉阳明之学,因此能慷慨激越、舍身为国;明治维新中的"王政复古",明治政府对天皇地位的极力鼓吹,对比中国之纲纪废弛,显现出彼邦人士"尊君"观念强烈;在中国久已亡佚的古籍,在日本或有留存,"日本访书"为清代朴学开辟一片新天地;甚至日人服饰,相较于清王朝勒令推广至全国的彼族衣冠,更易让人产生"思古之幽情",视其为汉唐余韵。凡此种种,俨然视日本为纯正中华文明的保存地。像章太炎的好友宋恕就对日本文明大为青睐,不但称赞彼国儒者著作发中国儒学千年未发之覆,将孔孟精义重新表彰,而且对日本的近代文明异常仰慕,他赴日本考察,自言"但觉一切文明事业浩如烟海,述不胜述,梦不胜梦"②。因此他1905年筹划"粹化学堂"时,特别规定学生中文之外,必须学习日文,并且讲授四部之学时须兼用日文书。③

章太炎在当时亦不例外。他1898年上书李鸿章时说:"今夫日本,非有深怨于我也。"④显然颇受甲午之后日本政客所鼓吹的"中日提携"共同对抗白种人之说的影响。戊戌变法之后,章太炎避难台湾,当时台湾地区甫遭日本殖民,而在章太炎看来,掌权的清廷、日本、中

---

① 梁启超:《论学日本文之益》,载吴松等点校:《饮冰室文集点校》第3集,第1372页。
② 宋恕:《致孙季穆书》,载胡珠生编:《宋恕集》下册,北京:中华书局1993年版,第719页。
③ 参见宋恕:《粹化学堂办法》,载胡珠生编:《宋恕集》上册,第379、382页。
④ 章太炎:《与李鸿章》,载马勇编:《章太炎书信集》,第20页。

国的台湾之间,从自身角度出发,爱憎程度并不相同。在《正疆论》一文中他说他与清廷"不共戴天,不共履后土",同时又说,以中国与日本较,则亲中国;以日本与掌权的清廷较,则宁亲日本。①这一看法,与其说是章太炎初抵台湾,被迫向日本人显现的"政治正确"之表态,不如说是深受当时士阶层普遍对日的认识之影响,加之不满于清廷扼杀变法,在失望愤恨之下对时局的感观。

基于此,章太炎遂颇为赞誉日本人的儒学研究。当时章氏与在台教书且宗尚朴学的日本学者馆森鸿往来密切,以文字订交。后者曾经搜集整理照井全都遗著,章太炎特意为其撰写序文。在章太炎看来,照井氏"礼乐、汤武、封建诸论,矩则荀子,最为闳深,以是洞通古义,而挹注九家,以说《庄子》,以训《四书》,不易其轨。盖自嬴吕以至于今,有照井全都,然后荀子由孳于东海。……当西汉之朔,传荀学者,独伏、贾、董、韩诸明哲耳。其后若没若灭,陵夷至于宋明耗矣。日本之有文字,昉于应神,而当晋太康,是时荀学则已失其纲纪。全都生千四百纪以后,独能高厉长驾,引其微纶,钓既沉之九鼎,而出之绝渊,其学术虽在伏、贾、董、韩间,其功则隃远矣"。②因此称赞照井泉都"抗希大儒,仔肩绝学,信秦汉后一人哉!"③在与俞樾的信中,他亦言:"麟宗旨所在,以荀代孟,震旦儒人,憨合兹契。惟日本照井全都箸汤武、礼乐诸论,独揭橥荀学,尊以继孔,玄照神契,独符鄙怀。"④可见,章太炎因甚为尊荀,所以视同样表彰荀子的照井泉都为异代知音,由此亦可显现当时章氏对日本学人之敬重。

然当1906年章太炎东渡日本之后,随着对日本学术与思想的更深入了解,他开始反思后者是否真如时人所言的那般优异。在《程师》

---

① 参见章太炎:《正疆论》,转引自汤志钧编:《章太炎年谱长编(增订本)》下册,第587页。

②③ 章太炎:《照井氏遗书序》,转引自汤志钧编:《章太炎年谱长编(增订本)》下册,第597页。

④ 章太炎:《上俞樾书》,转引自俞国林、朱兆虎:《章太炎上曲园老人手札考释》,《文献》2016年第1期。

一文里，他指出："世变亟，一国之学，或不足备教授，又旁采他方。他方之学，易国视之，若奇伟然。传授者亦钞次故言，未有增上，黠者或颠倒比辑之。幸弟子莫理其本，则窃他人以成己，东方之博士，皆是也。"①同时在注文中补充道："此虽著书满家，然法非己出，则非作也。无所增进，则非述也。与此土集策案者，正同列耳。"②在他看来，日本学人对各国学说左右采获，转相传抄，人云亦云，本身并无心得，其成果不足以登著作之林。

章氏此文，刊登于1910年出版的《学林》杂志第2册。而在前一年11月21日与钱玄同的信中，章太炎告诉后者："逊先求作文，今为'定师'一篇，苦无暇晷，难以疏写，足下暇即宜来，此篇请足下移书以寄逊先可也。"③几天之后钱玄同在日记中记下"草录章师文七篇""上午草抄师文三篇"，④其中很可能包括《程师》，可见这篇文章应作于1909年下旬。在该年的10月20日，章太炎与人去信谈道："内地东西两党，常相竞争，而游学欧美者，视游学日本者，其智识弗如远甚。排东过甚，则远西台隶之学，弥以鸱张。今欲分别取舍，当云日本人之短，在处处规仿泰西，无一语能自建立。不得为著作者，非不得为师也。今中国复处处规仿泰西，无一语能自建立，即与日本人同过。"⑤在这里，他批评日本在"脱亚入欧"的风气下，对西学全盘模仿。接下来章氏继续阐述了对于各国文化的认识，其中谈道："盖宇宙文化之国，能自建立者有三：中国、印度、希腊而已。罗马、日耳曼人虽有所建立，而不能无藉于他。其余皆窃取他人故物，而剪截颠倒之者也。今希腊已在沈滞之境，印度于六七年中，始能自省。中国文化衰微，非如希腊、印度前日之甚也。勉自靖献，则光辉日新。若徒慕他人，由此已矣。"⑥在章太炎心目中，放眼世界诸文化，中国文化有其自身的特点

---

①② 章太炎：《程师》，载《章太炎全集》第4册，第138页。
③ 章太炎：《与钱玄同》，载马勇编：《章太炎书信集》，第104页。
④ 参见杨天石主编：《钱玄同日记（整理本）》上册，第195页。
⑤⑥ 章太炎：《与人书》，载马勇编：《章太炎书信集》，第267页。

与原创的能力,不同于其他唯靠因袭来光大文明者,因此应该保持其独特性,尤其不能像日本那样只知食他人余唾。故他强调:"仆所以鄙夷日本者,欲使人无蹈日本之过耳。嘲弄博士一章,意即在是。"①这里所谓的"嘲弄博士一章",根据当时章太炎写作之状况来看,基本可确定就是指《程师》一文里的相关内容,因此似可认为,章太炎在这封信中将自己撰写此文背后的关怀与目的和盘托出,他对东学的不满,也因之显现,所以希望中国人能勿蹈日人之覆辙。在当时与宋恕的信中他也谈及,日本"其学盗自他方,无有自得,方似书贾,无足矜式",自己"稍为学子倡导故训,学子亦厌岛人剽窃语异"。②

前文谈到,近代中国人歆羡日本,除去日本成功引进西洋文明外,还与观念中日"同文同种",日人研究中国学术卓然有得相关。1908年张之洞致信黄绍箕,谈及"于中国文学根柢颇深"的日本贵族院议员伊泽修二欲创建"汉字统一会",特意延请张之洞为会长,张以公务繁钜推辞,但介绍黄绍箕接待伊泽,"以副此君愿言之雅"③。章太炎得知此事后,特意撰文批评张之洞等人此举。在他看来,"日本虽用汉文,犹清书之取于唐古特字而已,皮傅则相似,指实则相违也"④。彼邦对汉字并无心得,治斯学者更不能与清代朴学名家相提并论,因此中国人大可不必起而和之。同时他指出:"余每怪新学小生,事事崇信日本,专举政事,或差可耳。一言学术,则日本所采摭者,皆自西方,而中国犹有所自得。老、庄、朱、陆,日本固不可得斯人,黜我崇彼,所谓'轻其家丘'者矣。"⑤两年以后他致信罗振玉,再次言及这一问题。当时罗振玉曾致信日本学者林泰辅,对后者的古文研究称誉有加。对此章太炎指出:"东方诸散儒,自物茂卿以下,亦率末学肤受,取证杂书,

---

① 章太炎:《与人书》,载马勇编:《章太炎书信集》,第267页。
② 参见章太炎:《致宋恕》,载温州博物馆编:《宋恕师友手札》下册,杭州:浙江摄影出版社2011年版,第313页。
③ 张之洞:《与黄仲弢》,载赵德馨主编:《张之洞全集》第12册,第115页。
④ 章太炎:《论汉字统一会》,载《章太炎全集》第4册,第332页。
⑤ 同上,第334页。

大好言易,而不道礼宪,其学固已疏矣。"①早先日本的汉学家,已不能治古代礼制这样征实之学,而"今东方人治汉学,又愈不如曩昔,长老腐朽充博士者,其文辞稍中程,闻见固陋,殆不知康成、子慎。诸少年学士,号为疏通,稍知宁人以来朴学。然大率随时钞疏,不能明大分,得伦类。及其好傅会,任胸臆,文以巫说,盖先后进所同。谓徐福所携燕、齐怪迂之士,作法于诬,令彼国化之也。有所苔问,取给于《佩文韵府》诸书,虽经记常言,不检故书,以短书类聚为本,亦其成俗然也"②。随后他对服部宇之吉、儿岛献吉、森大来、白鸟库吉、林泰辅等日本汉学名家分别展开批评,认为彼等不是学乏根底、语多荒诞,就是不通小学、辞气鄙倍。因此章太炎劝告罗振玉不必对日本汉学如是推崇,否则此举将为"学术之大蠈,国闻之大稗"③。总之,依章太炎之见,中国人研究本国学术,不应以日本为榜样,而是当力求自具心得。

章太炎对东学的反思,在当时堪称异数。就中国传统学术研究而论,晚清以来影响颇广的国粹思潮,基本上深受日本的国粹主义影响。日本政教社的志贺重昂、三宅雪领等人,有感于明治维新以来欧化之风盛行,遂强调维护日本文化自主性,保持独特的文化认同,在文化上与欧美国家并驾齐驱。④1902 年 7 月《译书汇编》上刊登佚名所撰的《日本国粹主义与欧化主义之消长》一文。其中叙述彼邦之国粹主义者"谓保存己国固有之精神,不肯与他国强同。如就国家而论,必言天皇万世一系;就社会而论,必言和服倭屋不可废,男女不可平权等类"⑤。戊戌变法之后避难日本的梁启超于是年 10 月致信康有为时也指出"日本当明治初元,亦以破坏为事,至近年然后保存国粹之议起"⑥。

---

① 章太炎:《与罗振玉书》,载《章太炎全集》第 4 册,第 174 页。
②③ 同上,第 175 页。
④ 参见汪荣祖:《章太炎对现代性的迎拒与文化多元思想的表述》,载"中央"研究院近代史研究所集刊》第 41 期。
⑤ 佚名:《日本国粹主义与欧化主义之消长》,《译书汇编》第 2 卷第 5 期。
⑥ 梁启超:《与夫子大人书》,载丁文江、赵丰田编:《梁任公先生年谱长编(初稿)》,第 140 页。

之后他想模仿日本的国粹主义，创办一《国学报》，却因黄遵宪的劝告而未实行。杨度在记载他与日人嘉纳治五郎的谈话时提到日本在全面接触西方文化以后，先趋于欧化主义，其后乃归于国粹主义。①秉此见解，他在《〈日本学制大纲〉后序》一文里提到："欲于今日持欧化主义，则顺国民之感情而摇国家之基础，其弊也，舍己从人而外不知其他。欲持国粹保存主义，则亦不足以固国家之基础而先以阻国民之进步，其弊也，是己非人而外不知其他。"②因此主张："欲求其无弊，则莫如以日本之两主义后先相继者，吾以之同时并重，以相反之理为相救之法：一以导国民之进步而采他人之长，一以固国民之团力而存一己之善。"③邓实、黄节等人创办《国粹学报》，更是直接受日本国粹主义思潮之启发。黄节在《〈国粹学报〉叙》中说："昔者日本维新，归藩覆幕，举国风靡，于时欧化主义，浩浩滔天，三宅雄次郎、志贺重昂等，撰杂志，倡国粹保全，而日本主义，卒以成立。"④章太炎与《国粹学报》作者群关系极为密切，他自己也多次谈及国粹问题，可见也曾受到日本国粹主义影响。⑤但后来他反思日本文化，认为后者缺少独立性，每每依附于人，担忧中国也会步其后尘，故借批评日本来警示中国。章太炎1910年时将自己的学术代表作命名为《国故论衡》，而不用"国粹"二字，某种程度上可视为他对日本文化，以及模仿日本国粹主义的中国学人之排拒。⑥

---

① 参见杨度：《中国教育问题》，载刘晴波主编：《杨度集》第1册，长沙：湖南人民出版社1986年版，第56页。
②③ 杨度：《〈日本学制大纲〉后序》，载刘晴波主编：《杨度集》第1册，第72页。
④ 黄节：《〈国粹学报〉叙》，载桑兵等编：《国学的历史》，第18页。
⑤ 参见汪荣祖：《章太炎对现代性的迎拒与文化多元思想的表述》，载"中央"研究院近代史研究所集刊》第41期。
⑥ 或认为章太炎之所以用"国故"二字，乃是受到宋恕的《国粹论》一文之影响。（参见朱维铮：《〈国故论衡〉校本引言》，载氏著：《求索真文明——晚清学术史论》，第292—293页）但在宋恕去世不久，章太炎致信钱玄同，询问宋恕"著述不知有何种？"并且谈及宋恕"天性畏祸，其言政事者，固宜秘不示人，然他种学问，亦皆深藏不出，未知何意"（章太炎：《与钱玄同》，载马勇编：《章太炎书信集》，第110页）。可见他于宋恕的著作读过的其实并不多，所以根据该函所言推测，章太炎很可能在当时并未看到过《国粹论》一文。

总之，经过扬弃西学与反思东学，章太炎再回头审视国学，较之先前，较之同侪，自然别有胜义出焉。

三、章氏国学之旨要

1903年章太炎因《苏报》案而遭牢狱之灾，不久他在狱中写道："上天以国粹付余，自炳麟之初生，迄于今兹，三十有六岁。凤鸟不至，河不出图，惟余亦不任宅其位，系素王素臣之迹是践，岂直抱残守阙而已，又将官其财物，恢明而光大之！怀未得遂，系于仇国，惟金火相革欤？则犹有继述者。至于中国闳硕壮美之学，而逐斩其统绪，国故民纪，绝于余手，是则余之罪也。"①自负之中，透露出他对中国传统学术在近代之命运的担忧。当1906年出狱后，他在日本设坛讲授国学，同时撰写许多关于中国历史与文化的文章，通过各种活动，希望能振衰起微，为中国学术再辟新路。②

夏曾佑在1906年观察到："上海为交通便利之场，亦为书肆聚集之地，然欲觅一新译之书，则触目皆是；欲觅一旧刊之经史大部书，则寥寥无几。"③此外，"即以文字论，亦每因偏于西文之故，偶握笔为华文论说，即觉格格不相入。过此以往，恐中国之旧学或竟无人过问，而自古相传有数之文字，或自此而遂成绝学焉"④。见微知著，可见在西学大举涌入之世，重振国学，谈何容易。章太炎1909年致信国粹学报社时谈道："国粹学报社者，本以存亡继绝为宗，然笃守旧说，弗能使光辉日新，则览者不无思倦，略有学术者，自谓已知之矣。其思想卓绝，

① 章太炎：《癸卯狱中自记》，载《章太炎全集》第4册，第145页。
② 长期以来，人们对章太炎"国学"的认知，多从革命的角度来论述。如岛田虔次认为，章太炎眼里"学术的任务在于正确的知道民族历史的美丑善恶，从此产出民族爱情，这才是革命的原动力"（氏著：《中国思想史研究》，邓红译，上海：上海古籍出版社2009年版，第388页）。从最直接的角度来看，章太炎自然有此一方面的关照，但章氏在清末的思考，绝非仅局限于眼前的革命形势，而是涉及中国学术与文化的命运、中国在万国竞争的当下如何具备自身特性等立国根本问题。
③④ 夏曾佑：《保存国粹说》，载杨琥编：《夏曾佑集》上册，第399页。

不循故常者,又不克使之就范,此盖吾党所深忧也。"①前此一年,他也曾对人说:"学名国粹,当研精覃思,钩发沈伏,字字征实,不蹈空言,语语心得,不因成说,斯乃形名相称。若徒摭旧语,或张大其说以自文,盈辞满幅,又何贵哉?"②不特此也,"若乃钞撮成言,加以论议,万言之文,罄欤可了,然欲提倡国粹,不应尔也。今日著书易于往哲,诚以证据已备,不烦检寻尔。然则裒录实征,亦非难事,非有心得,则亦陈陈相因。不学者或眩其浩博,识者视之,皆前人之唾余也"③。在各类新知纷纷传至禹域的时代里,如果再率由旧章,已然不能使中国学术有所进步。而那种借一二新知来对传统学术进行通论的著作,看似内容广博,实则空疏甚矣,远非实事求是之学。但不步武前人的另一面,也绝非刻意标新,对此章氏自我检讨:"往者少年气盛,立说好异前人,由今观之,多穿凿失本意,大抵十可得五耳。"④当时被视为"新学钜子"的梁启超也疾呼:"自今以往二十年中,吾不患外国学术思想之不输入,吾惟患本国学术思想之不发明。"⑤因为"凡一国之立于天地,必有其所以立之特质。欲自善其国者,不可不于此特质焉,淬厉之而增长之"⑥,所以"如爱国也,欲唤起同胞之爱国心也,于此事必非可等闲视矣"⑦。他的《论中国学术思想变迁之大势》影响颇为深远,胡适自言梁氏此文"给我开辟了一个新世界,使我知道四书五经之外中国还有学术思想"⑧,并让他心生撰写《中国哲学史》的念头⑨。但在章太炎看来,"梁之学术,率由剽窃"⑩,对其推举过当,就连日本人亦将耻笑。根据今人研究,梁启超于清季避居日本时所撰的关于中国历史与文化之论著,因袭或改写日人著作处所在多有,章氏之批评,并

---

① 章太炎:《与〈国粹学报〉》,载马勇编:《章太炎书信集》,第 236 页。
②③④ 章太炎:《再与人论国学书》,载《章太炎全集》第 4 册,第 372 页。
⑤⑥⑦ 梁启超:《论中国学术思想变迁之大势》,载吴松等点校:《饮冰室文集点校》第 1 集,第 216 页。
⑧ 胡适:《四十自述》,载欧阳哲生编:《胡适文集》第 1 册,第 65 页。
⑨ 参见同上,第 73 页。
⑩ 章太炎:《与陈柱》,载马勇编:《章太炎书信集》,第 578 页。

非无的放矢。①由此可见在他眼中,提倡国学,虽然不能抄撮成言,陈陈相因,但是更不可改头换面,模仿他人。

1913年章太炎被袁世凯软禁于北京,他"自知命不久长,深思所窥,大畜犹众。既以中身而陨,不获于礼堂写定,传之其人,故略录学术次第,以告学者"②。在其中他回忆:"余昔在南皮张孝达所,张尝言:'国学渊微,三百年发明已备,后生但当蒙业,不须更事高深。'张本好疏通,不暇精理,又见是时怪说流行,惧求深适以致妄,故有是语。"③对此章太炎答曰:"经有古今文,自昔异路。近代诸贤,始则不别;继有专治今文者作,而古文未有专业。此亦其缺陷也。"④在章氏看来,传统学术犹有未发之覆,以待后人钻研,绝非只是了解前人大概而已。而此处张之洞所言者,也是近代以来提倡国学的一种颇为普遍的现象。在西学东渐的潮流下,忧时之士多瞩目于西学,希望能在最短时间内掌握大体,以求致用,因此中学不可避免受到忽视与冷漠。张之洞有睹于此,深感忧虑,故而在《劝学篇》中专门设有《守约》一篇,就是讨论如何在较短时间内掌握中国传统学术之梗概。在他看来:"夫先博后约,孔孟之教所同。而处今日之世变,则当以孟子守约施博之说通之。"⑤因为"今日四部之书,汗牛充栋,老死不能遍观而尽识。即以经而论,古言古义,隐奥难明,伪舛莫定,后师、群儒之说解,纷纭百出"⑥。此外,"今日无志之士,本不悦学,离经叛道者,尤不悦中学,因倡为中学繁难无用之说,设淫辞而助之攻,于是乐其便而和之者益众,殆欲立废中学而后快。是惟设一易简之策以救之,庶可以间执仇中学者之口,而解畏难不学者之惑"⑦。因此,"今欲存中学,必自守约始,守约必自破除门面始。爰举中学各门求约之法,条列于后,损之又

---

① 参见〔日〕狭间直树编:《梁启超·明治日本·西方——日本京都大学人文科学研究所共同研究报告》,北京:社会科学文献出版社2001年版,第156—183页。
② 章太炎:《自述学术次第》,载虞云国整理:《蓟汉三言》,第191页。
③④ 同上,第203页。
⑤⑥⑦ 张之洞:《劝学篇·守约》,载赵德馨主编:《张之洞全集》第12册,第169页。

损,义主救世,以致用当务为贵,不以殚见洽闻为贤"①。之后清廷推行新政,创办新式学堂,其中关于中国传统学术的课程,基本上便是依据张之洞在这里所提倡的讲授方法。而在章太炎看来,此种办法,并不能将国学发扬光大。

张之洞在当时位高权重,名满士林,以封疆大吏而提倡国学,自然引起不小的回响,他在学术上的好恶取舍,起而响应效仿者所在多有,在扬榷旧学、引进新知方面,俨然存在以自己为中心的"学人圈"。②此外,随着清末以来政府在士人眼中的认同度日显危机,一些人士希望增加孔庙从祀儒者,主张将章太炎等革命党人极力表彰的顾炎武、黄宗羲、王夫之入祀孔庙,推崇三人"立身行己,皆于艰苦卓绝之中具忠贞笃诚之操,毅然以扶世翼教,守先待后为己任"③,希望借此举来"敦崇正学,维系世变"④。而在章太炎看来,提倡中国学问,应极力区分"官学"与"民间学"。他以廖平在成都所遭受的待遇为例,指出:"主学者,直雅俗文吏之徒,令作述者为之屈,此为以学术效奔走,又以绝学洪业,而令俗儒定其是非,考其殿最,何其倒也!"⑤官方提倡学术,难以辨别学术良莠,进而以不良标准打压独具卓识之作。对于清廷抬出明清之际儒者,他更是指陈此举非但不能收拾人心,反倒会造成"驳议嚣然",更彰显清廷身处危机,进退失据。⑥

基于此,章太炎强调:

中国学术,自下倡之则益善,自上建之则日衰。凡朝廷所阓

---

① 张之洞:《劝学篇·守约》,载赵德馨主编:《张之洞全集》第12册,第169页。
② 有关这方面的研究,参见陆胤的《文教转型与政教存续:近代学术史上的张之洞学人圈》(北京:北京大学出版社2015年版)。
③④ 赵启霖:《请三大儒从祀折》,载易孟醇点校:《赵启霖集》,长沙:湖南人民出版社2012年版,第5页。
⑤ 章太炎:《程师》,载《章太炎全集》第4册,第139页。
⑥ 参见章太炎:《王夫之从祀与杨度参机要》,载汤志钧编:《章太炎政论选集》上册,第426页。

置,足以干禄,学之则皮傅而止。不研精穷根本者,人之情也。会有贤良乐胥之士,则直去不顾,自穷其学。故科举行千年,中间典章盛于唐,理学起于宋,天元、四元与宋、元间,小学经训,昉于清世。此皆轶出科举,能自名家,宁有官吏奖督之哉?恶朝廷所建益深,故其自为益进也。①

在这里,他梳理中国历代学术流变,认为一个时代凡是能称之为上品的学问,皆是源于草野,而非依靠官方提倡。他在论述清学史时,称赞甘于以"学隐"自居的朴学家,甚至深挖他们心中对清廷的厌恶。而那些居于庙堂之上的"理学名臣",他则极力刻画彼辈之丑态,认为其言行足以让理学蒙羞。②章太炎之所以强调这一点,除去与他向来主张"依自不依他"的立身行事准则相关外,更体现出他对当时学术生态的感观。他在《〈国粹学报〉祝辞》中,直言自己心中块垒,乃是担心同人阐扬国学,易于被统治者利用,甚至有人因醉心利禄而"以其合者取宠",致使"世受其弊",不但厚诬古人,甚至为虎作伥。所以他强调"学以求是,不以致用,用以亲民,不以干禄"③。有心阐扬中国传统学术者应甘于自处民间,白首学问,拒绝借学问干谒权贵,曲学阿世。④

章太炎对于国学,在不同场合关注重点各有侧重。1906 年他在东京留学生欢迎会上讲演时阐述国粹问题:"为甚提倡国粹?不是要人尊信孔教,只是要人爱惜我们汉种的历史。这个历史,就是广义说的,其中可以分为三项:一是语言文字,二是典章制度,三是人物事迹。近来有一种欧化主义的人,总说中国人比西洋人所差甚远,所以自甘暴弃,说中国必定灭亡,黄种必定剿绝。因为他不晓得中国的长处,见

---

① 章太炎:《与王鹤鸣书》,载《章太炎全集》第 4 册,第 154 页。
② 参见章太炎的《学隐》《清儒》《别录乙》诸文章。
③ 章太炎:《〈国粹学报〉祝辞》,载《章太炎全集》第 4 册,第 214 页。
④ 章太炎虽然颇为欣赏"六经皆史"之说,但对章学诚则颇有批评,其中很重要的一点,便是不满后者思想中强调"官师政教合一",将学术笼罩在王权之下。(参见张荣华:《章太炎与章学诚》,《复旦学报(社会科学版)》2005 年第 3 期)

得别无可爱，就把爱国爱种的心，一日衰薄一日。若他晓得，我想就是全无心肝的人，那种爱国爱种的心，必定风发泉涌，不可遏抑的。"①不久之后章太炎在钱龚未生等人的建议下，在东京创办国学讲习会，对此与章氏结为兄弟的章士钊特意撰文强调："真新学者，未有不能与国学相挈合者也。国学之不知，未有可与言爱国者也；知国学者，未有能诋为无用者也。作《訄书》之章氏者，即余杭太炎先生也。先生为国学界之泰斗，凡能读先生书者，无不知之。今先生避地日本，以七次逋逃，三年禁狱之后，道心发越，体益加丰，是天特留此一席以待先生，而吾人之欲治国闻者，乃幸得与此百年不逢之会。同人拟创设一国学讲习会，请先生临席宣讲，取为师资，别为规则，附录于后，先生之已允为宣讲者，一中国语言文字制作之原；一典章制度所以设施之旨趣；一古来人物事迹之可为法式者。"②

而随着章太炎对中国各类学术的进一步研究，他眼中的国学，已不单是借历史来激励民族主义，而是应在前人的基础之上，对其进行更为专门且深入的探讨。1908 年，章太炎曾手订一份自编文集目录，其中收录大量他眼里有传世价值的论学之文，特别是能表达自己学术理念以及具有独到观点的经史考订之作，观此目录，可窥章氏当时的思想取向。③1909 年在与国粹学报社的信中他说道："弟近所与学子

---

① 章太炎：《在东京留学生欢迎会上之演讲》，载章念驰编订：《章太炎演讲集》，第 5—6 页。
② 章士钊：《国学讲习会序》，载《章士钊全集》第 1 册，上海：文汇出版社 2000 年版，第 179 页。
③ 这份目录原件为章氏手迹，藏于中国国家图书馆，系姜义华教授 20 世纪 70 年代抄录。内容附下：
癸巳文四篇：
《孝经本夏法说》《宾柴说》《子思孟轲五行说》《禽艾说》
甲午文二篇：
《大夫五祀三祀辨》《人滩说》
乙未文一篇：
《高先生传》
丙申文二篇：
《钱塘吊龚魏二生赋》《说束矢白矢》（转下页）

讨论者,以音韵训诂为基,以周、秦诸子为极,外亦兼讲释典。盖学问以语言为本质,故音韵训诂,其管龠也;以真理为归宿,故周、秦诸子,其堂奥也。经学繁博,非闭门十年,难与斠理,其门径虽可略说,而致力存乎其人,非口说之所能就,故且暂置弗讲。音韵诸子,自谓至精,然音韵亦有数家异论,非先览顾、江、戴、孔诸家之说,亦但知其精审,不知精审之在何处也。诸子幸少异说,而我所发明者,又非汉学专门

(接上页注③)丁酉文一篇:
《文例杂议》
戊戌文一篇:
《艾如张董逃歌序》
己亥文二篇:
《旅西京记》《书莽苍园文稿余后》
庚子文三篇:
《太子晋神仙辨》《二羊论》《说于长书》
辛丑文六篇:
《征信论》《与尤莹答问记》《读郭象论嵇绍文》《秦献记》《唐毂丞画像赞》《张苍水集后序》
壬寅文五篇:
《说稽》《说渠门》《夏用青说》《诸布诸严诸逐说》《中夏亡国二百四十二年纪念会书》
癸卯文四篇:
《与刘光汉书》《释真》《狱中日记》《沈荩伤辞》
丙午文十四篇:
《邹容传》《与王鹤鸣书》《古今音损益说》《南疆逸史序》《与人论朴学报书》《与刘光汉书》《再与刘光汉书》《语言缘起说》《一字重音说》《说文学》《讨满洲檄》《说林上》《说林下》《说门》
丁未文十二篇:
《古音娘日二纽归泥说》《古双声说》《徐锡麟陈伯平马宗汉秋瑾伤辞》《秋瑾集序》《初等梵文典序》《与马良书》《总罢工同盟序》《无政府主义序》《与黄侃书》《再与黄侃书》《〈国粹学报〉祝辞》《与刘光汉黄侃问学书》《新方言序》《官制索隐》
戊申文十五篇:
《与刘揆一书》《瑞安孙先生哀辞》《俞先生传》《孙诒让传》《三与黄侃书》《薪黄母铭》《五朝法律索隐》《说刑名》《王荆公画像赞》《小疋大疋说上》《小疋大疋说下》《六诗说》《八卦释名》《说象象》《说物》《毛公说字述》《南洋华侨志序》《原经》
右七十四篇

之业,使魏、晋诸贤尚在,可与对谈。"①小学与诸子学,向来为章太炎所重视者,他深受清代朴学熏陶,推崇戴震等清学名家,因此视小学为学问之基础,他的《新方言》《文始》等著作皆撰于此时,显现出他在继承清代朴学成果之上,探求小学之本质,规划未来中国语言与文字的发展。对于诸子学,章太炎已非学步前人,仅为饾饤,他有过一段钻研西哲的经历,认识到"若夫万类聚散,淋漓无纪,而为之蹑寻元始,举群丑以归于一,则哲学所以得名"②。所以董理诸子,较乾嘉诸老更上一层,从哲学的角度阐释诸子义理,将诸子遗言发扬光大,所谓可与魏晋诸贤对谈,便是指此而言。而这一切,皆根植于从本国历史与文化出发,覃研深思,自具心得。

《国故论衡》虽为章太炎在东京国学讲习会的讲义汇编,"但在结集时经过作者的整理和润色,结构便自成体系,凸显了章太炎在辛亥革命前夜形成的论学特色"③。可以说,这部著作是章太炎在此一时期学术思想的总结。在书中的《原学》中,章太炎详细阐释了居今之日,应当如何研究中国学问:

> 通达之国,中国、印度、希腊,皆能自恢彉者也。其余因旧而益短拙,故走他国以求仪刑。仪刑之与之为进,罗甸、日耳曼是矣;仪刑之不能与之为进,大食、日本是矣;仪刑之犹半不成,吐蕃、东胡是矣。夫为学者,非徒博识成法,挟前人所故有也。有所自得,古先正之所觊觎,贤圣所以发愤忘食,员舆之上,诸老先生所不能理,往释其惑,若端拜而议,是之谓学。亡自得者,足以为师保,不与之显学之名。视中国、印度、日本,则可知已。日本者,故无文字,杂取晋世隶书、章草为之,又稍省为假名,言与文缪,无文而言学,已恧矣,今庶艺皆刻画远西,什得三四。然博士终身为

---

① 章太炎:《与〈国粹学报〉》,载马勇编:《章太炎书信集》,第236—237页。
② 章太炎:《规〈新世纪〉》,《民报》第24号。
③ 朱维铮:《求索真文明——晚清学术史论》,第285页。

写官,更五六岁,其方尽,复往转贩。一事一义,无匈中之造,徒习口说而传师业者,王充拟之,犹邮人之过书,门者之传教。①

在这里,章太炎的着眼点是强调"中国之不可委心远西,犹有远西之不可委心中国",中国历史与文化自有特色所在,主张讨论中国学问,应当坚持中国文化的特性,在前人的基础之上更上一层楼,以独立思考扬榷旧学,臻于精深之境,形成自己的心得,而不是粗通大义,浅尝辄止,如此方能光大固有学问。这是他自1906年东渡日本之后的一贯主张,也是他所强调的"自国自心"之学的本旨,更可看作理解《国故论衡》一书立意何在的关键。②值得注意的是,章太炎在清季曾写过两篇名为《原学》的文章,除《国故论衡》中所收之外,《訄书》的重订本中第一篇文章亦曰《原学》。在其中,章太炎认为各国学术因"地齐""政俗""材性"各异而有所不同,今日讨论学术,应"观省社会,因其政俗而明一指"。③他在这里所欲强调的是学术变迁为世运之常态,并无一成不变之学,因此要以通达的眼光看待各地学术,其背后立意,乃是借此说明不可固守一隅,应对新知广泛吸收。两相比较,可以看到从《訄书》重订本的《原学》到《国故论衡》的《原学》,章太炎学术思想转变的轨迹。《国故论衡》一书,也可以看作章太炎"自国自心"之学的具体实践,是建立自己对中国传统展开系统阐释的进一步尝试。

在《自述学术次第》中,章太炎或许是当时有感于自己命不久矣,故提出几种在他看来是根植于中国学术传统且有待于进一步研究的问题。他指出:"诸治史学者,皆留心地理、官制,其他已甚病矣。"④姓

---

① 章太炎:《国故论衡·原学》,上海:上海古籍出版社2001年版,第102页。

② 后来新文化运动期间,胡适等人提倡用科学方法"整理国故",借用了章太炎所阐释的"国故"一词,但二者之间的含义,显然已经不同,因此不能视为章太炎本意的延伸,而是胡适、毛子水等人对"国故"另做新诠。关于"国故"一词在新文化运动时期的被诠释情况,参见陈以爱的《中国现代学术研究机构的兴起——以北大研究所国学门为中心的探讨》(南昌:江西教育出版社2002年版,第30—48页)。

③ 参见章太炎:《訄书(重订本)·原学》,载《章太炎全集》第3册,第131—132页。

④ 章太炎:《自述学术次第》,载虞云国整理:《蓟汉三言》,第204页。

氏之学,唐代以来,缺乏系统梳理,元明以降,更显杂芜;刑法之学,《唐律》所载颇为完备,然其他散于诸史传中者尚夥,各种法令亦需较其得失;食货之学中的权度之大小、钱币之少多,垦田之盈亏,金银粟米之贵贱,凡此皆与民生日用相关,也应有所讨论;乐律之学,虽略有端倪,但所待理清之处依然不少,许多面向,需听音然后知之,非衍算所能尽理,而未见商讨其是非者。在章氏看来,"斯四术者,所包闳远,三百年中,何其衰微也。此皆实事求是之学,不能以空言淆乱者,既尚考证,而置此弗道乎!"①在这里他所列举的史学诸领域,多属于典章制度之学,此为他向来所关注者,除去以实证研究考察历史之外,还包含了他对中国当下制度建设的思考。近代以来,对于中国历代制度,或被以专制二字含糊概括,或用西学比附,认为其中有民主政治因素存焉,评价之高低,皆以西学作为标准,真正从历史演变本身出发考察历代制度得失者不遑多见,直至 20 世纪 30 年代,钱穆欲在北京大学历史系开设"中国政治制度史"课程,还遭受到不小的非议。②章太炎对典章制度的关注,便是其所讲求的"自国自心"之学的具体表现。

　　此外章太炎还指出:"周秦九流,则眇尽事理之言,而中国所以守四千年之胙者也。玄理深微,或似佛法,先正以邹鲁为衡,其弃置不道,抑无足怪。乃如庄周《天运》,终举巫咸,此即明宗教惑人所自始。惠施去尊之义,与名家所守相反。子华子迫生不若死之说,又可谓管乎人情矣。此皆人事之纪,政教所关,亦未有一时垂意者。"③着力于挖掘诸子遗言中对人事政教深具启发而长期未受关注的思想。而这里的"玄理深微,或似佛法",显示出他对诸子的阐扬,或借助于印度佛学。关于这一点,他在《国故论衡》的《明见》中曾有详论:"自纵横、阴阳以外,始征藏史,至齐稷下,晚及韩子,莫不思凑单微,斟酌饱满。天道恢恢,所见固殊焉。旨远而辞文,言有伦而思循纪,皆本其因,不以

---

① ③　章太炎:《自述学术次第》,载虞云国整理:《菿汉三言》,第 204 页。
②　参见钱穆:《八十忆双亲、师友杂忆(合刊)》,台北:东大图书公司 2013 年版,第 152 页。

武断。今之所准,以浮屠为天枢,往往可比合。"①关于中印文化,章太炎认为二者需互济以克其短。依他之见,中国"士人憙言政治,而性嗜利,又怯懦畏死,于宗教偶然无所归宿。虽善应机,无坚壎之操。印度重宗教,不苟求金钱储藏,亦轻生死,足以有为,独短于经国之术。二者相济,庶几其能国乎?"②章太炎对印度文化的吸取,除去借法相、唯识诸宗的思辨之术来阐释诸子哲理外,主要是希望借佛教来激励民德。对于佛教的缺陷,即与中国文化相比,"短于经国之术",他是有很清楚认识的。1911年在专门就佛学进行的讲演中,章氏明言:"若专用佛法去应世务,规画总有不周。"③因此章太炎之于佛教,取舍之间,异常清楚,依然是根植于他对中国历史与文化本身的认识。

研究国学,依章太炎之见,除了不能邯郸学步,人云亦云,亦不可党同伐异,厚此薄彼。他指出:"在本国的学说里头,治了一项,其余各项,都以为无足轻重,并且还要诋毁。就像讲汉学的人,看见魏晋人讲的玄理,就说是空言,或说是异学;讲政事的人,看见专门求是不求致用的学说,就说是废物,或说是假古玩。仿佛前人说的,一个人做弓,一个人做箭,做弓的说:'只要有我的弓,就好射,不必用箭。'做箭的说:'只要有我的箭就好射,不必用弓。'这是第二种偏心。(这句话,并不是替许多学者做调人,一项学术里头,这个说的是,那个说的非,自然要辩论驳正,不可模棱了就算数。至于两项学术,就不该互相菲薄。)"④本此见解,他梳理中国历代学术流变,认为"中国学说,历代也有盛衰,大势还是向前进步,不过有一点儿偏胜":周代明六艺者多,识历史者寡;汉人精于经学,但短于哲理;魏晋南朝,虽国势不振,但学术发达,可谓无偏胜;唐代礼学衰微,只剩历史、政事可称擅长;宋人治学

---

① 章太炎:《国故论衡·明见》,第124页。
② 章太炎:《送印度钵逻罕保什二君序》,载《章太炎全集》第4册,第375页。
③ 章太炎:《佛学演讲》,载章念驰编订:《章太炎演讲集》,第111页。
④ 章太炎:《论教育的根本要从自国自心发出来》,载章念驰编订:《章太炎演讲集》,第79页。

分为数派,有好琐碎考据者,有好讲求经世者,有专求心性者,除去不擅礼制,基本无偏胜;明代学术没落,近乎昏天暗地,只有王学聊备一格;清代朴学大放异彩,但历史、政事趋于没落。所以每个朝代学术,虽有其短板,但亦有出众之处。①在章太炎看来,只要不存是丹非素之见,自然能认识到历代学问的优点,所以对待国学各个门类,应该具有一视同仁的心态。

四、《齐物论释》中的学术文化观

论述章太炎的学术思想,不能忽略被他自认为"千六百年未有等匹"②的《齐物论释》。③在这本著作里,他借助佛学与《庄子》的话语,从哲学层面论述自己对世情万象的看法,特别是针对自己所处的"人与人相食"④之世,认识到"不造出一种舆论,到底不能拯救世人"⑤,于是深入批判各种颇深入人心的话语系统与思维模式,并提出"体非形器,故自在而无对;理绝名言,故平等而咸适"⑥的政治与文化主张。在黄宗仰看来,章太炎此书"将为二千年来儒墨九流破封执之局,引未来之的,新震旦众生知见,必有一变以道者"⑦。

---

① 参见章太炎:《论教育的根本要从自国自心发出来》,载章念驰编订:《章太炎演讲集》,第76—78页。
② 章太炎:《与龚宝铨》,载马勇编:《章太炎书信集》,第586页。
③ 关于《齐物论释》的研究,学界已有不少成果,具体情形参见王诚的《章太炎〈齐物论释〉研究述评》(《船山学刊》2013年第3期)。高田淳曾逐节解释分析《齐物论释》"初定本"与"重订本"的内容,论述章太炎如何运用佛学与道家学说构建其齐物哲学,并以此回应时代思潮,这对全面了解《齐物论释》的主旨极有助益。(参见氏著:《辛亥革命与章炳麟的齐物哲学》[《辛亥革命と章炳麟の斉物哲学》],东京:研文出版社1984年版,第127—289页)最近对之有具体的、具备一定原创性的研究,参见余一睿的《章太炎〈齐物论释〉研究》(上海社会科学院文学研究所2015年硕士论文),此文对章太炎齐物思想与佛学及庄学的关系析之甚详,但略缺少对章太炎学说西学面向的讨论。本节所论主要聚焦于《齐物论释》与本书主旨内容相关者,并非对之展开全面的讨论。
④⑥ 章太炎:《齐物论释·序》,载《章太炎全集》第6册,第3页。
⑤ 章太炎:《佛学演讲》,载章念驰编订:《章太炎演讲集》,第110页。
⑦ 黄宗仰:"后序",载《章太炎全集》第6册,第68—69页。

近代西学涌入中国，带来的绝非某些具体问题方面的异样之见，而是与西方强劲国势相伴而来，从整体上笼罩并凌驾于中国传统思想之上，为了因应世局，中国士人不得不接触西学，久而久之，西学成为时人知识体系、日常话语，甚至价值追求中不可或缺之物。在此情形下，中国固有思想学术自身的合法性根基与话语系统皆面临困顿甚至解体的境遇。与此同时，章太炎强调自己对中国传统的阐扬"并不像做《格致古微》的人，将中国同欧洲的事，牵强附会起来；又不像公羊学派的人，说甚么'三世'就是进化，'九旨'就是进夷狄为中国，去仰攀欧洲最陋的学说"①。职是之故，他在清末鼓吹革命同时，不断将自己的学术文化主张从对现实问题的直接回应上升到具有普遍意涵的理想型，而《齐物论释》便是此一心路历程的最终完成。②

关于何谓"齐物"，章太炎指出："齐物者，一往平等之谈，详其实义，非独等视有情，无所优劣，盖离言说相，离名字相，离心缘相，毕竟平等，乃合齐物之义。"③在这里，所谓的"离言""离名""离心"，即"要求在认识现象世界时，超越既成的话语系统、概念与范畴、人所固有的主观性与片面性的局限"④。晚清以来，对中国传统思想冲击最大的便是进化论思想，即通过具有"普适性"的"科学"之论证，认为人类社会根据进化程度不同而分出高下，并且优胜劣汰，适者生存。其实自从基督教肇兴之际，西方"普世"主义的思维方式便日益高涨，后来这一思想进入所谓"俗史"论述中，成为服膺者眼里引领人类前进的天赋使命。到了19世纪，通过黑格尔历史哲学的阐发，"普世"主义最终落脚于西方文明身上，代表着理性的必然发展方向，乃全人类进化的光荣向导。⑤针对此，

---

① 章太炎：《在东京留学生欢迎会上之演讲》，载章念驰编订：《章太炎演讲集》，第6页。
② 参见张志强：《"操齐物以解纷，明天倪以为量"——论章太炎"齐物"哲学的形成及其意趣》，《中国哲学史》2012年第3期。
③ 章太炎：《齐物论释》，载《章太炎全集》第6册，第5页。
④ 姜义华：《章炳麟评传》，第488页。
⑤ 参见〔法〕朱利安：《论普世》，吴泓渺、赵鸣译，北京：北京大学出版社2016年版，第68—70页。

章太炎曾敏锐地观察到："近世言进化论者,盖昉于海格尔氏。虽无进化之明文,而所谓世界之发展,即理性之发展者,进化之说,已萌芽其间矣。达尔文、斯宾塞尔辈应用其说,一举生物现象为证,一举社会现象为证。"①同一时期,蒋智由亦言:"自海盖尔之言伦理也,本于其哲学所定形而上之理,以世界为一大精神之发现,而个人者不过此一大精神中之小部分,个人精神之发达,无非为一大精神发达之阶段,故凡所谓国家、社会、历史等,均非以发达个人为目的,而惟合以发达世界之一大精神尔。……以形而上学为根底,以为凡世界之现象,无非宇宙之理性,而以个个之进化,为一大理性全体之进化者,则海盖尔氏之说实居其最。"②

有论者言,黑格尔式的"普世"主义,与近代充满启蒙色彩的自由主义不同,其基础是一种综合的文化传统,是一种具有历史情境的自我理解。如果现代伦理生活欲成为有内容的、具体的与有实效的,就必须以特定的社会形式和特定的文化传统为基础,即便其中不可避免地包含文化性与历史性的局限与偏向。③但值得思考的是,这种"普世"主义,究竟以何种历史与文化作为标准?在黑格尔看来,世界历史是理性各环节从精神自由概念中引申出的必然发展,从而亦为精神的自我意识和自由的必然发展,其表现形式即为普遍精神的解释与实

---

① 章太炎:《俱分进化论》,载《章太炎全集》第4册,第404—405页。按:引文中的海格尔即黑格尔。章太炎之所以强调进化论肇始于黑格尔,很可能是在回应并批评严复的观点。在发表于1906年7月的《述黑格儿惟心论》一文里,严复介绍了黑格尔的历史哲学,认为后者强调"理性"在历史各阶段的表现形式,近乎宋代理学所谓的"道心",同时认为在表现"理性"的各历史阶段,有明显的进化之迹。因此,严复认为黑格尔此论"已开斯宾塞天演学之先声"(参见氏著:《述黑格儿惟心论》,载王栻主编:《严复集》第1册,第216页)。章太炎在1906年以后,已经开始反思那种以西方历史发展模式为依据的史观是否适用于中国,而当时严复对进化论的介绍风靡一时,因此不排除章太炎反思进化论学说,欲"擒贼先擒王",故直指严复之论。这一点承蒙傅正兄提示,深表谢忱。

② 观云:《平等说与中国旧伦理之冲突》,载张枬、王忍之编:《辛亥革命前十年间时论选集》第2卷上册,第21页。按:引文中的海盖尔即黑格尔。关于黑格尔哲学在晚清的流传与国人对其认识,参见张仲民:《黑格尔哲学在清末中国的容受》(《学术月刊》2013年第5期)。

③ 参见〔美〕希克斯:《黑格尔伦理思想中的个人主义、集团主义和普世主义》,载邱立波编译:《黑格尔与普世秩序》,北京:华夏出版社2009年版,第47页。

现。而这些"使命",在历史进程中,会归属到特定的民族身上,后者因此成为世界历史中特定时期的统治民族,它在历史中创造了新纪元,它具有绝对权力成为世界历史目前发展阶段的担当者,相对于这种权力,其他民族的精神是无权的,他们在世界历史中犹如尘埃,已不再具有自身的精神与话语之独立。①

这一主张,落实到具体的文化论述上,例如在哲学史的论述中,黑格尔认为:"这些思想的活动,最初表现为历史的事实,过去的东西,并且好像是在我们的现实以外。但事实上,我们之所以是我们,乃是由于我们有历史,或者说得更确切些,正如在思想史的领域里,过去的东西只是一方面,所以构成我们现在的,那个有共同性和永久性的成分,与我们的历史性也是不可分离地结合着的。我们现在世界所具有的自觉的理性,并不是一下子得来的,也不只是从现在的基础上生长起来的,而是本质上原来就具有的一种遗产,确切点说,乃是一种工作的成果——人类所有过去各时代工作的成果。"②因此,"传统并不是一尊不动的石像,而是生命洋溢的,有如一道洪流,离开它的源头愈远,它就膨胀得愈大"③。但这些观点,只有放在西方哲学的发展史中,才能显现其正面意义。反之,在黑格尔眼中,所谓东方民族,由于没有类似希腊文明中的主体自由精神,因此前者的思想"只是一个枯燥的、形式理智的、没有灵性的知解,这种知解并不能进而取得思辨的概念"④。以此为标准,孔子学说"里面所讲的是一种常识道德,这种常识道德我们在哪里都找得到,在哪一个民族里都找得到,可能还要好些,这是毫无出色之点的东西"⑤。总之,在黑格尔的"普世"主义话语

---

① 参见〔德〕黑格尔:《法哲学原理》,范扬、张企泰译,北京:商务印书馆1961年版,第352—354页。
② 〔德〕黑格尔:《哲学史讲演录》第1卷,贺麟、王太庆译,北京:商务印书馆1959年版,第7页。
③ 同上,第8页。
④ 同上,第118页。
⑤ 同上,第119页。

下,只有作为时代精神之代表的近代西方,其传统才拥有巨大价值,是值得珍念之物。以此为唯一参照物,被他视作无资格参与时代精神活动的中国,其传统也就不具备正面意义。

在这种"普世"主义话语的笼罩之下,寰宇诸邦,按照以近代西方为标准的"文明"内涵,被划分为不同的层级。非西方地区逐渐丧失了表达自身立场的话语权力,为了"迎头赶上",只能效仿、仰慕象征时代精神的近代西方。其自身传统的形象,很大程度上乃依据当时西方人的描述,属于落后与野蛮的表征,欲臻文明之境,必须与之分道扬镳,可以说在精神层面上,已渐被近代西方话语所宰制。正如马克思与恩格斯所描绘的那样,近代西方在强劲的资本主义浪潮之下,"由于一切生产工具的迅速改进,由于交通的极其便利,把一切民族甚至最野蛮的民族,都卷到文明中来了。它的商品的低廉价格,是它用来摧毁一切万里长城、征服野蛮人最顽强的仇外心理的重炮。它迫使一切民族,如果它们不想灭亡的话,采用资产阶级的生产方式;它迫使它们在自己那里推行所谓的文明,即变成资产者。一句话,它按照自己的面貌为自己创造出一个世界。……使东方从属于西方"①。对此,章太炎有着极为深刻的观察,他说:"今之言文明者,非以道义为准,而以虚荣为准。持斯名以挟制人心,然人亦靡然从之者。盖文明即时尚之异名,崇拜文明,即趋时之别语。"②在《国故论衡》里,章太炎根据佛学理论,指出人类认识世间万物的"我见"实为"我执",是故"我见者与我痴俱生……痴与见不相离,故愚与智亦不相离"③。由此出发,他从"神教""学术""法论""位号""礼俗"五方面入手,极力论证具备"文教"之国在智识上并不高于"蠕生"之国。④这一观点,意

---

① 马克思、恩格斯:《共产党宣言》,中共中央马恩列斯著作编译局译,北京:人民出版社1997年版,第31—32页。
② 章太炎:《复仇是非论》,载《章太炎全集》第4册,第281页。
③ 章太炎:《国故论衡·辨性下》,第142页。
④ 参见章太炎:《国故论衡·辨性下》,第142—146页。

在打破当时深入人心的,被各种知识话语所支配的文野之见,让各种非西方的文化能挣脱被近代西方所固化的文明等级体制,恢复自身的文化主体性。

所以在《齐物论释》里,章太炎就此问题进一步阐述,从哲学层面提出自己的文化主张。他指出:

> 大抵藏识流转不驻,意识有时不起,起位亦流转不驻,是故触相生心,有触作意受想思五位。受想思中,复分率尔堕心、寻求心、决定心、染净心、等流心五位,如是相续,即自位心证自位心,觉有见在;以自位心望前位心,觉有过去;以自位心望后位心,比知未来。是故心起即有时分,心寂即无时分,若睡眠无梦位,虽更五夜,不异刹那。然则时非实有,宛尔可知。但以众同分心,悉有此相,世遂执著为实,终之甲乙二人,各有时分,如众吹竽,同度一调,和合似一,其实各各自有竽声。所以者何? 时由心变,甲乙二心界有别故。由此可知,时为人人之私器,非众人之公器。①

源于欧洲的现代性概念,首先指的是一种时间观念,一种直线向前、不可重复的历史时间意识,它提供给人们一个看待历史与现实的方式,并把共同体生存与奋斗的意义纳入此一时间轨道与时间位置当中。②在此基础上,"古"与"今"、"进步"与"落后"这样的对比方式于是焉出。章太炎在这里指陈时间观念乃"私器",而非"公器",不同个体,由于对外在事物的认知各有歧异,所以对时间迟速的感觉亦有差别,并无能涵盖所有人意识中所感知的时间。既然如此,那么当时流行于世的各种古今之争,以及对代表进步的西方歆羡仰慕,将处于衰颓之势的中国看作落后愚昧的情形,也就自然难以成立。因此,在章氏看来,

---

① 章太炎:《齐物论释》,载《章太炎全集》第6册,第12—13页。
② 参见汪晖:《现代性问题答问》,载氏著:《死火重温》,北京:人民文学出版社2000年版,第3—4页。

"执守一时之见,以今非古,以古非今,此正颠倒之说,比于今日适越而昔至,斯善喻乎。世俗有守旧章顺进化者,其皆未喻斯旨也"①,具体言之,"顺进化者,以今非古,则诬言也"。同样的,"守旧章者,以古非今,是亦一孔之见"②。质言之,只有心中不存新旧之念,那么看待世间各种文化与学说,方能尊重各自的特色,不强行判其高下,达到"不齐而齐"的态度,跻身"上哲"。③

此外,在"普世"主义的话语里,强调在代表时代精神之文明的影响下,其他与之历史与现状不同的文明共同体,其差异可以泯除。近代以来,面对西方势力的入侵,中国士人为了振衰起微而援引西学,其间多强调不同文明之间的同一性。具有代表性的例子,如王韬认为:"天下之道,一而已矣,夫岂有二哉?"④因此中西之间"人心之所向即天理之所示,必有人焉,融会贯通而使之同。故泰西各国今日所挟以凌辱我中国者,皆后世圣人有作,所以混同万国之法也"⑤。这一观点,后来不断成为士人宣传西学与西政的重要理论资源。然在章太炎看来,不同文化之间,绝非能随意互通替代。他以文字为例,分析"言与义不相类"的现象。在他看来,世人常认为学术用语当中,中国文字常不能确切所指,而西文却无此弊,实则西方语言中用于学术新名词者,也会遇到旧词不能定义者,只好"或因转语,或仍故名",聊为借用,因此二者之间,不存高下之别。犹有进者,不同文化之间的抽象名词,如"道""本体""真如"等,更是难以互译,若"观夫转译殊言,唯觉彼此同相,转成诬缪,其过多矣。……互相障碍者多,而实不可转译"⑥。

因此章太炎指出:

---

① 章太炎:《齐物论释》,载《章太炎全集》第6册,第18页。
② 同上,第19页。
③ 参见同上,第5页。
④ 王韬:《原道》,载李天纲编校:《弢园文新编》,北京:生活·读书·新知三联书店1998年版,第1页。
⑤ 同上,第2页。
⑥ 章太炎:《齐物论释》,载《章太炎全集》第6册,第32—34页。

> 世人或言东西圣人心理不异,不悟真心固同,生灭心中所起事相,分理有异,言语亦殊,彼圣不易阿爻邪声,此圣不易东西夏语,宁得奄如合符,泯无朕兆,精理故训,容态自殊,随顺显相,意趣相会,未有毕同之法也。①

在章太炎的思想体系里,语言文字占有极为重要的地位,为彰显国性的主要载体。在这里他以此为例,论证不同文化之间文字不可随意转译,其深意即在凸显对文化自身特性的坚持,同时承认差异性的存在。此正所谓"风纪万殊,政教各异,彼此拟议,率皆形外之言,虽其地望可周,省俗终不悉也"②。只有充分认识这一点,各种文野之别方能消除,"文野异尚,亦各安其贯利,无所慕往",臻于"以齐文野为究极"的境地。③反之,"必谓尘性自然,物感同尔,则为一概之论,非复《齐物》之谈"④。

近代以来的西学东渐,很大程度上也是中国自身文化主体性一步步"失语"的过程。从近代以降的文化论争来看,在西学日益成为"普世"性话语之际,非西方的文化主体意识愈发重要,因为放弃自身主体的总体性,就是放弃整个生活世界的价值依据与历史远景,最终沦为西方历史论述里的附庸。⑤在《国故论衡》当中,章太炎认为庄子"因任自然,惟恒民是适,不务超越,不求离系",但如此这般,极为容易造成"流转无极"——即以一种毫无立场,放弃自身主体性的虚无主义之态度面对世事之弊。⑥这与他当时提倡建立"以自识为宗",依自不依他的宗教主张甚为相悖。⑦因此在《齐物论释》中,他的另一着眼点即在于从哲学层面祛除此弊。

---

① 章太炎:《齐物论释》,载《章太炎全集》第 6 册,第 34 页。
② 同上,第 44 页。
③ 参见同上,第 46、47 页。
④ 同上,第 51 页。
⑤ 参见张旭东:《全球化时代的文化认同:西方普遍主义话语的历史批判》,北京:北京大学出版社 2006 年版,第 30 页。
⑥ 参见章太炎:《国故论衡·明见》,第 130 页。
⑦ 参见章太炎:《建立宗教论》,载《章太炎全集》第 4 册,第 436 页。

在章太炎看来，《齐物论》中所谓"天籁"，即"喻藏识中种子，晚世或名原型观念，非独笼罩名言，亦是相之本质"①。此乃人类理性赖以成立的基本范畴，为人们的自我意识与由此而生的认知对象之能力奠定基础。②由此出发，在认识世界的过程中，"自心还取自心，非有外界知其尔者，以见量取相时，不执相在根识以外，后以意识分别，乃谓在外，于诸量中见量最胜。见量既不执相在外，故知所感定非外界，即是自身现影"③。质言之，自心作为唯一的认识主体，外界种种现象，皆为内心活动的结果。由此推论，在学术文化层面，世间各种学说是否具有价值，皆有作为认识主体的心来判断，在这一过程中，认知者是主动而非被动的，具有自我抉择的能力，既不会在各种价值冲突中随波逐流，丧失真我，也不会面对流行于世的等级论断，因惧于被视为野蛮落后而不知所措，失去自信心，一味迎合某一种文明标准。与之相似，章太炎认为在认识过程中，主体与客体互为因果，无先后之别，是故彼我皆空，如此一来，"必有真心为众生所公有"④。正如论者所言，这一分析，是为了凸显绝对无待的"我"，使之具有"无畏"与"自尊"的价值自立自足性。⑤

于此基础上，章太炎指出：

彼出于是，是亦因彼，曾无先后，而因果相生，则知彼是观待而起，其性本空，彼是尚空，云何复容是非之论。以方生喻彼是者，一方生即一方灭，一方可即一方不可，因果同时，则观待之说也。圣人无常心，以百姓心为心，故不由而照之于天。知彼是之

---

① 章太炎：《齐物论释》，载《章太炎全集》第6册，第9页。
② 参见〔日〕石井刚：《"道之生生不息"的两种世界观：章太炎和丸山真男的思想及其困境》，《中国哲学史》2010年第1期。
③ 章太炎：《齐物论释》，载《章太炎全集》第6册，第10页。
④ 同上，第14页。
⑤ 参见张志强：《"操齐物以解纷，明天倪以为量"——论章太炎"齐物"哲学的形成及其意趣》，《中国哲学史》2012年第3期。

无分,则两顺而无对,如户有枢,旋转环内,开阖进退,与时宜之,是非无穷,因应亦尔,所谓莫若以明也。①

"彼出于是,是亦因彼"为《齐物论》原文,郭向释之曰:"夫物之偏也,皆不见彼之所见,而独自知其所知。自知其所知,则自以为是。自以为是,则以彼为非也。"②因此"圣人"的对待之道乃"因天下之是非而自无是非也"③。而依章太炎之见,面对这样的争论,应该用"圣人无常心,以百姓心为心"的态度,在尊重彼此的客观分歧与主观意见的前提之下,"开阖进退,与时宜之,是非无穷,因应亦尔"。章氏举例言之,有人质疑"制割大理,宁无真缪?"他则认为各种概念在不同的人眼里,内涵与外延并不一样,若在缺少共识的基础上判断得失,此乃"党伐之言",而面对各种形容固定事物的名词,则应以"约定俗成"的态度,尊重民众长期以来行之已久的习惯,不再用主观之见去"引用殊文,自移旧贯"。④如此这般,在章氏看来,"将以内存寂照,外利有情,世情不齐,文野异尚,亦各安其贯利,无所慕往"⑤。但值得注意的是,在这里,主体自身的认识,绝非如郭向所言的"自无是非",丧失基本分析与认知能力,以无可无不可的态度处之。而是基于对万物差异性的了解与同情,认识到不同事物之间不应以自己的意见去强加判别,因此才如是为之。总之,在这一认识过程里,主体自身的思考与分析并未缺失。

在《菿汉微言》中,章太炎自言通过解读《庄子》,"操齐物以解纷,明天倪以为量"⑥。在《齐物论释》中,他专门就"天倪"之义展开分析。他指出,"天倪"的基本意涵为"自然之分"。而以之观察世间各种学说:

---

① 章太炎:《齐物论释》,载《章太炎全集》第6册,第20—21页。
② (晋)郭向注释、(唐)成玄英疏:《庄子注疏》,第35页。
③ 同上,第36页。
④ 参见章太炎:《齐物论释》,载《章太炎全集》第6册,第21页。
⑤ 同上,第46页。
⑥ 章太炎:《菿汉微言》,载虞云国整理:《菿汉三言》,第72页。

诸有知见，若浅若深，悉依此种子而现世识、处识、相识、数识、作用识、因果识，乃至我识，此七事者，情想之虎落，智术之垣苑。是故有果无因，有相无体，现色不住于空间，未来乃先于现在，为人所不能念，自不故为矫乱及癫语病狂者，凡诸儒林白衣，大匠袄师，所论纵无全是，必不全非无见，但得中见一部，不能悉与中见反也。倒见但误以倒为正，不能竟与正见离也。故虽天磨珍说，随其高下，衅瑕杳见，而亦终与三等俗谛相会，转益增胜，还以自然种子角议。所以者何？一种子与多种子相摄，此种子与彼种子相倾，相摄非具即此见具，相倾故碍转得无碍，故诸局于俗谛者，观其会通，随亦呈露真谛。然彼数辈，自未发蒙，必相与争明，则迎光成暗，苟纳约自牖，而精象回旋，以此晓了，受者当无膏肓之疾，此说异同之辩，不能相正，独有和以天倪。①

章太炎根据佛学的认识论，认为世间各种学说，"所论纵无全是，必不全非无见，但得中见一部，不能悉与中见反也"，既有所见，复有所偏，人们不应再去依赖其局限性，陷入只能获取片面知识的窠臼之中，致使认识上的片面性难以消除。而是应"观其会通"，使之相融而无碍，能各抒己见而不流于攻讦，在相反相成中显露"真谛"，以此彰显"自然之分"。后来他本此见解，在《菿汉微言》中详论自己的学术关怀，认为："学术无大小，所贵在成条贯制割。大理不过二途：一曰求是，再曰致用。下譣动物、植物，上至求证真如，皆求是耳。人心好真，制器在理，此则求是致用更互相为矣。生有涯而知无涯，是以不求遍物，立其大者，立其小者，皆可也。此如四民分业，不必兼务，而亦不可相非。"②更具体来说："自政俗观之，九两六职，平等平等。自学术观之，诸科博士，平等平等。但于一科之中，则有高下耳。"③而世间

---

① 章太炎：《齐物论释定本》，载《章太炎全集》第6册，第127—128页。
②③ 章太炎：《菿汉微言》，载虞云国整理：《菿汉三言》，第45页。

许多学术争端,若用齐物哲学来分析,其实皆可平息。所以他颇为自信地认为:"顷来重绎庄书,眇览《齐物》,芒刃不顿,而节族有间。凡古近政俗之消息,社会都野之情状,华梵圣哲之义谛,东西学人之所说,拘者执箸而鲜通,短者执中而居间,卒之鲁莽灭裂,而调和之效,终未可睹。譬彼侏儒,解遘于两大之间,无术甚矣。余则操齐物以解纷,明天倪以为量,割制大理,莫不孙顺。"①

在《齐物论释》里,章太炎眼中的庄子,"其所志本在内圣外王,哀生民之无拯,念刑政之苛残,必令世无工宰,见无文野,人各自主之谓王,智无留碍然后圣"。这一描述,很明显是章氏将自己的志愿"移情"于古人。他通过疏解《齐物论》,表达了自己的学术文化观,即破除当时西方"普世"主义的话语体系,让坚持张扬中国文化自身的主体价值,同时强调应尊重不同学说的差异性,不以一己之识去强分彼此高下,在认知主体具有自主分析能力的前提下,明其个性,观其会通,具体到学术领域,主张承认各自领域的不同创见,使之各有殊音,自抒其意,力戒党同伐异、出主入奴之见,达到"不齐而齐"的境界。②章太炎的"自国自心"之学,正是本于这样的哲学基础,明乎此,方能更为深入的分析他身处近代变局之下,阐释中国传统思想时的种种思虑。

五、结 语

1935 年,钱基博赴苏州章氏国学讲习会讲演他对章太炎学术之感观。若干年后他叙述当时所讲的内容,其中有一段说道:"章氏以淹

---

① 章太炎:《菿汉微言》,载虞云国整理:《菿汉三言》,第 72 页。
② 正如汪晖所言,章太炎齐物思想中的"差异平等"可扩展为对平等之本质的思考,即超越形式平等,实现遍在的主体性,即一种拒绝从属与单一秩序的独特性,而不是服从于某一人为构造的名相关系,达到"一种取消名相之间的差异而保存差异的实践,即以平等为前提尊重多样性,同时又将尊重多样性作为平等的内含,进而将二者综合在一种制度性的实践之中"。这一分析,对理解章太炎思想的要义极有助益。(参见汪晖:《再问"什么的平等"?(下)——齐物平等与"跨体系社会"》,《文化纵横》2011 年第 6 期)

雅闳通之才,而擅文理密察之智,词工析理,志在经国,文质相扶,本末条贯,以孔子六经为根底,以宋儒浙东经制为血脉,而以近儒章学诚《文史通义》扩门户,以休宁高邮名物训诂启径途。人皆诵其小学之精审,文章之粹和;而余尤服其诸子之辨章,史识之宏通,观之上古,验之当世,参以人事,察盛衰之理,审权势之宜,辞义纷纶!魏文帝言:'文章,经国之大业,不朽之盛事';近世惟章氏足以当之。"①对章太炎学术推崇备至。钱氏所言,乃强调章太炎继承了中国传统学术之优点,加之以独到之思,故能斐然成章,自成一家之言。这一点固然很重要,然章太炎学术之特色,尚非仅此而已。在近代西学东渐,中国传统学术面临极大危机的时代背景下,章太炎通过对中西印著作的研读与思考,提出治学应从"自国自心"出发:既不可故步自封,率由旧章,亦不能自弃立场,舍己从人。与同时代其他有识之士一样,章太炎目睹国势窳败,开始讲求西学,探寻新知,同时检讨中国传统学术的弊病,认为其中逻辑思维较之远西,实有阙失,著书立说,不擅抽象思辨,因此不能与西方哲学相媲美。且当时民风衰颓,人心趋利忘义,章氏遂反思支配社会人心数千年之久的儒家学说,究竟还有无规范社会道德之力,他之所以强调建立"依自不依他"的宗教,就是希望借此激励民德,力挽颓风。但如此这般,并未让章太炎进而顺势对他邦学说盲目崇拜,随着进一步精研学问,加之涉世日深,他开始反思西学的弊病,并指出理解中国历史与文化,应从其本身脉络出发,绝不应奉外人之言为至宝。他对东学从歆羡到批评,便是基于认识到日本学术,处处模仿,依附成性,少有独创,担忧中国也会步其后尘,故借批评日本来警示中国。经过这番思路与心路的历程,章太炎回头再看中国传统学术,认识更显深入。他强调研究国学,不能因袭模仿,也不能仅粗通大义,应从自国自心出发,具备心得独见;以齐物之道省察,避免党同伐异,以此将国学发扬光大,章氏国学,出入于古今东西,虽范围所涉甚

———
① 钱基博:《太炎讲学记》,载陈平原、杜玲玲编:《追忆章太炎》,第381页。

广，但其旨要尽在于是。陈寅恪言中国思想史上，"真能于思想上自成系统，有所创获者，必须一方面吸收输入外来之学说，一方面不忘本来民族之地位"①。观章太炎对"自国自心"之学的阐释，其思路与心路庶几近之。而此一"自国自心"之道，也成为章太炎阐释中国传统思想时的最根本立足点，下面的几个章节，便是就此展开详细论述。

实话说来，近代中国学术的发展，却与章太炎当年的设想颇有背离。他在清末观察到："外人所慹者，莫黄人自觉若，而欲绝其种性，必先废其国学"②，影响所及，"游学西方之士，中其莠言，借科学不如西方之名以为间，谓一切礼俗文史皆可废，一夫狂舞蹈，万众搴裳蹴屦而效之"③。近代的趋新之士，或是因略知西学皮毛而勇者无畏，轻视中国的历史与文化；或是看待本国学说，皆以西学标准为标准，中国传统学术自身的话语权，基本丧失泰半，一部中国近代学术史，很长时间被视为"由来只有新人笑"的单线条学术"进化"史。这一风气，自昔如此，于今尤烈。钟泰在20世纪20年代感叹道："吾尝见某君之著述矣，其所称引，旁及欧美各名家之言，蟹行蚓曲之文，读之目眩。实则某君未习英文，更何论乎德法。则半掇自东籍杂志之类。故每草一篇，案头獭祭之书，积高数尺。"④通过剽窃东学，借此自鸣精于西学，治学之道，沦落至此，令人不胜唏嘘。时至20世纪60年代，经历了时代沧桑巨变的唐君毅，身居香江一隅，感叹中华民族之花果飘零。据他观察，当时"学术界人心所趋，则不只以西方之学术思想为标准，以评判中国之学术与文化，乃进而以中国学术文化本身之研究与理解，亦应以西方之汉学家之言为标准。于是纯中国学者之地位，亦赖他人为之衡定"⑤。因此他痛陈："一民族、一国家之学术教育、与文化政治

---

① 陈寅恪：《冯友兰中国哲学史下册审查报告》，载陈美延编：《陈寅恪集·金明馆丛稿二编》，第284—285页。

②③ 章太炎：《清美同盟之利病》，载汤志钧编：《章太炎政论选集》上册，第475页。

④ 钟泰：《学蔽》，载陈赟编：《钟泰学术文集》，上海：上海人民出版社2012年版，第274—275页。

⑤ 唐君毅：《花果飘零及灵根自植》，载氏著：《说中华民族之花果飘零》，台北：三民书局2006年版，第33页。

之方向与措施,只以看今年之世界风色为先,即是奴……以学术与教育文化之理想之价值标准,不在自己,而在外人,即为奴。"①对此他反躬自问:"为什么我们不能先自尊自重,自己认识自己、承认自己,而逼到必须求当地外人认识我承认我,才能自尊自重、自己认识自己、自己承认自己的地步?"②诚哉斯言,大哉斯问。今天的中国,在许多方面已逐步崛起,早已和近代国势衰微之状大不相同,但唐君毅当年所描述的这些现象,在今日是否有所改观呢?中国文化之铲除劣根,重建自信,似乎依然任重而道远。

---

① 唐君毅:《花果飘零及灵根自植》,载氏著:《说中华民族之花果飘零》,台北:三民书局2006年版,第39页。
② 同上,第37页。

第二章 《教育今语杂志》与章太炎的学术实践

唐君毅在回忆民国初年学风时,认为影响最大的因素,"一个是从清朝讲今文学下来的,如广东康南海,这一条路的思想,在思想界影响最大。另一是清朝的很多古文学家,刘师培、章太炎影响下来的"①。在此风气下,他追忆自己的读书经历:

> 我自己最初读书,与家庭的关系最大。我读书时代很早,我父亲是清朝的秀才,在四川教中学,后来教大学,他心目中最佩服的是章太炎,一谈便谈到章太炎。我最早读的书,就是章太炎与他一个朋友编的一本书,好像是《教育经》,是清朝末年的一本书,里面有讲文字学的,有讲诸子学的,是白话文。我七八岁时我父亲就叫我看。其实用白话文最早的是章太炎编的《教育经》。②

据唐氏文集编者言,唐君毅的这段话,乃是演讲时他人笔录,未经唐氏本人寓目就发表。在这里,他提及的《教育经》,根据所述时间段、编者以及内容设置来看,当为章太炎等人在清末创办的《教育今语杂志》。唐君毅之父为近代蜀地著名学者唐迪风,清季民初,太炎学说在彼处流行甚广,故唐迪风深受影响。③而他视《教育今语杂志》为启蒙读物,

---

① 唐君毅:《民国初年的学风与我学哲学的经过》,载氏著:《中华人文与当今世界补编》一,桂林:广西师范大学出版社2005年版,第346页。
② 同上,第348页。
③ 参见拙作《章太炎学说对近代蜀学界的影响》,载《斯威夫特与启蒙》("经典与解释"辑刊第47期),北京:华夏出版社2017年版。

让少年唐君毅翻阅，则可见在时人看来，这套杂志堪称初学者一窥学术门径的极佳入门读物。

章太炎一生参与近代中国许多重大事件，此外不忘著书立说，自成一家之言。他同时也极为重视教育，从清末东渡日本起，几次设坛教学，教授青年学子，因此门生弟子遍布全国。他自己也说："平日所以著书讲学者，本以载籍繁博，难寻条理，为之略陈凡例，则学古者可得津梁。"①虽然如此，但章氏大部分著作皆用典雅古奥的文言写成，学问根底未到一定程度者难以读懂理解，更遑论初学之士，因此许多论著只有士人学者品评研究，"津梁"之效，反倒显得不甚理想。因此他的著作在后世翻印次数最多且流行甚广的，并非《訄书》《国故论衡》等精心构造之作，反而是1922年在上海演讲国学，后由曹聚仁用白话文记录的《国学概论》。②然与之相比，《教育今语杂志》上所登诸文则为章氏自撰，因此或许更能通俗的表达他的观点主张。

关于白话文，章太炎在清末认为："文言合一，盖时彦所哗言也。此事固未可猝行，藉令行之不得其道，徒令文学日窳。方国殊言，间存古训，亦即随之消亡。"③此外他复强调："有通俗之言，有科学之言，此学说与常语不能不分之由。"④学术用语要准确精当，而通俗语言则无此要求，所以若骤行白话，许多学术论著在表达上将含糊不清。不过他在学理上虽然如此认识，但清末以来，不少白话文报刊纷纷问世，或是向市井小民宣传种种现代性要素，以收"启蒙"之效；或是用浅近直白的文字，鼓吹革命，将革命理念从士人学子中间扩散到广大民众。特别是清末革命，多有会党参与其中，彼辈未必有阅读文言的能力，因此用白话向其广为散布相关主张，更是革命工作的重要组成部分。所以章太炎表彰邹容的《革命军》，认为后者用浅白文字

---

① 章太炎：《与柳翼谋》，载马勇编：《章太炎书信集》，第741页。
② 参见拙作《章太炎晚年学术思想研究》，北京：商务印书馆2014年版，第26页。
③ 章太炎：《国故论衡·正言论》，第44页。
④ 章太炎：《訄书（重订本）·正名杂义》，载《章太炎全集》第3册，第217页。

撰写,"屠沽负贩之徒,利其径直易知而能恢发智识,则其所化远矣。藉非不文,何以致是也!"①

此外,清末学术思想的整体面貌,较之往昔一个巨大的不同便是随着印刷与出版业的蓬勃发展,各种报刊如雨后春笋般纷纷面世。②主张各异的个人或团体,多借此为平台,用特定的言说方式,向其心中预设的读者宣传自己的观点主张,以求同声相应,同气相求。思想不再是某一个人所属,而是能激起各种回应,成为公共之物。同时报刊还作为一种特殊媒介,连接作者与读者,后者阅读之后的感想,用书信方式寄给编者,不但加强彼此联系,更扩大了某一刊物及其背后的群体的影响力。《教育今语杂志》便是应运这股潮流而生,其创办缘起及其经过,预设的读者群与立论对象,皆值得一一梳理。而章太炎在其中发表了许多用白话文撰写的文章,可以说占整个刊物文章的大半,这在他一生的文字生涯里尤为不同寻常,选择这样的表达方式,他同样有着自己的考虑。而借此刊物所揭橥的教育理念,也可显现他面对近代世变与学变时的思考。③

一、《教育今语杂志》的创办经过

在第 1 册的《教育今语杂志》中的版权页上,写着编辑与发行者为"庭坚",印刷所为"秀光社",不知底里者似乎不易一眼看出这份杂志

---

① 章太炎:《革命军序》,载汤志钧编:《章太炎政论选集》上册,第 193 页。
② 关于清末报纸杂志对当时士人的巨大影响,参见李仁渊的《晚清的新式传播媒体与知识分子》(台北:稻乡出版社 2012 年版)。
③ 王磊撰有一篇与本章主题相同之文。然细读其文,在归纳章太炎于《教育今语杂志》刊登文章之主要内容方面较为扼要,但对其内容的分析,尚未还原至当时具体历史语境,而多以后见之明大谈其所谓"前瞻性价值",并以今日教育观念中的"德育""智育""体育"等条目推论前人思想。而且在考论《教育今语杂志》刊行经过时,未使用《钱玄同日记》这一关键史料,许多论述,多属推测。因此在题目上虽先声夺人,但内容上仍有进一步论述的巨大空间。(参见氏著:《章太炎与〈教育今语杂志〉》,《嘉兴学院学报》第 28 卷第 3 期)

的创办群体为何。后来光复会的成员魏兰在为陶成章所撰的行状中说:"庚戌岁,复兴光复会于东京,公举章太炎为正会长,先生为副会长,李燮和、沈钧业、魏兰为行总部。先生与章太炎等,又在东京组织《教育今语杂志》,以为通信机关。"①可见这份刊物与光复会关系密切,其作用也远不止于宣传教育而已。

光复会为清末诸革命团体中的重要力量。与同盟会不同,他们的成员多认为排满运动应称之为"光复"。据清末革命的亲历者冯自由所述,光复会成立之初,又名"复古会",②所以他们非常强调借中国传统因素来激起人们的反抗之志。另一方面,虽然光复会主要成员为江浙一带的士人及赴日留学的学生,③但其主要的革命活动却在发动会党,在这方面,陶成章堪称重要主角,特别是在秋瑾、徐锡麟谋划起义失败遭清廷捕杀之后,陶成章奔走江浙、日本、南洋,一方面组织发动会党,策划新的起义,一方面致力于革命宣传,同时还身兼海外筹款之重任,虽然名义上辛亥革命前夕章太炎是光复会的正会长,但许多实际工作多由陶成章负责。④

在革命宣传方面,1906年章太炎东渡日本,担任《民报》的主编兼发行人,后来又改由张继担任一段时间的发行人,在《民报》第19号里,复专门登出告示,宣布接下来由陶成章负责编辑发行人。同时告知:

> 本社自二十期起改定篇次,专以历史事实为根据以发挥民族主义,期于激动感情,不入空漠。海内外志士如有谙于明末佚事

---

① 魏兰:《陶焕卿先生行述》,载汤志钧编:《陶成章集》,北京:中华书局1986年版,第434页。

② 参见冯自由:《光复会》,载《革命逸史》下册,北京:新星出版社2009年版,第853页。

③ 参见张玉法:《清季的革命团体》,台北:"中央"研究院近代史研究所1982年版,第508—509页。

④ 参见唐文权:《陶成章略论》,载《唐文权文集》,武汉:华中师范大学出版社2013年版,第42—44页。

及清代掌故者，务祈据实直陈，发为篇章，寄交本社。又宋季明季裨史遗集，下及诗歌小说之属，亦望惠借原书，或将原书钞录寄交本社，以资采辑，汉族幸甚。①

可见陶成章接手《民报》之时，便已希望通过钩沉史事，特别是宋、明两朝末期历史，来激发读者的民族主义，扩大革命宣传。在这里，历史叙述并非只为考古补缺，而是与陶成章眼中的革命行动息息相关，在他看来唤起广大民众的历史记忆是鼓吹革命的重要方式。当然这与章太炎的主张也极为相似，章氏认为历史的主要内容为典章制度、语言文字、人物事迹，此乃国粹最主要的载体，而革命宣传之要点，即"用国粹激动种性，增进爱国的热肠"②。章、陶二人的这一宣传理念，对《教育今语杂志》的办刊方针影响甚深。

1909年七八月间，章太炎、陶成章等人与孙中山、黄兴矛盾日益加深，特别是《民报》改由汪精卫接办发行，更引起章太炎等人的强烈不满，章氏专门撰文批判此举，点名抨击孙中山、胡汉民、汪精卫之品德与行为。③至此，革命党内部发生巨大分裂，陶成章希望重组光复会，作为单独的革命团体展开活动。他致信李燮和与王若愚讨论此事，其中谈道："章君太炎，其人并非无才之人，不过仅能画策，不能实行，其立心久远，志愿远大，目前之虚名，彼亦所不愿也。大约日后使彼来南洋讲学，广招学徒，分布四方各埠，其效果当非浅鲜。若以会长处之，用违其才，反碍前进之路矣。"④且不论陶成章对章太炎的评价，在这里，他透露出希望在南洋一带招徒讲学，借此扩大光复会势力，而执行此事的理想人选，则非章太炎莫属。

---

① 《本社特别广告（二）》，《民报》第19号。
② 章太炎：《在东京留学生欢迎会上之演讲》，载章念驰编订：《章太炎演讲集》，第3页。
③ 参见章太炎：《与南洋、美洲侨寓诸君》，载马勇编：《章太炎书信集》，第279—282页。
④ 陶成章：《致李燮和、王若愚书》，载汤志钧编：《陶成章集》，第159页。

戊戌以来，许多在野政治团体皆视讲学为扩大影响力的重要方式，比如康有为等人创办的大同学校，东南一带革命党人组织创办的中国教育会等等，皆以类似方式培养团体力量，进行政治宣传。这一方式，当为革命实践经验丰富的陶成章所熟知。因此当他重新思考如何展开光复会的活动时，办教育这一途径自然成为其主要的设想之一。他对李燮和说："弟思南洋局面，已败坏到极点，一切均难收拾。惟教育一方面尚可着手，请兄速为注意，否则恐日后更不堪设想也。"①他的这番考虑，不久便在南洋一带实践。据魏兰所述，"时李燮和、沈钧业、王文庆等，在网甲组织教育会，举槟港华侨温庆武为会长，沈钧业为视学员，借此为联络入会之机关。网甲岛华侨，对于李燮和、沈钧业之信用极深，故其佩服章太炎与先生之心尤切"②。而着手教育，在当时除了设会办学之外，刊行杂志广为宣传亦非常重要，在此情形之下，《教育今语杂志》于焉诞生。这一点陶成章也同李燮和、王若愚谈及："教育会事，各省教员，固为其中坚，弟意学生之有志者，亦宜收入。弟等所办《教育杂志》，即可为斯会之言论机关。至倡言革命，则在日本定难发行，止可于历史中略道及之。弟以此较倡言为更有益，盖征诸实事，易使人起爱国心也。"③不容忽视的是，正如陶成章此处所提及的，1908年9月，出于外交利益的考量，日本政府对清廷施以小惠，借口《民报》刊文鼓吹暗杀，有破坏治安之嫌，下令将其封禁，这样一来，革命党在日本难以直接宣传革命，只能采取迂回之策，借叙述历史上的夷夏之争来激起民众对清政府的憎恨。总之，陶成章是促成《教育今语杂志》面世的最主要负责人。

在与李燮和等人的信中，陶成章多次称赞沈兼士人品极佳，同时他与龚宝铨关系密切，沈、龚皆为章太炎门生，可见陶氏与章门诸弟子往还甚密。在撰写《教育今语杂志》的发刊辞一事上，他遂委托当时与

---

① 陶成章：《致李燮和书》，载汤志钧编：《陶成章集》，第168页。
② 魏兰：《陶焕卿先生行述》，载汤志钧编：《陶成章集》，第434页。
③ 陶成章：《致李燮和、王若愚书》，载汤志钧编：《陶成章集》，第180页。

章太炎论学极为相契的钱玄同来执笔。后者在1909年11月27日的日记里写道:"士衡来,嘱拟办一教育白话报之章程。黄昏时为拟之(盖用以教俗民,非官话不可也)。"①1910年1月15日他又在日记里写道:"灯下作《今语杂志发刊辞》一篇。"②第二天的日记曰:"晤焕卿,将卷交出。"③在发刊辞中,钱玄同写道:

> 环球诸邦,兴灭无常,其能屹立数千载而永存者,必有特异之学术足以发扬其种性、拥护其民德者在焉!中夏立国,自凤姜以来,沿及周世,教育大兴庠序遍国中,礼教昌明,文艺发达,盖臻极轨。秦、汉讫唐,虽学术未泯,而教育已不能普及全国。宋、元以降,古学云亡,八比、诗赋及诸应试之学,流毒士人,几及千祀。十稔以还,外祸日亟,八比告替,兼欧学东渐,济济多士,悉舍国故而新是趋。一时风尚所及,至欲斥弃国文,芟夷国史,恨轩辕厉山为黄人,令己不得变于夷语有之。国将亡,本必先颠,其诸今日之谓欤?同人有忧之,爰设一报,颜曰《教育今语杂志》,明正道,辟邪辞。凡诸撰述,悉演以语言,期农夫野人皆可了解,所陈诸义均由浅入深,盖登高必自卑,升堂乃入室,躐等之敝,所不敢蹈,真爱祖国而愿学者,盖有乐乎此也。④

在那一时期,钱玄同与章太炎关系甚紧密,据他自己回忆:"一九○六年秋天,我到日本去留学,其时太炎先生初出上海的西牢,到东京为《民报》主笔,我便到牛迁区新小川町二丁目八番地民报社去谒他。我那时对于太炎先生是极端地崇拜的,觉得他真是我们的模范,他的议

---

① 杨天石主编:《钱玄同日记(整理本)》上册,第195页。
② 同上,第209页。
③ 同上,第210页。
④ 钱玄同:《刊行〈教育今语杂志〉之缘起》,《教育今语杂志》第1册。按:本章所引钱玄同《教育今语杂志》中的文字,均参考张荣华编的《中国近代思想家文库·钱玄同卷》(北京:中国人民大学出版社2015年版)。

论真是天经地义,真以他的主张为'绝对之是而不容他人之匡正'。"①周作人也提及,钱玄同在日本期间"有时和太炎谈论,在大家散了之后仍旧不走,谈到晚上便留到民报社里住宿,接着谈论。谈些什么呢?说来是很可笑的,无非是讨论怎样复古罢了。盖当时民族主义的革命思想的主张是光复旧物,多少是复古思想,这从《国粹学报》开始,后来《民报》也是从这条路上发展"②。所以这篇发刊辞,宣传复古之意至为明显,强调中国学术由古至今,每况愈下,于是需要借这份杂志正人视听,"以保存国故、振兴学艺、提倡平民普及教育为宗旨"③。而这也与陶成章的借历史鼓吹革命之主张契合。

在内容设置上,《教育今语杂志》中包含"社说""中国文字学""群经学""诸子学""中国历史学""中国地理学""中国教育学""算学""英文"这几个部分。值得注意的是杂志对这些分类的具体说明。如"中国文字学"之说明:

> 我国文字发生最早,组织最优,效用亦最完备,确足以冠他国而无愧色。惟自唐、宋以降,故训日湮,俗义日滋,致三古典籍罕能句读,鄙倍辞气亦登简牍,习流忘源,不学者遂视为艰深无用,欲拔弃之以为快。夫文字者,国民之表旗,此而拔弃,是自亡其国也。④

"群经学"之说明为:

> 经皆古史,古之道术,悉在于是。后世子史诗赋,各自名家,其源无不出于经。故本杂志于群经源流派别及传授系统,一一详言,以为读经之门径。⑤

---

① 钱玄同:《三十年来我对于满清的态度的变迁》,《钱玄同文集》第2卷,第113页。
② 周作人:《钱玄同的复古与反复古》,沈永宝编:《钱玄同印象》,第7页。
③④⑤ 钱玄同:《〈教育今语杂志〉章程》,《教育今语杂志》第1册。

"诸子学"之说明为:

> 九流百家,说各不同,悉有博大精深之理在。后人就其一家钻研,毕世有不能尽者。本杂志于其源流分合及各家宗旨之所在,胥明其故,俾国人因得以寻其涂辙也。①

"中国历史学"之说明为:

> 典章制度、礼仪风俗,以及社会变迁之迹、学术盛衰之故,悉载于史。我国史乘,各体具备,欧洲诸国所万不能及。近世夸夫,拾日人之余唾,以家谱、相斫书诋旧史,诚不直一噱者。本杂志于史法史例,悉为演述,并编为通俗史;于学术进退、种族分合、政治沿革,一一明言,期邦人诸友发思古之幽情,勉为炎黄之肖子焉。②

很明显,这些各个门类的具体说明,与章太炎在当时对中国传统的认识与阐释极为相似。在章氏看来,"小学者,国故之本,王教之端,上以推校先典,下以宜民便俗,岂专引笔画篆,缴绕文字而已"③。是故他非常重视语言文字之学,视其为保存与发扬中国文化的主要因素,是中国人之所以为中国人的重要象征。而他眼中的斯学历代流变,唐宋以降,日渐衰微,④所以今日更须精研,以求振衰起微。此外,章太炎非常推崇诸子之学,他指出:"以真理为归宿,故周秦诸子,其堂奥也。"⑤在重订本《訄书》里,他梳理先秦儒学与其他各家学说之优劣,在《诸子学略说》中,他以平等的眼光探讨诸子各派的特色与得失,对

---

① ② 钱玄同:《〈教育今语杂志〉章程》,《教育今语杂志》第1册。
③ 章太炎:《国故论衡·小学略说》,第10页。
④ 参见章太炎:《论语言文字之学》,载章念驰编订:《章太炎演讲集》,第9页。
⑤ 章太炎:《与〈国粹学报〉》,载马勇编:《章太炎书信集》,第237页。

道家、法家、墨家皆有自成一家之言的精深研究,这一点早已广为时人所熟知。关于经学,章太炎立志排满革命以来,通过自己对经学与近代世变的理解,以及为了对抗康有为之学说,借用并改造章学诚的"六经皆史"之论,强调以史视经,经书所载,并非亘古不变的金玉良言,而是上古史事变迁之迹,治经并非求致用,而是明晰古代历史,以此激扬国性。与之相似,章太炎认为历史乃国粹最主要的载体。针对当时梁启超批评中国历代史书为帝王将相家谱,他一反先前视梁氏为著通史之同志的态度,强烈批评他的这番论调,强调"中国历史,自帝纪、年表而外,犹有书志、列传,所记事迹、论议、文学之属,粲然可观。而欧洲诸史,专述一国兴亡之迹者,乃往往与档案相似。今人不以彼为谱牒,而以此为谱牒,何其妄也"①。凡此种种,可见钱玄同在为《教育今语杂志》撰写发刊辞时,基本上继承了章太炎对中国传统的看法,俨然借此刊物来将乃师学术主张普及化,而章太炎本人更是《教育今语杂志》最重要的作者,在上面发表了许多篇文章。②当然这也与光复会的宣传革命之道息息相关,如陶成章也强调:"中国历史者,汉族统治之历史,而非一人之家谱。"③

《教育今语杂志》出版之后,陶成章对之报以很大的期望,在与李燮和的信中他说:"《教育今语杂志》已出版,特先奉上六十册,乞兄等为鼓吹之,以广其销路。此杂志久行之后,于学生学问上,必大有进步。教育会不设,能以感情联合有德之士,胜于有会多多矣。"④可见他希望自己团体中的年轻人能吸收这份杂志中的知识与理念,成为革命的后备力量。在当时宣传政治主张,培植团体后进,除了办刊物外,

---

① 章太炎:《答铁铮》,载《章太炎全集》第4册,第389页。
② 章太炎在《教育今语杂志》上发表的文章为《中国文化的根源和近代学问的发达》(第1册)、《常识与教育》(第2册)、《经的大意》(第2册)、《论教育的根本要从自国自心发出来》(第3册)、《论诸子的大概》(第3册)、《论文字的通借》(第4册)、《庚戌会演说录》(第4册)。
③ 陶成章:《中国民族权力消长史》,载汤志钧编:《陶成章集》,第212页。
④ 陶成章:《致李燮和书》,载汤志钧编:《陶成章集》,第183页。

编辑教科书也是重要的手段,于政治立场上反对革命的宋恕就观察到:"上海新出编译各书,宗旨极杂。其中历史一门,最多趋重民族主义,甚或显露革命排满之逆意。司学务者,若不逐卷细检,徒见其书名尚无违碍字样,遽取以列于教科,则学堂之中必将隐行逆说,朝局危机,将伏于是。"①这一点也为《教育今语杂志》的编辑者们所注意。在杂志第2册上,他们发布了一条广告:"本社为振兴教育起见,特由同人中公推学问深邃者,各就专门,编辑初学教科书若干种。定五月后,渐次出书,已起稿者,列如下:(一)中国历史教科书、(二)中国地理教科书、(三)算术教科书、(四)理科教科书,特此豫告。"②很明显,司其事者希望借助杂志的宣传,通过编辑教科书,百尺竿头更进一步,扩大光复会在教育领域的影响力。陶成章在这一时期致信李燮和等人,谈及"小学历史教科书已编至九十课。一周前后,决可寄出。又有简易历史教科书一,尚须稍改,或可同时寄出。此简易教科书,乃为半日学堂及书报社讲习所用者。其他小学地理及高等小学地理,并高等小学历史,皆当为陆续编之寄奉也。大约不出中历十月,决可寄上"③。可见陶氏本人亦参与到教科书编写行列中。而自《教育今语杂志》第1册起,便连载《中国政治史略》,很可能便出自陶成章手笔,为其计划中编写的历史教科书的一部分。

虽然陶成章计划将《教育今语杂志》作为光复会的宣传平台,但在当时办杂志,一方面需要一批具有撰文能力的作者,另一方面需要筹措出版所需的资金。而这两点,对当时事务繁杂、成员分散、经费拮据的光复会而言,其实并非易事。由于发表时皆用笔名,所以今日已很难断定每篇文章的作者为何。不过根据前文所述,《教育今语杂志》的作者群大概为章太炎及其身边的门生。而对于这批人,陶成章其实并不满意。当时他欲另办一《光复报》,其中关于作者问题,他向人抱怨:

---

① 宋恕:《吴守呈禀及附件批文》,载胡珠生编:《宋恕集》上册,第393页。
② 《本社编辑教科书豫告》,《教育今语杂志》第2册。
③ 陶成章:《致李燮和等书》,载汤志钧编:《陶成章集》,第186—187页。

"至于义务主笔，太炎之门徒，多半系为将来往内地作教员，不可不稍习国文而来者，非特不肯作文，且亦不能请其作文也。其稍稍有志者，多系浙人，现均返国，皆欲独善其身，不能强使之干预外事。至于太炎，未始不可作文，而乃其不肯作文何？"①他的这番话虽然并非就《教育今语杂志》的情况而发，但可以想象，《教育今语杂志》在作者问题上，也与之有着相似的状况。无独有偶，钱玄同在1910年2月的日记中自言"为《教育报》作《文字源流》一篇"②。而陶成章则对李燮和等人说："〔《教育今语杂志》〕三号因浑然君归国，文字学稿久待不来，是以迁延。"③可见作者撰文的热衷度，非常影响杂志的发行。

在经费问题上，陶成章曾计划在南洋一带经营商业，主要业务为销售教科书、科学仪器、文具、日用杂货等，借此筹措资金。他与李燮和等人商议，打算在日本置一据点，"以杂志社充之，是进货处之开创费可无有矣"④。此外，"教育杂志，弟等拟为维持久长，与此公司可相为表里，何者？今世界营商之得益与否，全视其广告行之远近为准。《教育杂志》四、五期后，势必普及南方各地，即可为此公司之广告机关，而教育杂志亦可因此公司推广其销路"⑤。可见他希望杂志与商务能齐头并进，彼此互补。

但当时的环境对革命者而言，筹措资金其实甚为困难。当初光复会与同盟会矛盾加剧的原因之一，便是陶成章在南洋一带筹款收效不大，他所宣布的"孙文罪状"，其中就指责汪精卫趁着光复会在南洋稍有收入，便前来演说一二次，随即将资金卷走，因此孙、汪等人罪名之一即"欺骗同胞之资财"。⑥而他之所以如此宣扬，背后也显现出革命

---

① 陶成章：《致沈复生书》，载汤志钧编：《陶成章集》，第193页。
② 杨天石主编：《钱玄同日记（整理本）》上册，第217页。
③ 陶成章：《致李燮和等书》，载汤志钧编：《陶成章集》，第186页。
④ 同上，第184页。
⑤ 同上，第185页。
⑥ 参见陶成章：《南洋革命党人宣布孙文罪状传单》，载汤志钧编：《陶成章集》，第176页。

团体在当时资金常处于紧张状态,筹款之事,难度极大,以至于对资金去向甚为关注,唯恐他人侵犯自己团体的财产。在此情形下,《教育今语杂志》的资金问题,便成为影响刊物继续发行的一大障碍。在刊物发行不久之后,陶成章就向李燮和等人抱怨:"近来杂志每期发出,而款均未来,一月开销,至少一百二十元,真正困难万分。祈兄速为鼓吹,扩充销路,否则将有倒闭之忧。"①之后他又与人透露:"弟自近月以来,杂志亏折甚巨,又连印秋稿、《浙案》、《教会源流考》等书,负债累累。近又代印光复会章程、盟书及图章等物,更觉困难。"②言语之中,显示出自己在资金问题上几近无能为力。

既然存在这些困难,那么《教育今语杂志》在发行上便很难如期进行。创刊之初,陶成章等人本来希望办成月刊,每月出版一册,这一局面,维持到第 5 册时,已经难以支撑。杂志的第 5、6 册被迫合为一册出版,编辑还特意刊登告示:

> 本社撰述员,因事情繁杂,难以如期收稿,又加印局失约,出版遂至延期。今特预为声明,凡定阅本杂志全年者,以十二册为满额,定阅半年者,以六册为满额,决不失误。若夫出版之期限,恐终不能有一定,祈阅者谅焉。又本社自五期起,白话与文言并用。③

这则告示一方面为出版延期向读者致歉,一方面又向读者许诺刊行依然按计划进行,看似矛盾的言语背后,其实显现陶成章等人为刊物发行之事,已经感到力不从心,或者是听到一些关于刊物的不利消息,所以才特意声明敬请订户放心,刊物不会改变出版计划。而本来希望用白话文撰写,以期一般民众都能读懂,此时则宣布改为白话文言并用。实则当时士人撰文,普遍使用文言,白话文书写因为要顾及特定读者

---

① 陶成章:《致李燮和等书》,载汤志钧编:《陶成章集》,第 186 页。
② 陶成章:《致彝宗等书》,载汤志钧编:《陶成章集》,第 192 页。
③ 《本社启事一》,《教育今语杂志》第 5、6 册合刊。

群,反而需要特别费心,刻意使文章显得明白浅近,这比径直以文言撰文更耗费精力,因此或是为了保证文章能按时交稿,故而只好刊登文言之作。

但是这些举措,并未能让《教育今语杂志》继续存在。陶成章对李燮和说:"《教育今语杂志》,因撰述无人,遂至延搁多日。今虽已将五、六期合并付印,然又值日本年底,印局工忙,不能即行出版,须俟西历正月二十内外出版矣。"①实则此时他已生停刊之念,他对沈复声说:"至《教育今语杂志》,真售去者,不满三百册,其余均搁在代派所。收到之款,前已言之矣。弟意亦欲改为《光复》杂志,俟弟南行后,与兄等商而行之可也。其东京虽不能明出版,暗中出版,亦未始不可也。但太炎决不赞成,弟等亦不必请彼来赞成也。"②前文谈到,陶成章认为章太炎乃一纯粹学者,不具行动能力,在这里,章氏似乎依然希望《教育今语杂志》能够存活下去,这或许与他的学术、教育理想有关。但在更强调革命实践的陶成章看来,这份刊物已经难以维持,只好让其寿终正寝。在这个动荡的年代里,革命与学术之难以兼顾,于此可见一斑。

二、言说与批评之对象

在清末的革命运动中,不少革命党人与青年学生纷纷创办白话报刊来扩大革命思想之传播。③于创办《教育今语杂志》之初,陶成章固然希望借此宣传光复会的教育理念,吸引更多人加入其中,另一个更为直接的目的便是借教育来鼓吹革命,特别是光复会一贯提倡革命思想根植于中国历史文化之中,这便更需要挖掘古史遗言,以期有利于

---

① 陶成章:《致李燮和书》,载汤志钧编:《陶成章集》,第195页。
② 同上,第194页。
③ 参见胡全章:《清末白话文运动》,北京:中国社会科学出版社2015年版,第22—23页。

革命活动的展开,特别是主要撰稿人章太炎在清末大力提倡"借国粹激动种性",其他已经知道真实姓名的作者也都是倾向于排满革命之人,因此这种学术论说与政治宣传紧密结合的言说方式,遂成为《教育今语杂志》的一个明显特点。

在《教育今语杂志》第 1 册里,"中国历史学"栏目下有一篇钱玄同所撰的《共和纪年说》。众所周知,纪年问题为近代许多政治团体讨论的一个热点。中国传统的以皇帝年号纪年的方式,随着近代许多新的政治理念传入,已经不再被有心变革中国政治之士所接受。康有为、梁启超在戊戌年间借《时务报》宣传变法维新,采用孔子纪年,践行康氏的"孔子改制"之说,这在当时引起极大纠纷,促使原来对康、梁颇为欣赏的张之洞态度大变,也引起许多先前支持变法的士人不再同情康、梁。1903 年已经立志排满革命的刘师培发表《黄帝纪年说》,强调"吾辈以保种为宗旨,故用黄帝降生为纪年"[1]。这不啻为革命党宣布自己革命理念的一大举动。同样身为革命党人的宋教仁,虽然赞成采用黄帝纪年,但在具体起始时间上却与刘师培看法不同,他为此特意致信国粹学报社,希望辨明"史实",在他看来,之所以不能忽视此事,由于"纪年之事,乃将来欲推行于全国而使之信从者,非一学说一思想所比,故当以历史上最普通者提倡之,而使之不疑也"[2]。因此他有意撰写一本《中国新纪年》,确定具体的纪年计算方法与起始时间。同盟会的机关报《民报》亦采用黄帝纪年。与以上诸人不同,章太炎则主张采用中国历史上首次有明确年代记录的西周"共和"之政为纪年名称。

因此钱玄同的这篇《共和纪年说》,虽然属于"中国历史学"之下,但现实指向却十分明显。当时光复会所面临的形势:一方面与清政府势不两立,对康有为、梁启超等人为代表的立宪派同样视若仇寇。另

---

[1] 刘师培:《黄帝纪年说》,载李妙根编:《刘师培辛亥前文选》,上海:中西书局 2012 年版,第 3 页。
[2] 宋教仁:《我之历史》,载陈旭麓主编:《宋教仁集》下册,第 536 页。

一方面在革命党内部，同盟会、光复会在"伪《民报》案"之后，彼此关系非常紧张，在行动上更是分道扬镳，再加上最早倡导黄帝纪年的刘师培，此时已脱离革命阵营，投靠清廷大吏端方，并向吴稚晖提供抹黑章太炎的材料，因此光复会就不能使用同盟会所标榜的黄帝纪年。这些因素成为钱玄同撰写此文的重要考量。他在文中指出："异族入主，宰杀我祖父，残贼我同胞，这种万世必报的仇人，还要用他的纪年来污己国的历史，这一层实在可以算没有羞耻了。所以用历朝皇帝来纪年这一说，从今以后，万万是行不通的了。……西洋信教的人很多，他们看了耶稣是绝对的圣人，没有人敢去比他的，所以拿来纪年。我们中国人却不然，思想是自由的，并不一定要信仰孔子。况且孔子以前，还有老子；孔子以后，还有墨子，此外还有诸子百家。各人所治的学问，都是很深的，所讲的道理，都是很精的，正不能分他谁高谁低，又岂可抹杀别人，专用孔子一人来纪年呢？……黄帝纪年这一说，似乎讲得很有道理了。但是黄帝到现在，大约总有四五千年了，这四五千年的前一半，史上却没有说过这个皇帝几年那个皇帝几年，因为上古的事体有些渺渺茫茫，汉朝人已经无从晓得，何况我们现在又在汉朝两千年以后呢！所以用黄帝纪年这一说，道理上虽然很讲得过去，事实上却有些做不到，也还是不能用。"①可见，在这篇文章里，钱玄同刻意突出的，与其说是作为历史编纂学中的纪年，不如说是现实政治斗争里的党派分野，他指出其他几种纪念方式的不恰当，其现实指向甚为明显，这种叙述"历史"的方式，体现出陶成章等人推行教育的背后的政治意涵。

与之相似，第1册的"中国历史学"类别下的另一篇文章为《中国政治史略论》，在文章开头，作者便说道："政治是什么东西？是治国的法儿，国的好坏，全看那法儿的好坏。有好法儿治国的，没有不看百姓的心理习惯，再把他定个礼教，慢慢儿感化他们的。若不是这样，像种

---

① 钱玄同：《共和纪年说》，《教育今语杂志》第1册。

田人,不管苗的根,只要他长得高,就是《孟子》这部书说的揠苗助长,要一时一刻见功效,哪里能够。又像医生看病,不去管那望闻问切,不知道他的病源,乱写了几样药,这是没有不把他活活儿药死的。我们中国从开国到现在,已经四千多年了。治国的法儿,也多了,好的坏的,弄得这个国兴的亡的,都可以考的,现在把他编起来,成了一篇历史,请列位大家研究研究,也可以晓得些中国历来的政治得失了。"①很明显,作者意图通过叙述中国历代政治的流变,向读者呈现出政治良莠的标准,以及其心目中理想的治国之道。在杂志第2册,作者接着上一册的文章指出:

> 我中国从黄帝立国,到了现在,已有四千几百年,政体已变换了数十次。这数十次里面又可把他分做两个方面,第一个方面,叫做"寡人政体"时代。这个"寡人政体",也有人叫他做"贵族政体",或又叫他做"贵族专制政体"……第二个方面,叫做"独夫政体"时代,这个"独夫政体",也有人叫他做"专制政体",或又叫他做"君主专制政体"。到了这个时代的时候,君主的权威,就无限量了,国内所有一切政权政本,都归在君主一人手中。从秦始皇帝起直到现在,这两千几余年中间的政治,就是一个独夫政体的时代。②

在清末知识分子间的主流革命论述里,除了推翻清政府之外,还要推翻中国历代帝制,建立共和民主政治。而新制度的合法性基础之一,便是两千余年来的帝制弊病极多,不去之则难以救国救民,当时许多政论都将批判矛头指向中国历代制度,作为号召革命行动的一部分。因此在这里,作者同样视秦代直至当下的政治制度为"君主专制",向

---

① 良史:《中国政治史略论》,《教育今语杂志》第1册。
② 良史:《中国政治史略论(续)》,《教育今语杂志》第2册。

读者灌输"历史"知识的同时,其政治宣传意向同样至为明显。

虽然《教育今语杂志》有很强的政治倾向与政治目标,但它毕竟以"教育"为名,是故此一面向同样是论说的重点。在办刊章程中,钱玄同强调:

> 三代教育制度之见于载记者,彬彬可观。秦、汉以降,教育之事虽日见废弛,然大儒讲学往往而有,如胡安定设学湖州,颜习斋施教漳南,观其学制,咸可师法,其他关于教育之粹语精言,尤更仆难数。本杂志当详加搜讨,演述于篇,以为有志教育者师法焉。①

此处明言秦汉以降,教育"废弛",同时表彰一二儒生在民间的教学之道,如此处理,其背后的一个意涵便是对当时清政府的教育措施深为不满。自甲午以来,无论在朝在野,都已深感中国旧式科举制度亟须改弦更张,教育改革几乎成为朝野不同立场的士人之共识。庚子以后,清廷下令推行新政,张之洞、刘坤一等人强调"中国不贫于财,而贫于人才……人才之贫,由于见闻不广,学业不实"②,因此力倡改革教育制度,兴学育才。自此以后,无论在朝在野,政治立场为何,各方都瞩目于教育改革问题,提出各式各样的教改建议,各式观点在当时的舆论界并存,或是交相为用,或是彼此抨击。

在这当中,1903年清政府颁布由张之洞、张百熙、荣庆负责敲定的《学务纲要》无疑最为引人注目。这份堪称政府教改指南的文件,在问世过程中就经过了几番商议修改,颁布之后更是引起各方的热烈讨论。在这份纲要的制定过程里,张之洞无疑是关键人物。他在戊戌年间就已经意识到内忧外患日深,教育需要改革,在中西新旧的激荡之

---

① 钱玄同:《〈教育今语杂志〉章程》,《教育今语杂志》第1册。
② 张之洞:《变通政治人才为先遵旨筹议折》,载赵德馨主编:《张之洞全集》第4册,第7页。

下,他强调中学方面应"宗经",①维护经学的权威与正统。这一观念同样体现在《学务纲要》之中。在其中特别规定:"中小学堂宜注重读经以存圣教。"②具体言之,"中国之经书,即是中国之宗教。若学堂不读经书,则是尧、舜、禹、汤、文、武、周公、孔子之道,所谓三纲五常者尽行废绝,中国必不能立国矣。学失其本则无学,政失其本则无政,其本既失,则爱国爱类之心亦随之改易矣,安有富强之望乎?故无论学生将来所执何业,在学堂时经书必宜诵读讲解,各学堂所读有多少,所讲有浅深,并非强归一致。极之由小学改业者,亦必须曾诵经书之要言,略闻圣教之要义,方足以定其心性,正其本源"③。不过在各种新知纷纷涌现的情形下,"科学较繁,晷刻有限",学子难以向古人那样一心涵咏经籍,所以张之洞等人希望将各类经籍选为节本,分别教授于各级学堂,以求"无碍讲习西学之日力"。④或许是有感于这种处理办法难以让学子领悟经籍中的修身之道,以至于"今日学术之大害,不在言不尊孔,而在行不尊孔",时人主张朝廷应明定教育宗旨,强调"明人伦,重躬行",以期能真正贯彻宗经之主张。⑤

对于清廷的这些举措,章太炎虽然在政治立场与之势不两立,但从教育的角度,他依然关注此类改革动向。在他看来,"光大国学之原"固然重要,但此事"肉食者不可望,文科经科之设,恐只为具文,非在下者谁与任此"⑥。于当朝者的相关举措颇有非议。而更为具体的批评,他在《教育今语杂志》中详细阐述。前文谈到,章太炎虽然也重视经学,但他主张以史视经,借经籍来考述古代史事,反对将经书当中所言视为金科玉律。因此在《经的大意》一文里他指出:"那边总领学

---

① 参见张之洞:《劝学篇·宗经》,载赵德馨主编:《张之洞全集》第12册,第165页。
②③ 张之洞等:《学务纲要》,载舒新城编:《近代中国教育史料》,北京:中国人民大学出版社2012年版,第195页。
④ 参见张之洞等:《学务纲要》,载舒新城编:《近代中国教育史料》,第195页。
⑤ 参见赵炳麟:《请定教育宗旨折》,载舒新城编:《近代中国教育史料》,第247—248页。
⑥ 章太炎:《与〈国粹学报〉》,载马勇编:《章太炎书信集》,第237页。

校的人，又作出规矩，要各学校专设读经一课。读经原不可少，但是把经典看成修身的书，他意中所说的修身，又不过专是忠孝节义。孝义原是古人所重，忠节恐怕未见得罢……若说实话，《大学》《中庸》，只是《礼记》中间的两篇，也只是寻常话，并没有甚么高深玄妙的道理，又不能当作切实的修身书。"①所以他区别两种不同的读经之道："我们要人看经典，是使人增长历史的知识，用意在开通人；那边要人看经典，不管经文是真是假，注文是好是坏，只用一句修身的假话去笼罩，又不晓得注文于修身是有利是有害，用意只在迷罔人。……唉！讲今文派的，荒唐到那步田地，总领学校的，又鄙陋到那步田地，不必等别国的秦始皇来烧我们的书，就永远是这个中国，经典也就要灭亡了。"②

章太炎在《教育今语杂志》中对当朝掌教育者的批评，远不止对经学的认识方面。当时各派政治力量积极争夺教育改革的话语权，教育问题背后显示的，乃是各方在政治领域的激烈角逐，最终目的还是凸显自己的政治主张。正如论者所言，在对待中国传统方面，各种派别的分野异常复杂，一些在政治上对立的派别实则在学术观念上有相近之处。③不过另一方面，也正因为他们有此类似，因而更要树立自己在这一领域的话语主导权与正确性，区别"我们"与"那边"。既然与张之洞等朝中大吏一样，都认识到在这一时代变局里维护中国传统的重要性，那么章太炎遂指出："中国学术，自下倡之则益善，自上建之则曰衰。凡朝廷所阗置，足以干禄，学之则皮傅而止。"所以"今学校为朝廷所设，利禄之途，使人苟偷，何学术之可望？"④

这番话所言，乃是针对学术研究而发，然在《教育今语杂志》中，他更从教育的角度展开申论：

---

① 章太炎：《经的大意》，载章念驰编订：《章太炎演讲集》，第72页。原刊于《教育今语杂志》第2册。
② 同上，第73—74页。
③ 参见罗志田：《温故知新：民间的古学复兴与官方的存古学堂》，载氏著：《国家与学术：清季民初关于"国学"的思想论争》，第141页。
④ 章太炎：《与王鹤鸣书》，载《章太炎全集》第4册，第154页。

书籍不过是学问的一项，真求学的，还要靠书籍以外的经验；学校不过是教育的一部，真施教的，还要靠学问以外的灌输。现在只论施教的事，假如诸君智识，果然极高，在近来学校里头，能够不能够施展呢？恐怕不能！因为学校不论在公在私，都受学部管辖，硬要依着学部的章程，在外又还要受提学使的监督，学部和提学使，果然自己有一件专长的学问，倒也罢了，但现在学部是甚么人？看来不过是几个八股先生。各省的提学使是甚么人？看来不过是几个斗方名士。章程也不能定得好，监督也不能得当，不过使有知识的教习不能施展，反便宜了无知识的教习，去误一班学生。况且现在教习，对着提学使，隐隐约约有上司下属的名分，可不是和老教官一样么？别国虽然也有这一个风气，原不能说是好制度，中国向来教官只是个虚名，实在施教的，还是书院里头的掌教。掌教一来不归礼部管辖，二来不是学政和地方官的属员，体统略高一点。所以有学问的人，还肯去做。如果照现在的制度，智识高的人，反做智识短浅的人的属员，看甘心不甘心呢？或者为了饭碗，也甘心了，但临了必有许多后悔。①

梁启超在当时说："教育之意义在养成一种特色之国民，使结团体，以自立竞存于列国之间，不徒为一人之才与智云也。"②清末教育改革的一个重点，即效仿欧美与日本，通过官方的力量，整合各种教育资源，特别是从前游离于官方之外的教育场所，由国家确立教育方针，以培养"国民"为目标，"务使人人皆能视人犹己，爱国如家"③，成为国家的一分子，践行各种以国家名义颁布的事项。置诸时代环境，如此举措

---

① 章太炎：《留学的目的和方法》，载章念驰编订：《章太炎演讲集》，第100页。原题为"庚戌会演说录"，刊于《教育今语杂志》第4册。

② 梁启超：《论教育当定宗旨》，载吴松等点校：《饮冰室文集点校》第3集，第1357页。

③ 《奏请宣示教育宗旨折附上谕》，载舒新城编：《近代中国教育史料》，第245页。

虽前无古人，但也属势所必至。然在章太炎看来，完全由官方执掌、规划教育，会造成教育质量严重下降，早在《代议然否论》中，章太炎设计未来革命政府的制度时就强调"学校者，使人知识精明，道行坚厉，不当隶政府，惟小学校与海陆军学校属之，其他学校皆独立，长官与总统敌体，所以使民智发越，毋枉执事也"①。在《教育今语杂志》里，他便是以通俗白话，从批判清廷教育措施的角度，将这一观点表达出来。从宣传策略上看，如此更能激起人们对官方教改的否定。

当时章太炎身边聚集着一批留日的年轻学子，章氏在东京设坛讲学，他们都是热心的推动者与听众。同时章太炎也对他们传授学术门径，今存章太炎与蜀人钟正楙的信函，便是向后者说明欲对中国传统学术入门，应阅读哪些书目，明晰何种宗旨。②及至辛亥革命前夕，章门弟子中不少人已经回到国内，主要职业便是任教于各级学堂，如朱希祖、钱玄同、鲁迅等人皆如此。他们在教学过程中，势必时常将章太炎的学说向学生讲授，如钱玄同就曾以章太炎在东京讲学的讲稿《论语言文字之学》作为授课教材，③并在与章太炎的信中讨论如何教育学生对中国传统文化产生认同感，后者对他说应借演讲来"发其荣观之念，振其魄耻之心，则教授亦能顺受矣"④。据茅盾回忆，他1910年在湖州中学就读时，钱玄同曾担任国文课教师，课堂上常讲授明清之际史事。此外，在嘉兴中学里，朱希祖、马裕藻、朱蓬先等章门弟子亦一面教《左传》《颜氏家训》等古籍，一面坚守自己的革命党身份。⑤因此在《教育今语杂志》中，章太炎便时常从教师的角度，讨论如何备课、教学，以便将中国传统学问传授给学生。⑥

---

① 章太炎：《代议然否论》，载《章太炎全集》第4册，第318页。
② 参见章太炎：《与钟正楙》，载马勇编：《章太炎书信集》，第250—252页。
③ 参见杨天石主编：《钱玄同日记（整理本）》上册，第227页。
④ 章太炎：《与钱玄同》，载马勇编：《章太炎书信集》，第119页。
⑤ 参见茅盾、韦韬：《茅盾回忆录》上册，北京：华文出版社2013年版，第70、74页。
⑥ 正如论者所言，长期以来，后人多视清末白话文报刊乃专向知识水平有限的广大平民说法，实则当时真正有心阅读此类刊物者，多为具有一定文化水平的"上等人"。（参见胡全章：《清末白话文运动》，第185—189页）

在《中国文化的根源和近代学问的发达》一文里,章太炎以文字学、史学、哲学为例,论述中国历代学术流变,强调中国学问从古至今一直都有进步,所以今日不应妄自菲薄,他自言撰此文的目的乃是"把中国开化的根苗,和近代学问发达的事迹,对几位朋友讲讲,就可以晓得施教的方法,也使那边父兄子弟,晓得受教的门径"①。关于文字学之教学,他指出:

> 当教习的朋友,总要备《段注说文》一部,《广韵》一部,《四声切韵表》一部,《书谱》一部,非但要临时查检,平日也要用心看看。最小的书,像《文字蒙求》,也好给学生讲讲,就晓得文字的妙处了。②

关于历史学的教学:

> 现在为教育起见,原是要编一种简约的书,这个本来不是历史,只是历史教科书。所以说教育的事,不能比讲学的事,教科的书,不能比著作的书。历史教科书,固然没有好的,初学的也将就可用。凡是当教习的朋友,总要自己的知识,十倍于教科书,才可以补书上的不及。大概《通鉴辑览》必是看过,最吃紧的是四史,必是要看。此外《日知录》也是有用,有这种知识,就可以讲历史。将来的结果,到学生能看这几部书,就很好了。③

关于哲学的教学:

---

① 章太炎:《中国文化的根源和近代学问的发达》,载章念驰编订:《章太炎演讲集》,第52页。原刊于《教育今语杂志》第1册。
② 同上,第55页。
③ 同上,第57—58页。

几位当教习的朋友,要先把《庄子·天下篇》《荀子·非十二子篇》《淮南子·要略训》《史记·老庄申韩列传》《孟子荀卿列传》《太史公自序》《汉书·艺文志》《近思录》《明儒学案》,讲一段目录提要的话与学生,再就本书略讲些。没有本书,《东塾读书记》也可以取材。这件事本是专门的学问,不能够人人领会,不过学案要明白得一点。①

在学术研究层面,章太炎强调"当研精覃思,钩发沈伏,字字征实,不蹈空言,语语心得,不因成说,斯乃形名相称。若徒摭旧语,或张大其说以自文,盈辞满幅,又何贵哉?"②他的论学之作往往多有独到之见,就是在实践这一治学主张。即便如此,他依然能够区分教学与研究的区别,认为研究应该独具心得,教师则重视遵循成说,将知识普及于学子,所以"以师为作述者,则作述陋;以作述者责师,则师困"③。而在这里他言之凿凿,列举了不少与教学相关参考书目,显示出他对于教师群体本身素质的重视。

另一方面,在当时由于学堂教育需要在西学方面占去大量时间,所以如何能比较经济地将中国传统学术传授给学子,困扰着不少有心维护传统之士。张之洞在《劝学篇》中主张"守约",挑取传统学术的代表性典籍拿来授课,④之后不少人提倡的编撰经学选本,便是本此主张。但也有人激烈反对此举,如浙东学术后劲陈黻宸痛斥选编经籍、制作类书,其祸害甚于焚书,此举愈多,中国文明退化愈甚,因为此乃以专制手段曲解古圣本旨。⑤与之不同,章太炎主张多预备能概述史

---

① 章太炎:《中国文化的根源和近代学问的发达》,载章念驰编订:《章太炎演讲集》,第60页。
② 章太炎:《再与人论国学书》,载《章太炎全集》第4册,第372页。
③ 章太炎:《程师》,载《章太炎全集》第4册,第138页。
④ 参见张之洞:《劝学篇·守约》,载赵德馨主编:《张之洞全集》第12册,第169页。
⑤ 参见陈黻宸:《经术大同说》,载陈德溥编:《陈黻宸集》上册,北京:中华书局1995年版,第556—557页。

事与学术流变的典籍,以此教授学子,这样既可使之能大体掌握中国历史文化的梗概,又能以此为基础,进一步地去钻研其他精深之作。这一主张,体现出他与在朝者不太一样的教学思路,他在民国以后几次公开演讲国学,其实也正是在践行此道。

三、章太炎的教育理念

在自订年谱里,章太炎回忆《民报》被查禁之后,"余闲处与诸子讲学",陶成章重建光复会,章氏虽然允诺加入,"然讲学如故"。[①]与他关系紧密的弟子黄侃也回忆《民报》停刊,章太炎与日方交涉未果,遂专注于设坛讲学,"其授人以国学也,以谓国不幸衰亡,学术不绝,民犹有所观感,庶几收硕果之效,有复阳之望。故勤勤恳恳,不惮其劳,弟子至数百人"[②]。显示相比革命活动,章太炎在那一时期似乎对此更为重视。因此作为《教育今语杂志》的主要作者,章太炎在上面刊登了许多阐述自己教育理念的文章。

近代中国,世变与学变俱至。刘师培指出:"世界当二十世纪之初,由兵战、商战之时代,一变而为学战之时代。生于此时,立于此国,人于此社会,人人为造就人才之人,即人人负造就人才之责。况教育之法,因时制宜。处若何之时,需若何之才,则行若何之教育。今中国学堂未能普设,少年之子弟,仍必受业于蔪时之师,势也;蔪时之师,舍教育别无他业,亦势也。待学堂有限之师范以设教,则普及之期望几穷;据闭关自守之习惯以相传,则腐败之情形益烈。意必有逐渐谋新之道,以□此天然过渡之机。所谓号令一新,旌旗变色,转移之机,匪伊异人。今改革之家,即他日文明之祖。凡占有皋比一席者,皆宜激励以图之者也。"[③]

[①] 参见章太炎:《太炎先生自订年谱》,第13页。
[②] 黄侃:《太炎先生行事记》,《制言半月刊》1937年第41期。
[③] 刘师培:《扬州师范学会启》,载万仕国辑校:《刘申叔遗书补遗》上册,扬州:广陵书社2008年版,第41页。

这番话非常具体地揭示出近代中国教育所面临的挑战与危机。对章太炎而言,积极吸收域外新知固然重要,但如何使中国传统在这一"过渡时代"能够维系并光大,同样不容忽视。他感慨"国粹日微,欧化浸炽,穰穰众生,渐离其本"①,中国传统在此时俨然不绝如缕。随着域外势力大举进入中国,清政府抵挡乏术,国运危如累卵,在许多有识之士看来,此等局面应该归咎于中国传统学术。曾创建东湖书院的陶濬宣认识到"世之诟儒者,至谓天下事非儒生可属,而儒生实不足属天下事,遂即六者之经并诟之。此近百年来他洲之客所由挖其坑,掏其空者也"②。他之所以作如是观,乃是因为"中邦学问毁于秦,隘于汉,蔽于宋,支离穿凿于今,民智未开,大道晦绝二千余岁矣"③。所以在教育方面欲有所作为,必须引进西学,以"新知"启"旧学",前者可以救济后者,而非相互冲突。"今且自异我者而曝之,而发之,至拙出至巧,至陈出至新,至庸出至奇,如阴阳之相生,如水火之相济,异者同之荄,背驰者合辙之轨也。"④他相信只要眼光开通、拿捏得当,新旧之间可以融洽无间。

不过这一洪水闸门一旦开启,举世滔滔,趋于尊新,后果遂与当初设想者的预计颇有背离。汤寿潜在当时目睹时局危机,鼓吹立宪政治,编撰《宪法古义》一书,借中国古史中的形似之处附会近代西方政治,他对瞿鸿机说:"一二不晓事者,爱中国不如其爱私利,止或枳之,亦事势所必不能免;潜《宪法古义》,正为此曹设。"⑤然即便具有这样的态度,在目睹许多青年学子留学海外的热潮之后,他开始反思留学教育的种种弊病。在他看来,彼辈"一到东洋,自命贤人;一到西洋,自命圣人。贤人之弊极于无君,顾犹有中国之观念也;圣人之弊极于无

---

① 章太炎:《与宋恕》,载马勇编:《章太炎书信集》,第17页。
②③ 陶濬宣:《绍兴东湖书院通艺堂记》,载徐世昌编纂:《清儒学案》第9册,北京:人民出版社2010年版,第4862页。
④ 同上,第4863页。
⑤ 汤寿潜:《致瞿鸿机》,载汪林茂编:《中国近代思想家文库·汤寿潜卷》,北京:中国人民大学出版社2015年版,第125页。

父,且自恨发之不黄、睛之不绿,而卖国非所惜,又何论乎路矿!臣初不料中国剜肉补疮以饷留学,其结果恐乱于贤人,亡于圣人"①。这番话透露出的政治立场固然是维护清廷统治,但他观察到的现象却是留学生群体对中国的认同日渐薄弱,这大概是不少当初提倡充分引进西学者始料不及之处。与之相似,时人指出:"今日地球大通之世,群言淆惑,见欧洲之物质文明,讶为得未曾有,遂谓千古奇局,欲举中国固有之精神尽行破坏,势不至纯归于欧化而不止。"②所以在教育方面应未雨绸缪,"兴学之始不可不慎者,即在保国粹、重礼俗"③。邓实更是感慨:"户肆大秦之书,家习劫卢之字,宿儒抱经以行,博士倚席不讲,举凡三仓之雅诂,六艺之精言,九流之坠绪,彼嬴秦蒙古所不能亡者,竟亡于教育普兴之世,不亦大可哀邪!故国学之阨,未有甚于今日者也。"④

对于这一点,坚持以光大国学为己任的章太炎亦深有体会。他指出:"盖外人所惎者,莫黄人自觉若,而欲绝其种性,必先废其国学,是乃所危心疾首、癏瘵反侧以求之者也。始宣教师呎之,犹不见听,适会游学西方之士,中其荞言,借科学不如西方之名以为间,谓一切礼俗文史皆可废,一夫狂舞蹈,万众蹇裳蹷屣而效之。"⑤此外,"宣教师往主学校,卒令山西大学堂专崇欧语,几有不识汉文者,以是为鼓铸汉奸之长策,而宝藏可任取求矣"⑥。因此他针对这一现象,认为兴办教育,应当从树立人们对本国文化的认同开始,即他的学生许寿裳所说的,"兴国不在政府,而在国民,不在法令,而在自觉"⑦。

---

① 汤寿潜:《再请开缺附陈新政舛误折》,载汪林茂编:《中国近代思想家文库·汤寿潜卷》,第163页。
② 《翰林院庶吉士高桂馨建言兴学理财练兵三事呈》,载故宫博物院明清档案部编:《清末筹备立宪档案史料》上册,北京:中华书局1979年版,第219页。
③ 同上,第220页。
④ 邓实:《拟设国粹学堂启》,载桑兵等编:《国学的历史》,第89页。
⑤⑥ 章太炎:《清美同盟之利病》,载汤志钧编:《章太炎政论选集》上册,第475页。
⑦ 旂其(许寿裳):《兴国精神之史曜》,载张枬、王忍之编:《辛亥革命前十年间时论选集》第3卷,第297页。

在《论教育的根本要从自国自心发出来》一文里,章太炎指出:"本国没有学说,自己没有心得,那种国,那种人,教育的方法,只得跟别人走。本国一向有学说,自己本来有心得,教育的路线自然不同。几位朋友,你看中国是属于那一项? 中国现在的学者,又属于那一项呢?"①在近代中国,时人之所以质疑传统学术,便是认为后者已然僵化,若以之传授学子,那么很难让他们学到能回应世变的必要知识。而拜坚船利炮之赐,使得近代西学的身价也水涨船高,被不少年轻一代中国学子不但视为知识上的指南,更堪称文明进步的象征。基于这般认识,在具体文化实践上,各种翻译著作纷纷涌现,西学分类日渐成为主流的知识结构,甚至欲了解中国历史与文化也要依靠大量译自东洋之作,中国学术不但在新知方面节节败退,甚至本身的价值也要根据外人的好恶来决定,清末王学盛行,便是典型例子,而中国人种西来说之所以一时间尘嚣直上,归根结底也是由于时人希望中国文明能和西方接榫,于西学的笼罩之下可勉强获得一席之地。针对这些现象,章太炎强调中国文化的渊源与流变从历史上看自有独特性存焉,而非如世间一些国家那样,主要依靠因袭模仿别国文化。如果不从国之一时强弱来论,章氏认为中国文化从典章制度到艺文学说,胜过西方文化之处甚多,所以域外之学有值得吸收借鉴之处,但绝不能因此自我矮化。②而中国学术在今日,较之从前大体上还是有所进步,但是其中仍有需要后人继续钻研光大之处,"到底中国不是古来没有学问,也不是近来的学者没有新的"③。因此教育的宗旨,应该从这方面着眼。

基于此,章太炎指出在教育领域"听了别国人说,本国的学说坏,依着他说坏,固然是错;就听了别国人说,本国的学说好,依着他说好,

---

① 章太炎:《论教育的根本要从自国自心发出来》,载章念驰编订:《章太炎演讲集》,第 76 页。原刊于《教育今语杂志》第 3 册。
② 参见章太炎:《国故论衡·原学》,第 101—104 页。
③ 章太炎:《论教育的根本要从自国自心发出来》,载章念驰编订:《章太炎演讲集》,第 78 页。

仍旧是错。为甚么缘故呢？别国人到底不明白我国的学问,就有几分涉猎,都是皮毛,凭他说好说坏,都不能当做定论"①。与许多同时代的趋新之士不同,章太炎在当时对域外的中国研究评价甚低,他对日本汉学家的尖锐批评早已为人所熟知,以至于引起日本学界的注意,不得不承认章氏于"哲学、历史、文学各方面文章,发挥独到见解",还为此特意前往拜访他。②所以章太炎特别批评:"一班无聊新党,本来看自国的人,是野蛮人;看自国的学问是野蛮学问;近来听见德国人颇爱讲中国学,还说中国人民,是最自由的人民;中国政事,是最好的政事;回头一想,文明人也看得起我们野蛮人,文明人也看得起我们野蛮学问,大概我们不是野蛮人,中国的学问,不是野蛮学问了。在学校里边,恐怕该添课国学汉文。"③这类随外人抑扬而决定自己教育方针的做法,便是不具"自国自心"的典型表现。

最后章太炎强调:"大凡讲学问施教育的,不可像卖古玩一样,一时许多客人来看,就贵到非常的贵;一时没有客人来看,就贱到半文不值。自国的人,该讲自国的学问,施自国的教育,像水火柴米一个样儿,贵也是要用,贱也就要用,只问要用,不问外人贵贱的品评。后来水越治越清,火越治越明,柴越治越燥,米越治越熟,这样就是教育的成效了。至于别国所有中国所无的学说,在教育一边,本来应该取来补助,断不可学《格致古微》的口吻,说别国的好学说,中国古来都现成有的。要知道凡事不可弃己所长,也不可攘人之善。"④在另外一篇刊于《教育今语杂志》的文章中,他复申说此意:"别国的学问,或者可以向别国去求,本国的学问,也能向别国去求么？就是别国的学问,得了

---

① 章太炎:《论教育的根本要从自国自心发出来》,载章念驰编订:《章太炎演讲集》,第79页。

② 参见栖庵道人:《访章太炎》,转引自汤志钧:《乘桴新获——从戊戌到辛亥》,第719页。

③ 章太炎:《论教育的根本要从自国自心发出来》,载章念驰编订:《章太炎演讲集》,第81页。

④ 同上,第86页。

来,还是借来的钱,必要想法子,去求赢利,才得归自己享用。若只是向别国去求呢,中国人没有进境,去问欧洲人;欧洲人没有进境,又去问什么洲的人呢?"①总之,中国的教育应从本国自身的历史脉络出发,于现有的成绩之上更进一步,在教育中培养能进行精深研究的学子,不但将本国学问发扬光大,复能摆脱依赖外人接受新知的窘境。

从"自国自心"出发的教育,落实到具体层面,依章太炎之见,便是要受教者具有"常识"。在《常识与教育》一文里,他认为当时有条件教育他人并接受教育者,泰半皆为"闲人",即不须"劳力"的"劳心"之士,彼辈不须像前者那样掌握相关的谋生必备技能,是故所谓"常识",应该从知识学问本身来界定。②在当时,梁启超也在倡导教育应灌输"常识",他说道:

> 然则常识竟无标准乎?曰:有之。凡今日欧美、日本诸国中流以上之社会所尽人同具之智识,此即现今世界公共之常识也。以世界公共之常识为基础,而各国人又各以本国之特别常识傅益之,各种职业人又各以其本职业之常识傅益之,于是乎一常识具备之人出焉矣。③

在这里,他认为中国教育所需要的"常识",首先是存在于欧美及日本中上层社会之中的"常识",然后才到本国的相关知识。梁氏自言之所以如此界定,因为"个人而常识缺乏,则其人不能自存于世界;一国之人而皆常识缺乏,则其国不能自存于世界。此自然之数、必至之符,无可逃避者"④。很明显,他由于焦虑中国人能否因应时代的变局,故而

---

① 章太炎:《留学的目的和方法》,载章念驰编订:《章太炎演讲集》,第 99 页。
② 参见章太炎:《常识与教育》,载章念驰编订:《章太炎演讲集》,第 61—63 页。原刊于《教育今语杂志》第 2 册。
③ 梁启超:《说常识》,载吴松等点校:《饮冰室文集点校》第 2 集,第 742 页。
④ 同上,第 743 页。

主张充分吸收国力强盛的欧美诸国及日本的知识,这一思路在当时有着颇为普遍的认可度。①然章太炎曾说过:"吾尝以为洞通欧语,不如求禹域之殊言;经行大地,不如省九州之风土;搜求外史,不如考迁、固之遗文。求之学术,所涉既广,必捊落无所就,孰若迫在区中,为能得其纤悉。"②所以在他看来,"常识"的界定实不应如是。

章太炎指出:

> 历史本来是方格的,不是圆扁的,自然晓得本国的历史,才算常识;不晓得本国的历史,就晓得别国的历史,总是常识不备。但近来人把拿破仑、华盛顿都举得出来了,李斯、范增倒反有举不出的,这种原是最下等的人。高一点儿的呢,晓得欧洲诗人文豪的名字,却不晓得中国近二百年来,文章谁是最高;晓得欧洲古代都卷发,却不晓得中国汉朝是着怎么样的衣冠。这还算有历史的常识么?再说地理,个个人都晓得五大洲的名和欧洲美洲各国的名了,倒问中国各省,湖南、湖北,本来不到两广的地面,为甚么两湖总督,称为两广总督呢?江西省只在江南,为甚么为江西呢?却是不能对的尽多。这还算有地理的常识么?哲学本来不必个个都晓得,只问培根、笛佉尔,你都晓得了,近代中国讲理学的,那几位算成就?梭格拉地、柏拉图,你都晓得了,中国战国时候的九流,你也数一数看,若说得不对,就算没有常识了。③

所以他强调:"要本国人有本国的常识,就是界限。"④而章氏在《教育今语杂志》上刊登的用白话文论述中国历代经学、诸子学、小学的流变

---

① 关于梁启超对"常识"的认识及其学术实践,参见夏晓红的《梁启超的"常识"观》(《天津社会科学》2014 年第 1 期)。
② 章太炎:《印度人之论国粹》,载《章太炎全集》第 4 册,第 384 页。
③ 章太炎:《常识与教育》,载章念驰编订:《章太炎演讲集》,第 63—64 页。
④ 同上,第 66 页。

与特点,指出现有的成绩以及未来可继续钻研的课题之文章,这便是他在向一般民众普及常识的具体实践,甚至他在革命之余,讲学不辍,同样可理解为在向青年留学生灌输中国人所必备的常识。

犹有进者,章太炎认为普及常识,需要深厚且具原创性的学问作为基础:

> 常识不是古今如一,后来人的常识,应该胜过古人,但要求一代一代的人,常识展转增进,就不可使全国只有常识的人,必要有几十个独到精微的学者,想成一种精致的理,平易透露地说出来。在自己想的非常难,叫后生学的非常易,那么常识就可以展转增进了。①

因此他明白揭示:"没有独到精微的学者,就没有增进的常识;没有极好的著作,就没有像样的教科书。"②早在1907年,梁启超希望编写一部普及性质的《国文语原解》,他致信蒋观云,让后者代他询问章太炎是否愿意对梁氏此书有所匡正。③而章太炎则对钱玄同说,梁启超本不通小学,故著书"谬妄支离,自意中事"④。可见章氏坚持着普及著作,必先具精深学识。此外以历史为例,章太炎向来对此甚为瞩目,将本国历史的重要性反复强调,但他认为当时的历史教科书"真是太陋"⑤。清末中国人编撰历史教科书,柳诒徵无疑堪称开风气之先者,他根据东籍所编的《历代史略》曾风行一时。但他后来也反省:"清季迄今,校有史地之科,人知图表之目,其学宜蒸蒸日进矣。顾师不善教,弟不悦学,划教科讲义为封畛,计年毕之,他匪所及。于是历史地

---

① 章太炎:《常识与教育》,载章念驰编订:《章太炎演讲集》,第67—68页。
② 同上,第69页。
③ 参见梁启超:《致蒋观云先生书》,载丁文江、赵丰田编:《梁任公先生年谱长编(初稿)》,第194页。
④ 章太炎:《与钱玄同》,载马勇编:《章太炎书信集》,第101页。
⑤ 章太炎:《常识与教育》,载章念驰编订:《章太炎演讲集》,第66页。

理之知识,几几乎由小而降于零。国有珍闻,家有瑰宝,叩之学者,举不之知,而惟震眩于殊方绝国钜人硕学之浩博。既沾溉于殊方绝国者,亦不外教科讲义之常识,甚且掇拾剽末,稗贩糟粕,并教科讲义之常识而不全,而吾国遂以无学闻于世。"①可见在清末教育的亲历者看来,没有高深的学术,普及云云,只能是蜻蜓点水,甚至将教科书当成著作,知识范围不出于此,最终致使教育水准下降,普及其名,鄙陋其实,这一点亦可为章太炎观点之佐证。他晚年反复力倡历史之重要,认为当时大学中教授历史者学识孤陋,无异于茶馆之说书先生,于是亲自修订《三字经》《史鉴撮要》,教导家中晚辈。②这一行为,说明他对自己的教育理念虽时过境迁,但仍旧一以贯之。

四、结　语

在清末各个政治团体的竞争当中,教育问题的相互争论亦非常激烈。光复会作为革命党中的重要力量,在"伪《民报》案"之后,与同盟会分道扬镳,于重建的过程中,主要负责人陶成章希望创办一份用白话文书写,借讨论教育来宣扬政见的刊物,于是 1910 年便有了《教育今语杂志》的面世。在作者方面,它的主要成员为光复会的另一位领袖章太炎及其门生。钱玄同负责撰写发刊词及章程,其间透露出他对乃师学说的吸取,而章太炎则成为在上面刊登文章最多的人,某种程度上《教育今语杂志》成为辛亥革命前夕太炎学派宣传自己观点的主要平台。但是当时革命活动面临非常艰巨的环境,此刊物的创办与生存极为不易。陶成章为了维系其正常运作,多方奔走,筹措资金。但终究由于资金流转困难,作者未能按期交稿,流通发行不便,以及陶成章需要将更多精力放在其他革命事务上,所以这份杂志在创办了 6 期

---

① 　柳诒徵:《史地学报序》,载柳曾符、柳定生编:《柳诒徵劬堂题跋》,台北:华正书局 1996 年版,第 23 页。

② 　参见但焘:《菿汉雅言札记》,载虞云国整理:《菿汉三言》,第 169 页。

之后就停刊告终。

　　这份刊物虽然寿命不长,但在近代中国思想史、教育史上却有其意义。它是光复会借复古来鼓吹革命的一个具体实践,其中许多谈论历史话题的文章,都有着很强的现实指向,具有革命行动指南的性质。此外,庚子以来,教育改革成为朝野上下一致关注的热点话题,如何推行,各方皆有意见,与政治上的纷争一样,在这一方面他们也互相指责批评,希望自己团体能在此问题上具备足够的话语权。当时清廷颁布了《学务纲要》,教改成为官方新政的一项重要内容,对此章太炎在《教育今语杂志》上展开批评,认为政府此举,不但不能保存中国传统,在实施上让政府官吏全面接管教育,更将扼杀历代"学在民间"的优良传统。最后,新式学堂的设置,需要许多从事教学的教师,而章太炎的学生当中,也有不少人已陆续回到国内各级学堂任教,因此章太炎特别向这些人指导教学上的相关问题,如需要准备何种参考书,以及如何将知识传授给学子,这一言说方式,或可表明他有意在教育领域培植自己的追随者,希望能与清廷展开竞争。

　　因此章太炎在《教育今语杂志》上格外注意宣传自己的教育理念。他目睹几十年来西学大量涌入中国,中国士人为了救亡图存,一方面将批评矛头指向中国传统学术,另一方面越发推崇西学,落实到教育层面,便是青年学子趋新与慕外并存,长此以往,中国自身的主体性将暗而不彰,中国之所以为中国的根本特性亦将随之动摇,这让以光大国学为己任的章氏深感焦虑。在他看来,这一现象绝非简单的思想学术上的好恶取舍,而是关乎中国在近代列强环伺的情形下,能否充分认识本国历史与现状,进而自立自强、走出困境的根本问题。于是他强调教育当从"自国自心"出发,即根据本国的历史脉络,熟悉本国学问在这一时代的得失,将本国学问传授与青年一代,使之具有对中国的基本认同,形成能与中国历史及现状接续起来的个人自觉,在此前提下,域外人士的评价之语,实不足以成为决定本国教学方针的根据。基于此,他认为教学过程中应注重的"常识",乃是本国的历史与文化,能够普及"常识"的前提,则是以本国学者精深独到的研究为基础,只有先存在富有创建的研究著作,才会出现理想的教科书。在章太炎眼里,研究与普及,相辅相成,缺一不可。总之,他对"自国自心"的思考,其实并非局限在《教育今语杂志》的刊名——"教育"二字上,而是与他对当时中国国情与中国未来将往何处去的思考紧密相连。

遗憾的是,章太炎在《教育今语杂志》中的凿凿之语,在民国建立以后所发生的影响,根据历史走向来看似乎着实有限。新文化运动以来,《教育今语杂志》的唯一价值大概是在白话文兴起的历史论述里能够占据一席之地,证明清末也曾有过用白话文撰写的论学之作。[①]章太炎刊于其中的文章,在 1921 年曾被人编成《章太炎的白话文》一书。在编者看来,这几篇文章固然"读之既增知识,又可以培养道德"[②],但更重要的是,它们"以极浅显的白话,说最精透的学理,可以作白话文的模范"[③]。除此之外,章太炎强调的教育应从"自国自心"出发,教学中传授的"常识"应为本国的历史与文化,这在后来日益西化的时代氛围里,根本难有践行的机会,甚至成为时代弄潮儿们不断嘲笑的对象。而回首再看他的这些主张,其中对于时代风气的批评之语,在今天依然值得有良知的人继续反省,他所坚持的教育理想,同样值得真正关心中国未来的人继续孜孜追求。

---

① 参见周作人:《现代散文导论(上)》,载蔡元培等著:《中国新文学大系导论集》,上海:良友复兴图书印刷公司 1940 年版,第 183—184 页。

②③ 吴齐仁:"编者短言",载氏编:《章太炎的白话文》,沈阳:辽宁教育出版社 2003 年版,第 1 页。按:《章太炎的白话文》最初 1921 年由上海的泰东图书局出版,后 1927 年又重印再版,1972 年台北的艺文印书馆复整理影印出版。关于这本书编辑出版的来龙去脉,参见陈平原的《关于〈章太炎的白话文〉》(《鲁迅研究月刊》2001 年第 6 期)。

第三章　语言文字之学与章太炎对中国文化的论述

在章太炎一生的学术活动中,致力最多的当属语言文字之学,①他之所以被称为"清学殿军",很大程度上也是因为其小学功底充分继承了清代朴学之传统。章氏晚年向弟子回忆自己的治学生涯,特别提及:

  《说文》之学,稽古者不可不讲。时至今日,尤须拓其境宇,举中国语言文字之全,无一不应究心。清末妄人,欲以罗马字易汉字,谓为易从,不知文字亡而种性失,暴者乘之,举族胥为奴虏而不复也。夫国于天地,必有与立,所不与他国同者,历史也,语言文字也。二者国之特性,不可失堕者也。昔余讲学,未斤斤及此,今则外患孔亟,非专力于此不可。余意凡史皆《春秋》,凡许书所载及后世新添之字足表语言者皆小学。尊信国史,保全中国语言文字,此余之志也。②

---

① 在章太炎的著作中,时常"小学""语言文字之学"并用。正如论者指出:"实则二语在太炎处通常混用,等而为一,用'小学'者更为常见,'语言文字'一般在论述二者关系时使用。"(参见王风:《章太炎语言文字论说体系中的历史民族》,载氏著:《世运推移与文章兴替——中国近代文学论集》,北京:北京大学出版社 2015 年版,第 21 页)这一论断颇有见地,本书所论章氏"语言文字之学",即包含他对"小学"的看法,而非以后见之明刻意区分二者差异。

② 章太炎:《自述治学之功夫及志向》,载章念驰编订:《章太炎演讲集》,第 363 页。

章太炎说这段话时,正值"九一八"事变之后,日本侵华之心日益暴露,国难当头,他基于强烈的民族感情,强调语言文字与历史在中国文化体系中的重要地位,希望后人能继承他的志愿,将此发扬光大。因此叙述之中,不无抑扬之处,实则他昔日讲学,从未忽视这一点。1906年东渡日本,在东京留学生欢迎会上的演说中强调"用国粹激动种性",而国粹之最主要载体乃是历史,其中遂包含了语言文字。①他在进行革命工作同时设坛讲学,语言文字之学为主要讲授内容之一。周作人后来回忆当时场景:"先生(章太炎)坐在一面,学生围着三面听,用的书是《说文解字》,一个字一个字地讲下去,有的沿用旧说,有的发挥新义,干燥的材料却运用说来,很有趣味。"②

　　然则章太炎的语言文字之学,在近代中国长期被局限在语言学发展史的论述之中。特别是随着时代思潮的急剧变化,以及学派之间的争斗纠缠,章氏小学由于其古雅的表述形式,受到新派人物的猛烈诟病。最具代表性者,傅斯年指出20世纪20年代学界一大弊病即为"坐看章炳麟君一流人尸学问上的大权威"③。具体言之,"章氏在文字学以外是个文人,在文字学以内做了一部《文始》,一步倒退过孙诒让,再步倒退过吴大澂,三步倒退过阮元,不特自己不能用新材料,即是别人已经开头用了的新材料,他还抹杀着,至于那部《新方言》,东西南北的猜去,何尝寻扬雄就一字因地变异作观察? 这么竟倒退过二千多年了"④。他从学术进化论的角度出发,基本上完全否定了章太炎的小学成就。而另一方面,即便有心为章太炎翻案者,也是从他著作中寻找在语言学史上能与新说契合的因素,以此认定他其实不那么

―――――――
　① 参见章太炎:《在东京留学生欢迎会上之演讲》,载章念驰编订:《章太炎演讲集》,第3、6页。
　② 周作人:《知堂回想录》上册,第277页。
　③④ 傅斯年:《历史语言研究所工作之旨趣》,载《傅斯年全集》第4册,台北:联经出版事业公司1980年版,第255页。按:傅斯年在此专门点名批评章太炎,其实正是看重他的影响力,所以希望借此来擒贼先擒王,进而扫除章太炎学派在学界的巨大势力,现实用意非常明显。(参见桑兵:《近代学术传承:从国学到东方学——傅斯年〈历史语言研究所工作之旨趣〉解析》,《历史研究》2001年第3期)

"落后"。或是认为他的语言学观点不无贡献,只是表达方式太不符合"科学"。实则这样依然落于趋新者流所设的话语窠臼之中。

章太炎自言:"余以寡昧,属兹衰乱,悼古义之沦丧,愍民言之未理,故作《文始》以明语原;次《小学答问》以见本字;述《新方言》以一萌俗。"①他对中国语言文字的阐释,由于出自朴学大家俞樾门下,青年时代在诂经精舍钻研经史训诂,因此充分继承了清代朴学的特色。在清代朴学的系统里,文字训诂被视为通经明道的基础。戴震指出:"六书也者,文字之纲领,而治经之津涉也。"②"经之至者,道也;所以明道者,其词也;所以成词者,未有能外小学文字者也。由文字以通乎语言,由语言以通乎古圣贤之心志,譬之适堂坛之必循其阶,而不可以躐等。"③文字训诂的意义附属于经籍本身的重要性之中。而在章太炎那里,他面临的是近代中国文化遭遇到了极大的危机与挑战,④以中国语言文字为表达形式的中国学术与思想在世变面前日益受到西学的冲击,中国文字存在的理由与价值不再是天经地义,而是成为时人质疑的对象之一。在这样的时势之下,以保存并光大国学为己任的章太炎,对于中国语言文字,已经不可能照搬清人治学旧章。他受到近代西方学说的启发,从中国文化的整体性出发,在对语言文字的定义、中国文字的特点等方面展开了新的诠释。"如何使汉语的发展规范化,使汉语发展为近代化的、真正统一的民族语言,是章太炎学术研究中费时最多、用力最勤的一个课题,也是他所致力的近代民族文化建

---

① 章太炎:《国故论衡·小学略说》,第10页。
② (清)戴震:《六书论序》,载《戴震集》,上海:上海古籍出版社2009年版,第77页。
③ (清)戴震:《古经解钩沉序》,载《戴震集》,第192页。
④ 本章使用"文化"二字,作为描绘中国历史与现实特质的词语。章太炎本人也使用过"文化"一词,如他认为中国与印度"联合之道,宜以两国文化,相互灌输"(氏著:《中国印度联之法》,载《章太炎全集》第4册,第385页)。本章所用"文化"一词的意涵,略同于英国文化理论家雷蒙·威廉斯(Raymond Henry Williams)所言,即"对一种特殊生活方式的描述",特别是其中显现的最细微也最难触摸到,在共同体中拥有广泛而深入影响的"感觉结构"。(参见氏著:《漫长的革命》,倪伟译,上海:上海人民出版社2013年版,第50、57页)

设中所最为关注的一个问题。"①因此他的语言文字之学,绝非只局限于近代学科分类下的"语言学"范畴里展开讨论,而是和他对中国历史文化的流变与当前危机的认识及思考息息相关。所以他强调:"若夫理财正辞,百官以治,万民以察,莫大乎文字。"②从这一面向进行分析,方能明晰为何章太炎视语言文字为中国的"国之特性",以及由此出发,他如何阐释中国文字的特点。③

一、中国文字的近代危机

钱玄同在五四新文化运动前后,主张废除汉字,实行拼音文字。他回溯历史,认为"距今二十年前(戊戌变法时代和它的前后),中国有人感觉到汉字的难识、难记、难写,不是一种适用的工具"④。近代随着西方势力大举进入中国,清政府一败再败,政治危机与文化危机纷至沓来,特别是当时的西方,坚船利炮背后是一整套与中国数千年历史差异极大的文化观念。在中国与西方(包括后来大举模仿西方的日本)诸国国力的巨大差距之下,中国士人在思索振衰起微之道时,开始一面了解吸收西方文明,一面全盘反思中国文化的弊病。在这样的背景之下,中国文字开始成为被质疑的对象。

在西方,中国文化曾经是被仰慕与歆羡的对象。文艺复兴以来的西方宫廷建筑、日用起居之物,时常能看到鲜明的"中国风"。而在思

---

① 姜义华:《章太炎思想研究》,第453页。
② 章太炎:《国故论衡·小学略说》,第7页。
③ 王风曾讨论章太炎如何在语言文字之学中呈现他对历史与民族的思考,将章氏小学与其历史民族观合而观之,呈现出章太炎在清末学术工作的特色。(参见《章太炎语言文字论说体系中的历史民族》,载氏著:《世运推移与文章兴替——中国近代文学论集》,第12—53页)陕庆在论述章太炎的文学观时,分析了章太炎的语言文字之学与他对中国国性的看法之关系。(参见氏著:《以"文"立"国性":论章太炎的"文学""国学"观及其时代性思想意义(1900—1910)》,华东师范大学中文系2013年博士论文,第56—74页)这些研究,对笔者极具启发。
④ 钱玄同:《汉字革命》,载《钱玄同文集》第3卷,第59页。

想领域,中国传统思想成为早期启蒙哲人批判欧洲教会与政治制度的利器,中国文化被视为理性的代表,这一点在伏尔泰、莱布尼兹等人的论著当中有很明显的体现。此外中国古代的经世之道也颇受法国重农学派之青睐。①然在启蒙运动前夕,思想界爆发了影响广泛的"古今之争",崇今派主张屏弃古典知识,贬低古人思想,宣扬技术与理性的价值。在这样的背景之下,希腊罗马文明遭到猛烈抨击,而中国更被视为学问上的童稚,中国形象渐渐以落后、专制、蒙昧出现于世人面前。②作为文化体系之主要表达方式的语言,也因此倍受西哲的奚落。

  18世纪,启蒙运动的飓风狂扫欧洲,一种放之四海皆准的"理性"与"科学",成为启蒙者们孜孜以求之物。面对这一情势,德人赫尔德高唱"文化民族主义"以为抗拒。他强调一国之民,深受历史与地理的影响,形成独具特色的语言、文学与风习,在这些领域里,体现着一民族所特有的"民族风格",所以一国的历史、语言与民俗研究,应以挖掘"民族性"为旨归。③但在他看来,"中国人为他们那个属少数几种古老象形文字之一的汉语发明了一个由8万个字符组成的庞大体系,并且以六种或六种以上的字体令世界上其他各民族逊色,这是一种在大事上缺乏创造力,而却精于雕虫小技的表现"④。基于此,他指出:

> 中国人的语言是一部道德词典,即一部谈论礼貌和修养的词典。不同的省市有不同的语言,甚至不同阶层的人和种类不同的书籍使用的语言也各有差异。因而人们花费大部分精力刻苦地学习语言,仅只为了掌握一门工具,而绝不考虑用这种工具做什

---

① 参见朱谦之:《中国哲学对欧洲的影响》,石家庄:河北人民出版社1999年版,第183—337页。
② 参见刘小枫:《古今之争的历史僵局》,载《古典学与古今之争》,北京:华夏出版社2016年版,第127—130页。
③ 参见〔美〕艾凯:《文化守成主义论——反现代化思潮的剖析》,台北:时报文化出版公司1986年版,第34—38页。
④ 〔德〕赫尔德:《中国》,载何兆武、柳卸林主编:《中国印象——世界名人论中国文化》上册,桂林:广西师范大学出版社2001年版,第166页。

么。汉语中的一切尽是些千篇一律的雕虫小技,说的内容很多,而用的因素很少。书写一个因素要用许多笔画,描述一件事物需要许多本书,那种一笔一画地书写他们文字的做法是何等的劳而无功!①

依他之见,中国文字不易掌握,让人劳心费神,并且地域不同、阶层各异,所用语言亦有差别,这与近代民族国家所向往的具备统一语言相距甚远。而在民族性方面,"人们在书写象形文字时必须全神贯注于字形笔画,从而使得这个民族的整个思维方式流泻出捉摸不定的、任意的特征"②。赫尔德极力鼓吹语言文字在民族文化中的重要性,而他对中国文字如是感观,可见其对中国评价之劣。

在黑格尔那里,人类历史是理性精神的发展,他一方面受到启蒙哲学的启示,另一方面蕴含极强的民族主义立场,认为日耳曼世界将是人类历史的高峰,在那里"自由"精神得到了充分的体现。而在他的世界史叙述里,中国则被置于非常低下的层级。他如是评论中国文字:"这儿没有一种自由的、理想的、精神的王国。能够称为科学的,仅仅属于经验的性质,而且是绝对地以国家的'实用'为主——专门适应国家和个人的需要。他们的文字对于科学的发展,便是一个大障碍。或者,相反的,因为中国人没有一种真正的科学兴趣,所以他们得不到较好的工具来表达和灌输思想。"③犹有进者,"我们第一只要考究这种文字方式对于语言的影响,我们便可以看出,中国因为语言和文字分了家,所以文字很不完善。因为我们'口说的文字'之所以成熟到了明白清晰的地步,乃是由于每种单纯的声音都有寻出符号的必要,随后阅读了这种符号,我们便懂得清楚地发言。中国人在文字中缺少了

---

①② 〔德〕赫尔德:《中国》,载何兆武、柳卸林主编:《中国印象——世界名人论中国文化》上册,桂林:广西师范大学出版社2001年版,第170页。
③ 〔德〕黑格尔:《历史哲学》,王造时译,上海:上海书店出版社2006年版,第125页。

这一种正字拼音的方法,不能使声音的订正成熟到可以用字母和音节来代表清晰的发言"①。出于对西方文字的认知,黑格尔认为中国文字无字母,因而不具备启蒙运动以来西方文明所呈现的诸特色,于是遂成为中国衰败落后的表征。

　　近代中国士人接触西学,最初一个主要的媒介便是来华传教士所办的报刊。后者在向中国读者介绍西学的同时,复以近代西方文明为标准,撰文评价中国的历史与文化。而启蒙运动前后西哲对于中国文字的论述,也通过来华传教士之笔,在中国渐渐传播开来。例如德籍传教士花之安的《自西徂东》,为19世纪后期传教士的中文著作中的代表作,曾颇流行于中国士人圈。②其中他指出:"西国字音皆以新结列之话作原本,其实字多变,活字更多变。"③因此"考其言语、文字、格式可以识其源流支派。其中有合数字而音成一字者,间有知其音而不解其义,则推宗于新结列话便可考订。又每字之原来如何用法,如何本旨,举可考其纤悉。与凡诗赋之音韵,平仄之高下,莫不历历详明,各有宗旨"④。相较之下,在字形音义方面,"中国又有纷繁错杂之憾。……凡一字即有一音,今之字典音韵紊繁,有同一字而有读彼音,有读此音者……一字罗列数十音,音则殊而意则一,令人无所适从"⑤。此外,"中国之音多缺,字亦多缺。翻译家每翻一字,有苦于华字无此意,不得已以他字代之,而顿失本意者。夫华字不过四万余耳,而本体、变体、本意、变意、本音、变音,既无以穷其源而寻其据,

---

　　① 〔德〕黑格尔:《历史哲学》,王造时译,上海:上海书店出版社2006年版,第125页。

　　② 花之安(Ernst Faber)的论著,刊登于美国人林乐知(Young John Allen)创办的《万国公报》上。这份刊物主要以所谓促进中国社会改革的面目出现,因此在当时发行量极大,对中国的官员与士人影响甚广,因此,花之安所言的中文之"弊病",很可能随着这份刊物的传播而广为人知。关于《万国公报》的相关情形,参见美国贝奈特(Adrian A.Bennett)的《传教士新闻工作者在中国:林乐知和他的杂志:1860—1883》(金莹译,桂林:广西师范大学出版社2014年版,第143—146页)。

　　③④ 〔德〕花之安:《自西徂东·同文要学》,载李天纲编校:《万国公报文选》,上海:中西书局2012年版,第81页。

　　⑤ 同上,第80页。

则不无错讹也。或有音而无字足以达之,或有意而无字足以贴之,则不无缺略也。而欲持此以穷格致穷理之学,必不能深入精微"①。总之,"中国之字半多苦人之具而无用者也"②。

花之安虽用中文著书,但对中文本身却评价极差。他认为中文无法翻译英文相关意涵,遂判定其本身深具缺陷,却不去思考是否因中西观念本身各具特色,故难彼此互译,与语言优劣无关。而他认为中文繁多庞杂无系统,不言自明之处,便是视西方语法为衡量世间各种语言的标准。这与近代西方语言学家以假设的"印欧语系"为基准,将其他语言进行分类,按照其进化程度定其高下的做法如出一辙,看似"客观",实则皆为强烈的"西方中心论"之表现。③但在当时中国国势衰微的情形下,这一论断却受到忧时之士的认可。"泰西论者谓五部洲中以中国文字为最古,学中国文字为最难,亦谓语言、文字之不相合也。"④黄遵宪对此观点心有戚戚焉。他于是设想:

中国自虫鱼云鸟,屡变其体,而后为隶书、为草书,余乌知夫他日者不又变一字体,为愈趋于简、愈趋于便者乎?自凡将训纂逮夫《广韵》《集韵》,增益之字积世愈多,则文字出于后人创造者多矣,余又乌知夫他日者不有孳生之字,为古所未见、今所未闻者乎?周秦以下文体屡变,逮夫近世章疏移檄,告谕批判,明白晓畅,务期达意,其文体绝为古人所无。若小说家言,更有直用方言以笔之于书者,则语言文字几几乎复合矣。余又乌知夫他日者不更变一文体,为适用于今、通行于俗者乎?嗟乎,欲令天下之农工商贾,妇女幼稚,皆能通文字之用,其不得不于此求一简易之法哉!⑤

---

① ② 〔德〕花之安:《自西徂东·同文要学》,载李天纲编校:《万国公报文选》,第81页。

③ 参见刘禾:《帝国的话语政治:从近代中西冲突看现代世界秩序的形成》,北京:生活·读书·新知三联书店2014年版,第252—255页。

④ 黄遵宪:《日本国志》下册,天津:天津人民出版社2005年版,第810页。

⑤ 同上,第811页。

黄遵宪希望未来中国文字能简易明白，创造更多符合时代需要的词汇，并让妇孺皆知，这背后显现的是他不满于中国当时广为士人所使用的文言，此外视语言文字为可变异改革之物，只要有助于实用与普及，采取何等形式并不重要。①虽然黄遵宪只是在其论述日本古今历史的著作里谈及，但他的这一观点，在清末却有十分广泛的认同度。出于向广大民众传播新知，不少士人在各地创办白话文报刊，以当地所熟悉的口语行文，如《安徽白话报》《无锡白话报》等皆是。正如在温州一代兴办各种新式事业的陈虬所言，"吾们中国在地球上面呢，当初也产过多少大圣贤、大豪杰，原算是头等富强的国度呢！只因吃了文字守旧的亏，遂不觉走到贫弱一路上来"②。而在推广符合民众口语风格的文字之后，"数年之内，吾们黄种四百兆同胞没有一个不识字，国家自然没有不富强的。将来好在地球上仍做了第一等文明的国度，好不好？"③

黄遵宪在戊戌变法前后与梁启超关系密切，时常向后者谈及自己对时局的看法，并在立言行事上对初出茅庐就名满天下的梁启超规劝有加，二人往还通信有十万言以上，是故梁氏颇受其影响。④梁启超在创办《新民丛报》期间，撰文鼓吹"新民"之道，言论主张风行一时。在这一思路下，他以近代西方，特别是英国社会文化为标准，探讨中国长期无"进步"、无"群治"的原因。他从语言文字方面入手，认为：

> 文字为发明道器第一要件，其繁简难易，常与民族文明程度之高下为此例差。列国文字，皆起于衍形，及其进也，则变而衍

---

① 黄遵宪的这番认识，除了他自言的受到西人启发之外，很可能与他作为清廷驻日官员，在日本观察到的文字改革经验相关。而近代日本宣扬"国学"者，也试图减弱中国文化对日本文化的影响，因此极力批判中文，以此凸显日文的"优势"。（参见王小林：《从汉才到和魂：日本国学思想的形成与发展》，台北：联经出版事业公司2013年版，第59—62页）

② 陈虬：《新字瓯文学堂开学演说》，载胡珠生编：《陈虬集》，北京：中华书局2015年版，第413页。

③ 同上，第415页。

④ 参见丁文江、赵丰田编：《梁任公先生年谱长编（初稿）》，第145页。

声。夫人类之语言,递相差异,经千数百年后,而必大远于其朔者,势使然也。故衍声之国,言文常可以相合;衍形之国,言文必日以相离。社会之变迁日繁,其新现象、新名词必日出,或从积累而得,或从交换而来。故数千年前一乡一国之文字,必不能举数千年后万流汇沓群族纷拏时代之名物意境而尽载之描绘之。此无可如何者也。①

以此为标准,梁启超认为中国文字有三个缺点:首先,因为文与言分,所以新语言出现之后无新名词匹配,或者旧有名词无法表达新观念,导致新思想传播受到阻碍;其次,中国文言分离,行文用古文,致使一般民众难以掌握,非耗费许多精力不能掌握阅读与写作,这样许多士人困于寻章摘句之学,不去关注实用性学问;最后,形声字只需掌握数十个字母,即可阅读文字,中国文字为象形字,须多熟识数千个常用字,前者使平民大众皆可阅报纸、操笔札,后者之遗毒让中国士人苦学数十年而毫无裨益。总之,"我国民既不得不疲精力以学难学之文字,学成者固不及什一,即成矣,而犹于当世应用之新事物、新学理多所隔阂,此性灵之浚发所以不锐,而思想之传播所以独迟也"②。

梁启超所指责的中国文字之缺点,基本上是以西方文字为标准,特别是所谓"文言合一"与象形字、形声字之区别,将当时中国识字率低下、新知传播不力等现象皆归罪于此。而在不少人看来,挽救之道,则须效仿代表着文明进步的西方文字。蔡元培希望未来的中国"造了一种新字,又可拼音,又可会意,一学就会;又用着言文一致的文体著书印报,记的是顶新的学理,顶美的风俗,无论那一国的人都欢喜看,又贪着文字的容易学,几乎没有一个人不学的。从文字上养成思想,又从思想上发到实事"③。他在日记中具体写道:"名学者,语言文字

---

① 梁启超:《新民说·论进步》,台北:文景书局2011年版,第75页。
② 同上,第75—76页。
③ 蔡元培:《新年梦》,载高叔平编:《蔡元培全集》第1卷,北京:中华书局1984年版,第241页。

之学也,凡人类之进化,系乎思想,而思想之进步,系乎语言。"①所以"语言者,接续思想之记号也,犹不足以垂之久远,于是有文字,则又语言之记号也"②。关于中国文字,"秦汉以来,治文字不治语言,文字画一而语言不画一,于是语言与文学离,则识字之人少,无以促思想之进步矣,于是有志之士,为拼音新字,为白话报,为白话经解,思有以沟通之。然百里异言,又劳象译,所谓事倍而功半也。宜于初级学堂立官话一科,则拼音新字可行,而解经译报之属,可通于全国矣"③。在这里,他已经开始设想舍弃汉语,另造新字。

如果说蔡元培还是在日记里透露关于汉字改革的激进设想,精通经史又向往"激烈"的刘师培则公开撰文鼓吹斯事。他指出中国文字点画繁多、语义含混、流衍纷乱,究其原因:

盖言语与文字合,则识字者多;言语与文字离,则识字者少。西人之文字,有古文及本国文之分。古者希腊、拉丁文也,修古学者始习之,而本国之文,则无人不习。此识字者所由多也。若中国所习之文,以典雅为主,而世俗之语,直以浅陋斥之。④

依刘师培之见,中国的古文好似西方的希腊语及拉丁语,属于"古"语。在这里他忽略了文艺复兴以来各国民间语言的兴起与民族国家建立的紧密关系,后者正是要从以拉丁语为一统象征的教会统治之下独立,这与近代中国所面临的情势大相径庭。但他未顾及此,而是主张欲革中国文字之弊,须"用俗语""造新字"。特别是第二点,"今者中外大通,泰西之物,多吾中国所本无,而中国乃以本有之字借名之。丐词之生,从此始矣。此侯官严氏,所以谓中国名新物,无一不误也。今欲矫此弊,莫若于中国文字之外,别创新字以名之"⑤。刘师培不但坐而

---

①②③ 王世儒编:《蔡元培日记》上册,北京:北京大学出版社2010年版,第159页。
④ 刘师培:《中国文字流弊论》,载李妙根编:《刘师培辛亥前文选》,第156页。
⑤ 同上,第157页。

言,更起而行,在日本期间,他积极介绍19世纪末期由波兰人发明的世界语(Esperanto),创办世界语讲习班,希望向中国学子广泛传播。清季在日本留学的钱玄同,时常在日记中记下自己去该班听课的情况。①在颇受无政府主义影响的刘师培看来,"有习惯之文字,有人为之文字。习惯之文字,犹法律家所谓不成文法典也;人为之文字,犹法律家所谓成文法典也。现今世界诸邦,文字各殊,均由古代之时,交通未启,人民不相往来。众族之民,各本其习惯之语言,创为文字,故其用仅适于一族;及用之他族,则不复适宜。惟人为之文字,则适于各族人民之用。故欲期世界之统一,不得不统一言文。欲期言文之统一,又不得不创人为之文字。所谓人为之文字者,即 Esperanto 是也"②。他坚信只要通过宣传鼓吹,"嗣今而降,必为世界普行之语,则确然无疑"③。

目睹清末大量域外思想学说进入中国,王国维认为:"夫言语者,代表国民之思想者也。思想之精粗广狭,视言语之精粗广狭以为准,观其言语,而其国民之思想可知矣。"④因此"新思想之输入,即新言语输入之意味也"⑤。而在当时思想主张激进的巴黎无政府主义者们看来,立新必先除旧,他们认为"凡中国极野蛮时代之名物,及不适当之动作词等,皆可屏诸古物陈列院,仅供国粹家好嚼甘蔗滓者之抱残守缺,以备异日作世界进化史者为材料之猎取"⑥。坚持对中国文化采取决然的否定态度。既然中国文字为中国文化的表现形式,那么皮之不存,毛将焉附,前者已无继续存在的价值。因此他们满怀肯定地指

---

① 参见杨天石主编:《钱玄同日记(整理本)》上册,第123—125页。
② 刘师培:《Esperanto 词例通释》,载万仕国辑校:《刘申叔遗书补遗》下册,第1010页。
③ 同上,第1011页。
④ 王国维:《论新学语之输入》,载谢维扬、房鑫亮主编:《王国维全集》第1卷,第126页。
⑤ 同上,第127页。
⑥ 前行:《编造中国新语凡例》,载张枬、王忍之编:《辛亥革命前十年间时论选集》第3卷,第186页。

出:"中国现有文字之不适于用,迟早必废,稍有翻译阅历者,无不能言之矣。既废现有文字,则必用最佳最易之万国新语,亦有识者所具有同情矣。"①如果说刘师培一度醉心于世界语,是因为向往无政府主义所刻画的"天下大同"的远景,那么在巴黎《新世纪》杂志的作者们看来,与近代西方文明相较,中国文化甚为低劣窳败,以至于前者的思想与价值难以用陈旧蹩脚的中文呈现出来,所以废除汉字,势在必行。就算中国人资质不佳,难以一步登天,掌握世界语,也应编造"中国新语",作为权宜之计,渐将汉字弃用。

可见,近代中国文字所遭遇的危机,绝非仅是文字本身的良莠,而是体现了在西方势力的逼迫之下,中国文化遭受到前所未有的挑战。语言文字备受质疑,乃是文化危机具体而微的表现。②此乃章太炎展开语言文字之学论说的背景,他对斯学的阐释,很大程度上便是从维护中国文化价值的角度着手。③

二、语言文字与民族性

语言文字为世人借以沟通表达自己观念想法的媒介,寰宇各国林立,语言彼此不同。在章太炎看来,"凡在心在物之学,体自周圆,无间方国,独于言文历史,其体则方,自以己国为典型,而不能取之域外,斯理易明"④。这一认识,与他当时对民族主义的宣扬息息相关。章太

---

① 前行:《编造中国新语凡例》,载张枬、王忍之编:《辛亥革命前十年间时论选集》第3卷,第183页。
② 关于近代语言等级论的兴起以及中国知识分子的反应,参见程巍《语言等级与清末民初的"汉字革命"》(载刘禾主编:《世界秩序与文明等级:全球史研究的新路径》,北京:生活·读书·新知三联书店2016年版,第349—404页)。
③ 除了以上所论及的相关史事与言说,还有一点不容忽视,即明治日本制造大量和译汉语对晚清士人的巨大影响,这对当时知识界造成极大冲击。(参见沈国威:《近代中日词汇交流研究:汉字新词的创制、容受与共享》,北京:中华书局2010年版,第285—320页)章太炎"文学复古"之论,某种意义上即针对此而发。不过本章主要分析其语言文字之学的特色,故对于这一问题,点到为止即可,不做更多讨论。
④ 章太炎:《自述学术次第》,载虞云国整理:《菿汉三言》,第196页。

炎指出："民族主义，自太古原人之世，其根性固已潜在，远至今日，乃始发达，此生民之良知本能也。"①而关于如何界定"民族"，他坚持"以历史民族为界，不以天然民族为界"②。强调一个民族的形成，乃是随着历史的演进，居于一地之人通过彼此的交流与了解，有了共通的群体意识，创造出独特的文化，因此形成民族，及至近代，遂以在延续共同体的基础之上以建立民族国家为奋斗目标。"民知国族，其亦夫有奋心，谛观益习，以趋一致。如是，则向之隔阂者，为之瓦解，犹决泾流之细水，而放之天池也。"③在此前提之下，"国所以立，在民族之自觉心，有是心，所以异于动物"④。本此见解，他视语言文字为中国文化的重要象征，在致力于"用国粹激动种性"之时，他强调："欲知国学，则不得不先知语言文字。"⑤

关于作为"历史"之一的语言文字，1906年章太炎在东京留学生欢迎会上说：

> 更有一事，是从来小学家所未说的，因为造字时代先后不同，有古文大篆没有的字，独是隶书有的；有汉时隶书没有的字，独是《玉篇》《广韵》有的；有《玉篇》《广韵》没有的字，独是《集韵》《类篇》有的。因造字的先后，就可以推见建置事物的先后。且如《说文》兄、弟两字，都是转注，并非本义，就可见古人造字的时代，还没有兄弟的名称。又如君字，古人只作尹字，与那父字，都是从手执杖，就可见古人造字的时代，专是家族政体，父权君权，并无差别。其余此类，一时不能尽说。发明这种学问，也是社会学的一部。若不是略知小学，史书所记，断断不能尽的。⑥

---

①② 章太炎:《驳康有为论革命书》，载《章太炎全集》第4册，第176页。
③ 章太炎:《〈社会通诠〉商兑》，载《章太炎全集》第4册，第349页。
④ 章太炎:《印度人之论国粹》，载《章太炎全集》第4册，第383页。
⑤ 章太炎:《论语言文字之学》，载章念驰编订:《章太炎演讲集》，第9页。
⑥ 章太炎:《在东京留学生欢迎会上之演讲》，载章念驰编订:《章太炎演讲集》，第6页。

章太炎在清末对社会学极为关注,与人合译《斯宾塞尔文集》,又翻译日人岸本能武太所著的《社会学》,在重订本《訄书》中,他征引或转述过的社会学理论甚夥,并一度非常仰慕积极引介社会学的严复,自认堪比"嵇康之遇孙登"。①在这里,他认为文字与社会演进关系紧密,通过考察每一个汉字形体的变迁,可以明晰当时的社会状况,"推见事物建置的先后"。他在《官制索隐》一文里,通过考释相关文字的本义与衍生义,论述上古时代天子宫殿位于山中,便是在借分析文字推测古史。②

　　值得注意的是,与章太炎相似,刘师培在清末也颇热衷于通过文字演变证明"社会原理"。在《小学发微》一文里,他以文字繁简,窥测进化深浅,章太炎称赞此文"可谓妙达神指,研精覃思之作矣",并视刘氏为讨论斯学的同志。③不过在刘师培看来,产生于近代欧洲的社会学,"凡治化进退之由来,民体合离之端委,均执一以验百,援始以验终,使治其学者,克推记古今迁变,穷会通之理,以证宇宙所同然。……欲社会学之昌明,必以中土之文为左验。……察文字所从之形,一也;穷文字得训之始,二也;一字数义,求其引申之故,三也。三例既明,而中土文字,古谊毕呈,用以证明社会学,则言皆有物,迥异蹈虚。此则中土学术之有益于世者也"④。质言之,中国文字的价值,乃是附属于社会学之中,考论前者流变之迹,是为了证明后者具有"普世"性,而非通过研究中国文字本身,能呈现出中国文化独特的价值。反观章太炎,他在1906年之后,开始反思西学是否具有"普世"性,认识到人文万象不同于自然,不能根据某地学说来评价、定义四海之内的历史与文化,否则不但削足适履,甚至造成媚外心理。⑤因此他虽然依旧借语言文

---

　　① 参见章太炎:《与夏曾佑》,载马勇编:《章太炎书信集》,第49页。
　　② 参见章太炎:《官制索隐》,载《章太炎全集》第4册,第82—86页。
　　③ 参见章太炎:《与刘光汉书》,载《章太炎全集》第4册,第149页。
　　④ 师培(刘师培):《论中土文字有益于世》,载张枬、王忍之编:《辛亥革命前十年间时论选集》第3卷,第33—35页。
　　⑤ 参见章太炎:《〈社会通诠〉商兑》,载《章太炎全集》第4册,第337页。

字考证中国上古史事,但其出发点是证明中国文化独特的发展道路,总结中国历史的经验教训。①这在治学出发点上,已与昔日的革命同志刘师培截然不同。②

在精通西学的严复看来,"夫将兴之国,诚必取其国语文字而厘正修明之,于此之时,其于外国之语言,且有相资之益焉。……居今日而言教育,使西学不足治,西史不足读,则亦已矣。使西学而不可不治,西史而不可不读,则术之最简而径者,固莫若先通其语言文学,而为之始基。……夫公理者,人类之所同也。至于其时,所谓学者,但有邪正真妄之分耳,中西新旧之名,将皆无有"③。在急于获取新知的状态下,他劝当时的有识之士应主动学习外语,所谓"公理",置诸在清末的语境里,基本上也多指西方的思想学术。相形之下,中国语言文字的地位每下愈况。高凤谦指出,中国文字多为"美术之文字",实用价值有限,长期浸淫其中,导致中国"人材消歇,百业不举",欲救此弊,须扭转观念,提倡"应用之文字",摆脱中国文字造成的"重文之风"。④

针对这一风气,章太炎强调,中国语言文字展现本国民众独具的思想与情感,这一点任何他邦文字皆不能替代:

> 文辞的根本,全在文字,唐代以前,文人都通小学,所以文章优美,能动感情。两宋以后,小学渐衰,一切名词术语,都是乱搅乱用,也没有丝毫可以动人之处。究竟甚么国土的人,必看甚么国土的文,方觉有趣。像他们希腊、梨俱的诗,不知较我家的屈原、杜工部优劣如何?但由我们看去,自然本种的文辞,方为优

---

① 这一思路下的典型代表作,便是《检论》中的《易论》。
② 比较系统地从语言文字角度比较章太炎、刘师培思想同异的研究,参见日本石井刚的《敢问"天籁":关于章太炎和刘师培哲学的比较研究》(《开放时代》2011年第6期)。
③ 严复:《〈英文汉诂〉卮言》,载王栻主编:《严复集》第1册,第155—156页。
④ 参见高凤谦:《论偏重文字之害》,载张枬、王忍之编:《辛亥革命前十年间时论选集》第3卷,第11—13页。

美。可惜小学日衰,文辞也不成个样子。①

阅读本国文字书写的文学作品,与阅读域外之作,在章太炎看来内心感觉并不相同。这是因为本国文字表达了本国特有的情感,乃民族性之呈现,借助绵延不绝的文字代代相传,能够引起后世之人的强烈共鸣。在讨论中国古代诗歌之时,章太炎认为上古诗歌"由其发扬意气,故感慨之士擅焉"②。他强调只要发于至诚,为真情实感的流露,那么中国文字能表达广大民众的心声:

> 夫致命遂志,与金鼓之节相依。是故史传所记,文辞陵厉,精爽不沫者,若荆轲、项羽、李陵、魏武、刘琨之伦,非奇材剑客,则命世之将帅也。由商、周以讫六代,其民自贵,感物以形于声,余怒未渫,虽文儒弱妇,皆能自致。至于哀窈窕,思贤材,言辞温厚,而蹈厉之气存焉。③

在章氏看来,上古时代中国犹有尚武之风,民多慷慨激昂之气,言为心声,因而诗歌多蹈厉奋发之气,这一点并无阶层之别,中国文字作为一种抒发民众情感的民族语言,在这里体现得至为明显。后代文辞衰微,一方面由于文字远离民众性情,辞气流于虚伪;另一方面由于小学窳劣,文字使用凌乱杂芜,这样才以一种毫无生气的状态呈现在世人面前。

在与《新世纪》杂志诸人辩论中国不能使用万国新语时,章太炎对中文作为一种民族性语言进行更为深入的阐释。④在鼓吹万国新语者

---

① 章太炎:《在东京留学生欢迎会上之演讲》,载章念驰编订:《章太炎演讲集》,第6—7页。
②③ 章太炎:《国故论衡·辨诗》,第88页。
④ 关于章太炎对《新世纪》杂志观点的批评之要点,参见林少阳的《批判无政府主义的无政府主义者:1906—1908 章太炎与中日无政府主义运动的关系》(载张志强主编:《重新讲述蒙元史》,第302—309页)。

看来,中国文字是象形字,较之西洋文字以字母为主,已属落伍,加之域外思想日新月异,中文沾染中国文化保守、落后的特点,难以跟上时代步伐,不能传递新思想。既然先进国家都已渐渐开始推广万国新语,那么作为文明后进的中国,更不能自外于此。针对这些论调,章太炎撰写《驳中国用万国新语说》一文回应。他指出,万国新语本以欧洲文字为标准,代表欧洲文明诸特征,而世界上犹有其他文明存焉,并非前者至高独尊。正所谓"风律不同,视五土之宜,以分其刚柔侈敛。是故吹万不同,使其自已,前者唱喁,后者唱于,虽大巧莫能齐也"。各国文字反映各国独特的历史与文化,不能强制性的以某一地域的文字为标准来取消差异,整齐划一。至于识字率的高低,主要在于该国是否实行强迫教育,而非和语言文字本身的良莠有关,所以对待这一问题,不可如此鲁莽灭裂。①

具体到中国的语言文字,章太炎强调它的形成与流变,古今一脉相承,其间的转折变化,皆在具体的历史脉络中进行。汉字的代代相传,象征着中国文化的延续与发展,因此他指出:

> 今世语言,本由古言转蜕,音声流衍,或有小殊,而词气皆如旧贯。今人读周、秦、两汉之书,惟通小学者,为能得其旨趣。此由古今语异,声气渐差,故非式古训者,莫能理董,其词气固非有异也。魏、晋以降,略晓文学者,能读之矣。里言小说,但识俗字者,能读之矣。自宋以降,略识助字者,能读之矣。是无他,词气本同,故通晓为易耳。今若恣情变乱,以译万国新语则易,以读旧有之典籍则难。凡诸史传文辞,向日视而能了者,今乃增其隔阂。语言之用,以译他国语为急耶?抑以解吾固有之书为急耶?彼将曰:"史传者,万里死人之遗事;文辞者,无益民用之浮言。虽悉弃捐可也。"不悟人类所以异鸟兽者,正以其有过去、未来之念耳。

---

① 参见章太炎:《驳中国用万国新语说》,载《章太炎全集》第4册,第353—354页。

若谓过去之念,当令扫除,是则未来之念,亦可遏绝,人生亦知此瞬间已耳,何为怀千岁之忧,而当营营于改良社会哉?纵令先民典记,非资生之急务,契券簿录,为今人所必用者,亦可瞢然不解乎?方今家人妇孺之间,纵未涉学,但略识千许字,则里言小说,犹可资以为乐。一从转变,将《水浒传》《儒林外史》诸书,且难卒读,而欢愉自此丧,愤郁自此生矣!彼本意以汉文难了,故欲量为革更,及革更之,令读书者转难于昔,甚矣其果于崇拜欧洲,而不察吾民之性情士用也!①

章太炎坚持,语言文字的首要任务,在于能借助它来了解本国的历史与现状。中国具有浩瀚丰富的典籍,此乃中国文化的结晶,正因为中文古今一脉相承,因而只要习小学、明训诂,即能阅读古书,将其中所表达的思想与情感一代一代相传下去。只有在充分继承过去历史积淀的基础上,才能开新创造。汉语不只为文人学士所独擅,而是传递并呈现了广大中国民众的喜怒哀乐,为日常生活中处处不可缺少之物。提倡万国新语者由于歆羡近代西方文明,遂东施效颦,急于在语言文字上模仿后者,而不顾中国文化共同体本身的传承与发展,甚至抱以鄙夷的态度,此乃本末倒置。

犹有进者,鼓吹万国心语者认为中国文字可以用前者翻译,且意涵清晰明确,在广泛推广之后,沟通与交流并无障碍。但在章太炎看来,中国特定的思想观念产生于中国历史上的社会实践之中,必须用中文方能清楚表达,难以与其他语言互译。对此他指出"杜尔斯兑氏言:中国'道'字,他方任用何文,皆不能译。夫不能译者,非绝无拟议之词也。要之,封域大小,意趣浅深,必不能以密切。猥用彼语以相比况,将何以宣达职志,条鬯性情?此盖悲一'道'字而已,其用于屈伸取舍者,某宣教师亦为余言:汉语有独秀者,如持者,通名也。高而举之曰抗,俯而引

---

① 章太炎:《驳中国用万国新语说》,载《章太炎全集》第4册,第367—368页。

之曰提,束而曳之曰捽,拥之在前曰抱,曳之自后曰扔,两手合持曰奉,肩手任持曰儋,并力同举曰台,独力引重曰扛,如是别名,则他国所无也。今自废其分明者,而取他之捏合者,言以足志,宜何取焉?"①本来中文具有复杂的词汇,代表不同的意涵,如若以万国新语替代,那么许多观念与行为将难以表达,反而会造成词汇的枯竭。不特此也,文学作品为民族情感的流露,中文的音韵特点,使得中国文学作品具有独特的"节奏句度",以此感人至深,引起共鸣。如果不顾及此,以其他语言翻译,则"本为谐韵,转之则无韵;本为双声,转之则异声;本以数音成语,转之则音节冗长,失其同律",造成"杜绝文学,归于朴傹"②的境地。

在这里,章太炎通过反驳鼓吹万国新语者的理由来阐释中国语言文字体现了中国的民族性。不过他的这些主张,并不能说服醉心于万国新语者。吴稚晖坚持认为"语言文字,止为理道之筌蹄,象数之符号",作为一种沟通工具,其并无民族性存焉。万国新语"根希腊、拉丁之雅,故详审参酌,始每字能删各国之不同,以定其精当之一"。正因为它象征着普世性的"公理",消除世界各地的差异性,"潮流"所趋,中国人学习万国新语,"无往不得其交通之便利","一若今之珍视英德法语"。反之,"中国人守其中国文,尤格格与世界不相入"。因为中国语言文字乃是"古世椎轮大辂、缺失甚多之死文,及野蛮无统之古音",所以章太炎强调的中文所代表的中国独特的观念与实践,在这里将显得无足轻重。如章氏所举的"道"字,在吴稚晖看来,"其意义为野蛮无意识之混合,绝无存立之价值,故亦无需为之密求其意味"。③

面对这番论调,章太炎复撰文申论。他警告鼓吹万国新语会导致"民无感怀邦族之心"④。因为"民族区分,舍语言则无以自见"⑤。语

---

① 章太炎:《驳中国用万国新语说》,载《章太炎全集》第 4 册,第 356—357 页。
② 同上,第 358 页。
③ 此段中的引用文字参见吴稚晖:《书驳中国用万国新语说后》,载罗家伦、黄季陆主编:《吴稚晖先生全集》第 5 卷,台北:"中央"文物供应社 1969 年版,第 39—43 页。
④⑤ 章太炎:《规〈新世纪〉》,《民报》第 24 号。

言文字绝非仅为交流与沟通的工具,而是带有强烈的民族性。具体言之:

> 创造文字,复与科学异撰。万物之受人宰制者,纵为科学所能齐。至于文字者,语言之符,语言者,心思之帜。虽天然言语,亦非宇宙间素有此物,其发端尚在人为,故大体以人事为准。人事有不齐,故言语文字亦不可齐……社会者自人而作,以自人而作,故其语言各含国性以成名,故约定俗成则不易。①

在章太炎眼中,近代中国最主要的任务为最大程度上的团结全体国民,"今外有强敌以乘吾隙,思同德协力以格拒之,推其本原,则曰以四百兆人为一族,而无问其氏姓世系"②,以此抵御外辱,建立独立自主的民族国家,挽救清末以来中国文化的危机。在此基础上,语言文字乃是维系全民情感与认同的重要纽带,它首先是为本国人所用,而非以外人是否感觉便利为前提。与他国交流的基础是先熟识本国语言文字,语言差异性不存在,也就取消了语言的主体,因为语言是主体自身的表达方式。③所以他强调:"一国之有语言,固以自为,非为他人",语言文字"所以旗表国民之性情节族"。④中国典籍用中文书写,代表中国数千年文化体系的精华,假若中文一旦被弃若粪土,"以冠带之民,拨弃雅素,举文史学术之章章者,悉委而从他族,皮之不存,毛将焉附",那么中国文化也将灰飞烟灭,"汉土人心故涣散",甚至最终导致"臣妾于欧洲"。⑤

章太炎在当时与吴稚晖关系极为不洽,他的凿凿之言,自然不能

---

① 章太炎:《规〈新世纪〉》,《民报》第 24 号。
② 章太炎:《〈社会通诠〉商兑》,载《章太炎全集》第 4 册,第 348 页。
③ 参见汪晖:《声之善恶:鲁迅〈破恶声论〉〈呐喊·自序〉讲稿》,北京:生活·读书·新知三联书店 2013 年版,第 51—52 页。
④⑤ 参见章太炎:《规〈新世纪〉》,《民报》第 24 号。

让后者信服。吴氏依然声称"语文非一种,则吾人但择其有用而易能者用之斯可矣。奚必问其创自何人,行自何国,而轩轾之,徒为仓颉史籀作忠狗哉"①。而关于中国文字与民族国家建立之间的关系,章太炎在其他论著里进一步强调:

> 若其常行之字,中土不可一用并音,亦诚有以。盖自轩辕以来,经略万里,其音不得不有楚夏,并音之用,只局一方。若令地望相越,音读虽明,语则难晓。今以六书为贯,字各归部,虽北极渔阳,南暨儋耳,吐言难谕,而按字可知,此其所以便也。②

近代中国的民族国家建设,一方面需要维持秦汉以来的大一统国家政权,特别是清代形成的领土版图,另一方面需要妥善继承拥有数千年历史之久的中华文化。因此语言文字的重要性遂凸显出来。由于具有统一的书写形式,中国各地民众能够有效地相互往来交流,这对维系国家统一助益极大。而文字中所表现的观念,更是绝大多数中国民众的共通之物,如此虽身处胡越,但宛若一家,避免了因言语不通而导致沟通隔阂,更有甚者,分裂之念于是焉出。章太炎苦心焦虑地阐释语言文字与中国文化紧密相连,其现实关怀即在于此。

三、语言文字缘起、转注与假借的意义

章太炎在自定年谱中回忆清末的治学经历:

> 余学虽有师友讲习,然得于忧患者多。自三十九岁亡命日本,提奖光复,未尝废学。东国佛藏易致,购得读之,其思益深。

---

① 吴稚晖:《谬辟》,载罗家伦、黄季陆主编:《吴稚晖先生全集》第5卷,第71页。
② 章太炎:《国故论衡·小学略说》,第8页。

始治小学音韵,遍览清世大师著撰,犹谓未至。久乃专读大徐原本,日翻数页,至十余周。以《说解》正文比校,疑义冰释。先后成《小学答问》《新方言》《文始》三书,又为《国故论衡》《齐物论释》,《訄书》亦多所修治矣。①

前文谈到,章太炎对中国语言文字的阐释,是从中国文化的整体角度展开的。那么中国语言文字重要性的确立,就必须将其建立在一套较为完整的、言之成理的自身渊源流变原理基础之上。这是他目睹近代中国世变而产生的"忧患"之学,他所以感到清代朴学论著犹有未尽之处的原因也在于此。如此这般,方能更为系统性地凸显它作为民族性语言的独特性,回应近代以来源于西方对中文的种种不实的扭曲之论,真正做到"庶使夏声不堕"。②

在东京国学讲习会的讲稿中,章太炎论语言文字之学时,专门探讨语言的缘起,后来这一部分经过他修改之后,以《语言缘起说》为名,收入《国故论衡》一书之中。他指出:"语言者,不冯虚起。呼马而马,呼牛而牛,此必非恣意妄称也,诸言语皆有根。先征之有形之物,则可睹矣。"③语言的产生,是在接触到具体的实物之后,可见语言与社会实践有着密不可分的关系。在感受到具体的形象之后,随着人们思维方式的发展,随后便能用词语形容世间万物的属性。所以"太古草昧之世,其言语惟以表实,而德业之名为后起"④。进一步而言,"物之得名,大都由于触受。触受之嚚异者,动荡视听,眩惑荧魄,则必与之特异之名"⑤。人们对于事物的命名,与对后者的感观有关。若为非同寻常之物,因稀于一见,故备受关注,冠之以"特异之名"。反之,若"形体相似,耦俱无猜,目无异视,耳无异听,心无异感,则不能与之特异之

---

① 章太炎:《太炎先生自订年谱》,第14页。
② 参见章太炎:《国故论衡·正言论》,第44页。
③④ 章太炎:《国故论衡·语言缘起说》,第31页。
⑤ 同上,第32页。

名,故以发声命之则止"①。章氏以古人对周边民族的命名为例,对于异种殊族,生活习惯与中原地区不同,故因彼此隔阂而冠以恶名,后来借之泛称新的民族,名词的演变,见证了古代华夷交汇冲突的历史。职是之故,"语言之分,由触受顺违而起也"②。

在《国故论衡》的《原名》里,章太炎复从哲学的角度,进一步分析语言中名词的起源。他借助荀子所说的"散名",③指出名词"约定俗成则不易,可以期命万物者,惟散名为要,其他乃与法制推移"④。在此前提之下,"名之成,始于受,中于想,终于思。领纳之谓受,受非爱憎不箸;取像之谓想,想非呼召不征;造作之谓思,思非动变不形"⑤。可见在他看来,作为主体实践的"受",即感觉,是名词产生的第一步,然后再经由抽象思维的总结归纳,最终成为确定的概念。在这一系列过程里,"想随于受,名役于想"⑥。而名词的意义在于保存人们经由各种活动总结出来的经验与思想,"曩令所受者逝,其想亦逝,即无所仰于名矣。此名之所以存也"⑦。总之,依章太炎之见,"名"的产生与传承,和在具体空间内活动的人之实践与思考紧密相连。此外,在《检论》当中,收录了一篇《造字缘起说》,章太炎指出,世人相传的仓颉造字,实则在他之前,"民亦画地成形,自为徽契",因此"一二三诸文,横之纵之,本无定也",仓颉的功绩在于"始整齐划一,下笔不容增损,由是率尔箸形之符号,始为约定俗成之书契";而仓颉之后,又经历许多次改良字体,随着大一统国家的建立,"李斯又以秦文同之",经过如是沿革,文字最终定型,于是"万民易察,百官得治"。⑧文字的产生,与中国作为文化共同体的形成相伴,是不同时代人们共同智慧的结晶。

---

① 章太炎:《国故论衡·语言缘起说》,第32页。
② 同上,第33页。
③ 荀子在晚周诸子当中,对"名"的缘起与变化进行了详尽的分析,触及语言发展过程中固定性与稳定性的统一。(参见胡奇光:《中国小学史》,上海:上海人民出版社1987年版,第35页)章太炎之"尊荀",在从哲学角度讨论名词问题上,显现得尤为明显。
④⑤⑥ 章太炎:《国故论衡·原名》,第118页。
⑦ 同上,第119页。
⑧ 参见章太炎:《检论·造字缘起说》,载《章太炎全集》第3册,第395页。

根据章太炎对语言文字缘起的论述,中国语言文字产生在中国这一特定的空间之下,①人们经过长期的实践,认识自然、认识社会,通过思考,形成一套具有自身特色的用以描述周遭环境的符号系统,随着历史变迁,它记录并传承作为人们社会经验之结晶的思想观念,久经积累,形成独特的文化体系。中国文字的宝贵,即在于起到了文化载体的作用,若无此,则"所受者逝,其想亦逝",中国文化体系宛如筑于沙上之塔,难以经受岁月的风霜。在中国古代,关于语言文字的起源,多将其归功于古圣先贤的制作,虽然也涉及后者作为实践主体在制作文字过程中"见鸟兽蹄迒之迹,知分理之可相别异也"②,但由于古今异世,前人并未将其理论化,也没有与整个文化的产生与传承相结合。在近代中国文化遭受巨大危机的时刻,章太炎的这番阐释,提出一套较为完整的语言文字演生理论,论证了中国语言文字的重要性。

除了语言文字的起源方面,章太炎还试图总结文字的发展变化规律。在回顾自己治学心路时他说道:"在东闲暇,尝取二徐原本,读十余过,乃知戴、段而言转注,犹有泛滥,繇专取同训,不顾声音之异。于是类其音训,凡说解大同,而又同韵或双声得转者,则归之于转注。假借亦非同音通用,正小徐所谓引申之义也。转复审念,古字至少,而后代孳乳为九千,唐宋以来,字至二三万矣,自非域外之语,字虽转絫,其语必有所根本,盖义相引申者,由其近似之声,转成一语,转造一字,此语言文字自然之则也。"③在这里,他谈及自己在充分吸收前人观点的基础上,对古代"六书"当中的"转注"与"假借",进行了新的阐释。

之所以如此,依笔者之见,与章太炎对文字繁简与世运兴衰的思考有关。他在戊戌年间与人合译《斯宾塞尔文集》,其中言及"辞气既

---

① 当然,这一空间的范围在不同时代大小不同,但主体并未经过大范围的变动迁徙。
② (汉)许慎撰,(清)段玉裁注:《说文解字注》,上海:上海古籍出版社1981年版,第753页。
③ 章太炎:《自述学术次第》,载虞云国整理:《菿汉三言》,第196页。

备,人始得以言道意。大抵语言文字之变愈繁,其教化亦愈文明,英国所以表四海者,其以此夫"①。章氏受此启发,特撰《订文》,收录于《訄书》当中。他指出:"名实惑眩,将为之别异,而假蹄迒以为文字。然则自大上以至今日,解垢益甚,则文以益繁,亦势自然也。"②基于此,"国有政者,其伦脊必析,纲纪必秩,官事民志,日以孟晋,虽欲文之不孟晋,不可得也。国无政者,其出话不然,其为犹不远,官事民志,日以偕偷,虽欲文之不偕偷,不可得也"③。以此为标准,章太炎考察中国历史上文字增减之变化。他认为上古之时,文字繁多,北宋以降,由于中国国势愈衰,文字数量大为减少,除去常用的数千字,其他上古所遗的文字"则视以为腐木败革也已矣。……以神州之广,庶事之博,而以佐治者廑是,其庸得不澶漫掍殽,使政令逡巡以日废也?"④章太炎呼吁:"孟晋之后王,必修述文字。其形色志念,故有其名,今不能举者,循而摭之。故无其名,今匮于用者,则自我作之。"⑤

随着章太炎进一步研究中国小学,他开始尝试从中国语言文字内部规律中寻找文字创造与衍生的法则,这样可以间接解答自己先前对文字多少与世运兴衰的关系之思考。在东京国学讲习会讲授语言文字之学时,章太炎认为"转注"与"假借"皆为"用字之法"。⑥后来大概觉得所论未确,在《国故论衡》一书里,他又收录了《转注假借说》一文,专门讨论二者与文字繁衍的关系。在《说文解字叙》里,许慎认为"转注者,建首一类,同意相受,考老是也。……假借者,本无其字,依声讬事,令长是也"⑦。后世对二者的阐释,形成了许多不同观点,彼此之间差异极大,甚至远离《说文》的本意。⑧而章太炎的解释则是:

---

① 曾广铨采译、章太炎笔述:《斯宾塞尔文集》,载《章太炎全集》第19册,第10页。
②③ 章太炎:《訄书·订文》,载《章太炎全集》第3册,第44页。
④ 同上,第45页。
⑤ 同上,第46页。
⑥ 参见章太炎:《论语言文字之学》,载章念驰编订:《章太炎演讲集》,第6页。
⑦ (汉)许慎:《说文解字》,北京:中华书局1963年版,第314页。
⑧ 参见裘锡圭:《文字学概要》,北京:商务印书馆2013年版,第105—108页。

> 余以转注、假借,悉为造字之则。泛称同训者,后人亦得名转注,非六书之转注也。同声通用者,后人虽通号假借,非六书之假借也。盖字者,孳乳而浸多。字之未造,语言先之矣;以文字代语言,各循其声。方语有殊,名义一也,其音或双声相转,叠韵相迤,则为更制一字,此所谓转注也。孳乳日繁,即又为之节制,故有意相引申,音相切合者,义虽少变,则不为更制一字,此所谓假借也。①

在他看来,转注与假借为文字产生之后,用以驾驭文字增减的两项原则。前者在同一词根上派生若干新词以表达新义,后者借用旧有的字或词来赋予新的意涵,不须再造新字。如此一来,"转注者,繁而不杀,恣文字之孳乳者也;假借者,志而如晦,节文字之孳乳者也。二者消息相殊,正负相待,造字者以为繁省大例"②。与之相似,章太炎的《文始》一书,也正是以声韵分类,着眼于文字的孳乳,探寻汉字的演变规律。对于章氏转注假借理论的意义,他的再传弟子陆宗达曾言:

> 转注和假借,是又对立又统一的两个方面,汉字按照这个规律发展变化着,以适应社会发展的需要,二者不可缺一。只有假借而无转注,则一字多义、字同词异的现象就会大量存在,影响文字的使用、思想的交流;只有转注而无假借,则字数繁衍,毫无节制,又增加辨识、书写的困难。只有二者并行,此消彼长,才能使汉字字数长久保持相对的平衡。③

如此一来,关于文字多少与世运兴衰之间就不是如此简单的正比例关系。中国文字有一套控制文字增减的法则,只有在此基础之上,才能充分认识文字的发展与流变。

---

① 章太炎:《国故论衡·转注假借说》,第36页。
② 同上,第39页。
③ 陆宗达:《说文解字通论》,北京:中华书局2015年版,第63页。

关于转注与假借的意义,章太炎晚年在苏州章氏国学会讲学时进一步展开说明。他指出:"转注云者,当兼声讲,不仅以形义言。所谓'同意相受'者,义相近也。所谓'建类一首'者,同一语原之谓也……造字之初,本各地同时并举,太史采集异文,各地兼收,欲通四方之语,故立转注一项。是可知转注之义,实与方言有关。"①正因有此含义,是故"音虽不同,而有通转之理。《周礼·大行人》:'属瞽史谕书名,听声音',瞽不能书,审音则准。史者史官,职主记载。'谕书名'者,汙、潢彼此不同,谕以通彼此之意也。'听声音'者,听其异而知其同也。汪、汙、潢、湖,声虽不同,而有转变之理,说明其理,在先解声音耳。如此,则四方之语可晓。否则,逾一地、越一国,非徒音不相同,字亦不能识矣。六书之有转注,义即在此"②。总之,"转注在文字中乃重要之关键。使全国语言,彼此相喻,不统一而自统一,转注之功也"③。关于假借,章太炎认为:"假借之与转注,正如算术中之正负数。有转注,文字乃多;有假借,文字乃少。"④在此基础之上,"假借之例有三:一、引申;二、符号;三、重言、双声、叠韵之形容,皆'本无其字,依声托事'也"⑤。其意义在于"有此三者,文字不必尽造,此文字之所以简而其用普也。要之《说文》只九千字,《仓颉篇》殆不过三千字,周、秦间文化已启,何以三千字已足?盖虽字仅三千,其用则不止三千,一字包多义,斯不啻增加三四倍矣"⑥。

前文谈到,章太炎极力坚持中国语言文字作为一种民族性语言,起到维系广土众民的大一统国家之稳定的作用。在这里,他对转注的阐释,便进一步论证了这一点。有了转注,那么各地读音相似的字可以互相表达,使各地民众有了彼此沟通交流的前提。而假借的意义在于执简驭繁,能让有限的汉字表达更多的意涵,这样有助于文化的普及。

---

① 章太炎:《小学略说(上)》,载章念驰编订:《章太炎演讲集》,第464页。
②③④ 同上,第465页。
⑤ 同上,第466页。
⑥ 同上,第467页。

在这里,章太炎已不再执着于文字愈多,世道愈进,而是通过探索中国文字的衍生规律,展现中国历史自身的发展特点。正如论者所言,章太炎试图借助语言文字之学展开应对时代危机的路径,传统小学在他这里获得了方法论的意义,堪称以复古为创新。①顺带一提的是,在章太炎曾经的革命同志与论学契友刘师培那里,转注与假借被视作造成中国文字"流弊"的祸首之一。前者致使中文意涵混淆重复,后者引申过度,本意尽失。在他看来,"西人之释文字者,皆用界说。界说者,所以限一字所涵之义也",相比之下,中文由于没有类乎"西人"的"界说",因此高下立判。②很明显,他是在用近代西方语言学去衡量中国文字的造字规律,遇到方枘圆凿之处,便视作中文本身的缺点,这种思考方式虽与章太炎大相径庭,却反而更能凸显后者学说的特色与意义。

四、整齐方言之道

康有为在早年所撰的经世之作《教学通义》当中,曾探讨语言问题:"凡以言语为用,必有定名,天下同一,而后可行。孔子正名,刑名从商,爵名从周,散名从诸夏之成俗曲期。后儒传学,名归于一,故知方言之书,非治国所宜有也。治者所以治不齐者,而使之齐也。具言达名,施行听受,使天下一齐,则周行九州莫不通晓。譬如今所谓正音,官话也。天下皆依于正音之名,而绝其方言,则莫不通矣。"③他称赞雍正年间在福建、广东一带设立正音馆以教授官话之举,堪称"王者整齐民风之政也"④。后来康有为因戊戌之变出亡,周游世界各国,写

---

① 参见陕庆:《以"文"立"国性":论章太炎的"文学"、"国学"观及其时代性思想意义(1900—1910)》,第59页。
② 参见刘师培:《中国文字流弊论》,载李妙根编:《刘师培辛亥前文选》,第155—156页。
③ 康有为:《教学通义·言语》,载姜义华、张荣华编校:《康有为全集》第1集,第54页。
④ 同上,第56页。

下很多关于所到之处的历史与现状的论著。其中他指出19世纪以来奥地利之所以国力不及普鲁士,由于后者语言统一,"全德只有四种言语,今亦人人渐皆通普鲁士语矣"①。他于是反思:"全地中,国至大、人至多而语言文字一致,历史、风俗、教化一致者,惟我中国为最矣。盖数千年大一统之效也。闽、广少异,不过音转。将来铁路通,学校皆教正音,不二十年更无少歧矣。"②在康氏看来,整齐各地方言是国家走向统一富强的重要标志。

自从立志于排满革命之后,章太炎在政治立场与经学主张上与康有为宛若冰炭。但在方言问题上,康、章二人却有相似的看法。在重订本《訄书》当中,章太炎收录了《方言》一文,他讨论中国各地方言的变迁,认为"南音独进化完具",因此"齐州之音,以夏、楚为正,与河卫绝殊",在文字相同的基础上,"欲通其口语,当正以秦、蜀、楚、汉之声。然势不舍径而趣回曲,观于水地,异时夏口之铁道,南走广州,北走卢沟桥,东西本其中道也,即四乡皆午贯于是"。③在这里,他强调荆楚一代口音为"正音",与他对来自北方的清廷的强烈反感以及视武昌为未来新政府的理想首都有关。

之后随着对中国语言更为深入的研究,以及借鉴文艺复兴以来西方国家研究方言、统一国语的历史经验,章太炎不再简单地以某一地区语言作为标准,借此别良莠,屏弃其他地域方言。1906年他致信刘师培谈及语言问题:

> 仆所志独在中国本部,乡土异语,足以见古字古言者不少。若山东人自称侉子,侉从夸声,本即华字。此可见古语相传,以国名为种名也。庐州鄙人谓都市居民为奋子,奋从大声,《说文》云:"大者,人也。"亦古语之流传也,比类知原,其事非一,若

---

①② 康有为:《日耳曼沿革考》,载姜义华、张荣华编校:《康有为全集》第8集,第257页。

③ 参见章太炎:《訄书(重订本)·方言》,载《章太炎全集》第3册,第204—207页。

能精如杨子,辑为一书,上通故训,下谐时俗,亦可以发思古之幽情矣!①

在章太炎看来,中国的"乡土异言",其中包含了极多"古字古音",整齐方言,统一语言,应充分考求方言,在此基础之上,方能"上通故训,下谐时俗"。他的这一看法,与时人对待方言的态度极不相同。前文谈到,近代中国语言文字面临极大危机。忧时之士认为由于中国方言的存在,"文字递演而愈艰深,即语言递演而愈歧异。古与今之俗谚不同,南与北之方音迥异。言学术者,治文字之不给,何暇复治语言。是故嗝晰支离,听其自至。若闽之漳泉,粤之惠潮,浙之温处,皖之徽宁,口耳之治,难于谙悉。是以百方俗语,依声定字,足使名称乖乱,伦物混淆。此又因语言之失治,而灾及于文字。而文字之于四方,遂不可以律例施矣"②。而解决之道,或是像康有为那样鼓吹借助官方力量推广"正音"让方言消亡,或是一些地方士人尝试设计根据地方方言发音的新字新词,以此来向当地民众普及知识。如章太炎的好友宋恕,就以温州一带方言为基础,制作"宋平子新字"。③

在晚清的民族主义语境里,时人认为"凡可以为国民之资格者,则必其思想同,风俗同,语言文字同,患难共其同也。根之于历史,胎之于风俗,因之于地理,必有一种特别的固结不可解之精神"④。既如此,则语言文字必须根植于广大民众的历史记忆与传承之中。而所谓"正音",正如古代的"雅言"一样,皆为统治者所居之地的语言,"讽诵《诗》《书》,胪传典礼,则其言必一出于雅正"⑤,此乃权力的象征,以此

---

① 章太炎:《丙午与刘光汉书》,载《章太炎全集》第4册,第158页。
② 张鹤龄:《文弊篇》,载郑振铎编:《晚清文选》,北京:中国人民大学出版社2012年版,第504页。
③ 参见宋恕:《宋平子新字》,载胡珠生编:《宋恕集》上册,第437—445页。
④ 余一:《民族主义论》,载张枬、王忍之编:《辛亥革命前十年间时论选集》第1卷下册,第487页。
⑤ 章太炎:《论语言文字之学》,载章念驰编订:《章太炎演讲集》,第11页。

来推行于全国,将会使地方上的语言日渐消亡,在这一整合语言的过程中,民众将无任何发言权,任由政治权力的宰制。另一方面,以各地方言为标准造字造词,这固然有助于本地的启蒙教育,但行之日久,会进一步加深不同方言区之间的隔阂,本来就为人所诟病的方言,将愈发成为凝聚国民心理、构建具有统一语言的民族国家的障碍。

关于小学的研究方法,章太炎认为局限于字形与字义,不足以洞察语言文字之本。在他看来,"凡治小学,非专辨章形体,要于推寻故言,得其经脉,不明音韵,不知一字数义所由生"①。这一从音韵入手研究语言文字的观点,在他考索各地方言之时体现得至为明显。他的《新方言》一书,便是以精深的音韵学基础,揭示中国各地古今方言的流变。他总结相关文字在传世经传中与在不同地域里读音的异同,将中国各地方言变化的原因总结为六条规律:"一字二音,莫知其正""一语二字,声近相乱""就声为训,皮傅失根""余音重语,迷误语根""音训互异,凌杂难晓""总别不同,假借相贸",强调"明斯六例,经以音变,诸州国殊言诘诎者,虽未尽憭,傥得梗略,足以聪听知原"。②关于撰写此书的意义,章太炎指出:

> 考方言者,在求其难通之语,笔札常文所不能悉,因以察其声音条贯,上稽《尔雅》《方言》《说文》诸书,敹然如析符之复合,斯为贵也。乃若儒先常语,如不中用、不了了诸文,虽亡古籍,其文义自可直解,抑安用博引为……不知其术,虽家人簟席间造次谈论,且弗能自证其故。方今国闻日陵夷,士大夫厌古学弗讲,独语言犹不违其雅素,殊言绝代之语尚有存者。世人学欧罗巴语,多寻其语根,溯之希腊、罗甸;今于国语顾不欲推见本始,此尚不足齿于冠带之伦,何有于问学乎?③

---

① 章太炎:《国故论衡·小学略说》,第9页。
② 参见章太炎:《新方言序》,载《章太炎全集》第7册,第4—5页。
③ 同上,第5页。

依章氏之见，考索方言不在于去纠缠以为大多数人所常用的俗语，而应通过古籍与各地现存的方言互证，探寻存于各地方言之中的古语。他自言："余少窥扬、许之学，好尚论古文，于方言未遑暇也。中更忧虑，悲文献之衰微，诸夏昆族之不宁壹，略䌷殊语，征之古音，稍稍得其鳃理。"①他呼吁读者："读吾书者，虽身在陇亩，与夫市井贩夫，当知今之殊言，不违姬汉。既陟升于皇之赫戏，案以临瞻故国，其恻怆可知也。"②在与钟正楙谈及董理方言的心路时，章太炎说此举乃是"令民葆爱旧贯，无忘故常，国虽苓落，必有与立。盖闻意大利之兴也，在习罗马古文，七八百岁而后建国，然则光复旧物，岂旦莫事哉！在使国性不醨，后人收其效耳"③。章氏门生黄侃也称赞乃师此书"博谀代语，曲明声类，令古文隐义，悉得符验。于兹闾巷猥俚、文士不道之言，本之皆合于《说文》《尔雅》。已陈之语，绝而复苏；难谕之词，视而可识。将以同古今之臭味，济文辞之衰变，正书名之谬误，成天下之聱聱"④。

"语言和意识具有同样长久的历史；语言是一种实践的、既为别人存在因而也为我自身而存在的、现实的意识。语言也和意识一样，只是由于需要，由于和他人交往的迫切需要才产生的。"⑤章太炎的方言理论所凸显的一个重点即是，中国各地的方言，虽然发音歧异，但都留存了古代经籍中的字音，展现中国作为一个地域辽阔、风俗多样的共同体长期延续、统一的历史事实在语言文字上所刻下的印记。⑥此外，若将方言视为地方民间文化的代表，那么如此紧密关系，也就证明了中国文明是上层与下层共同塑造。"雅言"与"方言"绝非水火不容，而是水乳交融。与之相似，正如论者所言，在文学史的论述上，章太炎将

---

① 章太炎：《新方言序》，载《章太炎全集》第7册，第4页。
② 同上，第5页。
③ 章太炎：《与钟正楙》，载马勇编：《章太炎书信集》，第250页。
④ 黄侃：《后序二》，载《章太炎全集》第7册，第150页。
⑤ 马克思、恩格斯：《德意志意识形态（节选本）》，中共中央马恩列斯著作编译局译，北京：人民出版社2003版，第25页。
⑥ 参见陕庆：《以"文"立"国性"：论章太炎的"文学"、"国学"观及其时代性思想意义(1900—1910)》，第72页。

"夏音"与各地之音协调并兼,充分重视地方的文学资源,以不齐为齐,包罗于中国文化的谱系之内。①因此,既然各地方言含有如此丰厚的"古层",那么作为民族国家重要任务之一的整齐各地方言就不只是官方高高在上发号施令,作为中国文化一部分的殊方之语亦融入其中,使用各自方言的民众,他们也是未来中国产生统一语言的贡献者,这是一项全民参与的事业。不但使未来的统一语言更符合中国作为共同体长期延续、多元发展的历史基础,也能团结凝聚大多数使用这一语言的亿兆国民,"使国性不醨"。虽然按照当时的教育普及程度,"身在陇亩"者未必读真得懂行文古奥的《新方言》,且当时严峻的革命形势,让章太炎看不到近期能实践这一理论的可能性。但他立论之时,始终着眼于发掘民间语言因素。

章太炎方言理论的另一着眼点,便是回应近代以来呼声日盛的"文言合一"。当时日本人创建"汉字统一会",张之洞、端方等人亦起而附和。章太炎批评:"俗士有恒言,以言文一致为准,所定文法,率近小说、演义之流。其或纯为白话,而以蕴藉温厚之词间之,所用成语,徒唐、宋文人所造,何若一返方言,本无言文歧异之征,而又深契古义,视唐、宋儒言为典则耶?"②同时他发布告白,向海内征求方言:

> 中国方言,传承自古,其间古文古义,含蕴甚多,而世人不知双声相转、叠韵互变之法,至有其语而不能举其字,通行文字,形体不过二千,其伏在殊言绝语中者,自昔无人过问。近世有文言一致之说,实乃遏绝方言,以就陋儒之笔札,因讹就简,而妄人之汉字统一会作矣。果欲文言合一,当先博考方言,寻其语根,得其本字,然后编为典语,旁行通国,斯为得之。③

---

① 参见〔日〕吉田薰:《章太炎与"夏音"》,《鲁迅研究月刊》2015年第9期。
② 章太炎:《论汉字统一会》,载《章太炎全集》第4册,第333页。
③ 章太炎:《博征海内方言告白》,转引自汤志钧编:《章太炎年谱长编(增订本)》上册,第154页。

在近代抨击中国语言文字的人士那里,"文"与"言"相分离乃是中国文字的重要弊病。他们认为民众日常所说的话语与士大夫笔之于书者差异极大,这样造成文字难以普及,严重阻碍知识向民间传播。所谓"文言合一",在许多人眼里即力图使书面语言与日常口语相吻合,而在更为激进者如《新世纪》作者群看来,真正的"文言合一",应是跟随"时代潮流",废除汉字,代之以拼音文字,最终让全体中国人接受万国新语。

反观章太炎,他并不反对在未来条件成熟的情况下施行"文言合一",只是"此事固未可猝行,藉令行之不得其道,徒令文学日窳"①。在他看来,"文"与"言"的关系,绝非如是简单,许多经籍所言之故训,以变相的形式保留在各地方言之中,各地方言虽然发音不尽一致,但彼此语根并无差别。在这样的论述里,既尊重各地方言自身的特色,又维系了经籍与民间语言之间、不同地域方言之间的平等与统一,将以方言为代表的地方文化整合到一个更大的共同体之中,这与章太炎齐物哲学中的"不齐而齐"之理想若合符契。因此他强调:

> 故训衰微,留者可宝,此在南北,亦皆互有短长……若知斯类,北人不当以南纪之言为磔格,南人不当以中州之语为冤句,有能调均殊语,以为一家,则名言其有则矣。②

在这里,"调均殊语,以为一家",其意义已不仅仅是整齐方言本身,更堪称传承历史文化,构建统一的民族国家重要助益。③

---

① 章太炎:《国故论衡·正言论》,第44页。
② 章太炎:《驳中国用万国新语说》,载《章太炎全集》第4册,第356页。
③ 有论者言,"从根本理论立场上来看,章太炎不承认语言有人为加以统一的必要。他不仅反对用世界语言来统一各国的语言,对创立统一的中国共同语言也不免有所迟疑"(参见季剑青:《语言方案、历史意识与新文化的形成——清末民初语言改革运动中的世界impuesto》,《现代中文学刊》2017年第1期)。章氏基于反对源自近代西方的"普世"主义的立场,自然对世界语大加抨击。但在"创立统一的中国共同语言"上,章太炎的"迟疑"——即反复思考如何使这一过程,能涵盖中国更广阔的地域与民众,并能继承过去的文字表现形式,此诚然。但若推论认为章太炎并不热衷于此,则未免值得商榷。

五、结　语

正如姜义华教授所言,"中华文明是一个客观的存在,他至少已经延续了三四千年,是世界五大原生的第一代文明中唯一一个没有中断,至今仍然具有旺盛生命力的文明"①。然而"近代以来,中国、中华民族、中华文明所面临的是来自西方资本主义的空前严峻的挑战。这一严峻的外部挑战又常常和内部日益激化的矛盾冲突互相交织在一起,中国、中华民族、中华文明,到了几千年来所从未遭遇过的最危险的关头"②。在古代,中原地区之所以对周边各族群具有极大吸引力,以汉字为载体的精神世界或知识生产系统之优越性至为关键。③而在近代中国的历史氛围里,中国的语言文字也遭受到了极大的危机,近代西方思想家对之极为卑视,其论调通过来华传教士的渲染,影响到许多思考中国衰败之由的中国士人。一时间,各种批评中国语言文字,甚至主张废除汉字的言论尘嚣直上,它俨然成为致使时局败坏的根源之一。

面对如斯情形,以保存并光大国学自任的章太炎产生了极强的危机意识,他将语言文字视为维系中国文化体系的重要一环,语言文字之学已非如清代那样只是经学的附属,而是一切中国学问的基础。④他强调语言文字与民族性息息相关,阅读本国作品,之所以能感人至深,正是由于用本国文字来书写。在与《新世纪》诸人辩论万国新语问题时,章氏进一步阐释这一观点,主张"民族区分,舍语言则无以自见",

---

① 姜义华:《中华文明的根柢》,上海:上海人民出版社2012年版,第2页。
② 同上,第8页。
③ 参见赵汀阳:《惠此中国:作为一个神性概念的中国》,北京:中信出版社2016年版,第104页。
④ 参见〔日〕木山英雄:《"文学复古"与"文学革命"》,载赵京华编译:《文学复古与文学革命——木山英雄中国现代文学思想论集》,北京:北京大学出版社2004年版,第222页。

语言文字乃是维系全民情感与认同的重要纽带,它首先是为本国人所用,而非以外人是否感觉便利为前提。近代中国的民族国家建设,一方面需要维持秦汉以来的大一统国家政权,特别是清代形成的领土版图,另一方面需要妥善继承拥有数千年历史之久的中华文化体系。因此语言文字的重要性遂凸显出来。由于具有统一的书写形式,中国各地民众能够有效地相互往来交流,这对维系国家统一助益极大。①而文字中所表现的观念,更是绝大多数中国民众的共通之物,如此虽身处胡越,但宛若一家,避免了因言语不通而导致沟通隔阂。

此外,章太炎进一步探索中国语言文字形成与演变的特点,通过对语言文字缘起的论述,中国语言文字产生于中国这一特定的空间之下,人们经过长期的实践,认识自然、认识社会,通过思考,形成一套具有自身特色的用以描述周遭环境的符号系统,随着历史变迁,它记录并传承作为人们社会经验之结晶的观念,久经积累,形成独特的文化体系。中国文字的宝贵,即在于起到了文化载体的作用,若无此,则"所受者逝,其想亦逝",中国文化体系宛如筑于沙上之塔,难以经受岁月的风霜。而对于"六书"当中的"转注"与"假借",他认为此乃汉字特有的造字之法,可驾驭文字的繁简,有了转注,那么各地读音相似的字可以互相表达,使各地民众有了彼此沟通交流的前提。而假借的意义在于执简驭繁,能让有限的汉字表达更多的意涵,这样有助于文化的普及。章氏先前曾坚信近代西方社会学所主张的文字多少关乎世运兴衰,但借助对转注与假借的阐释,章太炎已不再执着于文字愈多,世道愈进,而是通过探索中国文字的衍生规律,展现中国文化体系自身的发展特点。

---

① 章太炎语言文字之学的引申义,即强调连接历史与现实的"中国",作为一个政治与文化共同体,必须存在于一定的疆域内,且具有广大基本文化认同的人民,对中国传统的阐释,必须在承认并维护这一前提之下,方有意义。那种脱离了这片土地与生活于其中的人民,片面强调在不可逆转的、发轫于近代西欧、光大于当代美国的"现代化"情势下,中国传统或有救其偏颇的正面价值;或是认为"中国"只是一"文化"概念,并无固定政治实体的意涵,都是在将中国传统虚无化,这一点应当分辨清楚。

在近代中国，不少有识之士都认识到整齐方言、创造统一的民族语言的重要性。章太炎的方言理论所凸显的一个重点即是，中国各地的方言，虽然发音歧异，但都留存了古代经籍中的字音，展现中国作为一个地域辽阔、风俗多样的共同体长期延续、统一的历史事实在语言文字上所刻下的印记。此外，若将方言视为地方民间文化的代表，那么如此紧密的关系，也就证明了中国历史是上层与下层共同塑造。"雅言"与"方言"绝非水火不容，而是水乳交融。对于"文言合一"，章太炎并不反对，但坚持必须在充分考察各地方言的基础之上才可践行。因为许多经籍所言之故训，以变相的形式保留在各地方言之中，各地方言虽然发音不尽一致，但彼此语根并无差别。在这样的论述里，既尊重各地方言自身的特色，又维系了经籍与民间语言之间、不同地域方言之间的平等与统一，将以方言为代表的地方文化整合到一个更大的共同体之中，"文"与"言"的关系，绝非简单的对立，而是互有交融。

章太炎的语言文字之学，着眼于中国文化的传承与发展，既非步武前人的铆钉之学，亦非同当时各种激烈主张亦步亦趋。他强调："国于天地，必有与立，非独政教饬治而已，所以卫国性、类种族者，惟语言历史为亟。"①近百年来，中国人在追求"政教饬治"的道路上上下求索，但中国文字的命运，自清末始便遭受非议与攻击，到了新文化运动之后，更是形成一股声势不小的废除汉字，替以拼音文字的思潮，而参与其事者，竟是曾时常与章太炎一起讨论小学的钱玄同。章氏关于假借的理论，在他那里成为汉字走向拼音化的佐证，宣称"自从假借方法发生，固有的文字早已作为表音的记号"②。这基本是对章太炎的小学理论截取一义，不顾其余。③及至20世纪30年代，以改良社会自任

---

① 章太炎：《重刊〈古韵标准〉序》，载《章太炎全集》第4册，第209页。
② 钱玄同：《汉字革命》，载《钱玄同文集》第3卷，第72页。
③ 关于钱玄同对章太炎学术思想认识及转变，参见拙作《钱玄同对章太炎学术思想之取舍》(《台湾师大历史学报》第56期)。

的自由主义者,同样视中国文字"没有字母,没有拼音,没有文法"为导致中国落后"不进步"的原因之一。①而五四新文化运动之后,章太炎感叹教育领域"除少数学校外,其余一律重视外国文,束发之童,口诵耳习者,即为外国文,欲国性之不沦亡不可得也"②。时至今日,类似于清末民初对中国文字的抨击之语,依然能从时流口中闻见一二,在语言教学上重英语、轻中文的现象更是愈发严重。由此可见,虽然经过百余年,但章太炎"发展近代统一的民族语言"③之理想仍旧值得今人继续努力。

---

① 参见王造时:《中国问题的社会背景》,载章清编:《中国问题的分析·荒谬集》,上海:复旦大学出版社2015年版,第38—39页。
② 章太炎:《在金陵教育改进社演讲劝治史学并论史学利弊》,载章念驰编订:《章太炎演讲集》,第281页。
③ 姜义华:《章炳麟评传》,第429页。

第四章　辛亥革命前后章太炎对道法政论之阐释

1934年，姜亮夫在《诸子古微》一文里，如是评议清代以降的诸子学研究："晚近理三代诸子之学者，扬榷论之，约得两派：卢文弨、毕沅、王念孙父子、孙诒让、郭庆藩、陶澍、郭嵩焘、刘师培，一本训诂校勘之法，正是伪误，虽其功只于字句之间，实多不刊之论，此其一也。自休宁戴君东原《孟子字义疏证》出，纠合证验，比类达义，不失为汉师家法，又为一派。守其藩篱者，如阮元、黄以周已稍有漫衍之辞，汪中、李慈铭、姚鼐、恽敬、龚自珍渐多支离，然其佳者，亦颇启人思理。章学诚独能料理百家，求其午互荡摩之迹，然其学浅。夏曾佑方法似东原，颖锐过实斋，平正过瑟人，然偏蔽于墨而不自觉。是二家者，实资于戴君而稍异其流。其有取于戴君，而能条达终始，触类旁通者，惟余杭章先生一人。"①言下之意，与他人相比，章太炎之于诸子学，既能遵循清代汉学家法，实事求是，董理遗言，又能"较乾嘉诸老更上一层"，探其义理，触类旁通，不局限于考证一字一词的饾饤之学，所以在这个时代里堪称大家。相似地，章太炎去世之后，弟子朱希祖与同门潘承弼讨论乃师学术，谈道："先师尝言经史小学传者有人，光昌之期，庶几可待，文章各有造诣，无待传薪，惟示之格律，免入歧途可矣。惟诸子哲理，恐将成广陵散耳。此二十年前在故都绝粒时之言也，至今思之，仍不

---

①　姜亮夫：《诸子古微》，载《姜亮夫全集》第20册，昆明：云南人民出版社2003年版，第381页。

能逾于斯言。"①认为章太炎对诸子思想的阐释，精到之处甚多，同门中无人可继承，恐怕将成为绝学。总之，章氏子学，在时人看来，精义甚多。

章太炎尝言："盖学问以语言为本质，故音韵训诂，其管龠也；以真理为归宿，故周、秦诸子，其堂奥也。"②在上一章里，笔者已讨论了章太炎语言文字之学的相关问题，而近代以来，有识之士研究诸子，已经颇能超越清人门径，对诸子哲理，阐释表微。特别是接触到西洋与印度哲学之后，视野与思路大开，更有助于反观诸子，看出许多前人未曾注意的面向，章氏自己便时常借鉴印度思想来审视墨家与庄子。但同时弊端也因之而生，许多议论，别出心裁，援引域外之学诠释禹域旧章，从子书当中抽绎出古所未闻的"义理"。时贤或是基于强烈的民族自尊心，或是为了让眼界初开的中国人更易接受西方新说，因此多借助泰西各种学说来重新解读诸子著作，将诸子遗言视为各类西学在中国古代的遥远知音。"古学复兴"的背后，实质上乃是西学以另一种方式在向中国传播。③如此一来，诸子思想之本来形态反而多少受到遮蔽。

司马谈论诸子时说道："夫阴阳、儒、墨、名、法、道德，此务为治者也。"④《汉书·艺文志》中亦言："诸子十家，其可观者，九家而已。皆起于王道既微，诸侯力政，时君世主，好恶殊方。是以九家之术，蠭出并作，各引一端，崇其所善，以此驰说，取合诸侯。"⑤二者皆强调诸子

---

① 朱希祖：《致潘承弼》，载朱元曙整理：《朱希祖书信集》，北京：中华书局2012年版，第307页。
② 章太炎：《与〈国粹学报〉》，载马勇编：《章太炎书信集》，第236—237页。
③ 清末国粹派高唱"古学复兴"之论，虽然表面上他们在极力弘扬中国传统，但在具体的思维方式与知识系统方面，却深受近代西学影响，比如进化论的宇宙观与社会学理论，这在他们的论学之作中时有体现。他们以近代西学为基础诠释中国传统的处理手法，对时人如何认识中国传统影响极大。（参见郑师渠：《晚清国粹派文化思想研究》，北京：北京师范大学出版社2014年版，第53—94页）
④ （汉）司马迁：《史记》第10册，北京：中华书局1959年版，第3288—3289页。
⑤ 杨家骆主编：《汉隋艺文经籍志》，台北：世界书局2011年版，第40页。

之学,起于晚周社会动荡之际,诸子各派,持论以干人主,提出一套解决政治社会问题的学说,希望借此得君行道,实践所学。诸子遗言,论政者实居其泰半。①汉代以来,虽总体上子学隐而不彰,但每当社会动荡之际,士人多援引诸子思想,作为批判时局,解决危机的重要参考,汉晋之际的名法玄理之学与唐末五代的道家之学便是明显例子。然近代以来,中国面临数千年未有之变局,当时的政治文化氛围正如夏曾佑所言:"中国之于新法,无论为浮慕,无论为阻遏,无论为敷衍,无论为试行,抑无论其为实行,皆无裨于今日之大局,无救于今日之危亡。是岂新法之不可行哉?抑岂是等新法皆宜于欧美诸国而不宜于中国哉?然而其收效异者何也?则由中西之政体截然不同故也。"②辛亥革命之后苏舆甚至认为:"今日朝廷之亡,新名词亡之也。"③凡此种种,显示出当时的中国政治,一个明显的趋势便是追求源于近代西方的各种政治体制与政治文化,俨然中国存亡与否,立壁千仞,只争一线。长期以来的历史书写,也基本上是按照各类政治势力或个人追求的广度与深度来展开叙述与评价。清季展开立宪运动时,被派往出使德国考察立宪的于式枚观察到:"当光绪初年,故侍郎郭嵩焘尝言西法,人所骇怪,知为中国所固有,则无可惊疑。今则不然,告以尧、舜、禹、汤、文、武、周、孔之道,汉、唐、宋、明贤君哲相之治,则皆以为不足法,或竟不知有其人。近日南中刊布立宪颂词,至有四千年史扫空之语,惟告以英、德、法、美之制度,拿破仑、华盛顿所创造,卢梭、边沁、孟德斯鸠之论说,而日本所模仿,伊藤、青木诸人访求而得者也,则心悦诚服,以为当行,前后二十余年,风气之殊如此。"④在此情形下,诸子

---

① 关于这一点,张舜徽曾从"道论"的角度展开极为精辟的分析,认为诸子各派立言旨要,归根结底即为"君人南面之术",这一视角对于理解诸子思想之本相极有助益。(参见张舜徽:《周秦道论发微》,北京:中华书局1982年版,第29—66页)
② 夏曾佑:《论中国必革政始能维新》,载杨琥编:《夏曾佑集》上册,第131页。
③ 苏舆:《辛亥溅泪集》,载杨菁点校:《苏舆诗文集》,台北:"中央"研究院中国文哲研究所2005年版,第143页。
④ 《出使德国考察宪政大臣于式枚奏立宪不可躁进不必预定年限折》,载故宫博物院明清档案部编:《清末筹备立宪档案史料》上册,第306页。

之学,基本被归于探讨形而上问题的"哲学"学科之中,其论政之言、致用之道,不是被视为落后保守,便是在新式学科建制下被有意遮蔽。古今子学之异,由此可窥一二。

关于如何看待诸子,章太炎在《国故论衡·原学》中指出:"诸子之书,不陈器数,非校官之业有司之守,不可按条牒而知,徒思犹无补益。要以身所涉历中失利害之端,回顾则是矣。诸少年既不更世变,长老又浮夸少虑,方策虽具,不能与人事比合。夫言兵莫如《孙子》,经国莫如《齐物论》,皆五六千言耳。事未至,固无以为候,虽至非素练其情,涉历要害者,其效犹未易知也。是以文久而灭,节奏久而绝。"①依他之见,诸子著作主要并非在探讨抽象问题,而是多含切合人事之语,必须诠释者本人久经世变,涉历渐深,方能体会出其中内蕴。所谓"言兵""经国",皆为致用之学,只是"不知者多以清谈忽之,或以权术摈之"②。因此诸子之学,难以光大。在经历了民初政局的旋涡后,于《菿汉微言》中章太炎认为:"今日言治,以寻常守法为先;用人亦当叙次资劳,不以骤进。法虽有疵,自有渐进改良之日,若有法不守,其精粗又何足言?"③同时他自言:"遭世衰微,不忘经国,寻求政术,历览前史,独于荀卿、韩非所说,谓不可易。"④可见他对法家之学,甚为青睐,自言感时观世,多以此为基准。⑤在体认时代变局的基础上,对诸子的致用之道充分继承与诠释,窃以为这一点乃是理解章氏辛亥革命前后政论内涵之关键,他之所以异于时人处也在于此。此外,章太炎之论法家,强调法家学说的特征乃是"辅万物之自然也。因之也者,以百姓心为心也"⑥。这里所言的"以百姓心为心",出自《老子》,章太炎借此

---

① 章太炎:《国故论衡·原学》,第102页。
② 同上,第103页。
③ 章太炎:《菿汉微言》,载虞云国整理:《菿汉三言》,第70页。
④ 同上,第71页。
⑤ 关于章太炎的法家观,王汎森从"名法之治"与"综核名实"两方面展开分析,极具启发。(参见氏著:《章太炎的思想——兼论其对儒学传统的冲击》,第106—110页)
⑥ 章太炎:《检论·道本》,载《章太炎全集》第3册,第438页。

诠释法家,显示出他所理解的道家政论特色,即是政治建设必须根植于民情,充分了解中国作为一个广土众民之国的现状,以广大民众利益为旨归。①章太炎在具体的历史语境下感观时局之时,如何运用诸子思想——特别是道、法二家学说作为立论根据?他如是阐释诸子,又体现出哪些特点?对这些面向,值得仔细梳理分析,以此显现章氏子学之特色,并借此探讨诸子之学在近代处于世变之下,所可能产生的意义与价值。②

一、《非黄》中的法家思想

在近代中国,随着世变与学变,对于传统思想的认识,出现了许多不同于往昔之处,其中一个明显特征便是许多过去长期隐而不彰,或居于异端地位的思想或学说被重新表彰,不但成为人们认识传统中国的重要参考,更成为指引时人进行各种政治与社会活动之向导。其中,黄宗羲的《明夷待访录》在近代中国的地位体现得尤为明显。早在同治年间,思想倾向依然属于旧学范围之中的谭献,就在日记中说道:"读《明夷待访录》,摘其至大者要删入《日记》中。阳明之学末流曼衍,至蕺山而正、梨洲而大,王佐之才。读其遗书,使天下后世不敢复以王学为诟病矣。所见朴实平正,潜庵先生尚当逊之,亭林亦不及其振纲

---

① 傅乐诗(Charlotte Furth)认为,章太炎在道法两家思想之间,已经洞察到可为综合,使两种相互"对立"的学说能互相补充,这一观察颇具启发。(参见氏著:《独行孤见的哲人——章炳麟的内在世界》,载〔美〕史华慈等:《近代中国思想人物论——保守主义》,台北:时报文化出版事业有限公司1980年版,第148—149页)

② 英国历史学家斯金纳(Quentin Skinner)在研究霍布斯时,认为不能将后者不同时期的政治著作看成是脱离时代语境的整体,而应该在具体的历史语境里,视其为"一项以辩论干预时代冲突的行动",即"哪怕最抽象的政治理论著作,也绝不可能超然于当时的战斗之外,相反,他们永远是战斗的组成部分"。(参见氏著:《霍布斯与共和主义自由》,管可秾译,上海:上海三联书店2011年版,序言第8页)本章讨论章太炎关于诸子学的论著,也参考其处理方法,即注重分析章氏的观点,是针对怎样的政治情势而生,同时阐述了哪些自己对当时政治社会的认识。

挈领也。得见此《录》，承学之途益有标准，幸甚幸甚。"①他从传统学术内部的流变出发，衡其高下，认为梨洲之论，堪称"王佐之才"。据宋恕所述孙锵鸣行状，"初，德清戴子高先生最好黄余姚之《待访录》及北方颜李学说，先生亦最慕余姚，曾求《待访录》椠本不可得，则多方转假，手自精写，置于家塾，《待访录》入温自此始"②。显现出《明夷待访录》在江浙士人圈中流行情况之一斑。当时中国社会内部弊病丛生，内忧与外患交织而生，许多士人开始思考传统经世思想的当代价值，因此黄宗羲此书，渐引起忧心国事者的关注。

而到了戊戌变法前后，由于西方民主思想的传入，许多有识之士开始从中国古籍中寻找堪比远西政论之书，其中他们发现了《明夷待访录》，并对之大加表彰。当时与各路维新之士往来频繁的孙宝瑄在日记中言及："梨洲先生曰，天子一位，公一位，侯一位，伯一位，子、男同一位。天子亦一职也，特高于公侯而已。吾谓后世之君，位置太高，虽公侯皆望之如帝天。其意实防篡窃，然而篡窃者，一家之祸耳，生民之利害不系于此。何也？观于陈氏之篡齐，可知矣。然则凡君之重抑臣者，名为天下大计，实私于一人、一家也。"③这里他援引的话，出自《明夷待访录》之《置相》，孙氏借此来批评中国君主制度下君权既高且重，种种行为，皆出于私心，无补于民生。而当时西方民主制度传入中国，所引起的影响之一便是相较于中国，近代西方许多国家皆有议会存在，中国政治长期君尊臣卑，上下隔绝，致使君民利害不一致。④由此可见《待访录》一书与近代西方政治思想结合之情形。而梁启超在变法运动次第展开的湖南，他与谭嗣同、唐才常等人"将其书节钞，印数万本，秘密散布，于晚清思想之骤变，极有力焉"⑤。是书之流传，

---

① 谭献：《复堂日记》，石家庄：河北教育出版社2001年版，第206页。
② 宋恕：《外舅孙止庵师学行略述》，载胡珠生编：《宋恕集》上册，第326页。
③ 孙宝瑄：《忘山庐日记》上册，第92—93页。
④ 参见汪荣祖：《晚清变法思想析论》，载氏著：《晚清变法思想论丛》，台北：联经出版事业公司1983年版，第38页。
⑤ 梁启超：《清代学术概论》，第28页。

"信奉者日众,于是湖南新旧派大哄"①。戊戌变法之后,流亡日本的梁启超广泛接触各类新知,思想见解日趋激烈,开始信奉共和政体,这时他又想起了黄宗羲,打算为后者撰写一部传记。此举虽未实现,但在已写好的绪论部分中,他指出:"问孕育十九世纪之欧洲者谁乎?必曰卢梭。虽极恶卢梭者不能以此言为非也。吾中国亦有一卢梭,谁欤?曰梨洲先生。"②认为黄宗羲的思想与卢梭相近。③同时在他看来,中西近代历史之所以存在落差,是由于"欧洲一卢梭出,而千百卢梭接踵而兴,风驰云卷,顷刻遍天下"④,中国却是"中国一梨洲出,而二百年来,曾无第二之梨洲其人者"⑤。章太炎在当时亦未自外于时代思潮,在《兴浙会叙》中,他直陈:"吾未见圣智摹虑如黄太冲者也。"⑥之后在《訄书》当中,章氏复认为黄宗羲主张限制君权,与近代西方民主思想甚为相似,二者堪称"冥契"。⑦1901年蔡元培在日记中写道,据闻章太炎在苏州东吴大学任教,以《明夷待访录》与唐甄的《潜书》作为课本,以宣传排满革命、推翻君权。⑧总之,黄宗羲的思想,被时人视为与近代西方民主理论若合符契。⑨

————————

① 梁启超:《清代学术概论》,第109页。
② 梁启超《〈黄梨洲〉绪论》,载夏晓红辑:《〈饮冰室合集〉集外文》上册,北京:北京大学出版社2005年版,第127页。
③ 梁启超在当时,受到明治时期日本自由民权派的影响,一度对卢梭学说甚为青睐,在其主持的《新民丛报》上,撰写了多篇关于卢梭的文章(当然,这些文章多为参考或改写同时代日本学者之论著),他阐扬黄宗羲,并视之为"中国之卢梭",正是在这一思想氛围下展开的。(参见〔日〕狭间直树:《中江兆民〈民约译解〉的历史意义——"近代东亚文明圈"形成史之思想篇》,载〔日〕狭间直树、石川祯浩编:《近代东亚翻译概念的发生与传播》,北京:社会科学文献出版社2015年版,第51页)
④⑤ 梁启超《〈黄梨洲〉绪论》,载夏晓红辑:《〈饮冰室合集〉集外文》上册,第128页。
⑥ 章太炎:《兴浙会叙》,转引自汤志钧编:《章太炎年谱长编(增订本)》下册,第575页。
⑦ 参见章太炎:《訄书(重订本)·冥契》,载《章太炎全集》第3册,第243页。
⑧ 参见王世儒编:《蔡元培日记》上册,第182页。
⑨ 关于《明夷待访录》在晚清的流行情况,参见杨际开的《〈待访录〉在清末的传播源、影响及其现代意义》(《上海师范大学学报(哲学社会科学版)》第40卷第6期)。

梁启超1903年游美归来,本来他欲借此行一睹共和政体之究竟,但在美国看到各处华埠之情形后,开始质疑当时的中国人是否有能力厉行共和政治,是故他一改先前愈发激烈的政治立场。而随着清廷宣布实行预备立宪,梁启超等人看到实现政治抱负的希望,开始成立团体,鼓吹君主立宪,于是立宪派组织的结社与请愿活动遂在海内外如火如荼地展开。康有为、梁启超在幕后组织,马良出面领导,在东京成立政闻社,宣传"实行国会制度,建设责任政府"①,督促清廷进行政治改革,并密谋扳倒袁世凯,开展请愿速开国会运动。②此外,杨度组织成立"宪政讲习会",以《中国新报》为喉舌,在《金铁主义说》等文章中鼓吹尽快召开国会,视此为救国的唯一方法,认为当时的"中流社会"应成为促进立宪之重心,因此他组织和平请愿,希望清廷能顺从民意,限期召开国会,此举颇引起各地之响应。③

章太炎在戊戌年间也曾醉心于议会制度,表彰其价值与作用。但是随着他对中国历史与现状的深入思考,他开始反省制度建设中是否应该一味歆羡西洋。1906年章氏出狱不久,东渡日本,在东京留学生欢迎会上的讲演中,强调国粹的最主要载体为本国历史,其中典章制度为重要环节。对此他说道:"我们中国政治,总是君权专制,本没有什么可贵,但是官制为甚么要这样建置? 州郡为甚么要这样分划? 军队为甚么要这样编制? 赋税为甚么要这样征调? 都有一定的理由,不好将专制政府所行的事,一概抹杀。就是将来建设政府,那项须要改良? 那项须要复古? 必得胸有成竹,才可见诸施行。"④虽然他依然认为中国古代制度,乃是"专制"政体,但也开始注意到必须仔细梳理沿革、总结得失,"改良"同时,犹有可"复古"之处存焉,这样方能为未来

---

① 梁启超:《政闻社宣言书》,载吴松等点校:《饮冰室文集点校》第4集,第2237页。
② 参见张玉法:《清季的立宪团体》,第353—356页。
③ 参见侯宜杰:《20世纪初中国政治改革风潮——清末立宪运动史》,北京:人民出版社1993年版,第178—184页。
④ 章太炎:《在东京留学生欢迎会上之演讲》,载章念驰编订:《章太炎演讲集》,第7页。

的制度建设奠定基础。这表明,章太炎此刻已经将对中国未来政治的思考建立在从中国历史脉络本身出发,以中国自身为本位,考量本国各类制度利弊,视此为制度建设之根本。

基于上述从学理出发的考虑,加之作为革命党人,出于政治立场之异,章太炎自然不能无视立宪派的这些活动,因此他撰写文章,批评当时尘嚣直上的开国会、实行君主立宪之思潮。在《代议然否论》中,章氏指出,代议制度,起源于西洋中古封建社会之所以能建立贵族院,由于有世袭贵族之存在,议员的来源,多为横于君主与民众之间的贵族。中国自秦代以来,废封建,行郡县,魏晋之后,社会上基本已无类似于欧洲的世袭贵族存在。中西历史发展,各有不同道路,因此不可罔顾国情,贸然移植西洋制度,建立议会。中国社会,因为阶层流动性颇强,所以较之外邦,彰显出社会层面的平等。一旦有议员出现,代民行政,在当时条件下,很可能只是富于资财的"土豪"横行霸道,章太炎担忧这样会制造出新的社会不平等,并且让这种不平等制度化。而且中国广土众民,实行选举,在许多具体环节上窒碍甚多。故而他说:"是必欲阘置国会,规设议院,未足佐民,而先丧其平夷之美。若是者,于震旦为封豕,投畀有北,未足以尽其诛。"①

当清廷宣布预备立宪后,一些反对之人历陈其弊。其中御史刘汝骥说道:"黄宗羲创天下为主君为客之说,此立宪之嫡乳也,不轨之事心醉神眩,又从而叫嚣之,遂酿成戊戌党人之祸。"②一眼看出黄宗羲与当时立宪派之间联系紧密。虽然立场不同,但章太炎似乎也注意到这一点,于是在1910年发表《非黄》一文,试图从根基上批判当时的流行之说。③他

---

① 章太炎:《代议然否论》,载《章太炎全集》第4册,第312页。
② 《御史刘汝骥奏请张君权折》,载故宫博物院明清档案部编:《清末筹备立宪档案史料》上册,第108页。
③ 朱维铮认为章太炎的《非黄》一文,"与其说是批评康梁,不如说是批评孙中山"(氏著:《在晚清思想界的黄宗羲》,《天津市工会管理干部学院学报》第9卷第4期)。自然孙中山也主张开设议院,实行民主政治,但当时立宪呼声甚炽也是事实,且在《代议然否论》中章太炎已经开始批评立宪派的设立议会主张,因此似可认为章太炎此文依然主要是针对立宪派而发。

指出:"世乱则贤愚捃,黄宗羲学术计会,出顾炎武下远甚。守节不孙,以言亢宗,又弗如王夫之。然名与二君齐。……其言政在《明夷待访录》,靡辩才甚,虽不时用,犹足以偃却世人。"①同时"近世言新政者,其本皆附丽宗羲,斯犹瞽师之道苍赤已"②。可见章太炎欲借此文既否定黄宗羲的学术地位,又直指当时借其言宣传民主政治者,从学术思想根源上对之进行批评。然他将援引何种学理,方能达此效果?在这里,他想起了先秦法家。

　　章太炎青睐法家,早已为时人所知。对商、韩之言甚为厌恶的宋恕,在戊戌年的日记中记下:"与枚叔争商鞅及鄂帅不合,大辩攻。"③随后他致信章太炎:"商鞅灭文学,禁仁孝,以便独夫,祸万世,此最仆所切齿痛恨,而君乃有取焉。"④因此要和章氏"暂绝论交"⑤。当时人们不满于君主制度,因此对主张申君权,抑臣下的法家学说大力抨击,宋恕之外,像严复、谭嗣同等人皆如此。反而是反对变法运动的王先谦,认为韩非主张乱世需用重典,严刑峻法乃是为了救群生之乱,去天下之祸,其动机类乎孟子言仁政。⑥但章太炎一反时流,指出"儒者之道,其不能摈法家,亦明矣"⑦。中国历史上的良法美制,法家因素颇为重要,行政之衰,不在于严刑峻法,而由于后世背离法家循名责实之宗旨,致使法律条文烦琐矛盾。同时他强调:"法家者流,则犹西方所谓政治家也,非胶于刑律而已。"⑧法家绝非君主的帮凶,而是自有

---

①　章太炎:《非黄》,载《章太炎全集》第4册,第124页。
②　同上,第128页。
③　宋恕:《戊戌日记摘要》,载胡珠生编:《宋恕集》下册,第941页。
④⑤　宋恕:《答章枚叔书》,载胡珠生编:《宋恕集》上册,第590页。按:虽然章太炎与宋恕关系要好,但宋恕在戊戌年间,受到近代西方政治思想的启示,对法家学说极为厌恶,他认为儒法二家,形同水火,前者"抑强扶弱",后者"抑弱扶强",并且视宋代理学为"阳儒阴法",导致政风败坏、国势衰颓、人才难出。(参见氏著:《六字课斋卑议(印本)·贤隐篇》,载胡珠生编:《宋恕集》上册,第128页)这一观点,与章太炎的主张差异极大。
⑥　参见(清)王先谦:《韩非子集解序》,载梅季校点:《王先谦诗文集》,长沙:岳麓书社2008年版,第110—111页。
⑦　章太炎:《訄书(重订本)·儒法》,载《章太炎全集》第3册,第137页。
⑧　同上,第263页。

一套为政之道。除去"毁孝悌,败天性"乃其瑕疵外,宗尚法家如商鞅者,较之汉代借经术干人主的儒生,其人格高下至为明显。在论述中国政治流变时,章氏更是指陈:"铺观载籍,以法律为《诗》《书》者,其治必盛;而反是者,其治必衰。且民所望于国家者,不在经国远猷,为民兴利,特欲综核名实,略得其平耳。是故韩、范、三杨为世名臣,民无德而称焉。而宋之包拯、明之况钟、近代之施闰章,稍能慎守法律,为民理冤,则传之歌谣,著之戏剧,名声吟口,愈于日月,虽妇孺皆知敬礼者,岂非人心所尚,历五千岁而不变耶?"①在他看来,所谓良好的政治,即是法家式的综核名实,依法治国。无论何人,法律面前一律平等,保障广大民众根本利益。他对现实政治的许多观察,基本上皆以此为标准。

因此章太炎反驳黄宗羲,便从黄宗羲在《明夷待访录》的《原法》里反驳荀子的"有治人无治法"一语开始。他强调荀子与韩非之间的师生关系,认为:"韩非任法,而孙卿亦故隆礼,礼与法则异名耳。"②荀、韩之间,一脉相承。在此前提下,"有治人无治法"只是"抑扬之论",绝非结论。因为法令必须依靠人来实行,如果执行者本身习于比周,自然法令流于空言。既然黄宗羲强调有治法无治人,章太炎指出:"诚听于法,当官者犹匠人,必依规矩。藉令小有差跌,而弹治者谁也?害及齐民,民故走诉之;害未及齐民,则监刺史摘发之,以告选部御史台,而议其过。夫情态则已得矣。"③在法治状态下,官吏行事与民隐上达,皆应有一套典章制度可循。若以此为标准,黄宗羲思想之破绽因之而生。

在《明夷待访录》的《学校》里,黄宗羲指出:"必使治天下之具皆出于学校"④,使得"天子之所是未必是,天子之所非未必非,天子亦遂不

---

① 章太炎:《官制索隐》,载《章太炎全集》第4册,第92—93页。
② 章太炎:《非黄》,载《章太炎全集》第4册,第124页。
③ 同上,第124—125页。
④ (明)黄宗羲:《明夷待访录·学校》,载《黄梨洲王船山书》,台北:世界书局2013年版,第9页。

敢自为非是,而公其非是于学校"①。此一主张在近代引起许多有识之士的共鸣,被认为是建立议会制度的古代先声。针对这一点,章太炎指出黄氏此言乃是破坏法律,相较于有治法无治人,陷入自相矛盾。具体言之:"今欲使学校奸其事,学校诸生非吏也,所习不尽刑名比详。虽习之,犹未从政,辍业不修,以奸当途之善败,则士侵官而吏失守。士所欲恶,不尽当官成,又不与齐民同志。上不关督责之吏,下不遍同列之民,独令诸生横与政事,恃夸者之私见,以议废置,此朋党所以长。"②黄氏之所以有此观点,究其原因,"季明之士好权,悥自植其魁,私门之务,挠滑黑白,下倚诸生,以为藩援。故其所谓恶者非恶,而所言之韪,不免于非,观宗羲之论人,好恶跌宕亦甚矣"③。总之黄宗羲此论,"乃听于乱人,非听于治法也"④。值得一提的是,这一点章太炎之乡先贤朱一新先前已有所察觉。他强调:"'综核名实',在今日尤当务之急。汉宣帝之中兴,诸葛公之治蜀,皆如此,盖承人心纵驰之后,非此无以振刷精神也。"⑤因此反观梨洲之论,其"言利弊多透澈,而其法可采者无几,大抵知其一,不知其二,见一时之利,而不思后日之害者为多"⑥。在先前还认同黄宗羲的时候,章太炎对于朱一新此论,曾在《论学会有大益于黄人亟宜保护》一文里专门反驳,强调"欲善学校,必取《明夷待访录》"⑦。而时过境迁,当他开始质疑黄宗羲思想,其立论之思路,反而与这位浙江先贤若合符契。

全祖望在论及黄宗羲学术时,指出他"党人之习气未尽,门户之见深入,而不可猝去,便非无我之学"⑧。章太炎对黄宗羲品行的观察,或即本于此。强调学校诸生不熟悉刑名法律,议政难免偏失,且会造

---

① （明）黄宗羲:《明夷待访录·学校》,载《黄梨洲王船山书》,台北:世界书局2013年版,第10页。
②③④ 章太炎:《非黄》,载《章太炎全集》第4册,第125页。
⑤⑥ （清）朱一新:《无邪堂答问》,北京:中华书局2000年版,第104页。
⑦ 章太炎:《论学会有大益于黄人亟宜保护》,载汤志钧编:《章太炎政论选集》上册,第11页。
⑧ （清）全祖望:《答诸生问南雷学术帖子》,载朱铸禹汇校集注:《全祖望集汇校集注》下册,上海:上海古籍出版社2000年版,第1695页。

成"士侵官而吏失守",凡此种种,皆与前文所言章氏所阐释的法家式的以法律为《诗》《书》,行综核名实之政息息相关。由此可见他在批评黄宗羲思想时,多援引法家学说作为自己理论根据。此外值得注意的是,在儒家话语里,士人应以天下为己任,有担当意识,积极反映民间疾苦,然章太炎却认为"诸生"并不与"齐民同志",所言者只是一己之"私见"。如此就质疑到黄宗羲表彰学校背后的重要预设,即居于学校中的士子能体现民众呼声,能具备"公意"。章氏之所以强调这一点,似与他当时对传统士人以及新式知识分子之观察有关。梁启超在《新民说》中说:"其在今日,满街皆是志士,而酒色财气之外,更加以阴险反覆,奸黠凉薄,而视为英雄所当然。……今日所以猖狂者,则窃通行之'爱国忘身'、'自由平等'诸口头禅,以为护符也。"①章太炎的感观与梁氏相似,1903年他致信吴君遂,痛言当时的知识界"汤盘孔鼎,既不足为今世用;西方新学,亦徒资窃钩发冢,知识愈开,则志行愈薄,怯葸愈甚。观夫留东学子,当其始往,岂无颖锐陵厉者,而学成以后则念念近于仕涂"②。志行如此,焉能指望彼辈为国尽瘁。后来在《箴新党论》一文中,他更是明白揭示当时的立宪派人士"原其用心,本以渴慕利禄"③,在他眼里,"新党者,政府之桀奴;学生者,当涂之顺仆"④。"若就中国民气为言,则新党犹不至靡然荡尽,学生用事,廉耻道丧耗矣!"⑤既然新旧知识人道德皆不足道,若彼辈一旦有议政之权,其后果不堪设想。章氏此论,用心或在于是。⑥

《韩非子》的《用人》云:"人臣安乎以能受职,而苦乎以一负二。故

---

① 梁启超:《新民说》,第186—187页。
② 章太炎:《与吴君遂书》,载汤志钧编:《章太炎政论选集》上册,第225页。
③ 章太炎:《箴新党论》,载《章太炎全集》第4册,第297页。
④ 同上,第306页。
⑤ 同上,第307页。
⑥ 李慈铭在评论《明夷待访录》时,也指出黄宗羲"欲以政事归之师儒,是非之议归诸生,是徒乱法制而无益于国者"(参见由龙云辑:《越缦堂读书记》下册,上海:上海书店出版社2015年版,第622页)。虽然李氏立论出发点与章太炎不同,但都认识到黄宗羲抬高学生政治地位的潜在危害。

明主除人臣之所苦。"①《扬权》云:"使鸡司夜,令狸执鼠,皆用其能,上乃无事。"②《八奸》云:"人主者固壅其言谈,希于听论议,易移以辩说。为人臣者,求诸侯之辩士,养国中之能说者,使之以语其私,为巧文之言,流行之辞,示之以利势,惧之以患害,施属虚辞,以坏其主。"③《有度》云:"明主使法择人,不自举也;使法量功,不自度也。"④此皆为论述铨选与用人之道,并道及人主在用人时所易受到的蛊惑。章太炎批评黄宗羲同时,亦指陈自己的为政主张,他征引《韩非子》中这几段话,以此为基础,进而展开论述。依他之见:

> 诚听法者,督责在中朝,而清问收司遍氓庶,曾以一校私言为剂哉!又诸登用吏士,循法者不尚贤,不尚贤者,选举视技能,而迁陟视阀阅年劳。贤不可知,虚论才调度量器宇之属,无为也。技能校乎学官,年劳伐阅省乎计簿,细大不越,以为选格之中,此所谓弃前识,绝非誉。⑤

在这里,章氏认为要想选拔真正的人才,铨选时以专业的"技能"为标准,升迁时以记载业绩的"计簿"为标准,因为此二者皆有客观标准可循,前者能使人尽其才,有专门才能者司职专门之事;后者能根据各人业绩高低来判断其良莠,此亦为法家"综核名实"之道的体现。章太炎的这番认识,虽然与议会选举相异,但与现代国家兴起所产生的以法规成文条款为基准的制度化、理性化、客观化诸性格极为相似,显现出他对于时代的敏锐体认。但他此论的理论主要来源,应该说还是先秦法家学说。然则其尽管借用上述韩非之言,但绝非像后者那样怀孤愤

---

① 陈启天:《增订韩非子校释》,台北:台湾商务印书馆1994年版,第793页。
② 同上,第697页。
③ 同上,第187页。
④ 同上,第253页。
⑤ 章太炎:《非黄》,载《章太炎全集》第4册,第125页。

之念,担忧国君权力丧失,极力维护君主制度。在《代议然否论》中章太炎已明白指出:"以为选举总统则是,陈列议院则非"①,"大抵建国设官,惟卫民之故,期于使民平夷安稳,不期于代议"②。因此对于选拔人才的这番考虑,在他看来,只是对于维护平民利益较为有利。反之,"选举凌迟者,释法之弊也"③,因为不世之材,难得一见,"管仲、商鞅、诸葛亮、王猛之举也,或起囚房,或在宾旅佚民,事不历试,俄然立之于本朝诸臣之上,此宁前期而得之耶?四举难得,效以踏事者固众。故得管、商、葛、王者无几,而获子之、董贤者连踵,其不为常道,皭然也。"因此"废吏部之法者,徒便流行而已矣"④。总之,章太炎借韩非之语阐述自己的铨选主张,所思虑者,乃是如何有一套客观标准来评判人才优劣,能真正代表广大民众利益,并具备行政能力,而不是靠一些难以实证的因素来作为用人依据,致使政风紊乱。⑤

在《明夷待访录》的《置相》中,黄宗羲不满于明初朱元璋废除宰相一职,认为"宰相既罢,天子更无与为礼者矣"⑥,在他看来:"天子传子,宰相不传子;天子之子不皆贤,尚赖宰相传贤足相补救,则天子亦不失传贤之意。"⑦宰相在国家政治中地位极为重要,不但总揽政务,匡天子之失,更象征着上古圣王"传贤"之理想。这一观点在近代也引起极大共鸣,倾心于民主政治者,认为此论类似主张选举,黄氏笔下的宰相,与君主立宪政体中的总理大臣若合符契。对此章太炎亦展开批评。他强调:"士无兼材,情不能无偏轻重。"⑧在政治活动里,基本未

---

① 章太炎:《代议然否论》,载《章太炎全集》第4册,第317页。
② 同上,第323页。
③④ 章太炎:《非黄》,载《章太炎全集》第4册,第126页。
⑤ 其实黄宗羲也强调用人不应凭虚名而罔顾实效。他批评当时的保举之法,"虽曰以名取人,不知今之所谓名者何凭也"(氏著:《明夷待访录·取士下》,载《黄梨洲王船山书》,第14页),向往"宽于取则无枉才,严于用则少幸进"(第16页)。其实也主张铨选人才,应具有一套可资验证的客观标准。章太炎在这里稍有过度批评之嫌,或许是源于对时人醉心于议会制度的焦虑与不满所致。
⑥⑦ (明)黄宗羲:《明夷待访录·置相》,载《黄梨洲王船山书》,第8页。
⑧ 章太炎:《非黄》,载《章太炎全集》第4册,第127页。

见无所不能之人,人之才能各有所偏,所以不可能让一人总揽所有政务。中国上古之时,政事简略,故而可以以一人来总其成,后世政务日趋繁复,加之日常行政,案牍劳形,具体琐碎之事甚多,宰相一人,势难以一一经纬。而且既已设置六部,那么后者各有专职,如遇军国大事,自可聚集合议,奚待宰相掺乎其中,后者形同"附赘",因为"单则精专,兼则疏失"①。犹有进者,章太炎指出:"丞相既立,六部承其风指,则职事挠;不承风指,事相瘰曳而不能辑。故立相则朋党至,朋党至者,乱法之阶",宰相在政府当中,有害无益,不但阻碍政令畅通,更是制造朋党的祸根,设置宰相,"纵便于政,犹曰听于人,不曰听于法"。②在这里,章太炎虽然未征引法家之言以为己助,但他强调的行政贵专不贵兼,听于人不如听于法,此皆为法家政论之要义,章氏吸收借鉴,运用于无形,成为构筑自己理论体系之重要参考。

总之,章太炎指出:"中国政度虽阔疏,考课有官,除授有法,超于尚贤党建者犹远。诚欲任法,由此简练其精,陶汰其粗而足。"③相比之下,"举世皆言法治,员舆之上,列国十数,未有诚以法治者也。宗羲之言,远西之术,号为任法,适以人智乱其步骤"④。他之所以非黄,并非对生活于数百年前的黄宗羲有何恶感,而是不满于借黄氏之言为源自远西的立宪政体张声势之时流。他心目中真正的"法治",乃是"考课有官,除授有法",这其中的法家因素至为明显,同时体现出他论政之时,非常注意从中国历代典章制度本身出发,考量历代制度得失,以是否能有助于民众利益为旨归,而非眩于西洋新制以至于不知别择。⑤

---

① 章太炎:《非黄》,载《章太炎全集》第 4 册,第 127 页。
② 参见同上,第 127—128 页。
③④ 同上,第 129 页。
⑤ 在撰于 1908 年的《王夫之从祀与杨度参机要》一文里,章太炎认为《明夷待访录》虽有缺点,但"重人民,轻君主,固无可非议也",在为了保障民众利益而限制君主权力这一点上值得肯定。此虽认可黄宗羲,但并不与前文所分析者矛盾,因为章太炎论政重要标准,便是从民众立场出发,时刻注意保护其权益。(参见氏著:《王夫之从祀与杨度参机要》,载汤志钧编:《章太炎政论选集》上册,第 427 页)

黄宗羲在论述历代法制时强调:"三代以上有法,三代以下无法",三代以上之法"藏天下于天下",以示大公无私,三代以下之法"藏天下于筐箧",致使"法愈密而天下之乱即生于法之中"——"三代以上"与"三代以下"如何分界? 黄氏认为:"夫古今之变,至秦而一尽,至元而又一尽",经此二变,古圣先贤良法美意丧失殆尽。①因此近代宗黄之人,同时极为痛恨秦政。谭嗣同痛陈:"两千年来之政,秦政也,皆大盗也。"②夏曾佑视荀学为神州沉沦之祸首,也是因为李斯乃荀子学生,秦始皇任李斯为相,焚书坑儒,开专制之局。③提倡君主立宪、设置议院者,更是时常批评彼辈眼中自秦以降的"专制"政治。或许正是有感于此,章太炎在发表《非黄》同时,复发表《秦政记》一文,专为秦始皇辩诬。《韩非子》的《显学》云:"明主之吏,宰相必起于州部,猛将必发于卒伍。"④章氏以此为基础,来申论秦政之佳。在他看来:"要以著之图法者,庆赏不遗匹夫,诛罚不避肺府,斯为直耳"⑤,以此为标准,"古先民平其政者,莫遂于秦"⑥。因为秦始皇用人,完全依据客观业绩,以此作为升黜标准,不以己意混于其中,更未尝偏心于外戚与宠臣,诸政事皆依法律而行,无人可获法外之情。这样使得社会具有流动性,布衣黔首,只要有功绩,便可受到提拔。因此依章氏之见,虽然有皇帝高高在上,但除此之外,秦制做到了真正平等,"虽独制,必以持法为齐",法治云云,至此方臻于极致。⑦后世历朝,在这一方面,难有能企及秦始皇者。当时革命党与立宪派,虽然立场绝异,但基本都同意未来中国应建立民主政治,区别只是君主之有无。因此章太炎表彰秦始皇,运用法家学说作为自己思考时局的理论基础,这一点虽极具特色,但他在民国成立以后一系列言行颇受非议,何尝不是与此有关。

---

① 参见(明)黄宗羲:《明夷待访录·原法》,载《黄梨洲王船山书》,第5—7页。
② 谭嗣同:《仁学》,台北:文景书局2013年版,第51页。
③ 参见夏曾佑:《致宋恕书》,载杨琥编:《夏曾佑集》上册,第445页。
④ 陈启天:《增订韩非子校释》,第13页。
⑤⑥ 章太炎:《秦政记》,载《章太炎全集》第4册,第64页。
⑦ 参见同上,第65页。

二、"不尚贤"与"分异政俗"

在《代议然否论》中,有一点颇值得注意,即章太炎极力区分选举总统与选举议员之区别。他认为:

> 总统之选,非能自庸妄陵猎得之,必其尝任方面与为国务官者,功伐既明,才略既著,然后得有被选资格。故虽以全国人民胪言推举,不至恟瞀而失其伦也。至夫议员则不然,其被选不以成绩,有权力者能以势藉结人,大佞取给于口舌,哗众啸群,其言卓荦出畴辈,至行事乃绝异,家有阎妻,又往往以色蛊人,助夫眩惑,既与举者交欢骋辩未终,令听者魂精颠沛,俄而使其良人上遂矣。①

作为革命党人,章太炎既然奔走于排满革命,自然不能为君主制张目,因此选举总统,在他看来无可厚非,且能有客观标准可循。但选举议员则不同,章太炎刻画出议员选举时的种种丑态,有权势者仗势欺人,能说会道者夸夸其谈,漫开空头支票,更有甚者,以妻子外貌作为竞选噱头,以此吸引选民眼球。此类情形,若按章太炎心目中的法治衡量,无疑是弊政之征。在《非黄》一文中他也提及此问题:"且众选者,诚民之同志哉? 驰辩驾说以彰其名,又为之树旗表,使负版贩夫皆劝誉己,民愚无知,则以为诚贤。贤否之实,不定于民萌而操于小己,此犹出之内府,取之外府。"②普选制度下,看似民众自主选择候选人,但后者形象,已被各种政治团体形塑,用何种论调自我宣传,早已精密策划,然后以花言巧语表达之。民众所知者,只是被塑

---

① 章太炎:《代议然否论》,载《章太炎全集》第 4 册,第 317 页。
② 章太炎:《非黄》,载《章太炎全集》第 4 册,第 128—129 页。

造出来的彼辈形象,却误以为自己真正做主,选出心目中的贤才。总之,章太炎十分怀疑这种选举模式是否真能选出"贤人",因此他主张"不尚贤"。在《国故论衡》的《原道》中,他借助老子学说,就此展开详细分析。

老子之学,在近代以来命运也颇有波折。张之洞在《劝学篇》中指责当时学界好谈诸子的风气,尤其对老学着重抨击。他认为:"老子见道颇深,功用较博,而开后世君臣苟安误国之风,致陋儒空疏废学之弊,启猾吏巧士挟诈营私、软媚无耻之习,其害亦为最巨。功在西汉之初,而病发于两千年之后。是养成顽钝积弱,不能自振中华者,老氏之学为之也。"①虽然政治立场与张之洞绝异,但对于老学,康有为却与张之洞态度相似。在他看来:"老子以不仁为道,故以忍人之心行忍人之政。韩非传之,故以刑名法术督责钳制,而中国二千年受其酷毒。"②老子"削绝其不忍之心,忍之又忍,以至于无,而惟以纵欲为事③。谭嗣同也痛言:"有李耳者出,言静而戒动,言柔而毁刚。乡曲之士,给饘粥,察鸡豚,而长养子孙,以之自遁而苟视息焉,固亦术之工者也;乌知乎学子术焉,士大夫术焉,诸侯王术焉,浸淫而天子亦术焉,卒使数千年来成乎似忠信似廉洁、一无刺无非之乡愿天下。"④以上诸人,或认为老子之学导致民风柔弱畏事,习于苟安,寡廉鲜耻,难图进取;或是斥责其学多奸诈之语,倡险狠之政,戾气遍布其间;或是强调受其影响者多流于虚伪,社会上是非不存。近代中国,面临极大危机,不管具体立场如何,但整肃纲纪、奋发图强,却是许多人的共识,在此前提下,老子之学,因其倡导无为,反对兴作,故被视为中国跌至颓势的祸首之一。

1904年,严复致信门生熊季廉,谈道:"前者在都,蒙以《道德经》

---

① 张之洞:《劝学篇·宗经》,载赵德馨主编:《张之洞全集》第12册,第166页。
② 康有为:《孟子微》,载姜义华、张荣华编校:《康有为全集》第5集,第415页。
③ 同上,第497页。
④ 谭嗣同:《仁学》,第34页。

示读,客中披览,辄妄加眉评。"①在这些眉批中显示了严复对老子学说的认识。依严复之见,"夫黄老之道,民主之国之所用也。故能长而不宰,无为而无不为。君主之国,未有能用黄老者也。汉之黄老,貌袭而取之耳。君主之利器,其惟儒术乎? 而申韩有救败之用"②。在他看来,老子学说与民主政治甚为相合,中国历史乃是"专制政治",故而治国并未曾采用老子之道。他之所以做此诠释,与他当时对世局之感观息息相关。他自甲午中国败于日本之后,痛惜国步艰难,开始对中国传统政治大加抨击,认为:"秦以来之为君,正所谓大盗窃国者耳。国谁窃? 转相窃之于民而已。既已窃之矣,又惴惴然恐其主之或觉而复之也,于是其法与令蝟毛而起。"③而周公孔子之教,使得中国民众"所以同海滩石子,毫无聚力",致使近代国势衰微。④凡此种种,使得严复在那一时期对近代西方的政治体制颇为推崇,由此遥想古人,认为老子学说,与西方民主思想庶几近之。对此章太炎在晚年评论道:"老子论政,不出因字,所谓'圣人无常心,以百姓心为心'是也。严几道附会其说,以为老子倡民主政治……凡尚论古人,必审其时世。老子生春秋之世,其时政权操于贵族,不但民主政治未易言,即专制政治亦未易言。"⑤

因此,为彰显老子学说的价值,章太炎的阐释首先避免持因近代救亡思潮而来的否定态度,也拒绝用西方历史简单比附。他指出:

> 儒家、道家、法家异也,有其同。庄周述儒、墨、名、法之变,已与老聃分流。尽道家也,有其异。是樊然者,我乃知之矣。

---

① 严复:《致熊季廉·二十七》,载《严复合集·严复未刊诗文函稿及散佚著译》,台北:辜公亮文教基金会1998年版,第47页。
② 严复:《严复合集·侯官严氏评点老子》,第10—11页。
③ 严复:《辟韩》,载王栻主编:《严复集》第1册,第35—36页。
④ 参见严复:《致夏曾佑·一》,载《严复合集·严复未刊诗文函稿及散佚著译》,第82页。
⑤ 章太炎:《章太炎国学讲演录》,北京:中华书局2013年版,第257页。

> 老聃据人事嬗变,议不踰方;庄周者,旁罗死生之变、神明之运,是以巨细有校。儒、法者流,削小老氏以为省。终之其殊在量,非在质也。①

章氏心目中的诸子流别,老子地位最为重要,学说最为博大,庄子能继承其道,而儒家与法家,反将老子之学范围变窄,使其道流于狭隘,但在本质上,二者并未与老学歧途,只是广狭有别。他对老子学说的阐释,便是在这样的认识基础上具体展开。

在章太炎看来,老子学说中多言诈术,这并非是教人为恶,而是别有怀抱,将统治者驭下之术告知众人,使人们知晓其内容,这样君主便无法巧行诈术,肆虐于上。联系到上文所述时人对老子学说的批评,章太炎此论,或许是为老子正名,将其与帝王南面之术区别开来。同时他认为:"若其开物成务以前民用,玄家弗能知,儒者扬雄之徒亦莫识也,知此者韩非最贤。"②同时在附注中进一步论述:"凡周秦解故之书,今多亡佚,诸子尤寡。《老子》独有《解老》《喻老》二篇。后有说《老子》者,宜据韩非为大传,而疏通证明之。"③在这里,章太炎强调韩非与老子之间的紧密关系。司马迁在《史记》中将老子与韩非同传,这一处理历代颇受争议,宗老学者认为此乃误解老子学说,对诸子异端乏好感者据此指责老子的清静无为与韩非的刻薄寡恩一脉相承。与章太炎同时代的陈黻宸,对老学颇有同情,故极力撇清道法之间的联系。他指出:"法家之言,利于杀人,而道德家之言,以好战为不祥,以杀人为代大匠斲,其为旨亦较然可睹矣。"④而章太炎却并不这样处理,极力将道法两家合而论之,特别强调《韩非子》中的《解老》《喻老》两篇文章极得老学深意,解读老学,应以此为标准。这与他借老子学说表达政见息息相关。

---

① 章太炎:《国故论衡·原道上》,第107页。
②③ 同上,第108页。
④ 陈黻宸:《老子发微》,载陈德溥编:《陈黻宸集》上册,第338页。

《韩非子》的《解老》云:"先物行,先理动谓之前识。前识者,无缘而妄臆度也。"①章太炎对之阐释道:

> 夫不事前识,则卜筮废,图谶断,建除、堪舆、相人之道黜矣。巫守既绝,智术穿凿亦因以废,其事尽于征表,此为道艺之根、政令之原。是故私智不效则问人,问人不效则求图书,图书不效则以身按验。故曰绝圣弃智者,事有未来,物有未睹,不以小慧隐度也。绝学无忧者,方策足以识梗概。古今异,方国异,详略异,则方策不独任也。不上贤使民不争者,以事观功,将率必出于介胄,宰相必起于州部;不贵豪杰,不以流誉用人也。②

在这里,章太炎认为老子的"绝圣弃智"与"不尚贤使民不争",并非是指遗弃文明,返于质朴,使民老死不相往来,乃是一种法家式的政治上对铨选之态度。选拔人才,必须以"图书"及"身验"这些具有客观标准的因素为基础,而不将主观态度掺于其中。因为"朝市之地,菽井之间,扬徽题褚,以衔其名氏,选者尚曰任众。众之所与,不繇质情,徒一二人眩之也"③。不尚贤不是否定学说与才能,而是借此杜绝靠验而无征的虚名浮议来自我彰显之人,这样方能做到"以事观功",进而能让"将率必出于介胄,宰相必起于州部",人才选拔,唯能是举,社会平等,于是焉出。很明显,在这里他对老子学说之阐释,将其与韩非思想紧密相连,为的就是进一步论证自己对代议制度的非议与心目中真正具有客观准则的"法治"。

在晚周诸子里,老子力言"不尚贤",而墨子却主张"尚贤"。这一点如何区分,在章太炎看来颇为重要,否则难以将"法治"要义表达清楚。他指出:"老之言贤者,谓名誉、谈说、才气也;墨之言贤者,谓材

---

① 陈启天:《增订韩非子校释》,第 729 页。
② 章太炎:《国故论衡·原道上》,第 108—109 页。
③ 章太炎:《国故论衡·原道中》,第 112 页。

力、技能、功伐也。不尚名誉,故无朋党;不尊谈说,故无游士;不贵才气,故无骤官。然则材力、技能、攻伐举矣。"①老子的"不尚贤",主要是针对那些难以实证的虚名而言,墨子提倡"尚贤",主要是强调具体能力在政治活动中的重要性。主张"不尚贤",乃是出于循名责实,并非是让庸人混迹政坛,虚度时日。因此"尚贤者,非舍功实而用人;不尚贤者,非投钩而用人。其所谓贤不同,故其名异"②。梁启超在游历美国时,观察到"美国大小官吏率由民选,且任期甚短,故选举频繁,一投身政党,势不得不以全力忠于本党,终岁为此仆仆,毫无趣味。故上流人士多厌之,除一党中数十重要人物之外,其余党员皆碌碌之辈也"③。章太炎虽反对议员选举,但绝非希望类似于当时美国的情形出现于中国,故而极力辨明老、墨二家对"贤人"的定义之区别。

关于历史上堪称"不尚贤"之表率者,章太炎认为"诸葛治蜀,庶有冥符"。他借用陈寿在《三国志》评价诸葛亮的话,指出:"夫其开诚心布公道,尽忠益时者虽仇必赏,犯法怠慢者虽亲必罚,服罪输情者虽重必释,游辞巧饰者虽轻必戮。庶事精练,物理其本,循名责实,虚伪不齿,声教遗言,经事综物,文采不艳,而过于丁宁周至。公诚之心,形于文墨,老氏所经,盖尽于此。"④此外像汉文帝、韩延寿、谢安等人,虽也得老学一二遗意,但终究未像诸葛亮那样为政循名责实,一本于法。而司马迁虽然对道家多有表彰,但"过在上贤",因此"李广数败而见称,晁错立效而被黜"。反倒是葛洪虽然批评老庄,然"持论必与前识、上贤相反"。看似相反,实则相成。⑤可见章太炎对老子的阐释,基本上是以"不尚贤"为切入点,认为身染法家色彩的诸葛亮最能得其精华,其他被历代士人视为道家信徒的人,反而有所阙失。章氏论学论

---

①② 章太炎:《国故论衡·原道中》,第112页。
③ 梁启超:《新大陆游记(续前)》,载吴松等点校:《饮冰室文集点校》第4集,第1919页。
④ 章太炎:《国故论衡·原道上》,第110页。
⑤ 参见同上,第110—111页。

政,极好从梳理根源流变上立论,此处他对历代宗道家者的评价,尤可彰显其现实关怀。

章太炎虽然青睐法家,但亦非绝无微词。他认为:"吾所为瑊鞅者,则在于毁孝弟、败天性而已。有知其毒之酋腊而制之,其勿害一也。昔者蜀相行鞅术,至德要道弗踣焉。贾生亦好法矣,而非其遗礼义、弃仁恩。乃若夫晚近之言新法者,以父子异财为宪典,是则法乎鞅之秕稗者也。宝其秕稗而于其善政则放绝之,人言之戾也,一至是哉!"①在他看来,商鞅所代表的法家虽强调综核名实,依法治国,但缺点却是置人伦道德于不顾,用国家力量控制民众,由此败坏社会风俗,这种行为,与当时主张改革者之论调异曲同工。他的这番认识,绝非无的放矢。清季以来,时人目睹中国国势衰微,不仅主张变法维新,更强调在社会层面进行大规模的改造。在"启蒙"的名义下,或由政府主导,或由知识分子鼓吹,将中国传统社会中的许多行为习惯视作劣习,应极力根除,许多带有启蒙性质的报章杂志,各类宣传品纷纷面世,宣扬新观念。②同时随着民族主义之传入,人们对于时代危机有了更深的体认,建立近代民族国家的呼声日益高涨,将民众纳入国家体系,使之成为"国民",在有识之士看来,更属当务之急。正如杨度所言:"今欲转弱为强,则必自使官吏能尽心国事始;欲官吏尽心国事,则必自去其家人之累始;欲去其家人累,则必自使有独立之生计能力始;欲使有独立之生计能力,则必自与之以营业、居住、言论各种自由权利,及迫之以纳税、当兵之义务始。欲与之此种权利,迫之以此种义务,则必自使之出于家人登于国民始。"③此等主张,后果之一便是政府权力大规模渗透至基层,通过国家意志形塑民间的日常行为与观念。例如在教

---

① 章太炎:《訄书(重订本)·商鞅》,载《章太炎全集》第 3 册,第 265 页。
② 参见李孝悌:《清末的下层社会启蒙运动(1901—1911)》,台北:"中央"研究院近代史研究所 1992 年版。
③ 杨度:《论国家主义与家族主义之区别》,载刘晴波主编:《杨度集》第 1 册,第 532 页。

育方面,时人指出:"欧洲各国矜于言无人不学,而考其曾入大学堂卒业者,百人中不过一二人,原其普及教育之宗旨,固在培植少数之人才为国效用,尤在完全多数之人格养成公德,必使人人读书识字,有国家思想,而后宪政之选举,以及纳税、征兵诸要政,乃得推行而无弊。此中小以下学堂之宜广设也。"①通过教育手段,使民众掌握新知,进而为国效力,当时的新式教育,宗旨不外乎是。

面对这样的时代思潮,章太炎起先亦颇赞成。他认为:"今之民族主义,非直与宗法社会不相一致,而其力又有足以促宗法社会之镕解者。"②宣传民族意识,让"人人自竞,尽尔股肱之力,以与同族相系维"③。使民众意识到"其竭力致死、见危授命者,所以尽责于吾民族之国家,身体发肤,受之父母,虽有毁伤而无所昔,曰务其大者远者耳。"同时"宗法社会弃之如脱屣"④。然随着他进一步体察世变,开始反省这种运用国家力量改造社会的做法是否妥当,特别是许多帝国主义国家以传播文明为借口,或侵略他国,或用经济手段掠夺当地资源,更显示出"启蒙"的背后,乃是赤裸裸的利益竞争。因此他在阐释道法政论之时,对此一方面展开自己的思考。

因此他如是评价韩非之学:

不悟政之所行与俗之所贵,道固相乏,所赏者当在彼,所贵者当在此。今无慈惠廉爱,则民为虎狼也;无文学,则士为牛马也。有虎狼之民、牛马之士,国虽治,政虽理,其民不人。世之有人也,固先于国。且建国以为人乎,将人者为国之虚名役也?韩非有见于国,无见于人;有见于群,无见于孑。政之弊,以众暴寡,诛岩穴之士。法之弊,以愚割智。⑤

---

① 《出使奥国大臣李经迈奏兴学堂宜重普及教育理财宜由调查入手折》,载故宫博物院明清档案部编:《清末筹备立宪档案史料》上册,第200页。
②③ 章太炎:《〈社会通诠〉商兑》,载《章太炎全集》第4册,第348页。
④ 同上,第349页。
⑤ 章太炎:《国故论衡·原道下》,第115页。

在章太炎看来,韩非学说的弊病,就在于不重视人伦道德与学术发展,借用国家力量规范民众思想与习惯。他进一步阐释,这种主张乃是"以众暴寡",没有认识到人自有其独立性,属于"有见于国,无见于人"。国家力量不能将个体价值抹杀,个人在不危害国家利益之时,即便是自居于岩穴,远离文明,就不应从国家立场出发,对之大加鞭笞。更何况"人君者,剽劫之类,奄尹之伦"①。以君主为象征的国家权力本身并无高贵之处,不值得人们对之顶礼膜拜。章太炎在日本曾一度与无政府主义者往来频繁,他虽然不同意后者的具体政治实践,但在对国家性质的认识上却受其影响。在《四惑论》中他极力斥责那种借公理来压制个人的做法,认为:"言公理者,以社会抑制个人,则无所逃于宙合。然则以众暴寡,甚于以强凌弱。"②对于国家,他指出:"国家既为人民所组合,故各各人民,暂得说为实有,而国家则无实有之可言。"③此即是"个体为真,团体为幻"④。本此认识,他在论述法家思想,注意到其中昌言法治,虽有综核名实之善,但也有类乎晚近动用国家力量改造社会与个人的主张。

因此,如何消解法家思想中的这一倾向?章太炎想到了庄子。在辛亥革命前后,章太炎对庄子的《齐物论》甚为关注。依他之见,庄子思想"所志本在内圣外王,哀生民之无拯,念刑政之苛残,必令世无工宰,见无文野,人各自主谓之王,智无留碍然后圣"⑤。因为"夫齐物者以百姓心为心,故究极在此"⑥。章氏的齐物哲学,主张世间万物,各有存在价值,既不应强分彼此,也不可越俎代庖。文野之见、高下之别、齐一之念,只会造成动荡与杀伐,不平之平,方为至善。有论者言及"太炎先生之于道家也,有一基本观点,即老与庄异。所异者何在?

---

① 章太炎:《国故论衡·原道下》,第114页。
② 章太炎:《四惑论》,载《章太炎全集》第4册,第474—475页。
③ 章太炎:《国家论》,载《章太炎全集》第4册,第484页。
④ 同上,第485页。
⑤⑥ 章太炎:《齐物论释》,载《章太炎全集》第6册,第66页。

曰:老多言政治,庄则偏语哲理也"①。此论不为无见,但章太炎之于《庄子》,分析哲理主要目的并非抽象思辨,而是形成一套体察历史与社会的理论,以之求致用之效。这在《原道》中有很明显的体现。

章太炎指出:

> 庄周明老聃意,而和之以齐物。推万类之异情,以为无正味正色,以其相伐,使并行而不害。其道在分异政俗,无令干位。故曰得其环中以应无穷者,各适其欲以流解说,各修其行以为工宰,各致其心以效微妙而已矣。政之所具,不过经令;法之所禁,不过奸害。能说诸心,能研诸虑,以成天下之亹亹者,非政之所与也。采药以为食,凿山以为宫,身无室家农圃之役,升斗之税,不上于王府,虽不臣天子、不耦群众,非法之所禁。版法格令,不得剟一字也。操奇说者能非之,不以非之剟其法,不以尊法罪其非。君臣上下,六亲之际,雅俗所守,治眇论者所驳也;守之者不为变,驳之者无所刑。②

很明显,章氏认为庄子能得老学精义,并将之发扬光大。其要点即在"分异政俗"四字。他借此来强调政府权力应有明确界限,止于颁布法令,惩处犯罪。而政治活动之外,犹有广阔天地存焉,是故其他民间行为,特别是文化与思想方面,则不可强行干涉。民众只要不违反法律,其余行为应任其自由,即便自外于国家与社会,不与众人为伍,避世独居,也无可厚非。章太炎对于庄子思想的这番诠释,并非是向往上古日出而作日入而息的无怀氏之民,而是有感当时国家权力介入社会各个层面,居上位者以启蒙、进步等口号为借口来干预民众日常生活,在国家力量面前,民众无所逃于天地之间,个人的价值

---

① 陆宝千:《章太炎之道家观》,载《"中央"研究院近代史研究所集刊》第19期。
② 章太炎:《国故论衡·原道下》,第115页。

与意义遭受抹杀。①因此他在阐释法家思想时,不忘以庄学济其穷,强调后者"分异政俗"之功,将综核名实限制在特定的范围之内,此外一任众人自为,这才是"以百姓心为心",才是真正的"齐物"。所以他说道:"法家者,削小老氏以为省,赏罚不厌一,好恶不厌歧;一者以为群众,歧者以优匹士。因道全法,则君子乐而大奸止。"②分析章太炎在辛亥革命前后之政论,应以此为出发点,区分他在不同层面上的不同认识,方可得其全貌。

以章太炎之论为视角,清末新政,虽然大兴制作,所涉甚广,但其之所以未能挽清廷覆亡,原因未尝不可由此观之。民国建立以后,陈三立追忆往事,谈道:"吾国自光绪甲午之战毕,始稍言变法,当时昧于天下之大势,怙其私臆激荡驰骤,爱憎反覆,迄于无效,且召大衅,穷无复之。遂益采嚣陵之说,用矫诬之术,以涂饰海内外耳目。于人才风俗之本,先后缓急之程,一不关其虑。而节钺重臣号为负时望预国闻者,亦复奋舌摩掌,扬其澜而张其焰,曲狗下上逞逞之人心,翘然以自异。于是人纪之防堕,滔天之象成,而大命随之矣。是故今日祸变之极,肇端虽不一辙,而由于高位厚禄士大夫不遏其渐,不审其机,揣摩求合,无特立之节,盖十而六七也。岂不痛哉?"③在这里,虽然他的立场与力倡排满革命的章太炎并不相同,但指出清季改革中不顾国情民隐,不知循序渐进,不明轻重缓急,一味以国家力量将各项新政强制推行,最终结果导致救之适足以亡之。而目睹清廷覆亡的章太炎,对于自己历尽艰辛参与创建的中华民国,又将提出怎样的体国经野之道呢?

---

① 正如姜义华教授所言,章太炎在清末"坚决地反对将世界、社会、国家与其他社会成员变成一个人们所无法控制的异己力量,力图防止这一切异化成为一个高高在上的新的强制者"(《章太炎的人性论》,载氏著:《现代性:中国重撰》,北京:北京师范大学出版社 2008 年版,第 313 页)。
② 章太炎:《国故论衡·原道下》,第 116 页。
③ 陈三立:《庸盦尚书奏议序》,载李开军点校:《散原精舍诗文集》下册,上海:上海古籍出版社 2003 年版,第 885 页。

三、《检论》中的道法思想

据刘文典回忆,武昌起义爆发后,"记得有一天下午,章先生正在拿佛学印证《庄子》,忽然听见巷子里卖号外,有一位同学买来一看,正是武昌起义的消息,大家喜欢得直跳起来。从那天起,先生学生天天聚会,但是不再谈《说文》《庄子》,只谈怎样革命了"①。面对革命之后变幻莫测的时局,章太炎难以再静下心来著书讲学,而是参与到建设新政权的一系列活动之中。当时《民立报》甚至发表社论:"章太炎,中国近代之大文豪,而亦革命家之巨子也。正气不灭,发为国光,文字成功日,全球革命潮,呜呼盛已。一国之亡,不亡于爱国男儿,文人学士之心,以发挥大义,存系统于书简,则其国必有光复之一日,故英雄可间世而有,文豪不可间世而无,留残碑于荒野,存正朔于空山,祖国得有今日,文豪之力也。今章太炎已回国返沪矣,记者谨述数语以表欢迎之忱,惟望我同胞奉之为新中国之卢骚。"②章太炎论政,向不喜附会西洋,称他为中国之卢梭,不知是否符合其本意,但由此可见时人对章氏的称赞与期待。

章太炎在民初政坛上的言行,很大程度上是力图将他在清末的许多言论主张付诸实践。他对代议制度深表质疑,强调用人应循名责实,大公无私。立法应参照历史与国情,不可食洋不化,唯西是尊。治国理政以法治为旨归。同时严格界定国家权力之界限,分别政俗,对民间习惯与社会文化,不可大加破坏,使民众能优游于新政权之下。③

---

① 刘文典:《回忆章太炎先生》,载陈平原、杜玲玲编:《追忆章太炎》,第51页。
② 《欢迎鼓吹革命之文豪》,转引自汤志钧编:《章太炎年谱长编(增订本)》上册,第209页。
③ 有论者言,章太炎民初政论,要义之一便是避免国家成为"压抑人民权益而自我循环的封建权力机制"(刘纪蕙:《法与生命的悖论:论章太炎的政治性与批判史观》,《杭州师范大学学报(社会科学版)》2015年第2期)。此论甚精当,唯太炎思考此问题,肇始于清季,民初诸论,乃是将之前理论思考具体实践。

强调政府应代表全民利益,而不能像清廷那样通过压迫广大汉人来保障少数满洲权贵之特权。因此在立国方针上他指出:"民主立宪、君主立宪、君主专制,此为政体高下之分,而非政事美恶之别,专制非无良规,共和非无秕政。我中华国民所望于共和者,在元首不世袭,人民无贵贱,然后陈大汉之岂弟,荡亡清之毒螫,因地制宜,不尚虚美,非欲尽效法兰西、美利坚之治也。……政治法律,皆依习惯而成,是以圣人辅万物之自然而不敢为,其要在去甚、去奢、去泰,若横取他国已行之法,强施此土,斯非大愚不灵者弗为。"①此论俨然为章氏之道家观的实践。关于立法,他强调:"夫制大法者,当察于历史,不在法理悬谈;求民情者,当顺于编氓,不在豪家荡子。……清之失政,在乎官常废弛,方镇乖权……矫清之弊,乃在综核名实,信赏必罚,虽负蛋尾之谤可也。若制宪法以为缘饰,选议员以为民仪,上者启拘文牵义之渐,下者开奔竞贿赂之门,是乃不改清之积弊而反浚其末流。"②

基于此,章太炎主张"先综核后统一",他警告新政府:"以电报统一易能也,惟实际统一为难。不先检方域之殊,习惯之异,而豫拟一法以为型模,浮文犷令,于以传电有余,强而遵之,则龃龉不适。"③当时政府许多举措,在他看来,皆属"武断为政"。欲使政令符合国情,他建议:"政府当遣十数大使于各行省,分科巡视,知其政俗以告于执政,以周知天下之故。"④总之"诚欲统一者,不在悬拟一法,而在周知民俗,辅其自然,故其事必从综核始"⑤。这与他之前对法家的阐释若合符契。而关于中央官吏人选,他主张:"总理莫宜于宋教仁,邮传莫宜于汤寿潜,学部莫宜于蔡元培。其张謇任财政,伍廷芳任外交,则皆众所公推,不待论也。"⑥此外,"若求法部,惟有仍任沈家本,为能斟酌适宜

---

① 章太炎:《大共和日报发刊辞》,载《太炎最近文录》,第10—11页。
② 章太炎:《新纪元星期报发刊辞》,载《太炎最近文录》,第15—16页。
③ 章太炎:《先综核后统一论》,载《太炎最近文录》,第18页。
④⑤ 同上,第20页。
⑥ 章太炎:《宣言八》,载《太炎最近文录》,第7页。

耳。诸妄主新律者,皆削趾适履之见,虎皮蒙马之形,未知法律本依习惯而生,非可比附他方成典。故从前主张新律者,未有一人可用"①。在这里,他所重视的,是诸人的行政经验与能力,而非各自所属的党派与政团。认为了解中国历史与国情,体察社会民隐,此乃为政治关键,这也是本于他清末关于铨选的一系列思考。与之相反,他深不满于同盟会,认为后者"怀媢嫉之心,挟阴私之计,宁使人材蛰伏,邦国殄瘁,而必不可使一党不居于势要"②,致使"海内视同盟会,盖与贵胄世卿相等"③。诸多先前的革命党人,眼见革命成功,便招权纳贿,为所欲为,以"革命圣人"自居,破坏日常秩序。特别对孙中山与黄兴,章氏当时更是颇多微词,认为彼等依然是旧日秘密会党风格,毫无领袖气象。反之对袁世凯却寄以希望,期待后者能维持中国统一与稳定。因此他在民初许多言行,深受旧日同志非议。戴季陶就斥责章氏"牺牲中华民国全国之国民,甘心为袁世凯作走狗"④,其言论"变本加厉,竟不惜以向日民党之主张,置诸脑后,另换一副面具,主张专制,排斥民党"⑤。因此戴氏声称:"直可认为著《訄书》之章炳麟,已与邹味丹同死,其至于今日存在者,并非章炳麟,特禽兽而冠人名者耳。"⑥

而当时的政局走向,却并未像章太炎所期待的那样,民初政党林立,许多政党,只是树一团体,浮沉于政海,既无党纲,又乏宗旨,参与其事者,不是假政党为争夺权力之具,就是为政治树立对抗力,不少团体,纯属利益结合。时彦名流常一人而拥有许多党籍,只因有名望,遂被各政党积极拉拢。⑦政局纷纭,非但未能显现共和政体之美,反倒造

---

① 章太炎:《宣言八》,载《太炎最近文录》,第7页。
② 章太炎:《与张继》,载马勇编:《章太炎书信集》,第460页。
③ 同上,第461页。
④⑤ 戴季陶:《哀章炳麟》,载桑兵、黄毅、唐文权合编:《戴季陶辛亥文集》下册,香港:香港中文大学出版社1991年版,第828页。
⑥ 戴季陶:《章炳麟之丑史》,载桑兵、黄毅、唐文权合编:《戴季陶辛亥文集》下册,第842页。
⑦ 参见张玉法:《民国初年的政党》,台北:"中央"研究院近代史研究所2002年版,第37—49页。

成纲纪废弛，遭人厌恶。章太炎自己一度也深陷其中，难以自拔。①后来袁世凯遂利用党派之间的矛盾，先是排挤国民党，然后卸磨杀驴，将进步党、共和党冷落一旁，使其地位边缘化，一步步走向集权，最终受人蛊惑，决定帝制自为。睹此情形，章太炎深感愤恨，遂不顾个人安危，只身入京，当面斥责袁世凯妄图称帝，最后被后者软禁于北京。在此期间，他"感事既多，复取《訄书》增删，更名《检论》"②。此书堪称他于铁锁寒幢中的思想总结。③其中关于道法思想，他又有不少新的认识。

1913年冬至，已经有帝制自为念头的袁世凯，着古装，依古礼，赴天坛祭天，同时还颁布诸多政令，恢复古代礼制与仪式。本来章太炎在晚清之时，痛感中国传统礼俗日渐衰微，认为适当恢复礼制，可让人心生种性之思，光复之念，因此在《訄书》的重订本里，他撰写了《订礼俗》一文，讨论今世应如何改良与实践传统礼制。④但目睹袁世凯种种行为之后，章太炎深不满当时"诸经师老生，好言朝祭等制以为谄谀，内长枝媚，外增淫名；百僚师师，日修其貌，瑞命等位，日序其式"⑤，认为"今为朝仪，而贵游叱咤甚于田野，弥益其骄"⑥，甚至是"上弥矜饰而无情朴，下愈侮笑而不宠神。故有宿戒而入，弁冕而祀，夕以颠倒，投其五木，宿乎女闾者矣"⑦。在他看来，当时种种制礼行为，纯属表面文章，无补于政风污秽，而一二经生谄媚元首，使礼制本意丧失，沦为粉饰专制之工具。因此他强调："忠信之人，可以学礼，'不能以礼让为国，如礼何！'"⑧

但仅有斥责，并不能凸显当时种种恢复古礼行为之非。章太炎力图通过梳理古今礼法流变，以此论证自己的立场。他指出："礼者，法

---

① 关于章太炎在民初政坛的活动，参见姜义华的《章太炎思想研究》（第513—562页）。
② 章太炎：《太炎先生自订年谱》，第25页。
③ 参见姜义华：《章太炎思想研究》，第600页。
④ 参见章太炎：《訄书（重订本）·订礼俗》，载《章太炎全集》第3册，第296—303页。
⑤⑥⑦⑧ 章太炎：《检论·礼隆杀论》，载《章太炎全集》第3册，第408页。

度之通名,大别则官制、刑法、仪式是也。"①这一对礼的定义,突出礼法之间关系紧密,将法家要素渗入礼制之中。历代礼制,日趋繁复,而法令条文却恰好相反。及至唐代,"《唐开元礼》大别百五十有二,视周四倍而赢,其律条唯有五百,又于周刑六分居一"②。为何如此?章太炎指出:

> 晚世礼书为空文,而李官之法必用空文,虽繁,素不肄习可也。切用者,不得不以师生相授,约之易理,广博则棼矣。生民躯体之重,诚不比于圜丘郊社徒为观美者,则礼可误,刑不可误。是为晚世知本,而隆周务末也。③

在这里,章太炎视历代礼制皆为"空文",故而即便繁多,也属于存而不论者,是否研习,并不重要。反倒是法制条令,因与广大民众休戚相关,所以必须加以重视,所以"礼可误,刑不可误"。同时依他之见,法制沿革,代有不同,因此"刑罚世殊,虽传无所用者"。而民智日开,古礼价值亦渐削减,是故"尝禘郊社,尊无二上,徒可自欺,不足以谩群黎百姓,而去化道益远"④。北宋欧阳修在《新唐书》的《礼乐志》中也曾感慨:"由三代以上,治出于一,而礼乐达于天下;由三代以下,治出于二,而礼乐为虚名。"⑤这与章氏之言在结论上颇为相似,但欧阳修意在表达对礼乐在现实政治中地位之沦落深为不满,而章太炎则强调礼乐重要性远不如法制,后者才是真正影响国计民生者。对比于永叔坚持儒家立场,可见章太炎在论述礼法流变时,基本上是从法家立场阐述观点。他之所以如此,重要原因之一便是从学理上否定当时尘嚣直上的复古礼行为。

---

① 章太炎:《检论·礼隆杀论》,载《章太炎全集》第3册,第405页。
②③ 同上,第406页。
④ 同上,第407、408页。
⑤ (宋)欧阳修、宋祁:《新唐书》上册,北京:中华书局1999年版,第197页。

自清末起，章太炎不但对儒家政论屡有不满，而且认为远西法治徒有其名，他一直在探索能完全做到循名责实、保障民众利益的真"法治"。于《检论》中，他继续此项工作。在《訄书》重订本中本有《儒法》一文，但根据藏于北京图书馆的章氏手稿，此篇改为《原法》，且内容变更泰半。①改定本即现收入《检论》中的《原法》一文。从中可窥见章太炎对法治问题进一步的思考。他指出："法以明刑，今之律矣。律以定分，今之名例矣。"②近世之律，根源于战国时李悝之《法经》，虽为法家之作，但历代儒者，亦对之有所注解，"魏、晋、隋、唐效焉，其律非纯法家书也"③。后世儒法结合，于此可观一二。但注解律令，除去儒者所为，更须"名例训说"④，以此"广其篇章，辨其名实，别其异同，而又考信旧章，广征因革"⑤。是故"其事不能近舍名家礼官"⑥。在这里，章太炎梳理历代法律流变，强调欲达循名责实之境，必须以名家之术济之。

　　基于此，他分析后世法律窳败之因：

　　　　晚世名家礼官既绝，一并于儒，故定律者多在荐绅。独董仲舒为《春秋》折狱，引经附法，异夫道家儒人所为，则佞之徒也。何者？法律繁苛，未足以烧民。烧民者，在亿察无征之事。汉孝文时，有文侯之律，益以叔孙通傍章十八，法不约矣。然断狱四百，几于兴刑措之治者，其文质矣。法之蹩者，好舍事状，而占察人之心术。反唇之诛，腹诽之刑，为人主一己便，而教天下谄谀。⑦

对比于《訄书》重订本的《儒法》，可见章太炎在这里对法治问题，已有更深的认识。在《儒法》中，他认为法律败坏之始，在于律例分歧繁复，

---

① 北图版之修改手迹，为姜义华教授1975年在北京图书馆所藏章太炎手稿中发现。具体修改时间难以确定，但可判断是章氏1910年至1913年间所作。（参见朱维铮："前言"，载《章太炎全集》第3册，第19—20页）
②③ 章太炎：《检论·原法》，载《章太炎全集》第3册，第442页。
④⑤⑥ 同上，第443页。
⑦ 同上，第444页。

容易引人混淆。①而在此处,他修正过去观点,认为舍去法令明文,以查无实证之词与占人心术之语来判定罪责,这才是执法过程中的最主要弊病。他之所以强调解释法律条文须以名家之道为之,就是看重后者的思辨之功,能真正做到辨名实、别同异。他将此风气追溯于董仲舒,自然有因厌恶宗今文谈改制的康有为而迁怒古人之嫌,但董仲舒主张以《春秋》决狱,张汤借之以定腹诽之罪,在历史上也是不争之事实。除去这些因素,章太炎指出:"立法之意,止于禁奸,使民有伪行,惭德而已。欲以法令化民,是闻檃括足以揉曲木,而责其生梗柟聆风,民未及化,则夭枉者已多矣。"②他界定法律的效用范围,强调化民成俗与综核名实,绝非一事,不可以后者之道行于前者,否则会造成许多冤假错案。若以此断案,则"上者得以重秘其术,使民难窥,下者得以因缘为市。然后弃表埻之明,而从掺游之荡"③。这番认识,基本与前文所述他借庄学消解法家之失的思路一脉相承,即主张"分异政俗",只是在论述的深度与现实感上,较之先前,更胜一筹。

在被袁世凯软禁北京期间,章太炎对汤国梨说:"迩来万念俱灰,而学问转有进步。盖非得力于看书,乃得力于思想耳。"④其中对于老学,他便又有新的认识。他说:"老聃之书,称南面之术。暴者疏通,韩非解喻备矣,未及内心也。内心者,精象所流,不间仕隐,时随大理,而或近于恫奇。"⑤在《国故论衡》的《原道》里,他主要从政论的角度分析老学,但经过民初一系列世变,以及被软禁期间的困思独虑,章太炎更进一步思考老子思想的内蕴,分析其对人事方面之认识的得失。

章太炎指出:"老聃书多言无欲。无欲则不得慈民处官。文旨相错,义有夺予?"⑥对此,他认为修身与治国,不可并为一谈。"道者,因

---

① 参见章太炎:《訄书(重订本)·儒法》,载《章太炎全集》第 3 册,第 137 页。
②③ 章太炎:《检论·原法》,载《章太炎全集》第 3 册,第 443 页。
④ 章太炎:《与汤国梨》,载马勇编:《章太炎书信集》,第 544 页。
⑤ 章太炎:《检论·道本》,载《章太炎全集》第 3 册,第 434—435 页。
⑥ 同上,第 435 页。

贰以济民,行一耑不足以尽之,而非自为鉏铻也,偏至则跌矣。"①居官临民,必须体察民情之繁复,左右兼顾,不能用某一种道德标准看待众生,否则将流于偏激。因此认为老子所说的"人之大患,在我有身"是指其欲断欲舍身,乃是一偏之论。依章氏之见,这句话应理解为老子"讼言贵爱其身,非直贵身,又贵大患也"②。他借用佛学概念,指出:"人我之谓身,烦恼之谓患。"③因此"不少留人我见者,其志则一往趣寂,无利万物之情。'涤除玄览'者,断所知障也。不少留烦恼障者,其志则厌苦人世,不能悲恫以应群生之求也。若是者,宁足以讬寄天下者邪!"④历代官箴之一,即宣传为官应清心寡欲,这样才能拒绝贪渎,但章太炎却强调那些怀抱出世无欲之念者,绝不可使之从政。

他进一步说道:"人民困饿之阨,寒燠之眚,鳏寡之戚,无欲者不能体觉也。"⑤人间疾苦,心有所感,方可以莅民理政。因为"人之情欲,若溪壑而不可盈也"⑥,本身对世间荣辱哀乐有所感触,自然能以己度人,如心怀清静,不识人之欲念,则难以体会芸芸众生的心思。依章氏之见,这一认识,"不可以语高士逸民,而道本反更在是。浮屠大乘之义,无以驾之也"⑦。治理民事与个人修身不同,许多高妙之语,并非民众所能体会,秉此心态面对人世,在心态上就很难与民众相契合。犹有进者,章太炎认为孟子主张天将降大任,则必先苦其心志,劳其筋骨,动心忍性,曾益其所不能。这段话应理解为"不身触其事,则不能诚心痛悼,以识人之疾苦;从其躬行仁义、阅视险阻,不体知也固不能强毅赴之;赴之而或牵于礼法,有所当污身蒇行者,则不能任权径行也"⑧。之所以历经磨难,并非才智有限,处处碰壁,而是不具此经历,则不能洞察民隐,对民间疾苦休戚于心。总之,在他看来,所谓内心之道,即"精诚者,身知宠辱,以临大患,始获焉"⑨。由此观之,战国时期的墨子与宋钘,劳形苦心,虽为天下事奔波,愿万民丰衣足食,但心志

---

①②③④⑤⑥⑦⑧　章太炎:《检论·道本》,载《章太炎全集》第3册,第436页。
⑨　同上,第437页。

与普通人差距太远,反而不能得其精诚。此即所谓"骇戾转甚者,以其远人情。故有清约厉身,而不可为大夫者矣"①。当然,这也并非鼓励纵欲,因为过度自私自利者,同样是不识"以百姓心为心"。

　　章太炎的这一认识,基本上是在阐释道家的"以百姓心为心"之论,与他强调的立法应从广大国情出发,政俗之间明确区隔,国家权力不应过度干涉社会民俗等主张皆出于同一思虑。民国成立之初,他主张各种建制应"辅万物之自然而不敢为,其要在去甚、去奢、去泰"②,即顺从广大民众所思所想,避免晚清以来在"启蒙""进步"等名义下出现的诸多躁进与嚣然。但只是从外部行为规劝,难以真正臻于斯境,必须指陈为政者内心所应具有的态度,这样或可内外一以贯之,真正做到"以百姓心为心",达到道法结合,避免刻薄寡恩。他在先前提倡建立"依自不依他"的宗教,强调"一切众生,同此真如,同此阿赖耶识",因此"立大誓愿,尽欲度脱等众生界,不限劫数,尽于未来"。③这一主张,与此处所言者一脉相承,亦可看成是他对佛学与道家左右采获,进一步深化相关认识。在同时口述于弟子吴承仕的《菿汉微言》中,他还谈道:"王夷甫重老子,知其无为,不知其无不为。王介甫重老子,并知申韩之法,亦出于是矣。殊途同归,俱用败亡者,何哉? 不知以百姓心为心也。'轻则失臣,躁则失君',老聃以为至戒。'有道之君贵静,不重变法',韩非亦知之矣。而介甫不悟,岂明老氏之术者邪?"④王安石在修身方面无可挑剔,但变法主张,可行于一隅,却难以遍及全国,此中得失,未尝不与此有关。章太炎其时身遭软禁,困居独处,忧患之中所体悟的身心性命之学,要义之一即在于是。总之,道法思想在章太炎眼中,适足以为当时中国所用。及至晚年,他依然认为:"处承平之世,独裁如商君、武侯,民治如今远西诸国可也。若夫奸人

---

① 章太炎:《检论·道本》,载《章太炎全集》第 3 册,第 437 页。
② 章太炎:《大共和日报发刊辞》,载汤志钧编:《章太炎政论选集》下册,第 537 页。
③ 参见章太炎:《建立宗教论》,载《章太炎全集》第 4 册,第 436 页。
④ 章太炎:《菿汉微言》,载虞云国整理:《菿汉三言》,第 30 页。

成朋,贵族陵逼,上以侵其主,下以贼其民庶,非有老子、韩非之术者,固无以应之。"①

基于此,章太炎审视中国历代思想,认为类乎此者,首推北宋程颢。程颢的《定性书》,依章氏之见,虽然杂于释、老,并非纯粹儒家者流,但其内容"可谓旨远而用近也……其言盖任自然,远于释氏,而偏迩老聃。何者?志不欲为长往绝俗,将师保万民,而以道苙天下,故不得果于除外。顺斯术也,固将无为而治,其尚杜塞情欲,倍诃责于贤者邪?持论虽高,其情更迩。及其审示径隧,独以忘怒观理为尚,弥复岂易。辍学之士,深宫之主,可为也。故老子曰:'为道日损,损之又损,以至于无为。无为而无不为也。''圣人无常心,以百姓心为心。'伯子所论,其展伸此也,号曰'定性',而更宛臧南面之术"②。在章太炎看来,《定性书》主张天地普万物而无心,圣人顺万物而无情,运用于世事,即为摒弃主观,祛除偏见,不为力图存天理而决然灭人欲,不将自己主观好恶施于万民,放任而平等地看待人间事物的发展与变迁。这一点,与老子的"无为而治"甚为相似,可以说做到了"以百姓心为心"。尤可注意者,章太炎在清末直言:"洛、闽儒言,至为浅薄,而营生厚养之士,昌言理学,犹且为人鄙笑"③,对宋代理学并无好评。但此处经过更为深入的思考,他从道家的角度切入,对理学的态度开始改观。章氏晚年回归儒学,从儒家经典中寻找修己治人之道,于此可见端倪。

四、结　语

1933 年,有感于民族危机日益加剧,以治诸子闻名学界的陈柱撰文指出:"吾以谓今日欲复兴中国,莫急于复兴儒家之立诚主义,道家之知足主义,法家之法治主义,墨家之节用主义,此四者为中国民族今

---

① 章太炎:《老子政治思想概论序》,载《章太炎全集》第 5 册,第 150 页。
② 章太炎:《检论·通程》,载《章太炎全集》第 3 册,第 463—464 页。
③ 章太炎:《建立宗教论》,载《章太炎全集》第 4 册,第 440 页。

日之最缺乏者。惟其缺乏此四者,故外患日深,内乱不息。长此不已,不独有亡国之虞,且将有灭种之患也,故提倡复兴此四者,实为今日对症发药最急最要之图。"①通过表彰诸子经世之道,来医治当时政治上的贪污腐败、内斗不断,并且培养遵纪守法、勤俭耐劳的新风气。其实早在辛亥革命前后,章太炎之于诸子,便是由此入手,阐释诸子政论,在体认时代变局的基础上,对先秦道法二家的致用之道充分继承,作为感观时局、抒发政见的重要理论基础。他在清季对代议制度大加抨击,认为此举非但与中国历史与现状极不相符,而且一旦施行,获利者只是地方权贵,民众非但不能享其利,反倒受其害。基于此,他从学术根源入手,直指当时被许多人视为中国民主思想先驱的黄宗羲,对其主要观点逐条反驳。在此他所运用的思想资源,便是先秦法家。他从立法与用人方面的循名责实入手,指陈黄氏之言,并不能带来真正法治,其铨选之道,只会造成所选非人。借此强调要想选拔真正的人才,铨选时以专业的"技能"为标准,升迁时以记载业绩的"计簿"为标准,因为此二者皆有客观标准可循,前者能使人尽其才,有专门才能者司职专门之事;后者能根据各人业绩高低来判断其良莠,此皆为法家"综核名实"之道的体现。他心目中真正的"法治",乃是无论贵贱,皆服从于具备客观标准的法律,不尚玄谈,不避亲贵,保护广大民众利益,这其中的法家因素也至为明显,因此他一反时流,表彰秦政。

为了进一步论证代议制度之非,章太炎援引老子学说,对其"不尚贤"思想展开分析。他认为老子的"绝圣弃智"与"不尚贤使民不争",并非是指遗弃文明,返于质朴,使民老死不相往来。而是一种法家式的政治上对铨选之态度。选拔人才,必须以"图书"及"身验"这些具有客观标准的因素为基础,而不将主观态度掺于其中。同时章太炎认识到法家学说的局限在于国家权力无限延展,让民众无所逃于天地之间,落实到具体历史语境之下,有可能造成民间各种活动受到压制,致

---

① 柱尊:《中国复兴与诸子学说》,《复兴月刊》1933 年第 1 卷第 10 期。

使整个社会氛围有窒息之弊。而以事后之明观之,当时清廷新政,许多举措确实与此极为相似。是故他本齐物哲学,借庄子之言消解法家之失,要点便在"分异政俗"四字。他强调政府权力应有明确界限,止于颁布法令,惩处犯罪。而政治活动之外,犹有广阔天地存焉,是故其他民间行为,特别是文化与思想方面,则不可强行干涉。民众只要不违反法律,其余行为任其自由,自外于国家与社会,不与众人为伍,避世独居,也无可厚非。

民国建立,章太炎尽管言之凿凿,但时局发展,却与他所力倡者大相径庭,他自己也被袁世凯软禁于京。其间他修改旧作《訄书》,更其名为《检论》。他探索能完全做到循名责实、保障民众利益的真"法治"。认为舍去法令明文,以查无实证之词与占人心术之语来判定罪责,这才是执法过程中的最主要弊病。他之所以强调解释法律条文须以名家之道为之,就是看重后者的思辨之功,能真正做到辨名实、别同异。同时他思考如何能真正做到"以百姓心为心",认为清心寡欲者,虽在修身方面无可厚非,但绝不可使之莅民理政。治理民事与个人修身不同,许多高妙之语,并非民众所能体会,秉此心态面对人世,在心态上就很难与民众相契合。更会对民间疾苦无动于衷。这一认识,堪称章氏的忧患之学,极大丰富了对道家"以百姓心为心"的认识。他的这些心路历程,正如姜义华教授所论:"章炳麟通过辛亥革命成功与失败的实践,更加深刻地认识到,中华民族的振兴,不是靠侈言宪政,而是必须一切从宏观实际出发,辅万物之自然,以百姓心为心,对旧法素俗进行切实的改革。"①

总之,章太炎之于诸子,并不像同时代的许多人那样,因晚近世变之亟而视其为陈言刍狗,于今世了无意义,董理之道流于饾饤;或者是评判价值高低,视其与远西思想契合多少,若能比附后者,则值得表彰,若与后者相反,则视若粪土。他从中国历史与文化本身脉络出发,

---

① 姜义华:《章炳麟评传》,第 505 页。

根据对时局的感观,阐释诸子思想中能对今世有所贡献者。在他那里,传统与现代之间绝非处于割裂状态。章氏齐物哲学,内容之一便是试图祛除古今之隔。在他看来:"道本无常,与世变易,执守一时之见,以今非古,以古非今,此正颠倒之说",具体言之,"顺进化者,以今非古,则诬言也";另一方面,"守旧章者,以古非今,是亦一孔之见矣",是故"是云非云,不由天降,非自地作,此皆生于人心"。①而据但焘记章氏所言,周秦诸子,"彼所学者,主观之学,要在寻求义理,不在考迹异同"②,这与诂经谭史并不相同。本此见解,诸子之学,虽然创自千年以前,但其意义,在今世依然常存天壤,关键在于如何认识与诠释。只要从自国自心出发,感时观世,力求心得,自能对其思想进行新的阐释,为国家治理提供思想借鉴。③钱基博曾言:"世儒之于炳麟,徒赞其经子训诂之劬,而罕体会体国经远之言;知赏窈眇密栗之文,未能体伤心刻骨之意。"④近代中国政治思想的主流走向基本上是在追求源自于西方的现代性诸建制,许多政见上的差异,除去一二食古不化者流,基本皆为对实践不同的西方政治思想之争论(如美式宪政或苏联模式)。而章太炎在面对滔滔而来的现代性思潮时,能够在审视中国历史与现状的前提下,反思前者可能出现的各种弊病,强调制度设计应以保障民众利益为旨归,而非一味唯新是好。他的这番政见,置诸近代中国历史,认同者其实并不多。20世纪40年代,陈寅恪目睹当时"民主政治之论,复甚嚣尘上",因而感慨"验以人心之厚薄,民生之荣

---

① 参见章太炎:《齐物论释》,载《章太炎全集》第6册,第18—19页。
② 但焘:《蓟汉阁雅言札记》,载虞云国整理:《蓟汉三言》,第174页。
③ 当然,章太炎在清末民初的具体历史语境下,对待先秦诸子,着眼点并非用训诂考据之法,求其言说本相,他所阐释的诸子思想,某种程度上说,乃章氏用以构筑他自身思想体系的一部分,因此,他的相关观点,可以看作是对古人遗言的创造性阐释,而不应执着于此,认为此乃诸子思想本身。更进一步言之,章太炎由此出发,对近代西方政治思想多有批评,也只是在具体的政治论争中,侧重关注可用以反驳政敌的相关部分,而非全盘且客观的学理分析,这一点需要辨明,若以章氏所论,认为远西政论不过如此而已,则失之远矣。
④ 钱基博:《现代中国文学史》,上海:上海书店出版社2004年版,第69页。

悴，则知五十年来，如车轮之逆转，似有合于所谓退化论之说者"，对中国追寻现代政治之路甚感悲观，同时强调自己"少喜临川变法之新，而老同涑水迂叟之迂"。①众所周知，陈氏绝非顽固不化之人，他的这番观察，或许在某种程度上印证了章太炎于辛亥前后的相关思考。从章、陈二人的视角来审视近代中国政治演进的历史，或许可以更丰富对近代史事的认识与反思。

---

① 参见陈寅恪：《读吴其昌撰梁启超传书后》，载《中国现代学术经典·陈寅恪卷》，石家庄：河北教育出版社 2002 年版，第 837 页。

第五章　章太炎的典章制度之学

1941年,周予同在《五十年来中国之新史学》一文中梳理晚清以降史学思潮之流变,其中他特别强调欲全盘了解近代中国的"新史学",必须"追念章炳麟"。具体言之:"章氏本属于顾炎武所派生的以戴震为领袖的皖南派,他由俞樾上承王念孙、王引之、段玉裁的学统而直接于戴震,所以他可以说是清代经古文学的最后大师;但就史学方面说,他并不以前一辈考证史学为满足,而竭力复兴黄宗羲派的民族主义史观。他收编在《国故论衡》《检论》《太炎文录》里的文章,如《原经》《尊史》《订孔》《春秋故言》等篇,不仅在学术论争上是权威的著作,就是对民族革命,也贡献其绝大的助力。章氏对于史学,正如他自己所说:'发愤于宝书,哀思于国命。'而且,章氏的经学与史学,并不是分裂的或对立的各不相干的两部分,而是能有机地联系或统一起来的;大概地说:他潜心治学的方法,承袭古文学派的皖派的考证学;而揭橥应世的观点,则在复兴浙东史学派的民族主义。就他的学统的本身说,固属于旧派;但就他的学术思想的影响说,却自有其光荣的功绩。"①依他之见,章太炎在治学上能充分吸收清代朴学之特色,并且由经及史,通过研究历史,以应世变,求是之余,不忘致用,进而促进近代中国新史学的诞生。这一认识,基本上总结出了章氏学术思想的主要特色。

---

① 周予同:《五十年来中国之新史学》,载朱维铮编校:《经学与经学史》,上海:上海人民出版社2012年版,第172页。

因此章太炎的史学思想，便成为数十年来章太炎研究的关注重点。依笔者所见，论述章氏史学，时贤多集中于以下几个方面：其一，章太炎反对今文经学怪诞之言，强调信史的重要性，主张实事求是，批判夸诞虚矫之论，对于历史事实的考订尤为注意，但并不主张遑顾史实，过分疑古。其二，章太炎民族主义情怀非常强烈，自言少年之时熟读《东华录》《扬州十日记》等史书，夷夏之辨横于胸中并且时常显现，因此在许多关于史学的文章著作中显现出极强的民族主义倾向，堪称近代中国民族主义史学之代表。其三，在1902年与梁启超的信中，章太炎自言欲著一部《中国通史》，其重点在用当时西方的社会科学理论新诠中国历史，所以广泛阅览西方社会学、政治学著作，融汇西学与东学，故而晚清以降的新史学之理论与实践，章氏颇有贡献，他与梁启超一样，开启近代中国以新眼光梳理中国历史之先河。其四，章太炎对待经学，所采取的态度是"夷六艺于古史，徒料简事类"①，将六经"历史文献化"②，这对传统经学体系冲击极大，这背后彰显出章太炎对经史关系的论述，以及他如何吸收与扬榷章学诚的"六经皆史"之说，这不但与近代史学关系极大，且关乎经学在近代的命运。综合这些视角，对呈现出章太炎史学思想之面貌极有助益。③

然除此之外，章氏史学，犹有可资探讨之处存焉。他在《自述学术次第》里谈道："余少年独治经史，《通典》诸书，旁及当代政书。"④又在《自订年谱》中强调自己"精治《通典》"⑤。晚年自述治学功夫时亦言："涉《通典》四五周，学渐实。"⑥在中国传统史学里，与编年、纪传体裁

---

① 章太炎：《訄书（重订本）·清儒》，载《章太炎全集》第3册，第158页。
② 王汎森：《章太炎的思想》，第128—136页。
③ 数十年来讨论章太炎之史学的论著甚夥，堪称提纲挈领且有独到之见者，参见姜义华所撰《章太炎》中的第3章"华夏文化的疏浚与重构"，特别是其中的第4节"新史学的开拓"以及汪荣祖所撰《章太炎与现代史学》（载氏著：《史学九章》，台北：麦田出版公司2002年版，第181—217页）。
④ 章太炎：《自述学术次第》，载虞云国整理：《菿汉三言》，第191页。
⑤ 章太炎：《太炎先生自订年谱》，第18页。
⑥ 诸祖耿：《记本师章公自述治学之功夫及志向》，载章太炎：《章太炎国学讲演录》，第34页。

的史籍一样,讨论历代文物制度变迁沿革的典章制度之学地位也非常重要,不但有助于疏通知远,了解各项制度流变,并且堪称历代士人借读史以经世致用的主要凭借。章太炎屡次强调自己熟读《通典》这一传统典籍里讨论典章制度的代表作,显示出他对此类学问的强烈关注。对此章门弟子许寿裳业已提及,他认为:"章先生之论制度,能以枯燥平淡的史料,演为酣畅精彩的文章,而又字字核实,使人读了,仿佛看小说或戏剧一般,足以感怀不忘……使古代官制的奥义,了如指掌。"①他的另一位弟子钱玄同亦称:"师熟于中国历史,而于历朝之典章制度尤所究心。"②此外,对章太炎在近代中国启蒙思想中之地位表彰有加的侯外庐也指出,章太炎主要的史学成就,"便是他的关于中国官制诸考证"③。凡此种种,显示出章太炎对于典章制度之学的重视。

然章太炎研究历代典章制度,并非步武清人后尘,以饾饤之学,补正史之阙,而是有着颇为强烈的现实关怀。章太炎对革命方针与路线,对中国政治与社会之状况,对流行于世的各种学说与主张,有着十分深刻且广泛的观察、思考与反省。他的许多政治言论,多可视为其相关学理的实践。章太炎逝世后,弟子李植撰文纪念,特别表彰他政论之价值,认为:"其持论以民族主义为根,推之礼俗政教,壹准国情民性,不屑屑皮傅远西,亦不肯曲随庸众。所著《代议然否论》《国家论》《五无论》《四惑论》诸篇,忧深思远,蒿目而观世变。其立说皆远在二十年前,而流弊隐患之勃发,则在民国建立之后。当时闻其说者,漫不加察,指为无的放矢,而不知先生之虑患深也。"④史家吕思勉亦言:"章太炎发挥法治之说,如论古代监察制度之类,都能陈古以鉴今,对于时论,有很大针砭作用。"⑤在政治方面,章太炎与近代许多人不同,

---

① 许寿裳:《章太炎传》,第82页。
② 杨天石整理:《钱玄同日记(整理本)》上册,第384页。
③ 侯外庐:《近代中国思想学说史》下册,第801页。
④ 李植:《余杭章先生事略》,载陈平原、杜玲玲编:《追忆章太炎》,第7页。
⑤ 吕思勉:《从章太炎说到康长素梁任公》,载《吕思勉遗文集》上册,上海:华东师范大学出版社1995年版,第398页。

他主张中国的政治应"依于历史,无骤变之理"①,根植于中国历史之脉络,反对一味移植域外制度而不顾国情。所以他探讨中国历代制度,一个主要着眼点便是试图从中总结出值得为今世所借鉴者,作为当下制度建设的重要参考,这一点同样是章太炎典章制度之学的重要组成部分,当然此一方面,一旦成为公共议题,便引起了社会上不同的回应之声。犹有进者,章太炎的典章制度之学,在近代中国并非绝响,一些近代史家对这一领域的相关论著,与章氏之言极为相似,这一点同样不应忽略,梳理其中脉络与指要,或可呈现出近代中国史学领域的另一种样貌。②

一、思想背景

章太炎 1897 年在《兴浙会章程》中说道:"子以管、墨为最要。至荀子则入圣域,固仲尼后一人。持衡诸子,舍兰陵其谁哉!"③显示出他对荀学的极度青睐。尽管荀子强调"有治人,无治法",然则在荀学的思想体系里,"礼"的地位至为关键。荀子认为:"国无礼则不正。礼之所以正也,譬之犹衡之于轻重也,犹绳墨之于曲直也,犹规矩之于方圆也,正错之而人莫之能诬也。"④因此"隆礼至法则国有常"⑤。"礼"已经不只是具体的仪文,而是国家制度之根本。荀子强调礼制,不同于孟子的谈心说性,而是在制度建设上深致意焉。章太炎以荀学服膺者自居,自然颇受此影响,进而关注中国历代典章制度。此外,前

---

① 章太炎:《自述学术次第》,载虞云国整理:《菿汉三言》,第 198 页。
② 阎步克曾从官制史研究的角度,分析章太炎的典章制度之学的贡献与不足,这对了解章氏论中国古代制度之得失极有帮助。(参见氏著:《论康有为、章太炎的古代官阶研究》,载北京大学中国古代史研究中心编:《田余庆先生九十华诞诵寿论文集》,北京:中华书局 2014 年版,第 31—49 页)
③ 章太炎:《兴浙会章程》,载姜义华、朱维铮编注:《章太炎选集》,上海:上海人民出版社 1981 年版,第 17 页。
④ 北大哲学系注:《荀子新注》,台北:里仁书局 1983 年版,第 205 页。
⑤ 同上,第 241 页。

文提及章太炎熟读《通典》,在此书中杜佑指出:"夫行教化在乎设职官,设职官在乎审官才,审官才在乎精选举,制礼以端其俗,立乐以和其心,此先哲王致治之大方也。故职官设然后兴礼乐焉,教化隳然后用刑罚焉,列州郡俾分领焉,置边防遏戎敌焉。"①他著书着眼于制度建设对国家治理的重要性,其书虽然讨论前史,但经世之意至为明显,因此对本朝(唐)制度论之极详。章太炎论述中国历代制度时的着眼点,可以说与杜佑在精神上一脉相承。

除去这些思想传承,在治学上章太炎师承俞樾、孙诒让等人,实则更深受清代朴学之影响。清人考证古史,典章制度为其主要关注点之一,彼时礼学兴盛,清儒多主张"循典章制度以求圣人之道",这一看法俨然成为乾嘉以降汉学界的治学宣言。②王鸣盛尝言:"大抵史家所记典制有得有失,读史者不必横生意见,驰骋议论,以明法戒也,但当考其典制之实,俾数千百年建置沿革,了如指掌,而或宜法,或宜戒,待人之自择焉可矣。"③在向入门者示范治学门径时,江藩亦指出"制度沿革不可不知":"有唐虞之制度,有三代之制度,有秦汉之制度,有魏晋以下之制度。执魏晋以下之制以考秦汉,未必不失秦汉矣;执秦汉之制以考三代,未必不失三代矣;执三代之制以考唐虞,亦未必不失唐虞矣。何也?一朝之制,有因有革,有损有益,据末世之事释上古之文,安知今之所有者,非皆古之所无乎?今之所无者,非皆古之所有乎?故凡考制度,宜多读古书。"④与之相似,时人提及俞樾论学,强调治朴学的主要一途为须"博览强识,久而贯通"的"典章之学"。⑤凡此种种,很难说章太炎不受其影响。他在晚年时谈道:"清代史家有二长处:第

---

① (唐)杜佑:《通典》第1册,北京:中华书局1988年版,第1页。
② 参见张寿安:《十八世纪礼学考证的思想活力——礼教论争与礼秩重省》,台北:"中央"研究院近代史研究所2001年版,第14—17页。
③ (清)王鸣盛:《十七史商榷》,上海:上海书店出版社2005年版,序言第1页。
④ (清)江藩:《经解入门》,上海:华东师范大学出版社2010年版,第141页。按:根据当代的研究成果,这本书并非江藩所著,而是另有人托其名刊刻传布。
⑤ 参见费念慈:《致缪荃孙》,载顾廷龙校阅:《艺风堂友朋书札》上册,上海:上海古籍出版社1980年版,第308页。

一是实在,第二是不加议论;然其短处亦在此,所以虽无胡致堂之妄,亦无司马温公之长。"①终其一生来看,他对待清代朴学传统,应该是既有继承,又有反省。

以上所论,乃是传统学术内部相关面向对章太炎所可能产生的影响。但是他毕竟生活在这一处于数千年未有之变局的时代里,论学观事,已不能完全率由旧章。在 20 世纪初,源于近代欧洲的"国史"观念,以日本为中介,被引进到中国,一批有识之士认识到中国不再是古代的"天下",而是置身于世界各国之林中的一员,面对寰宇茫茫、列强林立,中国人亟须有自己的国家与民族认同,以此在当前的国际环境中得以自立,因此区别于"他国"的"本国"观念便愈显重要,同样的,不同于过去"朝代史"的"国史"观念也因之而生,以便从中寻求中国人自己的立国之精神。②此正如后来梁启超所言:"今日所需之史,则'国民资治通鉴'或'人类资治通鉴'而已。史家目的,在使国民察知现代之生活与过去未来之生活息息相关,而因以增加生活之兴味,睹遗产之丰厚,则欢喜而自壮;念先民辛勤未竟之业,则矍然思所以继志述事而不敢自暇逸;观其失败之迹与夫恶因恶果之递嬗,则知耻知惧,察吾遗传性之缺憾而思所以匡矫之也。"③众所周知,历史之学在章太炎的思想体系中位置极为重要。他指出:"民族主义,如稼穑然,要以史籍所载人物制度、地理风俗之类,为之灌溉,则蔚然以兴矣。不然,徒知主义之可贵,而不知民族之可爱,吾恐其渐就萎黄也。孔氏之教,本以历史为宗,宗孔氏者,当沙汰其干禄致用之术,惟取前王成迹可以感怀者,流连弗替。《春秋》而上,则有六经,固孔氏历史之学也。《春秋》而下,则有《史记》《汉书》以至历代书志、纪传,亦孔氏历史之学也。……

---

① 章太炎:《清代学术之系统》,载章念驰编订:《章太炎演讲集》,第 306 页。
② 参见余英时:《20 世纪中国国史概念的变迁》,载氏著:《人文与理性的中国》,程嫩生、罗群等译,台北:联经出版事业公司 2008 年版,第 567—570 页。
③ 梁启超:《中国历史研究法(正补编·新史学合刊)》,台北:里仁书局 1984 年版,第 47 页。

不言孔学则已,若言孔学,愿亟以提倡历史为职。"①在章太炎看来,孔子与其说是"至圣先师",不如说是一位优秀的史家。②他所倡导的修史传统,使得中国数千年有绵延不断的历史记录,后人通过浏览前史,熟知历代史事,民族主义之念便可油然而生,爱国之情也随之激越蓬勃。

在近代重撰国史的潮流里,章太炎堪称主要代表人物,他的典章制度之学,很大程度上便是根植于这一背景之下。1902年他致信梁启超,谈及自己撰写一部《中国通史》的计划。依他之见:

> 窃以今日作史,若专为一代,非独难发新理,而事实亦无由详细调查。惟通史上下千古,不必以褒贬人物、胪叙事状为贵,所重专在典志,则心理、社会、宗教诸学,一切可以熔铸入之。典志有新理新说,自与《通考》《会要》等书,徒为八面锋策论者异趣,亦不至如渔仲《通志》蹈专己武断之弊。然所贵乎通史者,固有二方面:一方以发明社会政治进化衰微之原理为主,则于典志见之;一方以鼓舞民气、启导方来为主,则亦必于纪传见之。③

可见章太炎眼中理想的《中国通史》,应贯通古今,使之具备"国史"的样貌,而其重点则应在"典志",并且以晚近新说熔铸其中,区别于往日沾染科举策论之弊的诸史论,这样便可以"发明社会政治进化衰微之原理"。虽然在1906年东渡日本以后,章太炎开始对近代社会进化论展开反思,写出《俱分进化论》《四惑论》等批评后者的文章。但在当时,他还是对此颇为醉心,阅读了大量与此相关的东籍与西籍。④他指

---

① 章太炎:《答铁铮》,载《章太炎全集》第4册,第388—389页。
② 参见章太炎:《訄书(重订本)·订孔》,载《章太炎全集》第3册,第133页。
③ 章太炎:《与梁启超》,载马勇编:《章太炎书信集》,第42页。
④ 关于章太炎在当时所阅读的西学与东学著作之情况,参见姜义华的《章太炎思想研究》(第164—165页)。

出:"物苟有志,强力以与天地竞,此古今万物之所以变",而另一面,则是许多生物因不明合群竞争之道,致使日渐退化。①在这样的思虑之下,章氏遂认为需要在历史论述中强调能促进"合群明分"的因素。而历代典制,便是一个很好的切入点。在重订本《訄书》中,章太炎将一篇《中国通史略例》附于其中,对这一点进一步阐述。他指出:"西方作史,多分时代;中国则惟书志为贵,分析事类,不以时代封画。二者亦互为经纬也。"②章氏将中西史学著作的体例具体分析,由此得出结论:"至乃研精条列,各为科目,使一事之文野,一物之进退,皆可以比较得之,此分类者为成学讨论作也",是故他借鉴古代史籍中讨论典章制度者的体裁,名之曰"典",并且强调"诸典所述,多近制度"。③当时中国人所撰的"中国通史"类著作中,夏曾佑的《最新中学教科书中国历史》影响极大,而在章太炎看来,此书的主要缺点便是"典章制度,全然不说"④。

在当时追寻近代新史学的路上,梁启超显示得尤为决绝,他对中国旧日史籍大加抨击,认为后者虽然卷帙浩繁,但"陈陈相因,一丘之貉,未闻有能为史界辟一新天地,而令兹学之功德普及于国民者"⑤。因为在他看来,"二十四史非史也,二十四姓之家谱而已"⑥。中国旧日史籍,"知有朝廷而不知有国家""知有个人而不知有群体""知有陈迹而不知有今务""知有事实而不知有理想",根本不能在当下担当起"国史"的重任。因此梁氏直陈:"故汗牛充栋之史书,皆如蜡人院之偶像,毫无生气,读之徒费脑力。是中国之史,非益民智之具,而耗民智之具也。"⑦梁启超的这番认识,在当时影响极大,时人甚至认为历

---

① 参见章太炎:《訄书(重订本)·原变》,载《章太炎全集》第3册,第191—193页。
② 章太炎:《訄书(重订本)·中国通史略例》,载《章太炎全集》第3册,第333页。
③ 参见章太炎:《訄书(重订本)·中国通史略例》,载《章太炎全集》第3册,第334页。
④ 章太炎:《常识与教育》,载章念驰编订:《章太炎演讲集》,第66页。
⑤⑥ 梁启超:《新史学》,载吴松等点校:《饮冰室文集点校》第3集,第1629页。
⑦ 同上,第1629—1630页。

典籍极为丰富的中国,在当时却处于"无史"的境地。像邓实就痛言:"悲夫!中国之无史也,非无史,无史材也。非无史材,无史志也。非无史志,无史器也。非无史器,无史情也。非无史情,无史名也。非无史名,无史祖也。呜呼!无史祖、史名、史情、史器、史志、史材,则无史矣。无史则无学矣,无学则何以有国也?诸夏蹴蹴,神州莽莽,中区鱼烂,道术将裂。"①

反观章太炎,他虽然在当时也倾心于新史学,但对中国旧籍之态度却与梁启超颇不相同。他指出:"要其素知经术者,则作史为犹愈。允南《古史》,昔传过于子长,今不可见。颜、孔《隋书》,亦迁、固以后之惇史。君卿《通典》,事核辞练,绝异于贵与之伧陋者。故以数子皆知经训也。"②因此,"必以古经说为客体,新思想为主观,庶几无愧于作者"③。在这里,章太炎强调精通"经训"对撰写新史的重要性,并且特别表彰杜佑的《通典》之所以能做到"事核辞练",就是由于后者谙熟经籍。由此可见,章太炎心中的新史学,虽然主张融入新知,但是在叙述史事方面,还是应以经史旧籍所言为根据,以此免于向壁虚构。基于此,章氏认为:"今修《通史》,旨在独裁,则详略自异。欲知其所未详,旧史俱在,未妨参考。"④同时他还强调:"《通史》之作,所以审端径隧,决导神思。其佗人事浩穰,乐胥好博之士,所欲知者何既,旧史具体,自不厌其刘览。苟谓新录既成,旧文可废,斯则拘虚笃时之见也已。"⑤总之,在章太炎眼中,新体裁的《中国通史》,在内容上不可尽与古代"经训"相脱节,新史之作,乃在于回应世变,启人新知,而要想进一步了解历代史事,则旧日史籍,依然是主要凭借。梁启超在当时那种于史学领域不破不立的激进态度,在章太炎身上并未有所体现。有论者言章太炎对《中国通史》的设计,未曾效仿彼时日本文明史家所为,因此当历史著作普遍使用章节体之时,章氏史学,便显

---

① 邓实:《国学微论》,载桑兵等编:《国学的历史》,第 32 页。
②③④⑤ 章太炎:《訄书(重订本)·中国通史略例》,载《章太炎全集》第 3 册,第 336 页。

得落伍。①其实这另一方面也表明章太炎对待传统学术资源,扬榷得失之际,不忘充分继承。而他对中国传统典章制度之学从体例到内容上的借鉴与汲取,便是在这样的思想背景之下展开。

1922年章太炎在上海讲演国学时谈道:"我们更可知学术的进步,是靠着争辩,双方反对愈激烈,收效方愈增大。我在日本主《民报》笔政,梁启超主《新民丛报》笔政,双方为国体问题辩论得很激烈,很有色彩,后来《新民丛报》停板,我们也就搁笔,这是事同一例的。"②而在学术领域,章太炎当时面临的主要对立面便是以梁启超的老师康有为为代表的晚清今文经学。熟识晚清史事的陈寅恪尝言:"曩以家世因缘,获闻光绪京朝胜流之绪论。其时学术风气,治经颇尚公羊春秋,乙部之学,则喜谈西北史地。后来今文公羊之学,遂演为改制疑古,流风所被,与近四十年间变幻之政治,浪漫之文学,殊有联系。此稍习国闻之士所能知者也。"③今文经学在近代中国的学术与政治诸领域掀起了极大的波澜。治学宗尚今文经学的皮锡瑞在《经学历史》中指陈:"汉崇经术,实能见之施行。"④因此"观两汉之己事,可以发思古之幽情。孔子道在六经,本以垂教万世。惟汉专崇经术,犹能实行孔教。虽《春秋》太平之义、《礼运》大同之象尚有未逮,而三代后政教之盛、风化之美,无有如两汉者"⑤。对汉儒能够"通经致用"深为歆羡。这一点并非皮氏一人之念,而是堪称晚清宗今文经者之共识。早在道光年间,魏源便强调:"且夫文质再世而必复,天道三微而成一著。今日复古之要,由训诂、声音以进于东京典章制度,此齐一变于鲁也;由典章制度以进于西汉微言大义,贯经术、故事、文章于一,此鲁一变至于道

---

① 参见王晴佳:《中国近代"新史学"的日本背景——清末的"史界革命"和日本的"文明史学"》,载徐兴庆编:《东亚知识人对近代性的思考》,台北:台大出版中心2012年版,第288—289页。
② 章太炎:《国学十讲》,载章念驰编订:《章太炎演讲集》,第238页。
③ 陈寅恪:《朱延丰突厥通考序》,载陈美延编:《陈寅恪集·寒柳堂集》,第162页。
④⑤ 皮锡瑞:《经学历史》,载吴仰湘校点:《皮锡瑞集》第2册,长沙:岳麓书社2012年版,第1159页。

也。"①及至晚清,康有为一方面广泛吸收他所能接触到的西学,一方面吸收前人思想,加之以匠心独运,对今文经学广为阐释。在当时颇为脍炙人口的《春秋董氏学》一书中,他指陈:"孔子疾时世之不仁,故作《春秋》,明王道,重仁而爱人,思患而豫防,反覆于仁不仁之间。此《春秋》全书之旨也。"②因此"知素王改制,一统天下,《春秋》乃可读"③。在康有为眼中,上古史事"茫昧无稽",孔子身为素王,为了创教改制,所以才借历史以明其义。而《春秋》一书,更非仅仅是一部历史著作。康有为认为《春秋》之义,不在显而易见的文字,而在难以征实的口说:"盖春秋为孔子改制所托,升平、太平并陈,有非常异义可怪之论,故口授而书不见,七十子传之后学。"④此外,经孔子"笔削"过的《春秋》,"书不书之或详或略、或削或存、或有日月或无日月、或名或不名,皆大义微言之所条系。故笔削如电报密码之编辑,然又非若编电报密码之无义也,于笔削之中即明大义"⑤。康有为如此这般地阐释古代经典,旧瓶之中,加入新酒无数,以求在新的时代里"通经致用",其论较之古人,更显"非常可怪"。

出于学派上的取向与现实政治的立场,章太炎极力批判这些观点。他指出宗今文经者所艳称的西汉经学,既不明晰疆域沿革,又暗于设官分职之道,像颇受彼辈传颂的《王制》,乃是"博士钞撮应诏之书,素非欲见之行事,今谓孔子制之为后世法,内则教人旷官,外则教人割地,此盖管、晏之所羞称,贾捐之所不欲弃,桑维翰、秦桧所不敢公言,谁谓上圣而制此哉?"⑥基于此,他指出:"《春秋》二百四十二年之事,不足尽人事蕃变,典章亦非具举之,即欲为汉制法,当自作一通书,

---

① (清)魏源:《两汉经师今古文加法考叙》,载《魏源全集》第12册,长沙:岳麓书社2004年版,第137页。
②③ 康有为:《春秋董氏学》,载姜义华、张荣华编校:《康有为全集》第2集,第310页。
④ 康有为:《春秋笔削大义微言考》,载姜义华、张荣华编校:《康有为全集》第6集,第5页。
⑤ 同上,第8页。
⑥ 章太炎:《驳皮锡瑞三书》,载《章太炎全集》第4册,第18页。

若贾生之草具仪法者。今以不尽之事,寄不明之典,言事则害典,言典则害事。令人若射覆探钩,卒不得其翔实。"①是故所谓"通经致用",乃是"为汉制惑,非制法也"②。既然汉代经学,本来面目不过如此,那么在世变愈繁的今日而言"通经致用",在章氏看来尤显荒诞不经。他强调:"人事百端,变易未艾,或非或韪,积久渐明,岂可定一尊于先圣?《春秋》三统、三世之说,无虑陈其概略,天倪定分,固不周知。岂有百世之前,发凡起例,以待后人遵其格令者? 故知通经致用,特汉儒所以干禄,过崇前圣,推为万能,则适为桎梏矣。"③在与王鹤鸣讨论学术时,他更是直言:"近世翁同龢、潘祖荫之徒,学不罩思,徒捃抚《公羊》以为奇觚,金石刻画,厚自光宠,然尚不敢言致用。康有为善傅会,媚以拨乱之说,又外窃颜、李为名高,海内始彬彬向风,其实自欺。诚欲致用,不如掾史识形名者多矣。"④

因此章太炎在当时主张说经考史,不应罔顾事实,追求所谓"致用",而应该实事求是,使其本相具现。他表彰清代朴学,认为宗其术者"一言一事,必求其征,虽时有穿凿,弗能越其绳尺"⑤。因此彼辈治学"古史亦以度制事状征验。其务观世知化,不欲以经术致用,灼然矣"⑥。而对于当下的学术,章氏则明言:"学者在辨名实,知情伪,虽致用不足尚,虽无用不足卑。"⑦又认为:"稽古之道,略如写真,修短黑白,期于肖形而止,使妍者媸,则失矣,使媸者妍,亦未得也。"⑧本此见解,在讨论中国古代制度的《官制索隐》一文里,章太炎强调:"盖古今言是者多矣,高者比次典章,然弗能推既见以至微隐。其次期于致用,一切点污之迹,故非所晓,虽晓亦不欲说。吾今为此,独奇觚与众异,其趣在实事求是,非致用之术。"⑨

---

①② 章太炎:《国故论衡・原经》,第61页。
③ 章太炎:《与人论朴学报书》,载《章太炎全集》第4册,第155页。
④⑦ 章太炎:《与王鹤鸣书》,载《章太炎全集》第4册,第153页。
⑤⑥ 章太炎:《訄书(重订本)・清儒》,载《章太炎全集》第3册,第160页。
⑧ 章太炎:《与人论朴学报书》,载《章太炎全集》第4册,第156页。
⑨ 章太炎:《官制索隐》,载《章太炎全集》第4册,第81页。

然则章太炎虽主张治学之道,在于实证以"求是",不在于一味"致用",但并不表明他对读史以致用完全无动于衷。1906年在东京留学生欢迎会上的演讲中,章太炎指出历史为国粹最主要的载体。而历史之要,乃是语言文字、典章制度、人物事迹。关于典章制度,章氏说道:"我们中国政治,总是君权专制,本没有什么可贵,但是官制为甚么要这样建置?州郡为甚么要这样分划?军队为甚么要这样编制?赋税为甚么要这样征调?都有一定的理由,不好将专制政府所行的事,一概抹杀。就是将来建设政府,那项须要改良?那项须要复古?必得胸有成竹,才可以见诸施行。"① 虽然他依然认为中国古代制度,乃是"专制"政体,但也开始注意到必须仔细梳理沿革、总结得失,"改良"同时,犹有可"复古"之处存焉,这样方能为未来的制度建设奠定基础。这表明,章太炎此刻已经将对中国未来政治的思考建立在从中国历史脉络本身出发,以本国为立足点,考量本国各类制度利弊,视此为制度建设之根本。在对待中西文化上,章氏自1906年东渡日本之后,便一向主张"今中国之不可委心远西,犹远西之不可委心中国也"②。中国的发展,不应处处模仿他邦,而是应以本国历史与现状为根据,思考真正适合于中国自身的立国之道。既然如此,那么他论述历史,便很难不着眼于从中汲取建设国家的遗产与借鉴。在这一点上,他的"致用"之意至为明显。③ 所以他一方面以史视经,反对今文经学的夸诞之论,一方面又强调:"且旧章诚不可与永守,政不骤革,斟酌曩今,未有不借资于史。先汉之史,则谁乎?其惟姬周旧典,见于六籍者。故虽言'通经致用',未害也。"④ 或许是对乃师相关言论有所耳闻,章门弟子钱玄同

---

① 章太炎:《在东京留学生欢迎会上之演讲》,载章念驰编订:《章太炎演讲集》,第7页。
② 章太炎:《国故论衡·原学》,第103页。
③ 陈平原认为,章太炎"反'致用'口号,而又有致用精神",因此"其治史功绩其实不在学理,而在经世"。(参见氏著:《中国现代学术之建立——以章太炎、胡适之为中心》,台北:麦田出版公司2000年版,第49、53页)
④ 章太炎:《检论·订孔上》,载《章太炎全集》第3册,第431页。

1909年在日记里说:"'通经致用'之说,自康、梁以此诳词眩惑天下,近则治朴学者几视此四字为禁脔矣。然文字、学术当法古也。礼仪、风俗、宫室、器具虽不能全数复古,而当法古者,必居多数。吾辈特不谈政治耳,苟若谈之,又宁能放弃成周、汉、唐之政治耶!然则'通经致用'其言未可厚非,特不可泥古而不通耳。"①在这里,他所言的"通经致用",仔细分析,其实更近乎"通史致用",这一点恰恰是章太炎时常萦绕于心的,钱玄同的这番思考,名为反思,实则呈现出章氏思想之一面。钱穆尝言:"夫尚论古代学术者,必先六经,次百家。司马迁著《史记》,自谓闻之董生,本原《春秋》,其意在以史代经,而发明其所以迹。故班氏分别九流,司马迁《史记》列六艺春秋略。则经即旧史,史即新经。"②其实"以史代经"一词,颇可概括章太炎对经史关系的看法,其"求是""致用"之论,亦可从中探之。总之,看待章太炎的"求是"与"致用"之论,不可执于一端,而是应根据具体语境以为分疏。③而他的这一学术思想上的关键点,非常深刻地影响到他对中国历代制度的论述,故不惮其烦,详为梳理。

二、论述中国历代制度之特色

虽然章太炎曾经念念在兹的《中国通史》一书,终其一生,并未撰就,但他强调的重视"典志",却在其许多的文章著作中有所体现。近代中国的有识之士,面对国势衰微,一面反思历代制度之弊病,一面对西方民主政治心向往之,与六朝魏晋时期佛教徒借老庄玄言解读佛经

---

① 杨天石整理:《钱玄同日记(整理本)》上册,第189页。
② 钱穆:《袁宏政论与史学》,载氏著:《中国学术思想史论丛(三)》,台北:东大图书公司1993年版,第96页。
③ 章太炎去世后,弟子孙思昉与姜亮夫之间就乃师治学上的"求是"与"致用"之论,曾展开论辩。其实今日再看,二人所言,各有道理,且都根据章氏著作而发,其弊或在欲执着一点,以概其全,如此反而失之远矣。(参见一士:《章太炎弟子论述师说》,载陈平原、杜玲玲编:《追忆章太炎》,第333—349页)

的"格义"颇为相似。①时人诠释中国古代制度,多以其附会西方民主政治,以期让后者能尽快为国人所熟知,进而在中国生根。梁启超1896年在《时务报》发表《古议院考》一文,尽管强调:"今日而开议院,取乱之道也。"②但他认为:"议院之名,古虽无之,若其意,则在昔哲王所恃以均天下也。"③他视汉代的博士廷议为上古议院之遗制,地方郡县有"议曹""门下议史"等职官,此乃地方议院之表征。针对此论,严复去信梁氏,强调东西政体,不可随意比附,虽原函今已不存,但后者回信依然可见。梁启超自言:"平生最恶人引中国古事以证西政,谓彼之所长,皆我所有。此实吾国虚矫之结习,初不欲蹈之,然在报中为中等人说法,又往往自不免。"④强调他不得已如此之苦心。

或许是有着与梁启超相似的心态,章太炎在《訄书》重订本当中,也采取相似的方法阐释议院制度。在《通法》一文里,章氏阐释历代政治制度中值得为今人所借鉴取法者。其中对于汉代制度,他指出:"其县邑犹有议院。《稟长蔡湛碑》阴曰'贱民、议民',与'三老、故吏、处士、义民'异列。议民者,西方以为议员,良奥通达之士,以公民参知县政者也。"⑤在他看来,汉代地方行政体系里,有类似于西方的议员与贱民,前者能参与世务,使地方建设能有效进行,此制值得今人取法。很明显,这种诠释,基本是先有西洋政治制度盘于脑中,然后再去以此审视中国古代政治制度,比附之意至为明显。章太炎自言:"自从甲午以后,略看东西各国的书籍,才有学理收拾进来"⑥,这一点于焉可见。

章太炎1906年东渡日本,在思想上较之先前,有一大转折,即开

---

① 关于"格义"的历史脉络,参见陈寅恪的《支愍度学说考》(载陈美延编:《陈寅恪集·金明馆丛稿初编》,第159—187页)。
②③ 梁启超:《古议院考》,载吴松等点校:《饮冰室文集点校》第1集,第3页。
④ 梁启超:《与严又陵先生书》,载吴松等点校:《饮冰室文集点校》第1集,第178页。
⑤ 章太炎:《訄书(重订本)·通法》,载《章太炎全集》第3册,第246页。
⑥ 章太炎:《在东京留学生欢迎会上之演讲》,载章念驰编订:《章太炎演讲集》,第1页。

始反省各种西方政治制度是否真的如此优异，是否真的可以照搬于中国而使中国臻于富强，中国历代制度，其利弊究竟为何。在这样的思虑下，他论述中国历代制度，自然不再是简单的否定或比附。① 他抵达日本不久，对东京的中国留学生们说："中国特别优长的事，欧、美各国所万不能及的，就是均田一事，合于社会主义。不说三代井田，便从魏、晋至唐，都是行这均田制度。所以贫富不甚悬绝，地方政治容易施行。请看唐代以前的政治，两宋至今，那能仿佛万一。这还是最大最繁的事，其余中国一切典章制度，总是近于社会主义，就是极不好的事，也还近于社会主义。"② 当时科举制度，几成众矢之的，清政府也下诏将其废除。而章太炎却认为在科举制度下，平民子弟只需略备程墨加以温习，便可赴科场应考，不须花费大量金银购置书籍，这样保证了寒素之士有机会求学入官，社会平等，因之显现。在这里他虽然用"社会主义"一词表达自己的思想，但语义却与西学语境里的社会主义（socialism）并不相同，只是借此表达自己对社会平等的向往。

章太炎在主持《民报》笔政同时，计划设一国学讲习会，据宋教仁在日记中记载，关于国学讲习会的科目，章太炎打算在"本科"讲授"制度学"，可见他视此为国学的重要组成部分。③ 后来他在东京讲学的科目，虽然已与先前的计划有所不同，但在那一时期，他撰写了《官制索隐》《五朝法律索隐》等文章，从中可以窥见他如何论述中国古代典章制度。

《官制索隐》一文分为"神权时代天子居山说""专制时代宰相用奴说""古官制发原于法吏说""古今官名略例"四个部分，分别探讨中国古代政治制度的相关面向。在"神权时代天子居山说"中，章太炎根据

---

① 关于这一点，章太炎后来在《代议然否论》《与马良书》《记政闻社员大会破坏状》等文章中有详细的阐述。
② 章太炎：《在东京留学生欢迎会上之演讲》，载章念驰编订：《章太炎演讲集》，第7页。
③ 参见宋教仁：《宋教仁日记》，第249页。

考证古代君王及身边职官官名的本意和引申义,认为古代宫室多设于大山之中,祭祀理政,多于山中为之。后世官制中的重要职位,其初始乃是保护君主安全的近臣。如"衡麓"在后世,只为虞衡之官,而古代却正为宰相。古代天子居于山林之中,保卫门禁者名曰"衡麓",即宰相。关于古君王为何居于深山,依章氏之见,上古文明未启,君主需要故作神秘,使人心生敬畏,所以"天子居山,其意在尊严神秘,而设险固守之意,特其后起者也",将古代君王驾驭臣下之术和盘托出。①章太炎向来强调,掌握小学,可借之察世观史,明晰社会变迁之迹。②在读到刘师培的《小学发微》后,他去信称赞:"大著《小学发微》,以文字之繁简,见进化之第次,可谓妙达神指,研精覃思之作矣。下走三四年来,夙持此义,不谓今日复见君子,此亦郑、服传舍之遇也。"③在此处他通过考证字义,阐述古代政治之变迁,实乃他这一观点的具体实践。

在"专制时代宰相用奴说"中,章太炎指出古代君主用为心腹者,"惟奴仆与近侍"④。他考证商代制度,认为商初重臣伊尹本为治膳之官,因与人主亲近,故而被委以重任,但其职官,在制度上依然甚为卑下,与宫掖下臣同属一体。此外,宰相之始,本为宫廷中洒扫应对之徒;御史之始,本为替天子刺探邦国密事者;仆射之始,本职类乎接递名刺的阍人;尚书之始,本以宦者居之,为常人所耻。凡此种种,显示出"正位居体之臣,为人君所特恶,必以近幸参之,或以差委易之,然后能得其欢心,知其要领。彼与奄人柄政,固未有以大殊也"⑤。既然如此,"知侍帷幄、参密议者,名为帝师,或曰王佐,其实乃佞幸之尤。世之乘时窃权,而以致君尧舜自伐者,可无愧耶?"⑥尽管章太炎并未

---

① 参见章太炎:《官制索隐》,载《章太炎全集》第4册,第82—86页。
② 参见章太炎:《在东京留学生欢迎会上之演讲》,载章念驰编订:《章太炎演讲集》,第6页。
③ 章太炎:《与刘师培》,载马勇编:《章太炎书信集》,第73页。
④ 章太炎:《官制索隐》,载《章太炎全集》第4册,第89页。
⑤ 同上,第87页。
⑥ 同上,第90页。

像近代许多士人那样奋笔疾呼中国古代政治如何专制,其影响如何恶劣,但在他以古奥的文笔进行缜密考证之时,字里行间便已经深刻的将中国历代君主的私天下之心与各色臣工的钻营媚上之态给呈现出来。诚如萧公权所言,章氏"虽多出以典雅之词,而究其意旨所趋,激烈或有过于鲍敬言、李卓吾、谭复生者"①。章太炎撰就此文不久,刘师培便已看到,他在《论历代中央官制之变迁》一文中,援引章太炎之论点,②进一步论述中国官制演变。刘氏同样指出:"盖专制之君主,于大臣则疏,于小臣则亲"③,因此"中国之官,名与实违,尊则无权,其有权者未必尊,甚至名愈贱者权愈崇,名愈尊者权愈削,历代臣权之失,其在斯乎!"④章、刘二人的这些认识,颇为深刻地影响到后来对中国官制史的书写。

在"古官制发原于法吏说"中,章太炎指出太古治民之官,独有士师,随后由士师分其权,长民者谓之吏,治事者谓之司,法吏之职,由是焉出,因其擅长书契文史,故听讼决狱,亦有兼顾,公牍往来,润色文字,尤非法吏莫能为,久而久之,其地位在整个职官体系中愈显重要。后世法吏,临民理政,"必身历其壤,手写其图,持筹以计之,著籍以定之,上之长官,以知地域广轮、户口多少之数"⑤。这一解读,与章太炎所向往的治国应综核名实,周知民间利病若合符契,可视作他为此而寻找的历史依据。犹有进者,"铺观载籍,以法律为《诗》《书》者,其治必盛;而反是者,其治必衰。且民所望于国家者,不在经国远猷,为民兴利,特欲综核名实,略得其平耳。是故韩、范、三杨为世名臣,民无德而称焉。而宋之包拯、明之况钟、近代之施闰章,稍能慎守法律,为民

---

① 萧公权:《中国政治思想史》下册,台北:联经出版事业公司1989年版,第932页。
② 刘师培在文中说:"余杭章氏,复谓'光禄'即《左传》'衡麓','衡'与'横'同,有捍卫之义。"(参见刘师培:《论历代中央官制之变迁》,载邬国义、吴修义编校:《刘师培史学论著选集》,上海:上海古籍出版社2006年版,第385页)可见他在撰写此文时,已经读过章太炎的《官制索隐》。
③④ 刘师培:《论历代中央官制之变迁》,载邬国义、吴修义编校:《刘师培史学论著选集》,第388页。
⑤ 章太炎:《官制索隐》,载《章太炎全集》第4册,第92页。

理冤,则传之歌谣,著之戏剧,名声吟口,愈于日月,虽妇孺皆知敬礼者,岂非人心所尚,历五千岁而不变耶?"①在这里他对法吏的论述,与其说在梳理官制,不如说借此彰显他对法家学说之青睐。此正如章氏自言:"寻求政术,历览前史,独于荀卿、韩非所说,谓不可易。"②或许是有鉴于此,曾受教于章太炎的李源澄具体梳理汉代的法律与法吏,指出:"儒者以通经服古为职,法吏以奉行时宪为功,一为学术,一为政治。"③综观汉代历史,"文景以前法吏为政,而儒者竭力攻之,武宣之世儒术渐兴,元成以来尊儒生而黜法吏"④。所以"法吏儒生虽有盛衰,法吏儒生终为二事"⑤。由此显现法吏之地位,在历史流变中并非章太炎所期待的那般崇高,此论或可补章氏之阙。

在"古今官名略例"中,章太炎指出:"从一官言者用定名,从数官之相联相属言者用假名。从职守言者用定名,从阶位言者用假名。从经制之实职言者用定名,从特殊之差遣言者用假名。此古今所不能外。"⑥不明乎此,则讨论古代制度,便难得其实。他以此为基点,审视历代设官分职之要,总结出历代官制沿革,往往前代为差遣官者,易代以后,便成为实职。其中演变轨迹,三代、秦、汉,其制相因。魏、晋、初唐,又因秦、汉。中唐以后,制度稍变,宋代因之。明代复创制,清代因之。历来讨论官制,多视三代与秦汉之间为一大变革,而章太炎则强调,秦汉官制,因袭周代者甚夥,不可因封建、郡县之别而认为一切制度皆异于往昔。⑦他拨开历史表象,分析朝代间的传承与变革,这一点尤显卓识。

总之,章太炎在《官制索隐》一文里,既批判古代君王在制度设

---

① 章太炎:《官制索隐》,载《章太炎全集》第 4 册,第 92—93 页。
② 章太炎:《蓟汉微言》,载虞云国整理:《蓟汉三言》,第 71 页。
③ 李源澄:《汉代法吏与法律》,载林庆彰等编:《李源澄著作集》第 2 册,台北:"中央"研究院中国文哲研究所 2008 年版,第 598 页。
④⑤ 同上,第 602 页
⑥ 章太炎:《官制索隐》,载《章太炎全集》第 4 册,第 93 页。
⑦ 参见同上,第 94—96 页。

上任其私心以便统治,又对中国传统良法美制阐释表彰,细密考证之间,彰显出对历史整体的把握,在史识上较乾嘉诸老更胜一层。他先前主张于典志中发明社会演进之迹象,此文堪称代表之作。在回应有人质疑揭露古代制度之弊,是否易使人心生鄙夷故国时,章太炎指出:"吾曩者尝言之,以为祖宗手泽,虽至佇拙,其后昆尤宝贵之。若曰尽善,则非也。昔顾宁人丁明绝祚,发愤考帝王陵寝,彼蒿里中陈死人,岂有豪末足用于当世? 然识其兆域,则使人感怀不忘。且今之观优者,求其事迹,盖负懿德而奸恶可恁者众矣。优人固未尝为掩饰,且暴露愈甚,则观者愈益兴奋。岂非以汉官威仪,于此得其放物,故弗计事状之淑慝耶?"①同时他也强调,虽然中国古代制度有缺陷,但并不代表西方政治制度尽皆优点,西方议会里政以贿成,官吏寡廉鲜耻,并不能真正保障民众利益,所以"政府之可鄙厌,宁独专制? 虽民主立宪,犹将拨而去之"②。

章太炎对西方民主政治的不满,除了斯制不符中国历史流变、对如何选出真正的民意代表深表质疑等因素外,背后的一个主要关怀点,是他对政治与社会平等的深深向往。③他认为人类生活的最高境地是无政府、无聚落,若一时间不能企及斯境,那么创制国家,当以四法节制之:"一曰,均配土田,使耕者不为佃奴;二曰,官立工场,使佣人得分赢利;三曰,限制相续,使富厚不传子孙;四曰,公散议员,使政党不敢纳贿。斯四者行,则豪民庶几日微,而编户齐人得以平等。亦不得已而取之矣。无是四者,勿论君民立宪,皆不如专制之为愈。"④他之所以反对将西方的代议制度移植于中国,除了它与中国社会状况不甚吻合之外,很重要的一点,就是在代议制度下,能有条件被选为议员

---

① 章太炎:《官制索隐》,载《章太炎全集》第 4 册,第 81—82 页。
② 同上,第 82 页。
③ 向往平等,在当时的革命党阵营里,基本为诸党人之共识,"追去众生的'平等',已成为众人阐扬社会革命理论的精神所在"(参见朱浤源:《同盟会的革命理论——〈民报〉个案研究》,台北:"中央"研究院近代史研究所 1985 年版,第 182 页)。
④ 章太炎:《五无论》,载《章太炎全集》第 4 册,第 454 页。

者多是有权有势的地方豪强。他们在议会之中所进行的决议,只是为了保持甚至是扩大自己的既得利益,"选举法行,则上品无寒门,而下品无膏粱。名曰国会,实为奸府,徒为有力者傅其羽翼,使得塍腊齐民"①。制造出成百上千个在民众头上作威作福的"议皇"。前文谈到,章太炎认为中国古代制度,无论良莠,皆近乎"社会主义",那么他既然对民主政治深致不满,因此便回溯往昔,探讨中国古代制度中的良法美制。

清人赵翼云,秦汉之间为天地间一大变局。汉承秦制,秦朝的政治制度对后世的影响非常之大,可以说是奠定了中国古代社会政治之基本格局。章太炎对此亦深有认识,他对于秦政非常欣赏,并且这种欣赏的角度,就是从平等意识出发的:

> 古先民平其政者,莫遂于秦……夫贵擅于一人,故百姓病之者寡。其余荡荡,平于浣准矣。藉令秦皇长世,易代以后,扶苏嗣之,虽四三皇、六五帝,曾不足比隆也,何有后世繁文饰礼之政乎?②

依章太炎之见,在秦政之下,没有靠世袭地位而居显要之人,也没有外戚宠臣干扰朝政,用人上遵循选贤与能的原则,使得有能力的人能够在合适的位置上一展才华。世人多称秦政为专制,然"专制之国无议院,无议院则富人贫人相等夷"③。章太炎甚至认为,在某种程度上说,古代"专制"政体之下,统治者与民众的利益或有一致之处:"乃者诸安豪强把持公事,政府固恚疾之,虽齐民亦欲俾刃其腹焉。州县下车,能搏击巨室土豪者,井里编氓,皆拊噪而称民父。豪强之妨民如是,幸其在野,法尚得施。"④所以当时的中国,与其盲目效仿西方政

---

① 章太炎:《代议然否论》,载《章太炎全集》第4册,第313页。
② 章太炎:《秦政记》,载《章太炎全集》第4册,第64—65页。
③ 章太炎:《五无论》,载《章太炎全集》第4册,第454页。
④ 章太炎:《与马良书》,载《章太炎全集》第4册,第190页。

治,导致画虎不成反类犬,制造出一群新的既得利益者,还不如从中国古制之中吸取长处,以此来保证社会的平等。值得注意的是,秦始皇焚书坑儒,以吏为师。自从贾谊著论"过"秦以来,虽然"百代皆行秦政法",但历代士人对秦政皆鲜有好感,然章太炎着眼点却在于秦政之下社会流动得以维系,平等之风由是而生,而非向往秦政之下的道一风同。所以章氏虽表彰秦政,但绝不可因此视其为鼓吹专制。不过即便如此,章太炎表彰秦政,依然有值得商榷之处。秦虽打击封建贵族不遗余力,但推广军功爵,依战功多少而分别授予,这样便制造了一批新的既得利益者。且秦法严酷,早已为时人论及,民众匍匐其下,动辄得咎,致使民力大损。而历代民气弱者,在内忧与外患面前,抵抗能力极弱,这也是班班可考的历史事实。章氏于清末向往法治同时,还致力于鼓吹民族主义,希望当时的中国人能团结一致,共谋国家富强。但若以摧残民力的秦政为良法美制,则国民如何能奋起图强。在这点上,章太炎虽然智者千虑,但终难免一失。

在《五朝法律索隐》一文中,章太炎从保障平等的角度对古制进行阐释。他认为魏、晋、刘宋、萧齐、萧梁五朝之法,其值得称赞之处为重生命、恤无告、平吏民、抑富人四点,这些都体现了以平等为旨归的特征。例如"重生命"一项,他举了"走马城市杀人者,不得以过失杀人论"①为佐证。古时有条件乘马车者,多为富贵之人,而法律并不对之有所偏袒。在对史事进行考释之后,他笔锋一转,引申到现实,指出外国与中国租界中的电车,在撞死人之后只对司机进行罚款,并不过分追责,这是为了保护背后营运商的巨大利益。对比于"汉土法律虽敝,自昔未有尊宠富人者"之情形,他认为"汉土旧法,贤于拜金之国远矣"。②又例如"平吏民"一项,他具体对"官吏犯杖刑者,论如律"展开论述。指出如果官吏有违法之处,则可依刑律对之进行杖责,无论官

---

① 章太炎:《五朝法律索隐》,载《章太炎全集》第 4 册,第 74 页。
② 参见同上,第 75 页。

职大小皆不能例外。这样可以对官吏的贪赃枉法行为有所震慑,以此保证民众不受官吏非法侵害。他将这一点与现实中的律令进行对比,感叹道:"故知古之为法,急于佐百姓;今之为法,急于优全士大夫。"① 言下之意便是五朝之法足以矫正今日之偏失。而他撰写此文的原因,就是不满于"季世士人,虚张法理,不属意旧律,以欧、美有法令,可因儴之"②的现象,所以才对五朝法律条款"捃摭其文,附以说解,令吏士有所取法焉"③。五朝因国力不振而多遭卑视,而章太炎则极力表彰彼时之文物制度。犹有进者,除表彰五朝法律之外,他对五朝文章学术与士人德行亦称赞有加,认为国之强弱与学之优劣不可等量齐观,有论者言,章太炎对待学术文物,所持标准乃是以"真理"为归趣,而非以功利论得失。④虽然章氏之于中国传统,并非处处皆用如此简单的二分法,但是在看待五朝历史与学术方面,他的确能摆脱历来的国势强弱之论,从学术成就高下的角度立言。

章太炎之中国历史观的不同寻常,不仅是表彰广为人所批评的秦政与五朝而已。在重订本《訄书》与后来的定本《检论》中,他都收入了《通法》一文,前者之《通法》,正如前文所言,多有以古制比附远西者,他 1911 年致信蔡元培:"《訄书》是曩日著,由今观之,不惬意者参半",这其中之一便是"谓代议政体必过专制"。⑤因此在《检论》的《通法》中,他将比附之处进行改动,凸显出对中国历史本身演进的探讨。⑥在文中,章太炎回顾了从周至明的政治史,摘取出在他看来值得后世取法之处。他所鉴定历代王朝所行美政之标准,很大程度上也以是否庇护细民为依据。比如秦政不偏袒皇族,汉制之下郡县多循吏,北魏以

---

① 章太炎:《五朝法律索隐》,载《章太炎全集》第 4 册,第 78 页。
② 同上,第 72 页。
③ 同上,第 73 页。
④ 参见江湄:《创造"传统"——梁启超、章太炎、胡适与中国学术思想史典范的确立》,北京:社会科学文献出版社 2013 年版,第 111—120 页。
⑤ 参见章太炎:《与蔡元培》,载马勇编:《章太炎书信集》,第 262 页。
⑥ 关于两篇《通法》之间的差异,参见朱维铮载于《章太炎全集》第 3 册的"编校附记"(第 239 页)。

降的均田制使民有恒产，皆不外乎此。值得注意的是，他除了对汉、唐这样的"盛世"之制度多有认同，对那些在古人眼中地位甚卑劣的政权，他也努力寻觅出其中的良法美意。比如被欧阳修称为"天地闭，贤人隐"的五代十国中的后梁，他评论道："梁大祖龚行其罚，践位以后，切齿于薰杶，改枢密院曰崇政院，以敬翔为院使，不任中人，虽趋走禁掖者亦绝。及李氏破汳，诏天下求故唐宦者悉送京师。此梁无奄寺之征也。"①晚唐之世，宦官专权，甚至操纵帝位更替，而朱温能从制度设计入手，将此权势熏天之团体一举打压，故颇值称道。此外，被历代史家所痛斥为以篡位夺权、欺世盗名的新莽政权，其置"王田"、限财产诸政策，一改西汉富者连阡陌，贫者无立锥之状，使得"分田劫假之害，自是少息。讫建武以后，乡曲之豪，无有兼田数郡，为盗跖于民间，如隆汉者矣"②。流芳遗泽，生民受益。

民国建立之后，章太炎目睹了政治上诸多建置，凌乱无序，纷扰不止。他直陈："同盟会高材乘机秉钺，秩序因以破坏，市井为之纷蹂。南京政府既成，任用非人，便佞在位，私鬻国产，侵牟万民，无一事足以对天下者。同盟会人，惟是随流附和，未尝以片语相争，海内视同盟会，盖与贵胄世卿相等。"③对昔日革命同志一旦得势便占据高位，用人行政举措乖张深为不满。因此他寄往于袁世凯能够"访求物望，询于老成，无故无新，惟善是与，杜奔竞者夤缘之路，削参议院干预之权，然后人无幸进，国有与立"④。但是接下来的时局却每况愈下，卖官鬻爵，贿赂公行，政坛风气污浊不堪，章太炎自己也因反对袁世凯而深陷囹圄。他在困境中继续修改《訄书》，其中的《官统上》，较之先前，几乎改写一遍，从中可以看到他对历史与现实的进一步思考。

章太炎认为："官统之异，大别不过周、秦二家。自汉讫江左，多从

---

① 章太炎：《检论·通法》，载《章太炎全集》第3册，第558页。
② 同上，第557页。
③ 章太炎：《与张继》，载马勇编《章太炎书信集》，第461页。
④ 章太炎：《与袁世凯》，载马勇编《章太炎书信集》，第442页。

秦；宇文、杨、李以下，多法周。非谓其执务也，谓其等秩阶位之分。"①他具体指出，周代职官数目繁多，其中多虚名，秦去其虚号，酬勋则以爵位，理事则任官职，汉代因袭秦政，并无变更，所以职官体系里无"华名虚秩"，魏、晋、南朝，其制虽稍有变更，但大体与秦汉不殊。直到北周，其统治者以《周官》文饰政事，恢复诸爵位，降至唐代，职官愈显繁杂，几成叠床架屋之势。宋代更是变本加厉，赐封爵位甚是猥滥，致使出现许多冗官冗爵，设官之道至此，更显得流于泛滥。明朝建立之初，虽有心改变，但诸勋阶终不能废除。本来勋位乃是赏赐有功，但明世将此作为履历资格积累的酬报。直到清朝以异族入主中原，不谙前朝典章，文武散阶渐渐减少，勋官并为爵位，非有军功死难之事，不得以之轻易授人，此举虽不能比肩秦、汉，但较之唐、宋，已然差强人意。②总之，他从"官统"的角度出发，将历代等秩阶位视为整体，通观其质，确立周、秦两大不同的官制系统，贯穿整个中国历史，对认识中国官制特色，启发良多。③

然章太炎之意，尚不在于考订官制，而是通过梳理中国官制流变，提出自己对职官制度的看法。他指出：

> 通校二家，周以贵族，而秦优齐民，其阶级平阶亦异。当今之世，固当慕齐民，不当慕贵族也，则秦、汉、八代为合，而姬周之制，宇文、唐、宋、明、清之法，悉当弃置不用。④

在他看来，渊源于秦的官制系统，较能体现循名责实，设置职官，基本能做到依事任官，爵酬有功。反之，渊源于周制者，职官种类繁

---

① 章太炎：《检论·官统上》，载《章太炎全集》第3册，第559页。
② 以上参见同上，第559—561页。
③ 参见阎步克：《论康有为、章太炎的古代官阶研究》，载北京大学中国古代史研究中心编：《田余庆先生九十华诞诵寿论文集》，第37—41页。
④ 章太炎：《检论·官统上》，载《章太炎全集》第3册，第561—562页。

多,各种勋位流于庞杂,这样利于保护权贵利益,使之地位得到政治上的保障,不利于社会平等,因此居今世而设官分职,应吸取秦汉官制的优点。章太炎在民国成立之初,强调为政应"先综核后统一",只是言之谆谆,听者邈邈。①因此他在此处的看法,基本可视为目睹民初政局紊乱,政以贿成,官吏任命,名实乖离,尝试通过研究历史,思考解决之道。他的典章制度之学,绝非止于道古,经世之意,至为明显。

三、关于"科道制"的论争

民国建立之后,曾以为满清一去中国积弊尽可除的钱玄同在日记中感慨道:"土地虽复,人心之污浊则较清季愈况,颜公所讥弹琵琶、学鲜卑语者,世方以为能,弃国故,堕礼防者,比比皆是。余志既与世违,亦难窃位而已。自九节一日始,复作日记,以今后毋间断期。回思此两载中,土地复,政体更,岁首移,徽识易,平日愤异族主我,嫉君主世及,至此乃可消释。而邦人诸友毁信废忠,芟夷国华,亡国之征,已大显著。长是不改,将不五稔,悲从中来,聊复书之。"②时局不但未启人乐观,反而更觉中国之沉沦,不知将伊于胡底。对此亲历了一系列政坛风波的章太炎亦复深有感触。他1916年对吴承仕说:"大抵人心所以偷薄者,皆由政治不良致之。"③所以"若中央非有绝大改革,虽日谈道义,渐以礼法,一朝入都作官,向恶如崩,亦何益乎?"④认为中国当下一切乱象之祸首,在于中央政治败坏不堪。

对于这一点,章太炎的拜把子兄弟章士钊也深有同感。章士钊一度曾非常歆羡英伦式代议政治,在民国初年,对源于英国政治文化中

---

① 参见章太炎:《先综核后统一论》,载《太炎最近文录》,第17—20页。
② 杨天石整理:《钱玄同日记(整理本)》上册,第219页。
③ 章太炎:《与吴承仕》,载马勇编:《章太炎书信集》,第301页。
④ 同上,第302页。

的"调和说"、政党政治等要素鼓吹不遗余力,他主张"毁党造党",希望中国能出现具有确定党纲,遵循议会运作规则的政党,以此渐渐替代往日结合与否,全看利益是否一致的政治团体。①但随着政局每况愈下,国会之中的纵横捭阖宛若闹剧,章士钊也开始反省代议制度是否真正适合中国。在他看来:"代议制者,吾国古无有也。近来有此一物,徒以欧洲诸国以此为文明之标识也,吾捧心而效之,点缀共和,于焉资取。殊不知欧洲之有是制,乃出于事势之适然,而非创议建国在逻辑非此不可。"②他指出,代议制度之始,由于英国国王向民众征税,纳税者遂与国王立约,必须身为议员,参与国政,如此方可输税,是故英国议会中的议员,恒为有产者所占据,近代以来,所谓议会乃资产阶级代言人者,其意涵就在于此,身为议员,腰缠万贯,便是为富商巨贾所豢养。反观中国,自古以来,治国之道尚平均,为政者多为士阶层,此辈本身少有兴财之能,只有身入宦海,方可从中牟利,上行下效,几成风气。所以"官也,有官可以侵帑藏,鬻官缺,假公营私,监守自盗,浸假而卖国求利,且无不为也。议员也,有议员可以欺平民,奸政府,货同人,财贿所集,利便所存,袒裼裸裎而图之也"③。在这种形势下,"以国力所万不能供给之事,人能所不应获得之资,而为之得之,又似于公德无大损伤,谨厚者不能自了,放纵者无所忌惮,社会之好恶褒惩又无定衡,此诚迫人为毁廉灭耻之务,若决江河,沛然莫御,自非陈仲,无不为狂潮卷去。高谈道谊,有何效能"④。既然中西社会基础不同,彼土制度,难以效颦,因此章士钊也在苦苦思索能符合中国国情的政治制度。

这时章士钊想到了盟兄章太炎当年所撰的《代议然否论》,他致信后者,指出代议制度,行之十载,"捉襟见肘,弊害百出",而其时舆论依

---

① 关于章士钊在辛亥革命前后的政论之要义,参见杨天宏的《逻辑家的政制建构逻辑——辛亥前后章士钊的政制思想研究》(《近代史研究》2011年第6期)。
② 章士钊:《论代议制何以不适于中国》,载《章士钊全集》第4册,第166页。
③④ 同上,第168页。

然视代议制为现代文明象征,少有对之进行非议者,只有章太炎敢冒天下之大不韪,直陈其非,"始为人人所不能言,中为人人所不敢言,卒为人人所欲言而不知所以为言",因此章士钊希望他能就此问题详细说明,"有何新剖,尚望开陈"。①

其时在被袁世凯软禁期间所撰的《自述学术次第》中,章太炎已经在思考制度设计如何既符合国情现状,又能够整肃纲纪,扬善惩恶。他认为:"自两汉以下,制度整齐,莫如明世,清世因循其法,虽稍汗漫,亦未至如唐宋甚也。"②而对于明制,他非常欣赏彼时的都察院。章氏指出:

> 明世长官,不敢恣意为非者,饬法循纪之效也,然犹设都察院以督百僚。自洪武讫于隆庆,台宪箸效,吏治甚清。万历中年以降,言官始有分曹树党,而杨、左诸公之风节,于国事终非无补也。清世虽循旧设官,内多惩忌,台宪之职已轻,然大吏奸私,尚颇因之发觉。末世乃有受财鬻奏毛举世故者,则以风宪官吏犯赃罪加二等之制浸废不行也。向令清无察院,其昏乱又何所底止矣。③

在他看来,明代以来的都察院,能够较为有效的监督官吏作为,维持良好政风,致使朝中虽有大奸,尚不敢恣意妄为,政权维系,不绝一线,赖乎此者颇多。④他还特别强调:"余向与总统孙公,论政多所不合,其谓

---

① 参见章士钊:《代议非易》,载《章士钊全集》第 5 册,第 51—52 页。
② 章太炎:《自述学术次第》,载虞云国整理:《菿汉三言》,第 199 页。
③ 同上,第 199—200 页。
④ 章太炎熟读明史,其实自然知道明末言官,沦为党争工具,朋党之见甚为明显,包括以文章气节为标榜的东林党。他曾撰有《论东林误国事》一文,指出东林党人因为党见,极力排斥镇守辽东的熊廷弼,导致后者最终被处死,这也成为明朝最终亡国的原因之一。(参见章太炎:《论东林误国事》,载《章太炎全集》第 5 册,第 119 页)因此他对明代都察院与言官的表彰,只是汲取对阐述自己政见有利的部分,而非全盘肯定,这一点值得注意。

中国有都察院制度善于他方,适与鄙心相中。"①

正如章太炎所言,孙中山自清末便宣传建立符合中国历史与国情的政治制度。他强调:"中国人不能为欧美人,犹欧美人不能为中国人,宪法亦犹是也。"②所以他极力反对那种"欧美所无,中国即不能损益"的论调,认为当时的留学生"不研究中国历史风俗民情,奉欧美为至上。他日引欧美以乱中国,其此辈贱中国书之人也",在他看来,中国古代的监察制度,"立纲纪,通民情",诸御史行监督之权,使得"上自君相,下及微职,敬惕惶恐,不敢犯法",因此未来中国应"本历史习惯弹劾鼎立为五权之检察院,代表人民国家之正气,此数千年制度可为世界进化之先觉"。③民国建立之后,孙中山更是大力鼓吹包括了监察权的"五权宪法",其俨然成为国民党眼中新时代的"正朔"。直至晚年演讲"三民主义",他依然强调:"中国古时举行考试和监察的独立制度,也有很好的成绩,像满清的御史,唐朝的谏议大夫,都是很好的监察制度,举行这种制度的大权,就是监察权,监察权就是弹劾权。"④所以"我们现在要集合中外的精华,防止一切的流弊,便要采用外国的行政权、立法权、司法权,加入中国的考试权和监察权,连成一个很好的完璧,造成一个五权分立的政府"⑤。只是在熟悉中国旧学的人看来,孙中山对中国历史的掌握,实在未可高估。孙中山去世之后,张謇追忆往事,认为"其于中国四五千年之疆域、民族、习俗、政教,因革损益之递变,因旅外多年,不尽了澈,即各国政治风俗之源流,因日在奔波危难之中,亦未暇加以融会贯通"⑥。

---

① 章太炎:《自述学术次第》,载虞云国整理:《菿汉三言》,第 200 页。
② 孙中山:《与刘成禺的谈话》,载《孙中山全集》第 1 卷,北京:中华书局 1981 年版,第 444 页。
③ 参见同上,第 445 页。
④ 孙中山:《三民主义》,台北:正中书局 1952 年版,第 210 页。
⑤ 同上,第 211 页。
⑥ 张謇:《追悼孙中山演说》,载《张謇全集》第 5 册,上海:上海辞书出版社 2012 年版,第 601 页。

或许是与张謇有相似的感观,尽管"五权宪法"被国民党广为宣传,但章太炎在答复章士钊时,依然详细说明他自己对中国古代监察制度的认识。章太炎认为,今世对于国会的评价,已非尽可参照《代议然否论》中所言者。具体言之,"取决多数,其势有必不可行者,以过半列席议员,监督政府官吏,则弹劾查办之事,率牵制而不能行,以人民法吏监督议员,则过半数以上之议员作奸犯科者,亦无术以处置之"①。犹有进者,"吾国之政党,已可知矣,以爱憎为取舍,虽实举弹劾查办之事,亦无益于国也"②,因此不能指望政党能有效执行监督之责。总之,"使夫百务停滞,动转不便,有若万牛回首之势者,则取决多数之为也"③。很明显,章太炎对于议会政治,已经感到失望透顶。

基于此,章太炎指出:"若夫监督政府,则当规复给事中;监督官吏,则当规复监察御史。分科分道,各司其事,监督之权,始无牵制矣。不幸而给事中、御史复有作奸犯科者,不过于一科一道中为之,而非全体为之,则法庭起诉亦易行矣。以科道监督政府官吏,以法吏监督科道,其连及者不广,则无牵制难行之事,比于国会议员,似为胜之也。"④同时他还特别强调:"给事中、御史二名,有帝王侍从官之嫌,宜取其实而更其名。"⑤关于给事中、御史之所以必须分司其事,章太炎认为二者一为监督政府,一为监督官吏。监督政府者,事未成而制之;监督官吏者,事已成而弹之。其事务各异,是故不能合一。清雍正以后,君相恶给事中牵制妨碍,故将其职务并于都察院之中,与御史合二为一,致使台谏不分,君相得以专恣行事。况且从行政角度而言,"给事中日阅诏令,事务繁猥,则于百吏暧昧之事,自非其所能察;御史以无事观察官邪,使之审定诏令,又非其所暇为。且使政府有不法诏令,给事中承顺而颁行之,经御史弹劾,则阁员当事者、给事中当科者,皆当负咎。同在一官,即无由裁正"⑥。

---

①② 章太炎:《与章士钊》,载马勇编:《章太炎书信集》,第788页。
③④⑤ 同上,第789页。
⑥ 同上,第789—790页。

关于御史与法官为何必须分开，章太炎解释道，官吏违法渎职之事，其内幕委曲甚多，盘根错节，若刑律未明标其罪，则法官不易措手。特别是晚近或是媚外辱国，阴损主权；或是为政阴险刻薄，致使地方叛乱，盗寇日夥，凡此更难以用刑律判定其罪。而且在章氏眼中，当时刑律，纠治民众者多，纠治官吏者少，除非以通过监察手段弹劾查办，否则官吏多恣意妄为，因此监察机关自有其存在必要，以济法律之穷，如若弹劾之后，相关行为于刑律不应科其罪，则可执行行政处分，以为惩戒。①

而此二部门之官员如何铨选，章太炎指出："今使其人皆出于考试，考试及格，则使之互选，选举已定，则政府加以任命。以先有考试，故选举不能妄投；以先有选举，故任命不能随意。视近代议员纯出选举，唐、宋台谏直由任命者，其弊必差减矣。"②并且考试之时，使硕学鸿儒司其事，对投考人严其应试资格，再加上录取之后还需互选，如此各种庸劣之徒或有权势者，自难以混入其中。总之，章太炎在对代议制不再抱希望之时，试图改造中国古代的科道制度，既专其事，复严其选，使之能在今日行使监督职能，为澄清政治风气有所助益。

章太炎对章士钊的这番答复，刊登在后者创办的《甲寅周刊》上，章士钊自然是深以为然。除此之外，当时章太炎的门生汪东主持创办《华国月刊》，其中但焘撰写许多文章，进一步阐释章氏之史论与政论，其中关于恢复科道制，但焘同样撰写文章，附和乃师。但焘指出，唐代给事中，"上之所以责成者既极隆重，在其位者类以宰辅自期。凡事有亏朝典、违官法，为国计民生所不便者，多能悉心论驳"③。是故"终唐之世，女后、藩镇、奄宦、边疆之祸，史不绝书，而政治不至大紊者，则给事中制度贻谋之善，有以维持于不敝也"④。既然有此良法，则今世规

---

① 参见章太炎：《与章士钊》，载马勇编：《章太炎书信集》，第790页。
② 同上，第791页。
③④ 但焘：《给事中制度论》，《华国月刊》第1卷第5期。

复其制，自然无可厚非。或有对给事中一旦与政府对立之后如何调解产生疑问，但焘认为："给事中察事程式必当别有制置，非若议员之漫无约束也。"①只要使其言行有所检束，加之避免党见掺和其中，则其自会有所忌惮，不敢随意为非。在命名上，但焘主张将带有帝制色彩的"给事中"一名改为"监察官"或"监事"，如此可免于复辟帝制之讥。同样的，在《御史制度论》里，但焘梳理中国历代御史制度之沿革，认为其中自有精义存焉，体现了中国式的"弹劾权"，因此在今日亦可依乎旧章。②

章士钊办刊物，向来重视与读者群的互动，让主编与读者就某一问题或观点展开讨论，使刊物不再自说自话，而是成为开放性的公共论坛，以此沟通各方意见。③因此当章太炎此信刊出之后，便引起了社会上不少关注与回应。朱得森致信章士钊，他承认"吾国代议制之所以失败者，由于组织之不良，分子之太杂"④，但是"吾国昔时之科道制，在君主专制时代，拾遗补阙，播为美谈。惟衡之立宪政治下之代议制，则地位不同，性质亦异，故径以之易代议制，不佞窃不无怀疑"⑤。然虽说如此，他认为"弹劾权宜使其与立法权相分离"⑥，因为"科道弹劾之制，自历史上观之，固亦不无流弊。但其中究多丰采峻整之士，虽奸珰权相，贪官污吏，亦恒惮于台谏之抨击，而稍稍敛迹，斯诚专制政治之一线曙光也"⑦。是故可以师其意，"使弹劾权离立法权而独立，别设专官以司其事，则不独能消弭立法部与行政部之冲突，抑且可为今日澄清政治之良药"⑧。可见他虽不同意完全恢复科道制，但仍然认可其意义与价值。而张弧则对二章之论，

———————————
① 但焘：《给事中制度论》，《华国月刊》第1卷第5期。
② 参见但焘：《御史制度论》，《华国月刊》第1卷第6期。
③ 参见杨琥：《章士钊与中国近代报刊"通信"栏的创设——以〈甲寅〉杂志为核心》，《安徽大学学报（哲学社会科学版）》2012年第4期。
④⑤⑥⑦　朱得森：《朱得森致章士钊函》，载《章士钊全集》第5册，第119页。
⑧　同上，第120页。

深表叹服,他对章士钊说:"忆辛亥各间,弟从太炎先生于沪上,其时南都甫定,孙、黄举措,无敢非议。独太炎日日以时评讽之,民间始稍稍有正论,而孙、黄亦不以为忤,于是建都北京、停止北伐之事乃定。今日时风之弊,甚于辛壬,稍持正论,则握拳切齿者,环起仇视。闻兄之风,宜更有起者矣。"①希望二章能够不畏"风气",坚持己见,直道而行。

但章太炎的恢复科道之论,在当时引起的回应,反对之声并不比赞同之词少。郁嶷对章士钊说:"政制所以应付社会环境,自古无绝对之美,类因地因时而显其用"②,所以"后世学者,徒歆其一时之利,而忽其末流之弊,汲汲然谋所以复之,未见其可也"③。而科道制,"唐宋行之,绩效彰著,明清以降,则徒承其弊,终至废灭者,亦势使然也,非可臧否于斯制之本体也。今去明清之时又远矣,而时势蜕变,尤异于昔"④。是故此时恢复科道制,"荣古虐今,削足适履"⑤,以专制时代制度行于今日,"势必举人民参政之权而剥夺之"⑥,不但如此,"必变政体为专制,破三权分立之大防,违五洲共遵之常轨,中外疑惧,徒兹纷扰"⑦。更有甚者,此制一旦为总统所利用,"则瞻顾利害,分布党羽,操纵左右,以便私图,势所必至。是科道制之设,名虽隆崇,实同赘旒"⑧。由此可见,他对章太炎之言颇不以为然。李步青虽然承认"今日政局之败坏,亦既极矣"⑨,但他强调变更之道"当顺应潮流而不可徒增人心复古之感想,使旧者因缘附会,新者藉词抨击……当统政治全部,使分配与协应,各适其宜,而不可枝枝节节为之"⑩。所以他认为:"如仅以科道制替代议制,第一,地方议会,是否存在?存则国会既废,此制独存,似有未协;废则以目前之局,中央既无力制驭各省;且以中国之大,举地方一切事务,受命于中央,势不可能。

---

① 张弧:《张弧致章士钊函》,载《章士钊全集》第5册,第125页。
②③ 郁嶷:《郁嶷致章士钊函》,载《章士钊全集》第5册,第191页。
④⑤⑥⑦⑧ 同上,第192页。
⑨⑩ 李步青:《李步青致章士钊函》,载《章士钊全集》第5册,第195页。

一任地方官吏之武断，又嫌偏重。况国家重大问题，惟国会可以防止政府行动，但使考试制度行，产出者既为秀士，又削其选举与弹劾之权，流弊可无虑也。"①汪馥炎更是直陈，欲复科道制，必须具备专制国家、官僚政治、集权政策三种条件，因此他认为"既复科道制，非同时厉行中央集权政策，殊无一贯之精神可言耳"②。这一点他自然不愿意看到，所以他质问章士钊："醉心欧化，固有橘变为枳之诮。然举一切政治信念，打破无余，收视返听，退而法古，又宁无夏裘冬葛之讥？"③

不特此也，1925年章士钊在《甲寅周刊》发题征文，潘大道以《代议不易辨》一文入围三甲。在这篇文章中，他分析代议制度的渊源流变与相关优点，同时极力辩驳不可以科道制易代议制。针对章太炎所说的给事中、御史与议员在职守上未殊，他指出："议员为国民之代表，给事中为君主之耳目……议会决议，元首负执行之义务，否亦得交覆议一次而已，给事中所条陈，君主有采择与否之自由……给事中之职，主于驳正，议会之务，贵乎创议……给事中立于行政府之内，兼收发校对之事而有之，举职则烦扰不堪，不举则胥吏不若，议会则立于行政府之外，有其职守，虽有牵制，不及细目。"④犹有进者，"代议政治者，舆论政治也，舆论政治必以自由讨论为前提……科道制者，专制制也，在专制下，有识者不能自由发抒其意见于社会，不幸而不为科道，则惟有缄口结舌而已"⑤。总之，他认为："科道制纵善，非在君主专制之下，则不能以行。中国已入人民自觉之途，君主专制，非特于理不可，亦于势不能。代议制之根本精神可以满足人类伦理的要求，虽亦有弊，然可以轻减或消灭之，况其利优足以相偿而有余乎。"⑥

章太炎的恢复科道制之议，在当时也引起了北方的新文化派关

---

① 李步青：《李步青致章士钊函》，载《章士钊全集》第5册，第198页。
② 参见汪馥炎：《汪馥炎致章士钊函》，载《章士钊全集》第5册，第221—222页。
③ 同上，第224页。
④⑤⑥ 潘大道：《代议不易辨》，《甲寅周刊》第1卷第12号。

注。当时章太炎的形象,在彼辈眼里已然成为落伍的象征。章氏曾于《华国月刊》上撰文批评新文化运动,对此钱玄同致信胡适时说:"《华国》二册奉上。我稍微有些错记,他底文笔里并没有说到'科学方法',但他骂提倡新文化、新道德为洪水猛兽,自是指吾辈而言。又他骂李光地、田起膺、朱老爹穷理之说,而研究天文历数为非;又以'学者浸重物理'为'率人类以与鳞爪之族比',则反对研究科学,旗帜甚为鲜明矣。是则'敝老师'底思想,的的确确够得上称为昏乱思想了。我以为他这种思想,其荒谬之程度远过于梁任公之《欧游心影录》,吾侪为世道人心计,不可不辨而辟之也。"①与之相似,和胡适关系密切的高一涵专门撰写文章,商榷章太炎关于科道制的看法。在他看来:"大概专制的朝廷,政治组织的根本原理,就在以上制下,以内制外。御史制度不但是以上制下以内制外的最好方法,并且是政权出自一人的专制制度的最真实的表现。"②而"现代中国的弊病,并不在监察权没有机关行使,只在各机关法律上有监察权,事实上不能行使监察权"③。所以"为现在计,只须抬高或改善各种行使监察权机关的地位和组织,似不必另起炉灶的重新创造新机关"④。另一方面,"御史制度乃是以上制下,以内制外的专制的或集权的制度,根本上就不适用于以下制上以外制内的民治的或分权的制度"⑤。况且"从历史上看来,历来的台谏,党同伐异,排斥异己,攀权附势,贿赂公行,或使毫无常识的人混杂其间,或明知他们越权偾事而不能制止的,到处皆是"⑥。因此"就御史的职权说,现在都分配在各种机关,没有恢复御史制度的必要;就御史制的利害说,御史制的弊害或远过乎代议制的弊害,也没有恢复御史制度的必要"⑦。

纵览上述诸人的反对意见,他们都认为科道制乃是古代专制政

---

① 钱玄同:《致胡适》,载杜春和等编:《胡适论学往来书信选》下册,石家庄:河北人民出版社1998年版,第1127页。

②③④⑤⑥⑦ 高一涵:《中国现在是否有恢复御史制度的必要》,《晨报七周年纪念增刊》。

体下的制度，不能在今世民主政治下行之。①新文化运动以来，追求"民主"与"科学"之声尘嚣直上，许多人径直将中国古代制度贴上"专制""野蛮"之类的标签，而不是冷静思考后者是否有自有运作规律，是否有值得今日借鉴的地方。因此他们与章太炎等人在历史叙述上基本截然相反，章太炎等人主要着眼于科道制在历史上所起到的积极作用，而他们则多视此制为专制之帮凶，在历史上成事不足而败事有余。这种思想更是近代日趋激烈的新旧之间，采取以二分法来对立的思潮具体而微之表现。②在章太炎发表论科道制的信之前，杜亚泉就因主张调和新旧而被陈独秀等人大加抨击，最后被迫辞去《东方杂志》笔政，由此可见在当时言传统之价值，基本上很难得到充分的理解与同情。③此外，反对者针对当时的中国政治局面，指出政治症结并非如此简单，若恢复科道制，则在制度建设上势必牵一发动全身，其他相关制度若同时变更，必定纷繁不堪。况且彼时政治风气败坏，政府机构职权失效，也不尽因为缺少科道制，而是有更为复杂的原因，若不对此全盘考虑而单纯从科道制的优点着眼，那么很难真正解决当时的政治问题，加之若科道制真的恢复，则又会产生许多新的弊端。这些意见其实很有道理，而凡此种种，二章其实并未做深入思考。面对这些质疑与反对之声，就笔者所见史料，并未看到章太炎的相关回复。若论原因，很可能他当时正忙于批评日渐崛起的广州国民政府，视其为苏联在华的傀儡，因此奔走于反对北伐的各路军阀政客之间，所以对

---

① 值得注意的一点是，尽管在很多人眼里，章士钊20世纪20年代创办的《甲寅周刊》，乃是守旧落后的象征，是对新文化运动的反动，但仅从关于科道制的论争来看，许多反对恢复科道制的人，其论说方式除了使用文言之外，基本与当时的新派人物并无不同，所以《甲寅周刊》的阅读者到底有多"旧"，值得仔细分疏。

② 正如罗志田所言，民初知识分子，多将传统的负面"整体化"，因此认为新旧不可调和。（参见《中国传统的负面整体化：清季民初反传统倾向的演化》，载氏著：《权势转移：近代中国的思想与社会（修订版）》，北京：北京师范大学出版社2014年版，190—197页）

③ 参见王元化：《杜亚泉与中西文化问题论战》，载氏著：《九十年代反思录》，上海：上海古籍出版社2000年版，第44—71页。

于这一论争,实在无力顾及。

1927年以后,他因长期反对孙中山,并且不承认蒋介石集团的合法性,因此被国民政府视为"学阀",登报公开通缉。①章太炎似乎感到自己对时局已无能为力,于六十寿辰赋诗一首,其中有"见说兴亡事,拏舟望五湖"之句,②以示己志,希望从政海风波当中脱身。及至20世纪30年代,他目睹民族危机加剧,在许多场合力倡读史以救世,其间经常举国民党领袖宋教仁因不明中国历史,径直将日本的议会制度移植禹域,最终致使政局混乱,自己也因之丧命的例子,强调欲从政,必须熟识国史,如此种种举措,或可避免方枘圆凿。③这或可算是章太炎对当年关于科道制论争的变相答复。

四、章氏典章制度之学的同声相应者

章太炎的典章制度之学所蕴含的一个基本认识,就是中国古代的政治制度不可仅以"专制"二字轻易概括,而是应该仔细梳理中国历史上每个时代各种制度的具体内容与运作情形,别其良莠,汲取可为今世制度建设借鉴者。然众所周知,近代中国由于西方势力大举入侵而致使国势衰微,人们除了对危局感到痛心疾首之外,更去努力地探寻着中西之间强弱立判的原因何在。随着对于西方文明的了解日渐深入,人们开始意识到制度上的差异造成了中国饱受凌辱之局面,因此不少有识之士便将批判的矛头直指中国自秦以来便形成的君主制度。中国古代政治制度,基本上被形塑为一个极其负面的符号,成为时人反省中国落后挨打之时的重点批判对象。特别是当立宪与革命思潮兴起之后,"这两股政治运动的共同目标都是要以新政体取代皇帝制度。基于政治的现实需要,改革与革命者都必须创造一套理论,说明

---

① 参见《学联会三次代表大会纪》,《申报》1927年5月4日,本埠新闻。
② 参见章太炎:《生日自述》,载《章太炎全集》第5册,第428页。
③ 参见拙作《章太炎晚年学术思想研究》,第226—227页。

旧政体为何,尤其是为什么应该被取代。从19世纪末年起,这种旧体制,即皇帝制度,就被称为'专制'"①。

在这样的思想背景之下,对于中国传统政治制度的论述,除去一些食古不化、沉迷于"三代之治"的极端守旧者之外,就多流于以"专制"的视角与框架去对之进行分析。例如梁启超曾撰有《中国专制政治进化史论》一长文,开篇便言,若论"专制政治之进化,其精巧完满,举天下万国,未有吾中国若者也"②。因此颇为沉痛地抱怨道:"万事不进,而惟于专制政治进焉,国民程度可想矣。"③随后他依据西方政治学中的一些概念,并通过与西方的历史进行比较,进而认为中国在当时依然处于"近世专制政体",在具体分析了中国古代政治的各种特征与运作"潜规则"之后,他感叹道:"吾不敢指为行政机关之退化,吾但见为专制政体之进化而已。何也?彼桀黠之君主,不知经几许研究实验而始得此法门也。"④严复翻译孟德斯鸠《论法的精神》,在书中常撰写按语,其中有一条指出孟德斯鸠书中所言的"法",乃"经国之制",一旦确立,上下皆应遵守;而中国自秦以来的政治,所谓"法",实则为"刑",是君主用来"驱迫束缚其臣民",所以中国古代虽有"法",但"亦适成专制而已矣"。⑤后来在不少历史书写中对中国古代制度的描述,其基本立场皆与梁、严二人所言大体一致。⑥

---

① 甘怀真:《皇帝制度是否为专制》,载氏著:《皇权、礼仪与经典诠释:中国古代政治史研究》,上海:华东师范大学出版社2008年版,第382页。

②③ 梁启超:《中国专制政治进化史论》,载吴松等点校:《饮冰室文集点校》第3集,第1648页。

④ 同上,第1667页。

⑤ 参见严复:《〈法意〉按语》,载王栻主编:《严复集》第4册,第938—939页。

⑥ 梁启超的《中国专制政治进化史论》连载发表于1904年5月及6月的《新民丛报》上,章太炎很可能读过这篇长文,他身处当时的思想氛围里,应该也清楚梁启超文章的影响力。1909年,章太炎曾经回信梁启超,讨论《中国通史》的编撰问题,特别指出当时历史论述中大量存在的用西方观念比附、评价中国古史的现象,显示出他与梁氏对历史认识的差异。(参见拙作《章太炎与梁启超》,载复旦大学亚洲研究中心编:《全球地域化视角下的亚洲研究》,上海:复旦大学出版社2014年版,第123页)因此章太炎在这一时期撰写的关于中国古代制度的文章,不排除有回应甚至是反驳梁启超制度史论述之意涵。这一点承蒙姜义华教授提醒,笔者深表谢忱!

但章太炎对中国古代制度的理解方式,在近代中国也并非空谷足音。不少学人也在尝试具体研究中国古代各种制度,从历史演进中总结其特色,并指陈其中的良法美制,希望借此为中国当下的各种政治行为提供参考,同时避免用一二名词将中国古代典章制度笼统概括。

民国肇建之初,章太炎曾撰文提议新政府各部的首脑人选,其中"若求法部,惟有仍任沈家本,为能斟酌适宜耳。诸妄主新律者,皆削趾适履之见,虎皮蒙马之形,未知法律本依习惯而生,非可博附他方成典。故从前主张新律者,未有一人可用"①。可见他颇为认同沈家本对待新旧刑律的态度。正如章氏所言,沈家本在清季主持修订刑律,虽然他极力引进域外法律,以此改良中国旧法中的弊病,但对于旧章,他并不一棒子打死。关于如何看待中外刑律,沈家本指出:"中国今者方议改裁判之制,而礼教风俗不与欧美同。即日本为同洲之国,而亦不能尽同。若遽令法之悉同于彼,其有阻力也固宜然。我法之不善者当去之,当去而不去,是之为悖。彼法之善者当取之,当取而不取,是之为愚。夫必熟审乎政教风俗之故,而又能通乎法理之原,虚其心,达其聪,损益而会通焉,庶不为悖且愚乎。"②针对时人目秦汉以来法制为专制而希图一笔抹杀,沈家本认为:"自商鞅变法相秦孝公而秦以强,秦人世守其法,是秦先世所用者,商鞅之法也。始皇并天下,专任刑罚,以刻削毋仁恩和义为宗旨,而未尽变秦先世之法,是始皇之所用者,亦商鞅之法也。鞅之法,受之李悝。悝之法,撰次诸国,岂遂无三代先王之法存于其中者乎?鞅之变者,牧司连坐之法,二男分异之法,末利怠贫收孥之法,余仍悝法也。然则商鞅之法,岂遂无三代先王之法存于其中者乎?"③在这里虽然他将心目中的良法美制冠之以"三代

---

① 章太炎:《宣言八》,载《太炎最近文录》,第7页。
② 沈家本:《裁判访问录序》,载氏著:《寄簃文存》,北京:商务印书馆2015年版,第206页。
③ 沈家本:《汉律摭遗序》,载氏著:《寄簃文存》,第199页。

先王之法",但其意义绝非鼓吹复古,而是强调中国古代法制,其中并非尽是糟粕,仔细梳理其流变,可从中归纳出古人立法之精义,是故对待旧章,应取"了解之同情"的态度。基于这样的认识,沈氏系统研究中国历代刑律之流变。他撰写《历代刑法考》一书,对于中国各个时代刑律之特色分门别类,仔细考论,究其本相,扬榷得失,成为时人认识中国古代刑律的重要参考。

1925年,陈天倪(鼎忠)将自撰的《治法》一书赠予章士钊,希望后者能将书中内容在《甲寅周刊》上择要发表。不久之后章士钊回信陈氏:"陈君天倪,吾乡积学独善之士也。所为《治法》一书,愚已读之,翔实如林一之《抗议》,精湛若太炎之《訄书》。"①将这本书与章太炎的《訄书》相媲美。巧合的是,章太炎本人对这本书也颇为欣赏,他致信陈氏时谈道:"承示大著《治法》一册。所论官学之弊、法吏之谬、选举不如考试、新律不如旧律,斯皆先得我心。所拟制度,亦多可见之施行,实今之仲长公理也。"②

除了章太炎所言的这些具体内容之外,陈天倪在书中关于中西政治的认识,基本上也与章太炎之论若合符契。他指出:"医者之治百病也,必视其病之所在而为之方药,寒者发之,热者凉之,虚者补之,实者泄之,百其病则百其剂,不能以一剂以百病也。学说之与时势,道亦犹是。时势积久而弊生,则须有学说以转移之。弊者疾也,转移之学说,则医时势者也。转移必依夫时势,所谓医必相其疾也。"③所以在治国之道上"西人学说不必适用于中国"④。基于此,陈氏主张制度建设,必须根据中国历史:"辛亥鼎革,余货文于新闻社。友人又自美国归,亟谓余曰:'今国体更为共和,而共和先进,厥为法、美,君谓宜用法制乎、抑用美制乎?'余曰:'美、法二国孰为先进?'曰:'美先于法。'余曰:

---

① 章士钊:《治法——答陈鼎忠》,载《章士钊全集》第5册,第376页。
② 章太炎:《太炎先生来函》,载《尊闻室剩稿》下册,北京:中华书局1997年版,第753页。
③④ 陈天倪:《治法》,载《尊闻室剩稿》下册,第731页。

'法革命后何不即用美制?'曰:'历史不同故也。'余曰:'欧洲犹有共和国乎?'曰:'瑞士。'余曰:'瑞士宪法所采何制?'曰:'彼于美、法之外,别创一法,未尝用他国制也。'余曰:'瑞士区区之国,创而勿因,何其不惮烦哉?'曰:'历史既异,乌能强同。'余曰:'美洲自美以外,为何类国?'曰:'除为他洲殖民地者,大率皆共和国。'余曰:'其宪法何仿?'曰:'皆仿美国。'余曰:'此其繁荣发达与美同乎?'曰:'国内战争殆无已时,其收效正与美相反。'余曰:'瑞士与法异于美,而其效同;南美诸国同于美,而其效异。何也?'曰:'历史限之也。刘勰论文,有貌同而心异,有心同而貌异,历史异而其法异,是谓貌异心同,必归于治。历史异而其法同,是为貌同心异,必归于乱。此定例也。'余曰:'中国亦有历史乎?'曰:'有五千年之历史,何得云无。'余曰:'审是则君于中国组织之宜,已豁然大明。中国宪法宜用中国历史定之,美、法诸法制,皆不适用矣。'"①在这里他以问答体阐述己见,当时情景是否如其所述,今日已不得而知。但从中可以看到陈天倪强调中外历史各异,彼土制度,不可径直移植禹域,中国的发展应从自身情况出发,南美诸国采用美国制度导致动乱不止,便是前车之鉴。这一观点与章太炎在许多论著中的主张非常相似,因此论学眼光之高如章氏者,愿意专门去信认可,良有以也。虽然如此,章、陈二人在政见上并非处处一致。当其时,章太炎力主联省自治,希望借此打击北京政府的权势。而在陈天倪看来:"中国之由分而合,改土归流,历无数阶级矣。今无端欲反合于分,改流归土,不亦悖乎?"②显然与章氏之论正好相反。或许是有感于此,陈天倪特意指出:"太炎先生乃当代大儒,乃肯赐观刍荛,优加奖饰,感佩无极。先生主张省自治,与拙著主张统一,形似相反。然先生所论者,一时之规,而拙著所言者,经久之法。寻其义旨,固殊途而同归也。"③这一有"打圆场"之嫌的说法,固然一方面显

---

① 陈天倪:《治法》,载《尊闻室剩稿》下册,第 736—737 页。
② 同上,第 743 页。
③ 同上,第 754 页。

示出陈氏对自己的主张依旧甚为坚持,不肯附和章氏;另一方面也显示出他对章氏依然甚为敬重,不希望因此个别认识上的差异而导致关系不洽。

1934年,章太炎在与任教于燕京大学的邓之诚的信中说道:"昨得手书,并讲义两册,属为题序。以出版在近,不及制序,特为题签。鄙人提倡读史之志,本为忧患而作。顷世学校授课,于史最疏,学者讳其伧陋,转作妄谈,以史为不足读。其祸遂中于国家也。"①他在信中所提及的"讲义两册",便是后来邓之诚出版的《中华二千年史》一书,正如章氏信中所示,他并未替该书撰写序言,但书名为他亲笔所题。不过虽然如此,从邓之诚希望章太炎为自己的著作作序,并且章氏对是书基本满意,并在信中向邓氏透露自己晚年宣传读史的苦心,由此可见二人在对历史的认识上颇为相得。

在邓之诚看来,这本通史之编撰自有其侧重点。其中关于典章制度他指出:"制度为一代典则,不仅观其因革损益,及政治良窳,实欲藉此以测其影响于社会者安在。尤重地理官制者,读史本以二者为基础,述地理止于州郡,述官制止于台阁寺庙监者,特疏举其要,以较详者自有诸志在。"②同时他还直陈:"斯编于民族消长、生计盈绌,纪之独详。以为今后立国立人所关至大,读者不容忽视,则于历史效用,未曾不致其最后之希望也。"③在《中华二千年史》中,邓之诚对历代典章制度析之特详,并且胪列相关史料,尽量呈现其间的因革损益,相较当时许多新派学人竞言文化史、社会史,动辄援引域外理论比附其中;一二老辈则详三代而轻后世,对渺不可征的上古史过分溢美。邓氏此书,尤为重视秦代以来的职官食货,在当时的通史著作里,堪称独树一帜。

1937年抗战爆发,邓之诚滞留北平,被迫与日本人周旋。1944年

---

① 章太炎:《与邓之诚》,载马勇编:《章太炎书信集》,第934页。
②③ 邓之诚:《通史编制之方法》,《出版周刊》新102号。

日人屡次向他索取自叙,邓之诚婉拒不成,遂撰一文以为应付。其中他谈到自己的治学旨趣:

> 为学之方,尊服亭林,尝持论史与政通,以为经世之道,要即在史,故于制度损益沿革研之最审。初但致力六朝耳,近二十年复专治清史,以为近年当习有清一代之书,若《实录》《圣训》《国史》《方略》《纪略》《会典》《三通》,部署则例,公私记载,泛及文集、方志,盖靡不读。稍能条贯其事,遂妄意撰《清会要》一书,以见一代盛衰得失,发凡起例,粗具规模,源委难穷,要当有待也。又尝以为近时考据盛行,考据为史学初基,而非其至极。史学之要,端在纪载,及今不述,后将无征,故喜为纪事之作。自海通以后,西人争习汉学,倡导科学方法,意固甚善,然使浅学为之,取证似博而实陋,立说似确而实诬。甚唯取彼所关,余皆束置,如元史但考成吉思汗,明史但问利玛窦,如是为学,岂不嫌挂漏耶! 中土之人乃争效之,成为风习,而好学深思,博综取约之士罕矣,所谓贱家鸡而贵野鹜者也。考据末流,愈细愈支,《六经》《三史》为材料,徒供翻检,无事讽诵,于是不根之说,穿凿之见,习非成是,而满寰中。不揆其愚,慨然思是正之,因教人专读一书,参以众籍,一书未竟,不轻易业,西人讹谬,时致纠弹。①

在这里,邓之诚明言自己重视典章制度,就是为了读史以求致用,使治学有本有末,不流于饾饤空谈。同时他对当时学界奉一二新学巨子之言为圭臬,借科学方法之名而"言必称考据"深致不满,认为如此治史,难明大体,特别是将传统经籍史料化,致使原书旨要不得而知,流于琐碎,割裂了历史的整体性。凡此种种,皆与章太炎晚年所提倡的读史

---

① 邓瑞整理:《邓之诚文史札记》上册,南京:凤凰出版社 2012 年版,第 252—253 页。

之道若合符契。①

1935年，史家贺昌群在《大公报·图书副刊》上介绍出版不久的《章氏丛书续编》，其中他谈道："余杭章太炎（炳麟）先生宗经古文之学，为近世一代宗师。曩者章氏丛书如《国故论衡》《文始》等，焯铄今古，并世学人未有不览而心折者也。惜其入民国以后，好侈言政事，遂稍掩其所学，成见亦渐深。然博学强志，海内闻风而钦仰者，犹不衰息。"②章太炎晚年的学术形象，因时代风气使然，较之先前，已颇遭人非议，但贺昌群此处依然持之以肯定态度，可见他对章氏学说应当有所了解且认同。贺昌群在20世纪40年代撰写数篇关于汉代政治制度的论文。在《论两汉政治制度之得失》中他指出："总汉家政治制度之优点言之，中央与地方之关系，大小相维，内外相统，如网之有纲，衣之有领。中央以三公之职为重；丞相上佐天子，总理庶政，太尉掌全国军政，御史大夫察举朝廷遗失、官吏非法。皆以论道经邦，燮理阴阳为务，所谓'遂万物之宜者'，盖三公之职，在使政治社会得其平衡而已。"此外，"地方政治如治民、进贤、劝功、决讼、检奸以及教化之责，则寄其重任于郡太守……汉世之隆，吏治为古今之冠，盖其重视二千石太守为国家吏治之本也。"③而地方监察"以秩六百石而得案二千石之不法，是秩卑而命尊，官小而权重。秩卑则其人激而不敢恣肆，权重则易专而能行其志。此大小相制，内外相统之微意，然后知刺史六条为百代不易之良法"④。

---

① 关于章太炎晚年提倡的读史之道，参见拙作《章太炎晚年学术思想研究》（第80—83页）。值得注意的是，虽然邓之诚在史学方面与章太炎颇有共鸣，但并不表示他对章氏毫无批评。1942年11月邓氏阅读主要收录章太炎晚年文章的《太炎文录续编》，认为其中的考据之作"多臆必之谈"，批判新思潮的《救学弊论》"徒恃口舌，非长老所宜"，祝寿之文更是"最无精彩"。（参见邓瑞整理：《邓之诚文史札记》上册，第148页）可见虽然邓之诚在20世纪30年代请章太炎为自己的著作撰序，但对章太炎晚年的言论还是持有不少的保留意见。
② 贺昌群：《〈章氏丛书续编〉》，载《贺昌群文集》第3卷，北京：商务印书馆2003年版，第463页。
③ 贺昌群：《论两汉政治制度之得失》，载《贺昌群文集》第1卷，第297页。
④ 同上，第299页。

在《两汉政治制度论》中,他再次申说其意,并强调:"制度之得失,可以知一代之盛衰"①,尽管今人论古,常感到书缺有间,然则"前代立官分职之原,其良法美意,优劣得失,有关国家盛衰,系生民休戚者,稽之正史,未尝不可以通其大略,以待扶世宰物者之求,则兹篇之作,或不无尘壤涓流之助也"②。可见他研究两汉制度之时,希望从中总结可为今世借鉴者之意至为明显。所以他论述史事之余,复强调两汉政治给今人的教训:"夫政治之为用,所以辅世长民者也,制度者所以维持、稳定或控制政治社会之秩序也。然政治社会日趋复杂,欲求秩序之稳定与控制,必须时时求制度之变迁与进步,而后其制度之本身乃能继续适应,不至于崩坏。一面从控制上求秩序,一面在秩序中谋进步,换言之,须在稳定与变迁之间维持一种动态平衡,此即陈平所谓'遂万物之宜'者也。"③贺昌群撰写此文,正值国民政府高唱"抗战建国",他史论背后的时代关怀,或许正是通过研究典章制度,为未来的中国建设提供参考,这一点也恰是章太炎典章制度之学的精义所在。

章太炎去世之后,钱穆撰文纪念,对于章氏学术,独重其史学,强调"今论太炎学之精神,其在史学乎!"④称其史论"平实而能博大,不为放言高论,而能真为民族文化爱好者"⑤。而在章氏去世前,钱穆曾赴苏州与之一晤。后来他回忆,章太炎当时认为若撰写一部新国史,"列传与年表等当无何相异。惟书志一门,体裁当有大变动。即如外交志,内容牵涉太广,决非旧史体例可限。因言居沪上,深知治外法权影响深广。如加叙述,所占篇幅必钜。其他方面更然。外交以外,食货刑法诸门亦皆然。所需专门知识亦更增强。惟此'书志'一门,必当有大变动"⑥。由此可见章太炎晚年依然对典章制度之学念念不忘,

---

① ② 贺昌群:《两汉政治制度论》,载《贺昌群文集》第 1 卷,第 306 页。
③ 同上,第 322 页。
④ 钱穆:《余杭章氏学别记》,载氏著《中国学术思想史论丛(八)》,台北:东大图书公司 2006 年版,第 384 页。
⑤ 同上,第 389 页。
⑥ 钱穆:《八十忆双亲、师友杂忆(合刊)》,第 165 页。

同时亦可见钱穆对此印象深刻，以至于耄耋之年撰写回忆录，对之依然记忆颇深。钱穆论史，与章太炎相似，也对典章制度深致意焉。他指出："有志研究中国史的，多注意于历代政制的演变上。但我们要研究政治制度，不可不连带注意到其背后的政治理想。我们要研究某一时代的政治理想，又不得不牵连注意到其时一般学术思想之大体。所以我希望有志研究中国史的，应多注意于中国历代学术思想之演变。与制度学术有关系的，我又希望能多注意于历史人物的活动。学术、制度、人物三者相互为用，可以支配一时代的历史。"①

钱穆研究中国历代制度，最为反对者，即用"专制"二字将中国古代制度一笔抹杀。1941年许寿裳于钱穆演讲时，就听到后者强调时人所称的"中国自秦汉以来，二千年的政体是一个君主专制黑暗的政体"②，这一认识"绝不是历史的真相"③。在《国史大纲》中钱穆痛陈："晚清革命派，以民权宪法为推翻满清政府之一种宣传，固有效矣。若遂认此为中国历史真相，谓自秦以来，中国惟有专制黑暗，若谓'民无权，国无法'者已二千年之久，则显为不情不实之谈。民国以来，所谓民选代议之新制度，终以不切国情，一时未能切实推行。而历古相传'考试'与'铨选'之制度，为维持政府纪纲之两大骨干者，乃亦随专制黑暗之恶名而俱灭。于是一切官场之腐败混乱，胥乘而起，至今为厉。此不明国史真相，妄肆破坏，轻言改革所应食之恶果也。"④钱穆此书，尽管偏重于论述历代学术思想与士人活动，看重后者在历史上的地位与意义，此与他对当时知识阶层在社会政治上的地位的关注息息相关。⑤但关于典章制度，他亦着墨不少。他强调任用平民知识分子、宰相地位崇高、地方行政长官能任命僚属、监察制度的发达，凡此种种，

---

① 钱穆：《如何研究中国史》，载蒋大椿主编：《史学探渊——中国近代史学理论文编》，长春：吉林教育出版社1991年版，第808页。
②③ 北冈正子等编：《许寿裳日记》，台北：台湾大学出版中心2010年版，第117页。
④ 钱穆：《国史大纲》，台北：台湾商务印书馆2014年版，引论第15—16页。
⑤ 参见胡昌智：《历史知识与社会变迁》，台北：联经出版事业公司1988年版，第143页。

皆为中国古代制度之优点。后代中央集权日益集中、宰相权力被架空、地方行政官员权力分散且互相牵制、士阶层学问流于空疏、人才铨选弊病丛生,这些因素交相为用,导致中国政治在清代愈显衰颓。这其中的因缘与流变,与每个时代的整体面貌息息相关,需要仔细梳理,方可明其脉络。

20世纪30年代钱穆还在北京大学任教时,便欲在历史系开设"中国政治制度史"一课,颇受到实际主持系务的傅斯年所反对,后者的理由便是"中国秦以下政治,只是君主专制。今改民国,以前政治制度可勿再究"①。钱穆坚持开课的理由也与章太炎之主张非常相似,认为"言实际政治以前制度可不再问。今治历史,以前究属如何专制,亦当略知,乌可尽置之不问"②。他曾有撰写一部《中国政治制度史》的愿望,但因种种原因并未实现。晚年他将演讲稿整理为《中国历代政治得失》一书,从中较为系统地阐述了他对中国古代制度的看法。钱氏指出:"任何一制度,决不会绝对有利而无弊,也不会绝对有弊而无利。所谓'得失',即根据其实际利弊而判定。而所谓利弊,则指其在当时所发生的实际影响而觉出。因此要讲某一代的制度得失,必须知道在此制度实施时期之有关各方意见之反映。这些意见,才是评判该项制度之利弊得失的真凭据与真意见。此种意见,我将称之曰'历史意见'。历史意见,指的是在那制度实施时代的人们所切身感受而发出的意见。这些意见,比较真实而客观。待时代隔得久了,该项制度早已消失不存在,而后代人单凭后代人自己所处的环境和需要来批评历史上已往的各项制度,那只能说是一种'时代意见'。时代意见并非是全不合真理,但我们不该单凭时代意见来抹杀已往的历史意见。"③因此他梳理历代制度流变,着眼于在每个时代的特殊环境里各种制度之利弊得失,叙述各代制度之间的传承与变化。他认为:"政治

---

①② 钱穆:《八十忆双亲、师友杂忆(合刊)》,第152页。
③ 钱穆:《中国历代政治得失》,台北:素书楼文教基金会2001年版,第2—3页。

制度是现实的。每一制度，必须针对现实，时时刻刻求其能变动适应。任何制度，断无二三十年而不变的，更无二三百年而不变的。但无论如何变，一项制度背后的本原精神所在，即此制度之用意的主要处，则仍可不变。于是每一项制度，便可循其正常轨道而发展。"①既然如此，那么隔断与过去的联系，推翻现实以迁就某一项制度的做法，必定得不偿失。

钱穆虽然力言应从历史情境中理解中国各项制度之特色，但他也并不讳言中国古代制度的缺点。唐代以降，科举取士盛行，原则上每个读书人都有登科第的可能。然在钱穆看来，"中国则自唐以下，便已犯了政权开放之流毒"②。科举制度之下，整个社会氛围多鼓励读书人入仕为官，造成官场人员冗杂，读书人成为政治的累赘；明代以前，"官"与"吏"之间，并无明显划分，明成祖时规定胥吏不得为刺史，限制了胥吏的出身，致使"官""吏"分为两途，后来整个明清官场，胥吏隐藏在表面的制度之下，权势极大，导致政风败坏，行政效率低下，顺带产生"文书政治"的不良习气。③总之，钱穆论史，尤其重视典章制度，主张制度建设应与历史传统相一致，并极力为中国古代制度辩诬，为此颇受时人非议。④章太炎门生之中，朱希祖以治史闻名，但朱氏后来提倡新史学，主张以社会科学研究历史，这其实已与章太炎对历史的理解相背离。⑤而钱穆虽然晚年不满章氏，认为他是近代打开批儒反孔"洪水闸门"的祸首之一，但在史学方面，二人精神气质上堪称一脉相承。⑥

---

① 钱穆：《中国历代政治得失》，第57页。
② 同上，第61页。
③ 参见同上，第126—128页。
④ 如马克思主义学者王亚南当时就对钱穆的相关主张大加抨击。（参见王亚南：《中国官僚政治研究》，北京：中国社会科学出版社1981年版，第44、48页）
⑤ 参见拙作《章太炎晚年学术思想研究》，第168—180页。
⑥ 本书对钱穆此一方面的论述，只是举其大纲而已。关于钱穆对中国古代政治制度的认识，参阅阎鸿中的《职分与制度——钱宾四与中国政治史研究》（《台大历史学报》第38期）。

五、结　语

章太炎论史,特重典章制度之学,一方面他深受荀子与杜佑的影响,对典章制度在中国历史上的重要性尤为注意,另一方面他在近代新史学的浪潮之下,希望借阐述典章制度"发明社会进化之理"。他的制度史研究,将此学视为国粹的具体表现,既继承了乾嘉朴学的考史之风,对于历代制度之具体内容多有考证,语必征实,不蹈空言;同时复能摆脱饾饤之学的视野狭隘与琐碎之失,以历史演变的整体视角出发,研精覃思,通过对于制度沿革之论述,别其良莠,总结出可为今世借鉴效仿者,以期学以致用。他撰于清末民初的几篇阐述历代制度流变之作,堪称近代中国制度史研究中的典范。当然不可讳言,章太炎之于中国历代制度,多是摘取其中为自己所属意者,以此大为表彰,甚至流于过犹不及,少有顾及各项制度实施过程中的缺失,因此对于每项制度的全盘性分析或显不足。

民国建立之后,一系列的政坛乱象让章太炎对代议政治几乎绝望。在回答章士钊应当如何医治议会之弊病时,他主张恢复古代的科道制,用给事中弹劾官吏,用御史监督政府,希望以此替代议会的职能,并且能避免后者的流弊,此番言论,堪称他借研究典章制度以致用的具体表现。此论一出,颇引起社会上的关注,但回应者中,反对之声并不比认同之词少,时人多本专制与民主势不两立的立场,认为绝不可将帝制时代的制度行于今世,并极力描绘科道制在历史上的黑暗面。章氏典章制度之学,一旦置身新文化运动之后的公共舆论,处境竟是如此,时代氛围里的反传统之风,由此可窥一二。然时过境迁,今天再看章太炎当年的政治设计,尽管细节上或许有值得商榷之处,但他研究中国古代制度,希望能从中找到一条真正适合中国自身国情的发展道路,而不是奉别国经验为至宝,这一思考问题的思路,尤显珍贵,值得人们省思。

然章太炎的典章制度之学,在近代中国却绝非空谷足音。沈家本、陈天倪、邓之诚、贺昌群、钱穆等人,或与章太炎有一面之雅,或在论学上极相契合,或对章氏著作颇为推崇。他们对待中国古代制度,也与章氏相似,希望从中国历史自身脉络出发,探讨各项制度的因革损益、利弊得失。沈家本之于刑律;陈天倪之于治法;邓之诚在通史著作里尤重制度;贺昌群表彰两汉政治制度的优点;钱穆从历史情境中研究制度沿革,极力为中国古代制度辩诬,这些观点,都与章太炎对典章制度的看法极为相似,堪称其同声相应者。中国近代史学史的书写,如何能从单一的直线条的新史学发展史,拓展到刻画史学各个面向、各种观点交相辉映的纷繁图景,此一方面,或可为切入点之一。

犹有进者,近代中国史学,深受源自域外的学科体制之影响,许多史学课程的设置,基本上已与古人对历史的理解行之渐远。在研究方面,许多庠序中人更是倡导"窄而深",以此体现"专业化"。① 对于历代制度流变,像章太炎等人那样可以就各个门类贯通整个中国历史展开讨论,晚近再也难得一见。而且随着各种所谓新理论大行其道,对学术流变、制度沿革等传统史家甚为看重的面向,近代以来的新学小生也多以刍狗视之。可今日回头再看,许多当日里广为鼓吹的新方法、新理论,如今除了研究近代学术史之人还会关注外,基本难逃随风而逝的命运。相反,如何让视角回到中国历史本身,使得史学研究更贴近历史本相,真正抓住影响历史进程的关键点,使研究成果能启人心智、广识兴替,前贤典型犹在,窃以为可参考处着实不少。

---

① 关于这一点,参见刘龙心的《学术与制度:学科体制与中国现代史学的建立》(台北:远流出版事业股份有限公司 2002 年版,第 117—376 页)。

第六章　章太炎晚年对"修己治人"之学的阐释

在儒家思想里,"修己"与"治人"为一对十分重要的概念。《论语》的《宪问》曰:

> 子路问君子。子曰:"修己以敬。"
> 曰:"如斯而已乎?"曰:"修己以安人。"
> 曰:"如斯而已乎?"曰:"修己以安百姓。修己以安百姓,尧舜其犹病诸。"①

可见在孔子看来,修己为通往君子之路的最基本要素,但仅仅如此,远远不够,随着子路的进一步发问,孔子遂指出,只有做到"修己以安人""修己以安百姓",这样才能称之为君子。但后者乃一极难达到的理想,即便是上古圣王如尧舜者,也不能完全企及斯境。也正因为如此,《论语》中所宣扬的"修己治人"理想遂为历代儒者孜孜以求之人生境界。特别是宋代理学兴盛之后,《礼记》中的《大学》成为"四书"之一,被视为初学入德之门,里面所强调从修身齐家到治国平天下的一以贯之的思想,更使得修己治人的观念被广泛传播,且具备了一套循序可行的方法。自居士人者流,对儒学的具体阐释或许因学派不同而有所差异,但基本无人对此理想进行否定。

若论近代学人中对中国传统学术有全面且系统的阐述者,章太炎

---

① 杨伯峻:《论语译注》,北京:中华书局1982年版,第159页。

无疑堪称翘楚。他在一生当中不同时间段,通过梳理审思历代学术流变,体察世风学风之内蕴,对中国传统思想与学术有着颇为独到的解读与阐释。在晚年阶段,他强调:"当今之世,讲学救国,但当取其可以修己治人,不当取其谈天论性。"①或曰:"今不为腐儒之论,能修己则事尽善矣。所谓修己者,非但一人之修己而已,为政者能修己,国斯治矣。"②又曰:"经之所该至广,举凡修己治人,无所不具。"③从对古代经书的认识,到强调今日讲学的重点,再到指出为政者修身的重要性,他从各个方面阐释"修己治人"之学的重要性。而在章氏晚年曾亲炙其教的李源澄看来,"先生每分学问为二节。一曰,修己治人之学,二曰,超人之学。先生平日教人者,则修己治人之学也"④。可见此乃章太炎晚年治学讲学的重点所在。

然近代中国,由于西方势力大举入侵,以及传统政治社会内部弊病频生,致使国势衰颓,民族危机越发加剧。许多人目睹斯景,痛定思痛,开始思考中国落后衰败之由,因此对中国传统思想与学术进行反思,以至于全盘性的批判。这一思潮,自晚清以来已显现端倪,到了民初新文化运动期间更是蔚为狂涛,中国固有的思想与学术遭到极大冲击,特别是长期以来居于官学地位,影响极为广大的儒学。一时之间,儒学与国运,俨然难以兼容。知识阶层在文化取向于价值认同上出现巨大危机,一个思想史上的转型时代于焉出现。⑤正如陈独秀于1916年所宣称的那样,"孔子生长封建时代,所提倡之道德,封建时代之道德也;所垂示之礼教,即生活状态,封建时代之礼教,封建时代之生活状态也;所主张之政治,封建时代之政治也。封建时代之道德,礼教,

---

① 章太炎:《适宜今日之理学》,载章念驰编订:《章太炎演讲集》,第365页。
② 章太炎:《〈孝经〉〈大学〉〈儒行〉〈丧服〉余论》,载章念驰编订:《章太炎演讲集》,第378页。
③ 章太炎:《论经史儒之分合》,载章念驰编订:《章太炎演讲集》,第425页。
④ 李源澄:《章太炎先生学术述要》,载林庆彰等编:《李源澄著作集》第3册,第1460页。
⑤ 参见张灏:《中国近代思想史的转型时代》,载氏著:《时代的探索》,台北:联经出版事业公司2004年版,第44—60页。

生活,政治,所心营目注,其范围不越少数君主贵族之权利与名誉,于多数国民之幸福无与焉"①。在这样的思想氛围里,提倡儒家伦理者,鲜不受到颇为强烈的质疑。

众所周知,章太炎在清季宣传排满革命之时,也曾对儒家与孔子进行抨击。他将孔子从至圣先师的神坛上拉下,只以"古良史"视之。②在论述晚周诸子时,他指出:"儒家之病,在以富贵利禄为心。"③因此"用儒家之道德,故坚苦卓励者绝无,而冒没奔竞者皆是"④。其批孔之言,曾在民国初年影响颇为深远,相关论著,颇受新派学人热衷,对促生新文化运动中的反传统思潮影响颇深。⑤所以当他晚年重拾儒家"修己治人"之学时,就被许多新派人士视为思想上的大倒退。如蔡尚思回忆 20 世纪 30 年代拜谒章太炎时后者所谈论的观点,不无讽刺地评论道:"章先生真是一个礼教家……我听见章先生这些话,心中觉得他和晚年的梁启超都把中国古代的封建社会美化为高于资本主义和社会主义了。二人始异终同,殊途同归,在思想上都开倒车了。谁说梁章二人没有共同点呢?"⑥在自己的经学研究论著中对章太炎之言采择甚多的周予同也感叹:"章氏在今日,已居然作拥护旧礼教者的傀儡",并称晚年章太炎为"半疯假痴"。⑦但章太炎论学,一向有其内在的思考理路,他对中国传统学术的看法,与他整体的思想脉络息息相关。若将其晚年论学主张笼统视之,则难免会有失真之弊,并且容易陷入一种粗暴简单的"进步""落后"二分法之中,影响到对于近代

---

① 陈独秀:《孔子之道与现代生活》,载任建树编:《陈独秀著作选编》第 1 卷,上海:上海人民出版社 2009 年版,第 268 页。
② 参见章太炎:《訄书(重订本)·订孔》,载《章太炎全集》第 3 册,第 133 页。
③ 章太炎:《论诸子学》,载章念驰编订:《章太炎演讲集》,第 38 页。
④ 同上,第 40 页。
⑤ 参见拙作《章太炎晚年学术思想研究》,第 125—136 页。
⑥ 蔡尚思:《章太炎》,载傅杰编:《自述与印象:章太炎》,上海:上海三联书店 1997 年版,第 175—176 页。
⑦ 参见周予同:《僵尸的出祟——异哉所谓学校读经问题》,载朱维铮编:《周予同经学史论著选集(增订本)》,上海:上海古籍出版社 1996 年版,第 598 页。

学术史的更为全面、多元的认识。因此,对章太炎晚年所阐释的"修己治人"之学,需要进行仔细分疏,探求他反复强调者,乃是出于何种思量。其相关言论,与他自身思想脉络关系为何,背后呈现出他的哪些考虑甚至是焦虑,是在回应、批评哪些时代思潮。①且须将其言行尽量还原到历史语境中,比较当时各种对待传统的不同主张,章氏言论,特色何在,彼此之间,是否真像许多研究中所阐述的那样泾渭分明,抑或是各类观点交错之际,绸缪缱绻处所在多有。凡此种种,皆值得仔细考量,庶几对晚年章太炎,能呈现其有血有肉的形象。

一、章氏"修己治人"之学产生的思想背景

自从民国成立以来,与之前所期待的种种美景绝异,所呈现于世人眼前者,乃是乱象频频的场景。特别在政治上清季士人所热望的民主共和之制并未出现,而是武人与政客结合,致使政风污浊卑劣,丑闻不断,此一现象,至袁世凯帝制自为而趋于极致。对新政权的期待与乐观,不旋踵遂变成极度抑郁与苦闷。陈寅恪曾回忆:"洪宪称帝之日,余适旅居旧都,其时颂美袁氏功德者,极丑怪之奇观。深感廉耻道尽,至为痛心。至如国体之为君主抑或民主,则尚为其次者。"②于是持这类看法者,纷纷思索造成这一局面的原因何在。

当时甚为流行的观点,即认为面对中国这样一个久遭专制政治统

---

① 江湄从章太炎民国以后区分"真""俗"二谛入手,认为此后章太炎的儒学论述开始转而注意具体的人事,强调历史对于今世的重要意义,指出章氏"修己治人"之学包含了经学与史学二义。(参见江湄:《创造"传统":晚清民初中国学术思想史典范的确立》,台北:人间出版社2014年版,第224—238页)这一观点,对本章写作极有启发。笔者曾试从章太炎晚年关于读经问题的论说入手,梳理他与当时各种观点的关系,以此展现他晚年对于儒学的态度。(参见拙作《章太炎晚年学术思想研究》,第87—122页)但偏重于思想语境的刻画,对章氏思想本身,缺乏过多分析,因此本章着眼于探讨章氏思想之意涵。

② 陈寅恪:《读吴其昌撰梁启超传书后》,载陈美延编:《陈寅恪集·寒柳堂集》,第166页。

治与儒家思想熏陶的国度,仅仅进行政治上的变革,并不能有所改变,而是应该在思想文化层面对传统进行全面的批判。①曾经历清季革命与民初政治旋涡,后来以创办杂志力行其志的陈独秀就强调:"伦理思想,影响于政治,各国皆然,吾华尤甚。儒者三纲之说,为吾伦理政治之大原,共贯同条,莫可偏废。三纲之根本义,阶级制度是也。所谓名教,所谓礼教,皆以拥护此别尊卑、明贵贱之制度者也。近世西洋之道德政治,乃以自由、平等、独立之说为大原,与阶级制度极端相反。此东西文明之一大分水岭也。"②因此,"吾人果欲于政治上采用共和立宪制,复欲于伦理上保守纲常阶级制,以收新旧调和之效,自家冲撞,此绝对不可能之事。盖共和立宪制,以独立、平等、自由为原则,与纲常阶级制为绝对不可相容之物,存其一必废其一"③。与之相似,李大钊也声称:"孔子者,历代帝王专制之护符也。宪法者,现代国民自由之证券也。专制不能容于自由,即孔子不当存于宪法。"④在这里,他们将政治制度与思想伦理视为一整体,且中西文化,各不相同,欲在中国引进源于西方的民主共和政治,则必然不允许中国传统思想伦理继续存在,而应当在这一方面也进行革新。民初时局之所以令人失望,正是在这一方面未收其效。因此解决之道,便是对之极力抨击,除"恶"务尽,使民众思想与社会文化为之一新,达到符合于源自西方的民主共和政治相关标准。此正如吕思勉在那时所观察到的:"今日之称颂西欧,犹其昔日之讴歌三代。"⑤

但章太炎并不这样认为。自戊戌变法以来,十余年间中国主要的政治活动章太炎皆曾亲历其事,况且身为"有学问的革命家",在从事政治活动同时,他在思想领域的探索未曾间断,因此对世局时风之种

---

① 林毓生:《五四式反传统思想与中国意识的危机——兼论五四精神、五四目标、与五四思想》,载氏著:《思想与人物》,台北:联经出版事业公司1983年版,第121—138页。
②③ 陈独秀:《吾人最后之觉悟》,载任建树编:《陈独秀著作选编》第1卷,第179页。
④ 李大钊:《孔子与宪法》,载《李大钊选集》,北京:人民出版社1978年版,第77页。
⑤ 吕思勉:《三十年来之出版界(1894—1923)》,载《吕思勉遗文集》上册,第380页。

种现象,他自然是深有体会与思考。特别是在国民道德层面,更是章氏甚为注意之处。其学生许寿裳回忆,章太炎于日本主《民报》笔政之时,"注意于道德节义,和同志们互相切励;松柏后凋于岁寒,鸡鸣不已于风雨,如《革命道德论》《箴新党论》二篇,即系本此意而作"①。在《革命道德说》一文里,章太炎面对作为异族的清廷"窃据"中夏数百年这一史实,指出"道德衰亡诚亡国灭种之根极也",同时对当时中国民众的道德水准甚感焦虑,并且根据职业不同,将各类群体的道德颓状一一描绘。②

及至民国成立,看到自己多年心愿得以实现,章太炎颇有意在政治上有所作为,将自己的治国主张付诸实践。但民初政局波云诡谲,让章氏理想屡屡受挫,自己也被袁世凯软禁于北京。在作为《訄书》之修订本的《检论》一书中,他写下一系列反思清末民初政局的文章,语调异常悲愤懊恼。

在《对二宋》一文里,章太炎忆及清季与宋教仁、宋恕二人的交往经历,在其中较为详细地透露出他心目中对晚近世风时局衰败原因的思考。宋恕对明治维新以来的日本文明甚为羡慕,"见其人民之勤,田畴之辟,士好学术,而官长贵族不骄。不窥其军旅财赋,知其完疆也"③。认为后者不但具备儒家文化的"真谛",而且能吸收西方文明之长。因此他对章太炎说:"今世安用慕远西邪?若日本则可矣。"④对此章太炎指出,中国与日本,"其嵩绪不同,巧拙亦竟异矣"⑤。二者历史与国情并不相同,因此难以纯然效仿。对于中国的历史与现状,章氏指出:

夫中夏者,尘为郡县,而国胙数斩,民无恒职。平世善柔之

---

① 许寿裳:《章炳麟》,转引自汤志钧编:《章太炎年谱长编(增订本)》上册,第130页。
② 参见章太炎:《革命道德说》,载《章太炎全集》第4册,第289—292页。
③④⑤ 章太炎:《检论·对二宋》,载《章太炎全集》第3册,第613页。

夫,犹能蹦超资次,以取卿相。会遭变故,而蜚跃者众矣。当戎狄入主,降俘相踵,朝为穿窬而夕建麾葆者,不知其选数也。鬻国以求富,称顺民以致高位,舆人之所愍嫉。不幸事发,而致辜膊,然犹黾勉,务于得之,况其以佞幸饷馈致之者也。人民习见其然,即自以勤业为阔迂。力耕勤贾,与服劳于箙笔者,此皆世所品目以为钝人者也。以便谄降敌得官,众不齿数,即不能无肆威暴,以监谤姗。习是稍久,长吏人人以为常道。①

在章太炎看来,中国自秦代实行郡县制以来,社会流动频繁,名义上任何人皆有拾取青紫的可能。而历史上的异族统治,许多人醉心利禄,认贼作父,"鬻国以求富,称顺民以致高位"。上有所好,下必甚焉,人人习于钻营投机,反视辛勤劳作为迂途,久而久之,这一套价值取向遂被视为习以为常之道。因此要根治晚近中国的颓势,应该从这一点入手。

所以章太炎强调:"理其本者,当除胡虏而自植。"②因为"察今之病,陆贽所谓时弊,非法弊也"③。当时的官吏惯于朋党比周,政以贿成,虽有良法设立,也只能让彼辈借以行其奸。因为"处今之世,不诛鉏旧吏,去其泰半,其佗不憯"④。反之"徒曰立宪可以定之,建议可以已之。此所谓以《孝经》治黄巾也"⑤。中国的种种问题,绝非简单移植西方政治制度便可解决。总之,依章太炎之见,异族专制与仰其鼻息的贪官污吏才是晚近世风时局颓败的祸首,政治社会的不良,他们应负主要责任,此乃"时弊"。

但民国建立,并未将章太炎所斥责的现象根除。《检论》中的《大过》一文,为章氏记载已投靠袁世凯的光复会旧人李燮和,作为袁氏说客前来劝说自己支持袁氏时,双方所进行的对话。面对民初种种乱象,章太炎强调:"前世之创业者,或连兵一纪,死人多于枭蕉,直其罢

---

① 章太炎:《检论·对二宋》,载《章太炎全集》第3册,第613页。
②③④⑤ 同上,第614页。

极而后收之。其旧朝贪人恶吏,未有不诛也。今倡义不过四月,天步遂夷,而致屈不及墨吏。"①所以致使"墨吏以曩日不绁刑诛,以为贪残不足以丧望实。就有弹治,财及曹司、县令"②。清季的官吏,在革命中并未受到过多冲击,许多人改头换面,继续悠游行走于民国政府中。在如是情形下,时局自然不会因革命而带来改善。

袁世凯殁后,章太炎重获自由,当时有人邀请他出面讲学,以此力挽风气。对此他在与吴承仕的信中说道:"迩者,士人多以人心偷薄,欲改良社会,以遏贪竞之原。时时来请讲学,鄙意以为时未可也。大抵人心所以偷薄者,皆由政治不良致之。清之末造,业多败坏,及袁政府跳梁五岁,鸡鸣狗盗,皆作上宾,赌博吸烟,号为善士。于是人心颓靡,日趋下流……此则咎不在社会,而在政治审矣。若中央非有绝大改革,虽日谈道义,渐以礼法,一朝入都作官,向恶如崩,亦何益乎?"③在这里,他坚持认为自清季以来的恶劣政风影响至今,导致国事不堪闻问。

通过以上梳理,可以看到章太炎虽然也对当时的世风时局深为不满,但他并非将之归罪于中国传统文化,斥责后者与西方启蒙运动以来的各种现代性因素不相吻合,而是通过考察中国历史与现状,思考当时社会政治弊病之缘由。他认为当时中国,乃是"时弊",而非"法弊",其获病之由与根治之法,皆应从中国历史的自身演变脉络中去探寻。他在民国成立后的这番见解,与自1906年流亡日本以来的文化观息息相关。章氏尝以"风律"比拟世界各种文化,强调"风律不同,视五土之宜,以分其刚柔侈敛。是故吹万不同,使其自已,前者唱喁,后者唱于,虽大巧莫能齐也"④。因此,在文化与制度抉择上,"中国之不可委心远西,犹远西之不可委心中国也"⑤。章氏此论,正如汪荣祖先生所言,"是在强调每一种文化都具有独特性格,不必也不应与别种文

---

①② 章太炎:《检论·大过》,载《章太炎全集》第3册,第639页。
③ 章太炎:《与吴承仕》,载马勇编:《章太炎书信集》,第301—302页。
④ 章太炎:《驳中国用万国新语说》,载《章太炎全集》第4册,第353页。
⑤ 章太炎:《国故论衡·原学》,第103页。

化同化。在文化交流中,各文化既然都有特性,自应站在平等的地位"①。而这也是他与新文化运动的提倡者们最为不同之处。

当 1915 年前后所谓国体问题尘嚣直上时,曾与袁世凯周旋甚密的梁启超痛言:"使我国家至于此极者,则何一不在吾士大夫。吾无以名之,名之曰良心之麻木。"②显示出对当时的知识分子阶层深感失望。很多人在当时都与梁启超有着相似感观,因此他们多将使中国摆脱困境的希望寄托在青年学子身上。李大钊说:"我很盼望我们新青年打起精神,于政治、社会、文学、思想种种方面开辟一条新径路,创造一种新生活。……打破矛盾生活,脱去二重负担,这全是我们新青年的责任,看我们新青年创造能力如何?"③鲁迅虽然体察到中国人的"吃人"性格难免会一代传一代,但他依然呼吁:"愿中国青年摆脱冷气,只是向上走,不必听自暴自弃者流的话。能做事的做事,能发声的发声。有一分热,发一分光,就令萤火一般,也可以在黑暗里发一点光,不必等候炬火。"④而新文化运动中影响力最大的杂志名曰《新青年》,这本身就体现了倡导者们对青年一代的强烈期许。

与《新青年》诸公相异,梁启超在当时并不主张一味扬新去旧,然他行动的着眼点,却也放在对青年学生的"掌控"上。新文化运动以来以北京大学为主的学人一时间成为青年追捧的偶像,对此梁启超及其"团队"颇感忧虑。1920 年傅治致信张东荪说:"至事业方面,则先生所提学校问题,最为切实,望任公摆脱政治之泛运动,全力从事于此事,设科不必多,惟教授须最高手,藏书楼须极完备,须有一种特别精神,特别色彩,此为吾辈文化运动、社会事业、政治运动之重要基本,应早筹备。"⑤一年以后梁启超自己去信张东荪、蒋百里、舒新城,大谈自

---

① 汪荣祖:《章太炎散论》,第 116 页。
② 梁启超:《良心麻木之国民》,载《饮冰室合集·文集三十三》,第 55 页。
③ 李大钊:《新的!旧的!》,载《李大钊选集》,第 99—100 页。
④ 鲁迅:《随感录四十一》,载《鲁迅全集》第 1 卷,第 341 页。
⑤ 丁文江、赵丰田编:《梁任公先生年谱长编(初稿)》,第 485 页。

己的教育规划："我的计划对于南开文科预算之外,由我设法为之岁募数千,则我辈对于此科之关系愈深,而基础愈固,此将来之关中、河内也。……假使吾党有人,则清华中文主任一席当然可以立刻到手,我辈何必要校长,要此一席足矣,现在无人,只可置为后图耳。武昌高师史地部、国文部空无一人,彼中学生请求我为之荐人组织,此亦一绝好事业,我辈无人只好空空放过耳。前静生来谭及此,谓宜择一大学中专组织一科,养成此部分人才,此说极是。"①纵横捭阖、指点江山之态,跃然纸上。所以胡朴安在当时便指责梁氏所为,乃是"利用各种学说,以为猎取功名之具"②。可见梁启超虽在思想文化主张上颇有独见,但其行事之道,却与新文化运动的提倡者们甚为相似,因此时人常以"争做老少年"讥刺他。③

与上述诸人不同,对青年学生,章太炎的不信任感由来已久,认为彼辈以新知为博取利禄之资,并且多甘受清政府驱驰,这个观点在《箴新党论》一文中有很明显的体现。④民国建立之后,章氏目睹新式学校纷纷设立,新文化运动中青年学子纷纷走上时代舞台,却依然对之不抱好感。他指出,中国在当时依然是以农业为主的国家,而新式学校大多设于大城市中,课程设置却多效法西洋。"以是为学,虽学术有造,欲其归处田野,则不能一日安已。自是惰游之士遍于都邑,唯禄利是务,恶衣恶食是耻,微特遗大投艰有所不可,即其稠处恒人之间,与齐民已截然成阶级矣。"⑤这样致使学生与内地农村相脱离,无法真正了解中国国情。更有甚者,"自以阶级与之殊绝,则遗其尊亲,弃其伉俪者,所在皆是。人纪之薄,实以学校居养移其气体使然"⑥。在当时,不少人主张青年学生应深入工农之中,一面向其普及知识,一面向

---

① 丁文江、赵丰田编:《梁任公先生年谱长编(初稿)》,第499页。
② 胡朴安:《民国十二年国学之趋势》,载桑兵等编:《国学的历史》,第302页。
③ 参见钱基博:《现代中国文学史》,第309页。
④ 参见章太炎:《箴新党论》,载《章太炎全集》第4册,第306—307页。
⑤⑥ 章太炎:《救学弊论》,载《章太炎全集》第5册,第92页。

后者"学习",以自己作为不能劳动的知识阶级为耻。①虽然这种看法与章太炎所论侧重点并不相同,但其实都看到了久处都市的青年学生与中国普遍国情相脱离之隐患。

此外,章太炎向来强调"用国粹激动种性,增进爱国的热肠"②,反对一味仰慕外邦。故当时青年学生在思想与行为上唯西是尊,自然令他深为不满。他指出:"今之学子慕远西物用之美,太半已不能处田野。计中国之地,则田野多而都会少也。能处都会不能处田野,是学子已离于中国大部,以都会为不足,又必实见远西之俗行于中国然后快。此与元魏、金、清失其国性何异?天诱其衷,使远西自相争,疮痍未起,置中国于度外耳。一旦有事,则抗节死难之士必非学子可知也。"③而"今之教者唯务扬其智识,而志趣则愈抑以使下,又重以歆慕远西,堕其国性,与啖人以罂粟膏,醉人以哥罗方,无以异矣"④。学生丧失国性,让章太炎有彼辈会志节丧失之忧,而学校中的师长对西学不加择别,过度赞誉,这一行为在章氏看来,更是雪上加霜。

在晚清之时,章太炎强调:"中国学术,自下倡之则益善,自上建之则日衰。凡朝廷所阘置,足以干禄,学之则皮傅而止。"⑤力辨官学与民间学之利弊,认为前者不足以振兴学术。然据但焘20世纪20年代所述,章太炎在当时曾对他说"学校教士,国家选士,非树立大法,则教化不流",指出学校教育与民间学会讲学不同,前者若无规章制度,则会流于纲纪阙失,难以做到为国家培养人才之效。⑥这一点与他在清季的认识已略有不同。或许正是有感于当时学校教育弊病甚多,青年学生难负其望,因而他才考虑应以国家力量对国立学校有所规制,以

---

① 参见王汎森:《近代知识分子自我形象的转变》,载许纪霖编:《20世纪中国知识分子史论》,北京:新星出版社2005年版,第115—118页。
② 章太炎:《在东京留学生欢迎会上之演讲》,载章念驰编订:《章太炎演讲集》,第3页。
③④ 章太炎:《救学弊论》,载《章太炎全集》第5册,第93页。
⑤ 章太炎:《与王鹤鸣书》,载《章太炎全集》第4册,第154页。
⑥ 参见但焘:《学校大法论》,《华国月刊》第2卷第3期。

此防患于未然。

以上论述了章太炎入民国后对世风时局的观察与思考,他在民国建立以后,既不将中国之窳败归罪于传统文化,也不似众多时流那样,把中国的未来寄托在青年学子身上。章太炎晚年之所以花费许多心力提倡"修己治人"之学,除了和他自己的向来的思想主张关系紧密,便是很大程度上基于他的这些看法。窃以为明乎此,方能进一步分析他立论出于何种考虑,重点与特色为何。

二、修己之道:表彰王学与提倡读经

前文谈到,章太炎认为民国以来的政治与社会,积淀了中国历代,特别是清代以来的种种弊病,许多人醉心利禄,道德状况甚堪忧虑。而新文化运动以来社会上年青一代唯西是尊,致使章氏所极力强调的"国性"有丧失之危。凡此种种,使他开始在许多场合力倡挽救颓风之道。在这方面,他首先想到了王学。

其实章太炎对王学,曾经一度评价甚低,他在撰于晚清的相关文章中,批评王阳明并无成体系的学说,许多见解皆抄袭而来,其人只是一颇具才气的权术家,远非有独创之见的学者。①这一看法,背后所体现者为他当时对鼓吹保皇立宪的康梁师徒的反感。此外,当时革命党人颇醉心于模仿日本,认为日本维新成果,王学助益甚多,章太炎不满于此,因此也借批评王阳明来规劝革命战友。②但也正是在那一时期,章太炎在讨论佛学的文章中顺带说道:"王学深者,往往涉及大乘,岂特天人诸教而已;及其失也,或不免偏于我见。然所谓我见者,是自信,而非利己,犹有厚自尊贵之风,尼采所谓超人,庶几相近。"③认为

---

① 参见章太炎:《訄书(重订本)·王学》,载《章太炎全集》第3册,第148页。
② 参见朱维铮:《章太炎与王阳明》,载章念驰编:《章太炎生平与思想研究文选》,杭州:浙江人民出版社1986年版,第264—292页。
③ 章太炎:《答铁铮》,载《章太炎全集》第4册,第393页。

王学虽有缺失,但信其学者,能具备"厚自尊贵"的特点。尽管他在这里用尼采笔下的"超人"来比拟,凸显出王学的反传统色彩。①但这一诠释,却为他在民国以后以王学作为"修己"之学的主要内容之一埋下伏笔。

在《检论》的《议王》一文中,章太炎认为宗尚王学,于为政治国无所裨益,且王阳明的"知行合一"之教,并未能真正探究哲学领域的知行关系。但他同时指出:"尝试论之,古者王官散而为九流,晚世诸子本材性以效王官、前民用。程伯子,南面之任也;朱元晦,侍从乡傑之器也;王文成,匹士游侠之材也。"②从社会实践的角度,对程颢、朱熹、王阳明之学进行品评。在章氏看来,"精神之动,心术之流,有时犯众人所公悲。诚志悃款,欲制而不已者,虽骞于大古,违于礼俗,诛绝于《春秋》者,行之无悔焉!然后义不外袭,而为至德之隆"③。强调能不顾礼法束缚与世俗褒贬,一意行己之志者,乃是具备了"至德"。若以此标准来审视王学,"至德者,惟匹士可以行之。持是以长国家,适乱其步伍矣。故曰:文成之术,非贵其能从政也,贵夫敢直其身、敢行其意也"④。很明显,依章太炎之见,王学虽然在治国方面不能起到太多作用,甚至会适得其反,但其学说,能培养人特立独行、敢作敢为、不与俗世同流合污的性格,从这一点来看,王学在中国思想史上自有其重要性。

章太炎在《检论·议王》中所阐释的王阳明学说之特色,与他颇为欣赏的"儒侠"甚为相似,正如论者所言,章太炎"以阳明作为结合儒侠二种道德的典范"⑤。依章氏之见,"儒侠"具有杀身成仁的气概,能够

---

① 所以在晚年对朱子推崇有加的钱穆看来:"阳明、东原,皆能辟朱子,易言之,皆能反儒统,故皆为太炎所取。"(参见钱穆:《太炎论学述》,载氏著:《中国学术思想史论丛(八)》,第398页)

②③ 章太炎:《检论·议王》,载《章太炎全集》第3册,第469页。

④ 同上,第470页。

⑤ 孙万国:《也谈章太炎与王阳明》,载章念驰编:《章太炎生平与思想研究文选》,第347页。

舍身而为民请命,并且独行其道、慷慨激昂,能为人所不能为,不论乱世与平世,皆为人间正义的代表。①在清季进行革命活动时,章太炎对"儒侠"的形象非常欣赏。②及至20世纪20年代,章太炎目睹了民初以来的诸多乱象,指出:"自胡清入主,有志者不愿立于其朝;其仕者如狎海鸥而已,安有守节效死之事,故风操日堕,而负气节者至比于痴顽。夫不施气节于胡主,是也。义利之辨,所以修己;朋友之信,行乎同类。而一切废堕,可乎! 迄于新说恣行,而民如麋鹿矣。是以救敝之道,必以儒侠相附。"③本此见解,他遂对王学加以表彰,以此作为修己良方,希望能借此根治时代弊病。

1917年,章太炎在给吴承仕的信中说:"仆近欲起学会,大致仍主王学,而为王学更进一步。"④之后不久,他又去信对后者详谈:"今之所患,在人格堕落,心术苟偷,直授大乘所说,多在禅、智二门。虽云广集万善,然其语殊简也。孔、老、庄生,应世之言颇广。然平淡者难以激发,高远者仍须以佛法疏证。恐今时未足应机,故今先举阳明以为权说,下者本与万善不违,而激发稍易。"⑤同时强调"标举阳明,只是应时方便,非谓实相固然"⑥。在这里,虽然章太炎也认识到王学较之其他学说并非最佳,但认为在当时的世风之下,作为权宜之计,提倡王学,能够在符合现状之前提下激励民德,因此自有其效用。

尤可注意者,章太炎表彰王学同时,认为孔子弟子子路亦值得称颂。他指出:"子路有闻,未之能行,唯恐有闻,此其欲行也。如痿人不忘起,久客不忘返,身虽未行,其意已行矣。闻与行并,此所谓知行合一也。食禄不避其难,不义不济其言,并立不耻缊袍之陋,共财不憾车裘之敝,磊砢英多,谁与为比? 且勇者多矜,气节之士多执,而子路告

---

① 参见章太炎:《检论·儒侠》,载《章太炎全集》第3册,第446—447页。
② 参见王樾:《章太炎的儒侠观及其历史意义》,载淡江大学中文系主编:《侠与中国文化》,台北:学生书局1993年版,第269—285页。
③ 章太炎:《菿汉昌言》,载虞云国整理:《菿汉三言》,第103页。
④ 章太炎:《与吴承仕》,载马勇编:《章太炎书信集》,第304页。
⑤⑥ 同上,第305页。

以有过则喜。如斯人者,真令人慕义无穷矣!"①在孔门弟子中,子路侍奉孔子甚久,且勇于任事,深受孔子信任。章太炎将源于王阳明的"知行合一"之说上溯到子路,与其说是在光大王学,不如说是在为自己所倡导的"修己"之学寻一典型。②所以在作于1924年的《王文成公全书题辞》一文中,章太炎明确指出:"当今之士,所谓捐廉耻负然诺以求苟得者也。辨儒释之同异,与夫优入圣域以否,于今为不亟,亟者乃使人远于禽兽,必求孔、颜为之师,固不得,或欲拯以佛法,则又多义解,少行证,与清谈无异……曷足以起废哉?径行而易入,使人勇改过促为善者,则远莫如子路,近莫如文成之言,非以其术为上方孔、颜,下拟程伯淳、杨敬仲,又非谓儒术之局于是也,起贱儒为志士,屏唇舌之论以归躬行,斯于今日为当务矣。"③实践王学,不必有太高目标,希贤希圣,远非今日急务,能让人们做到重然诺而有所不为即可。

在理学史上,王阳明为了对抗朱熹学说,对后者所提倡的经典重做诠释,认为被奉为"四书"之一的《大学》,自有其"古本",此外对朱熹的"格物"说大加批评,认为这样做无助于身心修养。章太炎在阐扬王学时,也将这段公案重新拾起。在《王文成公全书后序》一文里,他认为自从李光地借理学受清帝青睐以来,因康熙喜格致之学,前者遂投其所好,流风所及,"学者浸重物理,而置身心不问,且有正心修身而不察乎物之理者,则谓之迷罔之人,谓之天之戮民,由是本末倒挈,以身为形役,率人类以与鳞介之族比,是则徽公穷至物理之说导其端也"④。在这里,章太炎说清人重视格致之学,致使轻视修身,而其祸首,乃是朱熹。如果对比他先前像《清儒》《说林》等论清学史的文章,

---

① 章太炎:《菿汉昌言》,载虞云国整理:《菿汉三言》,第103页。
② 值得注意的是,王阳明当年在提倡良知之学时,同样采取表彰某位孔门弟子作为斯学之典型的办法,强调自己乃是继承颜子遗意,这与章太炎的阐释方式极为相似。(参见吕妙芬:《阳明学士人社群——历史、思想与实践》,台北:"中央"研究院近代史研究所2010年版,第273—285页)
③ 章太炎:《王文成公全书题辞》,载《章太炎全集》第5册,第112—113页。
④ 章太炎:《王文成公全书后序》,载《章太炎全集》第5册,第114页。

可以发现二者之间，观点大异。但若联想到胡适视为阐明自己方法论的《清代学者的治学方法》一文，其中胡适认为程朱一派治学有归纳精神，清代朴学与西方近代科学亦存相似之处。①加上1923年末章太炎刚与胡适就墨学问题大打笔仗，从争论《墨辨》中的一个具体问题到论述谁才是真正继承了清学传统。②那么章太炎在这里极有可能是在暗讽胡适对朱熹学说与清代学人的评价，否定其对清学的解释，同时强调身心性命之学在古今学术流别中之重要性。

关于阐扬王学，章太炎对吴承仕说："权衡在我，自与康梁辈盲从者异术。"③体现出他刻意与康梁师徒保持距离。梁启超在清末编撰《德育鉴》一书，以现代观念诠释许多明代宗心学者之论，特别对致良知之说尤为表彰。④但他当时的作品对后来影响更大的当属《新民说》。对此，章太炎在《王文成公全书后序》中说清末"有云新道德新文化者……使人淫纵败常而已矣，是则徵公新民之说导其端也。原其始，不过失于文义，而妄者借以为柄，祸遂至此，则诚所谓洪水猛兽者，文成力为之闲，不验于明，而验于今之世，诵其书者宜可以戒矣"⑤。钱穆对章太炎的这番话，曾斥为"不知从何说起"⑥，但细观章氏语义，借此批评梁启超之意颇为明显。虽然梁启超指出"新民"之意一为"淬厉其所本有而新之"，一为"采补其所本无而新之"，⑦对于传统思想并非一味抨击，并且他在书中对于孟子、王阳明、曾国藩等人的观点以及中国历史上的例证屡次征引。⑧但是既然是要"新"中国之民，则其中

---

① 参见胡适：《清代学者的治学方法》，载欧阳哲生编：《胡适文集》第2册，第282—304页。
② 参见拙作《章太炎晚年学术思想研究》，第137—146页。
③ 章太炎：《与吴承仕》，载马勇编：《章太炎书信集》，第305页。
④ 参见梁启超：《德育鉴·知本》，载《饮冰室合集·专集二十六》，第21—46页。
⑤ 章太炎：《王文成公全书后序》，载《章太炎全集》第5册，第114页。
⑥ 钱穆：《太炎论学述》，载氏著：《中国学术思想史论丛（八）》，第401页。
⑦ 参见梁启超：《新民说》，载《饮冰室合集·专集四》，第5页。
⑧ 参见黄克武：《一个被放弃的选择：梁启超调适思想之研究》，台北："中央"研究院近代史研究所2006年版，第50页。

的批判旧道德、旧伦理之处在所难免,例如分析中国人缺乏进步之原因时,将批判矛头之指历代学说之"隘",这某种程度上开启了后来全盘反传统思潮的洪水闸门。因此章太炎强调王阳明对《大学》文本的解读有正本清源之功,或许表明自己晚年阐扬王学,正是在清除梁启超"新民"思想所带来的流弊。①

钱穆尝言,章太炎学术,一言以蔽之,曰:"儒不如释。"②章氏在清末,确实颇有此倾向。他认为:"民德衰颓,于今为甚,姬、孔遗言,无复挽回之力,即理学亦不足以持世。"③所以"自非法相之理,华严之行,必不能制恶见而清汙俗"④。然民国成立以来,特别是经历新文化运动冲击,章氏深感社会秩序越发混乱,知识阶层操行了无好转,因此通过重新审视佛教在中国历史上的作用,并进而反思先前观点。在他看来,"纯佛法不足以维风教。雷次宗、周续之皆兼儒释,故风操可观;杨億、赵抃、赵贞吉皆兼儒释,故谋国忠而诚节箸。学佛不能破死生之见,又蔑视儒术者,则与王夷甫清谈无异。托于无执箸,故守节之志倾;托于无我慢,故羞恶之心沮。王维所以降莘山也"⑤。基于这样的认识,他在晚年提倡"修己治人"之学时,开始重新考虑儒家经典的意义与价值。此外,章氏虽然于清季对孔学大加抨击,给人一副激进的形象。但从历史上的儒学来看,其具有众多流派,甚至观点不无歧异之处,因此章太炎抨击孔子,并不代表与整个儒学谱系决裂。他推崇荀子,认为从思想高下来看,后者远胜孔子。同时在立身行事上,他表彰顾炎武、颜元等晚明遗老。在学术取向上,他更是极为认同清代朴学的治学之道。凡此种种,可见章太炎在批孔的时日里,对儒学其他

---

① 关于这一点,章太炎在《菿汉昌言》中指出:"清末始言变法,好奇者乃并风俗而欲变之,于是文以新民之说。降及今兹,三纲九法,无不摧破,同产至为匹耦,父子等于行路矣。然后知阳明所谓洪水猛兽者,宋明间实未至此,而今卒见之也。"(章太炎:《菿汉昌言》,载虞云国整理,《菿汉三言》,第100—101页)此处强调"新民之说"肇自"清末变法"中的"好奇者",置诸清末史事,应当是指梁启超。

② 参见钱穆:《太炎论学述》,载氏著:《中国学术思想史论丛(八)》,第407页。

③④ 章太炎:《人无我论》,载《章太炎全集》第4册,第452页。

⑤ 章太炎:《菿汉昌言》,载虞云国整理:《菿汉三言》,第104页。

流派依然有较强的认可。因此当他晚年思索挽救社会道德之术时,一旦不再青睐借助佛学,那么以化民成俗为己任的儒者之道便很自然成为他援引的对象。①

1932年,章太炎向吴承仕去信说:"仆尝谓近世教授学童,必于经传妙选数种,使之服习。自《论语》而外,括囊民义,不涉天道,莫正于《大学》;奋厉志行,兼综儒侠,莫隆于《儒行》;导扬天性,遏绝悖德,莫尚于《孝经》;辅存礼教,维系民俗,莫要于《丧服》。此盖自童草以至白首,皆应服膺勿失者。教授以此,讲学亦以此。其他博大深邃之言,则俟其人而告之可也。"②在他看来,《大学》《儒行》《孝经》《丧服》为当时深切世病,应该大力提倡的四种经典。晚年他在许多场合,皆极力宣扬读经的重要性。

关于读经之重点,在1933年于苏州讲学之时章太炎说道:"余往昔在北京、日本等处,亦曾讲学,所讲与今日学校中讲无殊,但较为精细而已。今昔时代不同,今日之讲学,不如往昔矣。第一只须教人不将旧道德尽废,若欲学者冥心独往,过求高深,则尚非其时,故余今日之讲学,与往昔稍异其趣。惟讲学贵有宗旨,教人不将旧道德尽废者,亦教人如何为人之宗旨而已。为人之道亦多矣,如宗、儒教人如何静坐,如何精修之语甚多,余虽不反对,却不愿如此说,因高谈性命,似觉宽泛,概说做人,亦无着落。"③依他之见,在当时应着重提倡的,是切实可行的修己治人之道,能坐而言,起而行,将经书中所言者真正付诸实践,以此砥砺民德,在民族危机日益加剧的日子里有以自立,不使国本丧失。因此他以平实之语教人,而不欲过多涉及抽象之论。对宋代以来被列为"四书"之一的《中庸》,他认为:"盖《中庸》者,天学也,自天

---

① 章太炎在清末虽然对儒家的道德水平批评甚多,但他依然很推崇顾炎武的人格。在《革命道德说》一文里,他鼓吹的革命者应具备的道德,便多采自顾炎武所论。认为"求欲括贤向俗,舍宁人之法无由"(章太炎:《革命道德说》,载《章太炎全集》第4册,第294页)。因此,他晚年重拾儒家道德,也并非与先前见解决然相反。
② 章太炎:《与吴承仕》,载马勇编:《章太炎书信集》,第361—362页。
③ 章太炎:《讲学大旨与〈孝经〉要义》,载章念驰编订:《章太炎演讲集》,第369页。

命之谓性起,至上天之载无声无臭止,无一语不言天学。以佛法譬之,佛法以内者,有大乘、小乘、声闻独觉乘;佛法以外者,有天乘、人乘。天乘者,婆罗门之言也;人乘者,儒家之言也。今言修己治人,只须阐明人乘,不必涉及天乘。故余以为《中庸》不必讲也。"①

对于《大学》,章太炎所看重的便是其不涉玄虚、切近人事。他说:"世之文化,先于中国者,有南方之印度,后于中国,有西方之希腊。进路不同,方向亦异。中国学问,无不以人事为根本……开物成务诸圣哲,伏羲、神农,畜牧耕种,事事皆有,然均以人事为根本,不遑精研微末。人事以修己治人为要,故《大学》之教,重是二项。"②他总结《大学》中所言的治平之要:一为好恶与人同,二为不忌贤才,三为不专务财用。这三点并非空泛之论,他特别拈出,其实有着其具体所指。在撰于晚年的《三民主义》中,孙中山认为《大学》乃是古今中外"最系统的政治哲学",将其重要性大为抬高。③后来戴季陶本此义,视孙中山与尧、舜、禹这样的上古圣王一脉相承,试图让国民党的官方理论与中国传统文化接榫。④而章太炎则对于北伐以后统一全国的南京国民政府,向来颇多微词。1928年在招商局轮船公司股东大会上大骂孙中山之后的三民主义为联外主义、党治主义、民不聊生主义。"九一八"事变之后,在与马宗霍的信中,他痛斥当权主事者"爱国家不如爱自身,爱自身之人格尤不如爱自身之性命,复何言哉! 乃知四维不张,国乃灭亡,非虚言也"⑤。所以提倡《大学》,同样也是借此来针砭时政。他痛言:"今日军政首领,于才之高于己者,必挤去以为快,即下位之有才者,亦不能使之安于其位。《大学》之语虽平常,而今人不能及如此! 他如'长国家而务财用者,必自小人矣',《大学》所言,尤是为国家务财

---

① 章太炎:《国学之统宗》,载章念驰编订:《章太炎演讲集》,第343页。
② 章太炎:《〈大学〉大义》,载章念驰编订:《章太炎演讲集》,第333页。
③ 参见孙中山:《三民主义》,第67—68页。
④ 参见戴季陶:《孙文主义之哲学的基础》,上海:上海书店1991年影印版,第33页。
⑤ 章太炎:《与马宗霍》,载马勇编:《章太炎书信集》,第897页。

用，非藉此敛财自肥者可比。王安石之流，犹不出此！而今之人，假国家之名，行贪婪之实，又出《大学》所讥下矣。"①或许在章太炎心中，《大学》所言者，不仅为民众所应实践，更应为居上位者借此来反观自身，深为自省，以求能有助于修己治人。

关于《儒行》，1928年章太炎与同样提倡读经的桐城派后劲马其昶的信中说道："《戴记·儒行》一篇，昔与《大学》并重，所谓不尽中行。大抵狂狷之才，斐然成章者也。后代儒者，视为豪气不除，或有所訾议矣。不知豪气之与善柔，相为屈伸，豪气除则善柔自至，欲其振起，岂可得邪？自鲁连以逮汉之王烈、田畴，于十五儒者，财得一端。今视之，即邈乎不可及。宋、明诸贤行谊比于东汉，犹未也。二程尝谓子路亦是百世师，后儒视此，反漠如焉。故鄙意《儒行》一篇，特宜甄表。"②

前文谈到，章太炎表彰王学，看重后者与自己所倡导的"儒侠"异曲同工。对于《儒行》，章氏亦如是观。他指出："《儒行》所说十五儒，大抵艰苦卓绝，奋厉慷慨。……《儒行》讲解明白，养成习惯，六国任侠之风，两汉高尚之行，不难见之于今，转弱为强，当可立致。"③可见在他看来，《儒行》中对于儒者的描述，包含着刚毅英勇、独立不屈的任侠精神。而这种精神，是深为当下之人所极度缺乏者，所以应该大力提倡。特别是"近世毁誉无常，一入政界，更为混淆。报纸所载，皆类不根之谈，于此轻加信从，小则朋友破裂，大则团体分散。人人敦任侠之行，庶几朋友团体，均可保全。此今日之要务也"④。因此"吾人鉴于今日之情况，更觉《儒行》之言为有味矣"⑤。章太炎向来认为，中国近世以来衰微之象，祸首不在文化与民间，而在庙堂之上。所以他反复申说《儒行》要义，就是针对肉食者流与有心从政的知识阶层，希望他

---

① 章太炎：《〈大学〉大义》，载章念驰编订：《章太炎演讲集》，第332页。
② 章太炎：《与马其昶》，载马勇编：《章太炎书信集》，第887页。
③ 章太炎：《儒行要旨》，载章念驰编订：《章太炎演讲集》，第339页。
④ 同上，第339—341页。
⑤ 同上，第341页。

们能够发扬超脱流俗、一介不取之风,在浊世里做到君子有所不为。王学与《儒行》,合而观之,可见章太炎晚年殚精竭虑处之所在。

如将视野扩大,近代许多与新思潮保持距离者,皆对《儒行》颇为青睐。像林纾、刘咸炘、唐文治、蒙文通等人,都在不同论著中阐释《儒行》,表彰其中体现的刚毅独立之风、坚持操守之志。这篇长期隐而不彰的经学文献,在近代被重新发掘出来。而熊十力则是对章太炎表彰《儒行》的论说还感到不满意,以为不足,认为后者"疾士习卑污,颇思提倡儒行。然只以高隐任侠二种视之,则其窥儒行,亦太浅矣"①。指出《儒行》所含至德要道甚夥,从一己之修身,到治平国家之道,皆有所论述,因此应着重表彰。凡此种种,皆可显现《儒行》在近代思想史上的重要性,成为学派各异的学人不约而同都注意到的经学文本。

当许多人将中国未来的希望寄托在青年学生身上时,章太炎则指出:"今则贼民之兴,莠言之作,所以败人纪毁国俗者,无不自太学造端。"②并质疑"今学校之教,纵不能率以德行,经其可废邪?不能遍六经,《论语》《孝经》其可废邪?"③新文化运动以来,反对传统孝道的呼声尘嚣直上,对青年一代影响极深。像吴虞就说:"儒家以孝弟二字为二千年来专制政治与家族制度联接之根干,而不可动摇。徒令宗法社会牵制军国社会,使不克完全发达,其流毒诚不减于洪水猛兽矣。"④章太炎提倡《孝经》,很大程度上就是针对此类思潮而发。

章太炎指出:"今日……一辈新进青年,亦往往非孝。岂知孝者人之天性,天性如此,即尽力压制,亦不能使其灭绝……今人奢言社会、国家,耻言家庭,因之言反对'孝'。然《孝经》包含之意甚广,所谓'战陈无勇非孝也',明明直斥一辈见敌不抵抗不为国家效命之徒为不孝。

---

① 熊十力:《读经示要》,台北:广文书局1994年版,第129页。
② 章太炎:《蓟汉昌言》,载虞云国整理:《蓟汉三言》,第103页。
③ 同上,第104页。
④ 吴虞:《家族制度为专制主义之根据论》,载氏著:《吴虞文录》,黄山书社2008年版,第3—4页。

孝之一字,所言甚广,岂于社会、国家有碍。且家庭如能打破,人类亲亲之义,相敬相爱之道,泯灭无遗,则社会中之一切组织,势必停顿,社会何在? 国家何在? 亦不问而可知已。"①在这里,他强调的是人类伦理应循序渐进,孝为人之天性,故应为修身之起点,先从爱家庭开始,之后方能推进至爱国家,修己治人,不外乎是。清代以来,《孝经》被帝王大加利用,作为文化统治的工具。民国成立后的孔教会,也表彰《孝经》,其背后政治立场乃是借此宣扬复辟。②而章太炎提倡《孝经》,虽然对孝道反复讲求,但并非大发迂腐之论,其立足点依然是民族国家之维系。所以他说:"试问如何爱国? 爱一国之人民耳。爱国之念,必由爱父母兄弟而起,父母兄弟不能爱,何能爱一国之人民哉! 由此可知孝弟为仁之本,语非虚作。"③

值得注意的是,章太炎在晚清之时同样极力鼓吹民族主义,但那时他却将代表孝道的宗法社会视为通往民族国家之路的障碍物。他说:"今之民族主义,非直与宗法社会不相一致,而其力又有足以促宗法社会之镕解者。"④一旦"民知国族,其亦夫有奋心,谛观益习,以趋一致",则"宗法社会弃之如脱屣耳矣"⑤。而进入民国以后,特别是新文化运动以来,他目睹了社会一系列变革,开始思考传统宗法伦理在凝聚人心、促进国家意识形成方面的积极意义。其实这并非章氏一人的看法。像孙中山在《三民主义》中强调宗族意识有助于国民团结,王国维在《殷周制度论》中表彰周代宗法之制能合各阶层为一"道德团体",梁启超在所撰《中国文化史》中的"社会组织篇"里对家族制度及其意义反复申说。在当时改造社会的呼声尘嚣直上之际,并非以上诸人有意逆时代潮流而行,而是在经历了种种世变之后,重新思考中国

---

① 章太炎:《讲学大旨与〈孝经〉要义》,载章念驰编订:《章太炎演讲集》,第372页。
② 参见吕妙芬:《孝治天下:〈孝经〉与中国近世的政治与文化》,台北:联经出版事业公司2011年版,第215—219页、第308页。
③ 章太炎:《国学之统宗》,载章念驰编订:《章太炎演讲集》,第344页。
④ 章太炎:《〈社会通诠〉商兑》,载《章太炎全集》第4册,第348页。
⑤ 同上,第349页。

发展道路，认识到单凭引进域外学说，实无助于国家发展，必须正视中国历史与现状，从其中总结利弊得失，这样方能收到实际效果。

章太炎晚年曾言："阳明论学，亦有所阙。盖专为高明者言，未及提倡礼教也。"①有论者从此入手，梳理自王阳明到章太炎，已有反礼教之暗流，直至周作人、钱玄同等人将其发扬光大。②实则章太炎在表彰王学同时，对礼教亦甚为讲求，这从他提倡《丧服》便可窥见。二者并观，方能一探他所阐释"修己治人"之学的究竟。章氏指出："国家昏乱，礼教几于堕地，然一二新学小生之言，固未能尽变民俗，如丧服一事，自礼俗以至今兹，二三千年，未有能废者也。"③具体而言，"民国以来，交通繁盛之区，染濡欧风，丧服渐废，居丧者仅悬墨纱于臂袖间，以为了事，然此亦仅少数通商口岸之现象耳。以全国论，则内地各处，丧服制度，依然存在。且彼等濡染欧风者，讣告上尚赫然书斩衰、齐衰、大功、小功、缌麻之文，是实替而名犹在也，惟此一事，今尚葆存，然亦几为新学者反对。故余于《丧服》，不得不略事讲述，以告诸学者"④。其实，他之所以于古礼之中独重《丧服》，还因为《丧服》中所言者多为家族内部的丧葬以及追悼仪式，从中可以显示出家族的长幼亲疏之秩序。章太炎提倡《孝经》，而《丧服》则是将《孝经》中所言的抽象理论用具体的规范体现出来，通过具体仪节，达到"修己"之效。⑤

---

① 章太炎：《菿汉昌言》，载虞云国整理：《菿汉三言》，第101页。
② 参见金文兵：《接着说"章太炎与王阳明"》，《读书》2010年第8期。
③ 章太炎：《丧服概论》，载章念驰编订：《章太炎演讲集》，第374页。
④ 章太炎：《讲学大旨与〈孝经〉要义》，载章念驰编订：《章太炎演讲集》，第371页。
⑤ 其实章太炎非常清楚，由于社会形态已变，《丧服》中所言者难以一一行于今日。所以应对之有所损益，并参考前代礼制，以为斟酌。他说："今之不能尽复《礼经》者，以'尊降''厌降'诸条，独可施于封建世卿之时，非秦、汉以下而宜守其累代循行者，皆'尊降''厌降'以外之事，谛审而不可革者也。而《开元礼》又颇有剟定，后之议者，多訾当时君相，作聪明而变旧章，然校诸宋、明、清三家，尚颇严谨有法。所以然者，六代礼书，讫唐世犹在，廷臣又多习礼家条例，故枉戾之言不能出诸其口，非如后代三家，不以其事付白徒鄙儒，即付之刀笔吏也。《清礼》既不可遵行，而轻议礼者又多破碎。择善从之，宜取其稍完美者，莫尚于《开元礼》矣。"（氏著：《丧服概论》，载章念驰编订：《章太炎演讲集》，第374页）

三、读史以致用

章太炎晚年表彰王学、提倡读经,所侧重者,多为"修己"之道,鲜有涉及"治人"之方。关于后者,既然依章氏之见,晚近中国诸多弊病,皆由历史上各种因缘凑合而生,那么洞悉与根治之道,最为有效者便是熟识中国历史。所以他强调经学当中"修己之道,衍而为儒家之学,治人之道,则史家意有独至"①。关于章太炎之史学,钱穆在章氏去世不久,特意撰文强调:"今论太炎学之精神,其在史学乎?"并指出章氏论史有民族主义之史学、平民主义之史学、文化主义之史学三大要义。②这一认识,颇能洞察章太炎学术之特色。他晚年在许多文章与讲演中,都在极力强调读史的重要性。

诚如钱穆所言,历史之学,向来为章太炎所重视。在清末,他曾立志以新体例撰写一部《中国通史》,1906年东渡日本后,他视历史为国粹最主要的载体,可以借以激发民众爱国之心。对于古代经书,他以历史视之,其意义在于将古代事状详细记录,强调其中实无微言大义,通经致用,纯属无稽之谈。他指出:"孔氏之教,本以历史为宗,宗孔氏者,当沙汰其干禄致用之术,惟取前王成迹可以感怀者,流连弗替。《春秋》而上,则有六经,固孔氏历史之学也。《春秋》而下,则有《史记》《汉书》以至历代书志、纪传,亦孔氏历史之学也。"③所以"不言孔学则已,若言孔学,愿亟以提倡历史为职"④。

及至晚年,章太炎再谈读史之道,其侧重点较之先前已有不同。陈寅恪论清代经学兴盛,"为其学者,可不读唐以后书,以求速效。声誉既易致,而利禄亦随之。于是一世之才士,能为考据之学者,群舍史

---

① 章太炎:《论经史儒之分合》,载章念驰编订:《章太炎演讲集》,第425页。
② 参见钱穆:《余杭章氏学别记》,载氏著:《中国学术思想史论丛(八)》,第384—385页。
③ 章太炎:《答铁铮》,载《章太炎全集》第4册,第388页。
④ 同上,第389页。

学而趋于经学之一途"①。在晚清迄于民初的许多讨论清学史的文章里,章太炎都极力表彰清人治学实事求是、言不空疏,其学术成果虽不能致用,但可收稽古之功,对民族文化的保存贡献良多。但在晚年,章氏则认为:"明世士人,不可与道古;然于朝章吏法,靡不周知。故虽弱冠释褐,出宰远县,处分公事,晏然有余。上至监司,亦未尝特延幕僚也。清世士人,知古不知今,适相反矣。"②他对清代学风显现出不满之意的背后,就是强调治学应以致用为旨归。因此他在那一时期所提倡的读史之道,便是借读史以求致用,使之成为"治人"之学。

然历史所指,至为广泛,世间万物,一经时间沉淀,无不成为历史陈迹。在章太炎看来,推崇历史,尤当有所着重。在1920年于湖南第一师范的演讲中,他说道:"我们读史,应知大体,全史三千多卷,现在要人全读,是不可能的事。《资治通鉴》和《通典》《通考》,却合起来不过六七百卷,可以读完的,不可不读。这个里面也有许多可以不读的,如五行、天文等类,用处很少。至于兵制、官制、食货、地理等重要门类,应该熟览详考。其余烦琐的事,不考究本不要紧,只讲大体也不纷烦,这是读史的途径。"③在这里,他提出当今之世,读史应识"大体"。所谓"大体",包括了兵制、官制、食货制等,凡此皆属传统史学中的典章制度之学。章太炎论读史,于此处三致意焉,可见他希望通过阅读中国历史,能熟记古今治乱兴亡,进而在当时的社会环境下成为一个于国于民皆有益的人。他晚年所提倡的"治人"之学,便是在这个思路之下具体展开。新文化运动以来,一些人反对否定中国文化,这虽与章太炎立场相近,但其观点却是:"吾民族之可宝贵者,乃此所以形成东方文化之精神(原理),而非其所演之事迹。"④将历代史事略而不

---

① 陈寅恪:《陈垣元西域人华化考序》,载陈美延编:《陈寅恪集·金明馆丛稿二编》,第269页。
② 章太炎:《菿汉昌言》,载虞云国整理:《菿汉三言》,第151页。
③ 章太炎:《在四川演说之九——研究中国文学的途径》,载章念驰编订:《章太炎演讲集》,第188页。
④ 陈嘉异:《东方文化与吾人之大任》,载陈崧编:《五四前后东西文化问题论战文选》,北京:中国社会科学出版社1989年版,第312页。

谈。后来出于爱护传统而大谈中国文化意义为何、东西文化异同何在者,其思路与此少有二致。这种处理方法,虽有其苦心孤诣,但使中国历史渐成一抽象名词,文化云云,可任人描述,历史上政治活动与政治制度之变迁所能给今人的借鉴,反而不被看重。两相比较,可见章太炎晚年对中国历史与文化的阐释,自有其特色存焉。

章太炎指出:"盖历史譬一国之账籍,彼夫略有恒产者,孰不家置一簿,按其簿籍而即了然其产业多寡之数。为国民者,岂可不一披自国之账籍乎?以中国幅员之大,历年之久,不读史书及诸地志,何能知其梗概!且历史非第账籍比也,鉴往以知来,援古以证今,此如奕者观谱,旧谱既熟,新局自创。天下事变虽繁,而吾人处之裕如,盖应付之法,昔人言行往往有成例可资参证,史之有益于吾人如此。"①不特此也,"从古迄今,事变至赜,处之者有经有权,观其得失而悟其会通,此读史之益也。盖人之阅历广则智识高,智识高则横逆之来无所慑缩。故读史须贯穿一事之本末,细审其症结所在。前因后果,了然胸中。而一代之典章制度,亦须熟谙而详识之"②。然古人云,物之不齐,物之情也。人与人之间禀赋有异,对历史的理解能力亦因之各有高下之分。关于教授之道,章太炎尝言:"所教不同,而各以其才有所至,如河海之水然,随所挹饮,皆以满其腹也。"③因此在读史方面,章太炎将其分为两种境界:"读史之士学力不同,见识亦异。高者知社会之变迁,方略之当否,如观棋谱,知其运用,读史之效可施于政治,此其上也。其次考制度,明沿革,备行政之采择。"④总之,虽然境界有高下,然其目的皆为经世致用,成为体用兼具之学,而不仅仅是多识前言往行,上者自润其身,下者自炫其博而已。

在晚年的许多演讲中,章太炎以史为鉴,指出治国经世,必须对中国历史有所熟知,各种制度建制,必须与历史情境相吻合,不能不顾一

---

① 章太炎:《读史与文化复兴之关系》,载章念驰编订:《章太炎演讲集》,第384页。
② 同上,第386页。
③ 章太炎:《王文成公全书题辞》,载《章太炎全集》第5册,第110页。
④ 章太炎:《略论读史之法》,载章念驰编订:《章太炎演讲集》,第441页。

切,因热衷某种学说而强行将其实践,否则后患无穷,误国败身,失之甚矣。他指出:"宋之王荆公与现在国民党之总理孙逸仙均中不明历史之病,王荆公不许人读史志,毁之曰'断烂朝报',孙逸仙似未精究历史,却也具有王氏之遗风,所以国民政府今日未有令名。王荆公与孙之国民党同因不谙已往之史迹,以致爱国心衰。自王荆公倡不读史未及四十年,而宋亡矣。今民国缔造已二十一年,前后茫茫,亦可惧也。"①王安石推行新法以来,反对者日渐增多,朝堂之上,顿成党争之局面。司马光执政后,悉废新法,率由旧章。再后来宋哲宗以章惇为相,后者以恢复新法为号召,改年号为"绍述",其党羽有曾布、吕惠卿、蔡京等人。这些人都被时人以奸臣视之,后来蔡京掌权,更是假借新法之名,多行掊克之政,并致使政风大坏,引导宋徽宗骄奢淫逸,最终导致北宋亡国。章太炎在此处所指的王安石不倡读史之后北宋朝廷爱国之心日衰,似指此而言。其实王安石是否有视《春秋》为"断烂朝报"之论,历来争议甚夥,不少人认为此乃反对新法者对王氏强加之罪。北宋末年党争,内情更是甚为复杂,远非读史与否便可判其良莠。然章太炎宁可将史事简化为不读史之弊,颇能彰显他当时心中的块垒,即认为读史与致用之间关系紧密,不此之图,河清之日,茫然难寻。

孙中山因为成长于海外,接受西方教育时间甚久,所以旧学根底稍显单薄,对中国历史有生疏之处也是在所难免。不过章太炎批评国民党人因不明历史而导致国步多艰,更多的还是指向宋教仁。在1933年为章氏国学讲习会听众追忆辛亥往事时,章氏指出宋教仁不熟悉中国历代官制变迁大势,而去一味羡慕日本政治体制,认为日本政治制度中内阁可以副署首相命令,再由两院议员决议是否付诸实行,遂欲将其移植于中国。但不悟中国当时所谓"议员",实不具备宪政制度下应有之素质,致使民国以来,国会名誉扫地。宋教仁自己也由于呼吁政党政治,因而侵袁世凯之权,最后惨遭暗杀。②早在清末,

---

① 章太炎:《论今日切要之学》,载章念驰编订:《章太炎演讲集》,第302页。
② 参见章太炎:《民国光复》,载章念驰编订:《章太炎演讲集》,第390页。

当革命党宣传民主共和、立宪派鼓吹君主立宪之时,章太炎就在《代议然否论》等文章中反对这些呼声。认为制度建设必须根植于本国历史,不能盲目追慕他国,否则方枘圆凿,在所难免。他晚年再将此一旧事重提,目的或许是以过来人的身份追忆晚近中国的惨痛教训,强调读史的重要性,希望有经世之志者避免一误再误。

章太炎晚年提倡读史,另一侧重点便是希望借历史激发起人们的民族主义,这一点虽为章氏史学旧义,但在当时却别有特殊意涵。20世纪30年代日本侵华之迹日益明显,章太炎认为如果国民能对历史有所了解,知道国家疆域沿革,这样就不会接受敌人宣传,同时能激起同仇敌忾之心。1935年他对张季鸾说:"中国今后应永远保存之国粹,即是史书,以民族主义所托在是。"①在被自己视为一生研究《左传》之定本的《春秋左氏疑义答问》中,章太炎论孔子著《春秋》,缘由之一便是"四夷交侵,诸夏失统,奕世以后,必有左衽之祸,欲存国性,独赖史书,而百国散纪,难令久存,故不得不躬为采集,使可行远"②。这一点虽为其一贯认识,但晚年再次强调,或可显现在他看来,孔子作《春秋》之志,是处于亡国边缘的今人所应极力秉承者。③

1932年章太炎在燕京大学演讲"论今日切要之学",他说道:"现在的青年应当知道自己是什么时候的人,现在的中国是处在什么时期,自己对国家负有什么责任。这一切在史志上面全部都可以找到明确的答复。若是连历史也不清楚,则只觉得眼前混沌万状,人类在那里栖栖遑遑,彼此似无关系,展开地图亦不知何地系我固有,何地系我国尚存者,何地已被异族侵占?问之茫然无以对者,比比然也,则国之前途岂不危哉!一国之历史正似一家之家谱,其中所载

---

① 章太炎:《与张季鸾》,载马勇编:《章太炎书信集》,第957页。
② 章太炎:《春秋左氏疑义答问》,载《章太炎全集》第6册,第270页。
③ 章太炎去世前曾与先前问学于廖平、蒙文通的川籍弟子李源澄反复论辩《春秋》的性质,对后者说视《春秋》为史书,久经世变后,自能体会其重要性,由此可见章太炎晚年的《左传》研究,实有颇为强烈的现实关怀。

尽以往之事实,此事实即历史也。若一国之历史衰,可占其民族之爱国心亦必衰。"①同历代典章制度、社会变迁一样,明了历代地理疆域沿革同样非常重要。日本当时为了侵占东北,许多历史学者致力于东北史地之学,通过一系列"论证",称关内之地为"中国本部",俨然视东北地区为中国领土之外,以此来为日军侵略行为辩护。章太炎提倡读史应注重边疆史事,便是为了警醒国人认识到日本的侵略企图,通过历史事实来说明东北地区为中国领土。因此他指出:"昔人读史,注意一代之兴亡。今日情势有异,目光亦须变换,当注意全国之兴亡。"②

但是民国以来的史学发展,却并不像章太炎所期待的那样。近代史学之发展,大致有学院化、专业化、独立化三个基础。这一形势下的史学研究,讲究培养专门人才,研究领域分工细密,研究成果乃是严谨的科学报告,而非训诫式的叙事。③史学领域的革新是新文化运动中的一个重要组成部分,其方向主要便是以此为准。1923年胡适在《国学季刊》的发刊宣言中提出,对于中国古史旧籍,应进行索引式的整理、结账式的整理、专史式的整理,视历代典籍为未经整理、散乱无系统的"史料",必须根据现代观念重新将其编排组合,已成为可读之"史"。而其目标,是通过不同领域的人分工合作,各治一域,扩大研究范围,最终编撰成一部体系完备的"中国文化史"。④在这样的风气下,史学研究群起走向"用科学方法整理国故"一途。在北大受教于胡适的顾颉刚,将古史辨伪作为古史研究的重点,声称中国古代历史的记载皆是层累叠加而成,时代愈后,对古史的传说愈详细,因此需要对上古史事进行全面的辨伪,宁可疑而过,不可信而过,以此做到"使古人只成为古人而不成为现代的领导者;要使古史只成为古史而不成为现

---

① 章太炎:《论今日切要之学》,载章念驰编订:《章太炎演讲集》,第302页。
② 章太炎:《历史之重要》,载章念驰编订:《章太炎演讲集》,第351页。
③ 参见汪荣祖:《五四与民国史学之发展》,载氏编:《五四研究论文集》,台北:联经出版事业公司1979年版,第221—222页。
④ 参见胡适:《〈国学季刊〉发刊宣言》,载欧阳哲生编:《胡适文集》第3册,第11—17页。

代的伦理教条……总之,送它们到博物院去"①。在整理国故与古史辨伪的思潮下,历史研究越发流于琐碎,应斯风而已的青年一代多将焦点放在上古某一段史事的真伪上。因此时人指出:"近代古史之研究尚矣。自胡适氏讲学北大,裨贩其西洋学说于国内,标榜实验主义,涣然大号。陈独秀、钱玄同张其军,一时少年之士,望风而靡,胡氏尝以清代学者治学的科学方法以自炫,凡所述作,自《中国哲学史大纲》暨《尝试集》以及新文化运动之论著,小说之考证,一皆以实验主义之科学方法为归。而要之,不过'大胆的假设,小心的求证'而已。弟子顾颉刚本胡氏之说,以治古史,而有《古史辨》之作。其持欧美之实验主义以衡论中国之古史,而勇于疑古,则又继让清姚际恒、崔东壁诸氏之辨伪精神而大张其军者也。盖自清代朴学大盛,大师辈出,考证之学,超越往古,流风余韵,久而勿替。益以西学东渐,学者论学,好言方法,于是引申科学方法之利器以研究古史,遂成风会。"②

此外,受到近代西方与日本汉学的影响,不少中国学者研究历史,将眼光关注到边疆四裔,认为这是研究国史的新途径,虽然其理想多是预西洋学术之流,进而青出于蓝,但是后果便是治史者多少忽视了中国内地的历史变迁与制度沿革。而说起与西洋汉学争胜,这正是傅斯年等人创办历史语言研究所的动力之一。在《历史语言研究所工作之旨趣》一文里,傅斯年抨击当时学界"坐看章炳麟君一流人尸学问上的大权威",认为太炎学术,少足观者。③在傅斯年看来,史学研究应该避免大谈史论与史观,反对将史学视为"国故"或"国学",而是将其作为与生物、化学一样的"科学"。在研究领域上强调文集考订与史料征集,在具体而微的题目上进行研究。④此更与章太炎晚年所强调的读

---

① 顾颉刚:"顾序",载罗根泽编:《古史辨》第四册,海口:海南出版社2003年版,第8页。
② 沅思:《近代古史研究鸟瞰》,载李竞西编:《无锡国专季刊》,无锡:无锡国学专修学校学生自治会出版委员会1933年版,第32页。
③ 参见傅斯年:《历史语言研究所工作之旨趣》,载《傅斯年全集》第4册,第255页。
④ 参见同上,第256—266页。

史之道相差甚远。

对于这些史学思潮,章太炎并未视而不见。1924年他在《救学弊论》一文中,强调当前学校文科教学"欲省功而易进,多识而发志者,其唯史乎?"①同时他批评当时学界研究历史"尚文辞而忽事实""因疏漏而疑伪造""详远古而略近代""审边塞而遗内治""重文学而轻政事"。②除去"尚文辞而忽事实"为针对当时在北大文科与太炎门生关系不洽的桐城派而发外,其他都是在批评新文化运动以来兴起之史学思潮。他在20世纪30年代的演讲中经常为读史者计算通读古今正史所用的时间,认为"全看二十四史,一日不辍,亦不过四年",若加上制度、地理、历代奏议等书,"有三年半之功程,史事可以烂熟"。③如此这般,多多少少有对抗中研院史语所学风的意味存焉。而在章太炎看来,这些思潮中危害最大者,莫过于顾颉刚等人倡导的古史辨伪。顾氏尝言他的辨伪思想颇受康有为启发,对此章太炎指出:"清世言《公羊》已乱视听,今《公羊》之学虽废,其余毒遗蠹犹在。人人以旧史为不足信,而国之本实蹶矣。"④1935年他在章氏国学讲习会中演讲"论经史实录不应无故怀疑"之题,系统批判古史辨派的相关理论。强调后者并非继承了中国古代的辨伪传统,而是师心自用,妄论古人,其学说有抹杀中国历史的危害。⑤

虽然如此,章太炎所提倡的读史之道,较之傅斯年等新派学人,其实并不像表面上学派之间的纷争那样泾渭分明。章太炎认为研究历史过于重视四裔,导致忽视中国内部状况。傅斯年在20世纪30年代指出:"请看西洋人治中国史,最注意的是汉籍中的中外关系,经几部成经典的旅行记,其所发明者也多在这些'半汉'的事情上。我们承认

---

① 章太炎:《救学弊论》,载《章太炎全集》第5册,第94页。
② 参见同上,第94—95页。
③ 参见章太炎:《历史之重要》,载章念驰编订:《章太炎演讲集》,第349—350页。
④ 章太炎:《汉学论上》,载《章太炎全集》第5册,第1页。
⑤ 参见章太炎:《论经史实录不应无故怀疑》,载章念驰编订:《章太炎演讲集》,第412—418页。

这些工作之大重要性,我们深信这些工作成就之后,中国史的视影要改动的。不过同时我们也觉得中国史之重要问题更有些'全汉'的,而这些问题更大更多,更是建造中国史学知识之骨架。"①他也在强调国史研究中应以中国内部为主体,而不应一味步洋人后尘。在历史教育方面,傅斯年更是强调将民族主义蕴于其中,应叙述"很足以启发民族意识的事":如冉闵"屠戮胡虏之行为",乃是"晋人民族意识之深刻化";刘裕北伐中原,恢复失地,其功勋"实不在东罗马帝茹斯丁下";元末韩宋建国,虽冒称宋裔,假托弥勒,"然建号承统,人心归附,本是一场民族革命"。②这与章太炎所宣传的借历史激发民族意识异曲同工,甚至其激烈程度有过之而无不及。全面抗战爆发后,傅斯年更是撰写《中国民族革命史稿》,"以历史为根据,说明中华民族的整体性及其抵御外侮百折不挠的民族精神,用以鼓励民心士气"③。面对日益加剧的民族危机,顾颉刚也同样认识到历史对于激发国人爱国之心的重要性。他创办《禹贡》杂志,集合同志,讨论边疆史地,其眼光除了考古,更是基于现实的忧思。在与史念海合著的《中国疆域沿革史》一书里,他自言著此书之目的为"吾人处于今世,深感外侮之凌逼,国力之衰弱,不惟汉、唐盛业难期再现,即先民遗土亦岌岌莫保,衷心忡忡,无任忧惧! 窃不自量,思欲检讨历代疆域之盈亏,使知先民扩土之不易,虽一寸山河,亦不当轻轻付诸敌人,爰有是书之作"④。这与章太炎反复宣扬的读史应识疆域变迁之论甚为相近。由此可见,近代学术,虽有新旧之分,但是在同一时代背景之下,会有许多不约而同之处。

另一方面,章太炎将读史作为"治人"之学,其内涵一定程度已脱离传统经学脉络。在传统经学话语里,经典所代表的义理为古今常道,历百世而不磨其辉。但在章太炎看来,研究国学必须知晓古今人

---

① 傅斯年:《〈城子崖〉序》,载《傅斯年全集》第 3 册,第 206—207 页。
② 参见傅斯年:《闲谈历史教科书》,载《傅斯年全集》第 4 册,第 322—323 页。
③ 傅乐成:《傅孟真先生的民族思想》,载胡适等著:《怀念傅斯年》,台北:秀威咨询科技股份有限公司 2014 年版,第 21 页。
④ 顾颉刚、史念海:《中国疆域沿革史》,北京:商务印书馆 1999 年版,第 3 页。

情变迁,不可像道学先生一般,"把古代的道德,比做日月经天,江河行地,墨守而不敢违背"①。因此他强调"经学徒有其名,只可考古,与今世无干"②,将经学的应用范围大为减少,不认为经学可以致用。这一点否定了汉儒孜孜以求的"通经致用"之道,③此外还对宋代以来理学家所反复讲求的从修身到治国一以贯之的思想产生极大冲击,将修身与治国分为两个部分,彼此并无一以贯之之道。关于宋代理学,章太炎先前便指出:"洛、闽诸儒,制言以劝行己,其本不为长民,故其语有廉棱,而亦时时轶出。"④只视其为修身要道,而非致用之术。这正如杨树达所观察的那样,"太炎本以参合新旧起家"⑤。尤有进者,他在晚年对章学诚"六经皆史"之论别作新解,认为六经本是记载前言往行的史籍,以此抬高史学在传统学术体系中的位置。⑥并且他所提倡的读史应注重制度沿革与疆域变迁,了然于历代兴亡,而不是纠结于如何正心诚意,力辨忠奸,这从理学的视角看,其中的"王霸之道"色彩极浓。因此致力于继承理学衣钵的马一浮如是评论:"章太炎之尊经,即以经为史,而其原本实出于章实斋'六经皆史'之论,真可谓流毒天下,误尽苍生。此其人未尝知有身心性命之理,故有此说。"⑦熊十力也认为:"太炎博雅,能文章,经学实非其所深究也。"⑧由此观之,章太炎虽然晚年对传统学术颇有阐扬,但在其他以"纯儒"自命者看来,章氏绝

---

① 章太炎:《国学十讲》,载章念驰编订:《章太炎演讲集》,第225页。
② 章太炎:《历史的价值》,载章念驰编订:《章太炎演讲集》,第207页。
③ 章太炎在晚清之时便指出:"通经致用,特汉儒所以干禄,过崇前圣,推为万能,则适为桎梏也。"(章太炎:《与人论朴学报书》,载《章太炎全集》第4册,第155页)
④ 章太炎:《释戴》,载《章太炎全集》第4册,第121页。
⑤ 杨树达:《积微翁回忆录》,北京:北京大学出版社2007年版,第55页。
⑥ 参见章太炎:《历史之重要》,载章念驰编订:《章太炎演讲集》,第351页。
⑦ 马一浮:《语录类编》,载吴光主编:《马一浮全集》第1册(下),浙江古籍出版社2013年版,第60页。按:章太炎长期以来视《春秋》为史书,而马一浮则强调挖掘《春秋》的"义理",视《春秋》为蕴含着仁义道德的人伦宝典。从这里便可看出他与章太炎之间的差异。(参见陆宝千:《马浮之春秋学》,载郝延平、魏秀梅:《近世中国之传统与蜕变——刘广京院士七十五岁祝寿论文集》上册,台北:"中央"研究院近代史研究所1998年版,第493—513页)
⑧ 熊十力:《读经示要》,第8页。

非自己的同志。这一点其实对理解章太炎晚年学术颇为关键。

四、结　语

1936年章太炎逝世。一年以后,在日军进逼之下身处危城,正在为自己的《中国近三百年学术史》作序时,钱穆痛言:"今日者,清社虽屋,厉阶未去,言政则一以西国为准绳,不问其与我国情政俗相洽否也。扞格而难通,则激而主'全盘西化',以尽变故常为快。至于风俗之流失,人心之陷溺,官方士习之日汙日下,则以为自古而固然,不以厝怀。言学则仍守故纸丛碎为博实。"①他的这番感观,与章太炎晚年之所思所虑甚为相似。章氏入民国以来,耳闻目睹世风时局种种乱象,他不像许多人那样,将这些现状归结于中国传统不适应西方政治与文化,进而开始批评中国传统文化,而是视此为中国历史演进中各种消极因素交织而成,在今日凑合呈现的结果。同时他迥异时流,对青年学生并不信任,认为彼辈从道德到行为缺点甚多,难以担当重任。基于这样的认识,章太炎晚年力倡"修己治人"之学的重要性。

在章太炎看来,今日提倡"修己"之学,实为乱世里的救急之术,而非借此修身成德,优入圣域。因此他一反晚清之时对王学的批评,开始表彰后者的积极作用,认为服膺王学能使人一介不取,身处污世而有所不为,此乃居于今世所最应提倡者。此外,章太炎认为纯佛法并不能真正化民成俗,开始重新思考儒家经典对修身的意义,他提倡读经,主张使经书中所论的修己之道能坐而言,起而行,高妙玄远之言,远非今日急务。所以他揭出《大学》《儒行》《孝经》《丧服》四部经典,在文章与演讲中对之极力宣扬。希望能让人们行有操守、刚毅英勇、超脱流俗,同时不忘故常,以礼持身,从敬宗收族出发,循序渐进,臻于对民族国家的热爱。章氏对经典的诠释,并非率由旧章,昧于时代潮流,

---

① 钱穆:《中国近三百年学术史》,台北:台湾商务印书馆1995年版,自序。

其着眼点依然是强烈的民族主义关怀,借此促进国家意识的形成与维系,以及对国民道德的培育,虽然表现形式上稍有差异,但本质上与他自晚清以来"借国粹激动种性"的思想轨迹一脉相承,只是在对传统思想的取舍上,他开始重新重视儒家经典在修身方面的意义。而他选择表彰经书中"平易可行"的修身之语,将涉及谈心说性的"形而上"部分减弱,认为非今日切要之学,这显然与他晚年所推崇的王学之本旨颇有差异,反而与近代以来"伦理学"的兴起,将传统学术中的修身践行部分纳入其中的做法甚为相似。①

在"治人"方面,章太炎既认为晚近中国之衰,乃是中国历史内部的问题,故主张应从中国历史本身的演进中来认识现状,并且目睹当时国步多艰、民族危机日益加剧,因此在许多场合提倡读历史,视此为致用之道。与清季一度向往借西方社会科学研究中国历史不同,他此时主张读史应识大体,熟知历代政治社会变迁,以及疆域沿革梗概,通过对于历代史事的熟稔,能够从中吸取足以为当下所借鉴与取法之处。虽然在学派上分歧极大,但章太炎晚年对历史的认识,实则在20世纪30年代国难当头之际,其与新文化运动以来执史学界牛耳者在很多方面相似处颇多。而他将经书局限于"修己",否定其对"治人"的作用,并且为了抬高史学地位,有意以史视经,强调中国历史事迹才是传统文化之关键,这实则对传统经学体系冲击极大,将经学话语的适用性削减泰半,故而遭来有志绍述理学者的强烈批评。由此可见,章太炎的"修己治人"之学,虽然沿用自古以来的名称,但其内容已远非传统学术所能涵盖,而是他自己身处中国近代思想史的"转型时代"里,通过思考历史与现状,对中国传统学术进行改造与更新,让后者在新的时代里有以自立。章氏国学,其"离经叛道"处在是,其自成一家之言者亦在是。

---

① 关于近代中国伦理学的此一特征,参见黄进兴的《从理学到伦理学:清末民初道德意识的转化》(台北:允晨文化实业股份有限公司2013年版,第173—175页)。

结 论

关于近一百余年来中国思想与学术的特征及外部环境,姜义华教授有过颇为精辟的论述:"近代中国,对于漫长的中国历史来说,所面临的也正是一个从未经历过的最伟大的、进步的变革,它是需要文化学术方面的巨人,并产生这样的巨人的时代。十九世纪末二十世纪初的中国,社会条件与时代要求的内容与欧洲的'文艺复兴'及其后的启蒙运动都不一样。环境的急变,社会的激烈动荡,不容许近代中国的著名人物在安静的书斋中以充裕的时间,从容地进行研究与创作。然而,也正因为如此,他们几乎毫无例外地都处在时代运动的激流中,都自觉地或不自觉地在实际斗争中生活着和活动着,从而得以在多方面做出贡献。康有为、严复、章太炎等人,便是近代中国第一批多才多艺、学识渊博的巨人。"①正所谓"国家不幸诗家幸,赋到沧桑句便工"。近代中国面临的种种新局与困局,激发时贤深入思考,回顾过去,展望未来,救国家于危急之中。上述人物的气魄之大,正源于他们的忧患之深。其中章太炎以极其深邃的学理,充满灼见的思考,对中国传统学术进行了堪称全盘性的整理与诠释。他并非斤斤计较于个别学说的具体观点;也未曾死守一隅,坐井观天,不知其他;更没有沉迷于故纸,对世局之变换无动于衷。在被誉为清学史论著中之翘楚的《清代学术概论》里,梁启超认为章太炎在清学恰逢分化与衰败之时,"能为正统派大张其军",论学之作"其精义多乾嘉诸老所未发明;应用正统

---

① 姜义华:《章太炎思想研究》,第508页。

派之研究法,而廓大其内容延辟其新径",此外借佛解庄,"确能为研究'庄子哲学'者开一新国土"。①如此这般,虽然道出章太炎思想之一二特色,但远未能抓住章氏论学之主旨与关怀。影响所及,晚近依然有论者认为章太炎"中岁以后的学术固然已非清代考证学所能限,但他始终没有跳出古文经学的门户,也是一个无可否认的事实"②。

本书之作,正是尝试通过几个个案式的研究,将章太炎的相关主张置诸近代中国的具体历史语境中,分析其思想的渊源流变,呈现其影响与互动,力图证明章太炎之于中国传统思想,绝非固守某一学派门户,而是在对时代大潮的充分体认之下,从文化自觉的角度着眼,对中国传统思想的众多面向展开阐释,让中国传统思想在近代变局之下得以更生。章太炎在近代西学东渐,中国传统思想面临极大危机的时代背景下,通过对中西印著作的研读与思考,提出治学应从"自国自心"出发,既不可故步自封,率由旧章;亦不能自弃立场,舍己从人。这一思想的形成,颇经历了一番转折。与同时代其他有识之士一样,章太炎目睹国势窳败,开始讲求西学,探寻新知。在重订本的《訄书》当中,显示出他对西洋与东洋各类学问的汲汲吸取,使之成为自己著书立说的重要资源。既有此基础,他回头重新审视传统,检讨中国传统学术的弊病,认为其中的逻辑思维较之远西,实有缺失,著书立说,不擅抽象思辨,因此不能与西方哲学相媲美,甚至担忧此乃近代中国落后于西方的根源之一。同时他目睹当时民风衰颓,人心趋利忘义,遂进而反思支配社会人心数千年之久的儒家学说,究竟还有无规范社会道德之力。章太炎之所以强调建立"依自不依他"的宗教,在革命关键时刻不顾非议,大力提倡佛学,就是希望借此激励民德,力挽颓风。但这些思考,并未让章太炎对他邦学说盲目崇拜,趋于极端。随着进一步精研学问,加之涉世日深,他开始反思西学的弊病,对当时流行于世

---

① 参见梁启超:《清代学术概论》,第 123—124 页。
② 余英时:《〈中国哲学史大纲〉与史学革命》,载氏著:《重寻胡适历程:胡适生平与思想再认识》,台北:联经出版事业公司 2014 年版,第 258 页。

的各类思潮展开批评,并指出理解中国历史与文化,应从其本身脉络出发,绝不应一味奉外人之言为至宝,以他人的评价作为审视中国学术的标准。他对东学从歆羡到批评,便是基于认识到日本学术处处模仿,依附成性,少有独创,担忧中国也会步其后尘,故借批评日本来警示中国。经过这番思路与心路的历程,章太炎回头再看中国传统学术,认识更显深入。不同于梁启超、张之洞等人,他强调研究国学,不能因袭模仿,也不能仅粗通大义,应从"自国自心"出发,具备心得独见;坚持学在民间的立场,反对借学术以求利禄;同时以齐物之道省察,避免党同伐异,强调只要是覃思精研之学,皆有其价值存在,国学的发展,应是各门类的综合展开,而非某一家独大,以此将国学真正发扬光大。章氏国学,出入于古今东西,其旨要尽在于是。

　　章太炎的"自国自心"之道,亦体现于他对教育问题的看法上。清末各个政治团体的竞争当中,教育问题的争论亦非常激烈。光复会的主要负责人陶成章希望创办一份用白话文书写,借讨论教育来宣扬政见的刊物,于是1910年便有了《教育今语杂志》的面世。在作者方面,它的主要成员为光复会的另一位领袖章太炎及其门生。钱玄同负责撰写发刊辞及章程,其间透露出他对乃师学说的吸取,而章太炎则成为在上面刊登文章最多的人,某种程度上《教育今语杂志》成为辛亥革命前夕太炎学派宣传自己观点的主要平台。这份刊物虽然寿命不长,但在近代中国思想史、教育史上却有其意义。它是光复会借复古来鼓吹革命的一个具体实践,其中许多谈论历史话题的文章,都有着很强的现实指向,具有革命行动指南的性质。此外,庚子以来,教育改革成为朝野上下一致关注的热点话题,如何推行,各方皆有意见,与政治上的纷争一样,在这一方面他们也互相指责批评,希望自己的团体能在此问题上具备足够的话语权。章太炎目睹几十年来西学大量涌入中国,他强调教育也应当从"自国自心"出发,即根据本国的历史脉络,熟悉本国学问在这一时代的得失,将本国学问传授与青年一代,使之具有对中国的认同,域外人士的评价之语,不足以成为决定本国教学方针的根据。他认为教学过程中应注重的"常识",乃是本国的历史与文化,而能够掌握"常识"的前提,则是本国学者精深独到的研究,只有先存在富有创建的研究著作,才会出现理想的教科书。他在《教育今语杂志》上的言论,与他的学术旨趣相辅相成。而他在这一方面的思考,也绝非只局限于"教育",而是与他对中国国情以及中国未来将往何处去的思考紧密相连。进入民国以后的一系列讲学活动,皆可视为章太炎在具体行动中实践这些教育理念,而他对教科书与研究之间关系的论述,今日再看,犹显深具卓识。

在章太炎一生的学术活动中,致力最多的当属语言文字之学,他之所以被称为"清学殿军",很大程度上也是因为其小学功底充分继承了清代朴学之传统。在近代中国,语言文字遭遇到极大的危机,这绝非仅是衡量其本身的良莠,而是体现了在西方势力的逼迫之下,中国文化遭受到前所未有的挑战,语言文字备受质疑,乃是文化危机具体而微的表现。对此,章太炎从中国文化体系的整体性出发,在对语言文字的定义、中国文字的特点等方面展开了新的诠释。他强调语言文字与民族性息息相关,阅读本国作品,之所以能感人至深,正是由于用本国文字来书写。语言文字乃是维系全民情感与认同的重要纽带,它首先是为本国人所用,而非以外人是否感觉便利为前提。近代中国的民族国家建设,一方面需要维持秦汉以来的大一统国家政权,特别是清代形成的领土版图,另一方面需要妥善继承拥有数千年历史之久的中华文化,因此语言文字的重要性遂凸显出来。通过对语言文字缘起的论述,章太炎指出中国语言文字产生于中国这一特定的空间之下,人们经过长期的实践,认识自然、认识社会,通过思考,形成一套具有自身特色的、用以描述周遭环境的符号系统,随着历史变迁,它记录并传承作为人们社会经验之结晶的观念,久经积累,形成独特的文化体系。此外,他认为"转注"与"假借"乃汉字特有的造字之法,可驾驭文字的繁简,有了转注,各地读音相似的字可以互相表达,使各地民众有了彼此沟通交流的前提。而假借的意义在于执简驭繁,能让有限的汉字表达更多的意涵,这样有助于文化的普及。而他的方言理论所凸显的重点即是,中国各地的方言,虽然发音歧异,但都留存了古代经籍中的字音,展现中国作为一个地域辽阔、风俗多样的共同体长期延续、统一的历史事实在语言文字上所刻下的印记。此外,若将方言视为地方民间文化的代表,那么如此紧密的关系,也就证明了中国文化是上层与下层共同塑造,欲行"文言合一",必须在此基础之上展开。

近代中国思想一大特征便是诸子之学重新被人关注。时局激荡,使人们希望借助诸子遗言,融合新知,扩大旧学范围;而清代朴学,治经之余,旁及诸子,校勘整理子书,更提供了近代学人较为可靠的诸子文本,各种"义理"方面的发挥,便是建立在这样的基础之上。论及近代子学复兴,参与其事者,章太炎堪称重要代表人物,他在清末表彰诸子,不遗余力。在辛亥革命前后,章太炎在体认时代变局的基础上,对先秦道法二家的致用之道充分继承,作为感观时局、抒发政见的重要理论基础。他在清季对代议制度大加抨击。为了更为深入论证自己观点,他从学术根源入手,直指当时被许多人视为中国民主思想先驱的黄宗羲,对其主要观点逐条反驳。在此他所运用的思想资源,便是先秦法家。他从立法与用人方面的循名责实入手,指陈黄氏之言,并不能带来真正法治,其铨选之道,只会造成所选非人。为了进一步论证代议制度之非,章太炎援引老子学说,对其"不尚贤"思想展开分析,认为老子的"绝圣弃智"与"不尚贤使民不争",并非是指遗弃文明,返于质朴,而是一种法家式的政治上对铨选之态度。选拔人才,必须以"图书"及"身验"这些具有客观标准的因素为基础,而不将主观态度掺于其中。同时章太炎认识到法家学说的局限在于国家权力无限延展,让民众无所逃于天地之间,被许多赋予了新名词、新意涵的名物制度所压制,当时清廷新政,许多举措与此极为相似。是故他本齐物哲学,借庄子之言消解法家之失,其要点便在"分异政俗"四字。他强调政府权力应有明确界限,止于颁布法令,惩处犯罪。而政治活动之外,犹有广阔天地存焉,是故其他民间行为,特别是文化与思想方面,则不可强行干涉。民国肇建,并未带来稳定,乱象较之从前更显严重,章太炎在《检论》中,继续探索能完全做到循名责实、保障民众利益的真"法治"。认为舍去法令明文,以查无实证之词与占人心术之语来判定罪责,这才是执法过程中的最主要弊病。同时他思考如何能真正做到"以百姓心为心",强调清心寡欲者,虽在修身方面无可厚非,但绝不可使之莅民理政。总之,章太炎之于诸子,从中国历史与文化本身脉络出发,根据对时局的感观,阐释诸子思想中能对今世有所贡献者,而不仅仅是在董理遗言,进行纯学术的探讨,在他那里,传统与现代之间绝非处于割裂状态。章氏子学,虽然具体论点或可商榷,但从整体形态来看,更为符合诸子之原貌,即司马谈所说的"皆务为治也"。而后来从所谓"哲学""文学""美学"等新式学科分类来研究子学,看似时髦,实则去古人真相甚远。

章太炎论学论政,极为重视历史因素,这一点早已为人熟知。他虽然长期青睐古文经学,但对经学的解释,并非将其视为万古不朽的"圣言",而是以历史记录来看待。章氏史学,除去对近代新史学的孜孜追求,以及期待借历史以激发民族主义之外,更有通过梳理中国历史,认清中国的发展道路,为中国未来的建设寻找借鉴之意。因此章太炎论史,特重典章制度之学,一方面他深受荀子与杜佑的影响,对典章制度在中国历史上的重要性尤为注意,另一方面他在近代新史学的浪潮之下,希望借阐述典章制度"发明社会进化之理"。他的制度史研究,将此学视为国粹的具体表现,既继承了乾嘉朴学的考史之风,对于历代制度之具体内容多有考证,语必征实,不蹈空言;同时复能摆脱饾饤之学的视野狭隘与琐碎之失,以历史演变的整体视角出发,研精覃思,通过对于制度沿革之论述,别其良莠,总结出可为今世借鉴效仿者,以期学以致用。民国建立之后,一系列的政坛乱象让章太炎对代议政治几乎绝望。在回答章士钊应当如何医治议会之弊病时,他主张恢复古代的科道制,用给事中弹劾官吏,用御史监督政府,希望以此替代议会的职能,并且能避免后者的流弊,此番言论,堪称他借研究典章制度以致用的具体表现。此论一出，颇引起社会上的关注，但回应者中，反对之声并不比认同之词少，时人多本专制与民主势不两立的立场，认为绝不可将帝制时代的制度行于今世，并极力描绘科道制在历史上的黑暗面。然章太炎的典章制度之学，在近代中国绝非空谷足音，沈家本、陈天倪、邓之诚、贺昌群、钱穆等人，或与章太炎有一面之雅，或在论学上极相契合，或对章氏著作颇为推崇。他们对待中国古代制度，也与章氏相似，希望从中国历史自身脉络出发，探讨各项制度的因革损益、利弊得失，这一潜流，值得重视。由章氏的典章制度之学，可以看到近代中国制度建设中与过去的断裂，对新知的徘徊，如何熔古铸今，构建出真正符合中国国情，从本国实际出发，符合广大人民根本利益的制度，犹待后来人之不懈努力。①

长期以来，学界对章太炎晚年思想与学术关注较少，其实在彼时章氏亦未尝放弃思考，依然孜孜不倦地寻求如何诠释、发扬传统，为当时的中国提供振衰起微之方。当其时他耳闻目睹世风时局种种乱象，然并不像许多人那样，将这些现状归结于中国传统不适应西方政治与文化，进而开始批评中国传统文化，而是视此为中国历史演进中各种消极因素交织而成，在今日凑合呈现的结果。同时他迥异时流，对青年学生并不信任，认为彼辈从道德到行为缺点甚多，难以担当重任。基于这样的认识，章太炎晚年力倡"修己治人"之学的重要性。他一反晚清之时对王学的批评，开始表彰后者的积极作用，认为服膺王学能使人一介不取，身处污世而有所不为，此乃居于今世所最应提倡者。此外，章太炎认为纯佛法并不能真正化民成俗，开始重新思考儒家经

---

① 王汎森认为，近代中国史家在研究中强调"客观"，打破许多过去受人尊信的价值与理念，这使得今日人文研究如何从其中探寻意义感、价值感、目的感、现实感，便显得尤为困难。（参见氏著：《近代史家的研究风格与内在紧张》，载刘翠溶主编：《中国历史的再思考》，台北：联经出版事业公司2015年版，第77—83页）章太炎的相关史论，一方面力求不悖近代史学的基本特征，另一方面主动汲取中国传统史学的精华，在言必有征的前提下，从历史本身演进出发，彰显史事的意义与价值，这一思路，或许值得今日引为借鉴。

典对修身的意义,他提倡读经,主张使经书中所论的修己之道能坐而言,起而行,高妙玄远之言,远非今日急务。所以他揭出《大学》《儒行》《孝经》《丧服》四部经典,在文章与演讲中对之极力宣扬。希望能让人们行有操守、刚毅英勇、超脱流俗,同时不忘故常,以礼持身,从敬宗收族出发,臻于对民族国家的热爱。章氏对经典的诠释,并非徘徊于旧步,昧于时代潮流,其着眼点依然是强烈的民族主义关怀,借此促进国家意识的形成与维系,虽然表现形式上稍有差异,但本质上与他自晚清以来的思想轨迹一脉相承。而在"治人"方面,他主张应从中国历史本身的演进中来认识现状,并且目睹当时国步多艰、民族危机日益加剧,因此在许多场合提倡读历史,视此为致用之道。他主张读史应识大体,熟知历代政治社会变迁,以及疆域沿革梗概,通过对于历代史事的熟稔,能够从中吸取足以为当下所借鉴与取法之处。他的"修己治人"之学,虽然沿用自古以来的名称,但其内容已远非传统学术所能涵盖,而是他自己身处中国近代思想史的转型时代里,通过思考历史与现状,对中国传统学术进行改造与更新,让后者在新的时代里有以自立。章太炎之于儒学,既非率由旧章,照搬圣人之言于今世,亦非全盘抛弃,或是借域外学说来别做新解,实则是在对儒家经典有深入研究的基础上,通过立足于本国实际,左右采获,推陈出新,提出符合他眼中时代需求的儒学义理。他强调读史,也绝非将历史置于现代学科分类的网罗之下,用许多人眼中放之四海皆准的"社会科学"来解释国史,这一主张,看似不符时代"潮流",但纵览近百年史学史的得失,其实与其一代接一代的用更新的域外学说比附中国历史,借此博得"与国际接轨"的"美名",何如回到中国历史本身,通过整体性把握,探求中国历史自身的特色,既不厚诬古人,亦可为今世之言行提供智慧。

行文至此,或可将章太炎对中国传统思想的阐释之特色,略做总结。依笔者愚见,章氏身处数千年未有之变局下,面对时代的滔滔巨流,为了回应世变,他一方面并非仅根植于某一家一派,而是将传统学术的诸多面向重新发扬提倡,在具体的历史情境下进行分析讨论,希望能从中提供时人应变图强的思想资源。因此，他的这番工作，并非单纯的怀思古之幽情，或是以继承古昔某一学派自任，而是在对近代历史语境有充分了解的前提下，论证中国文化的重要价值。他表彰诸子、研究典制、疏解群经，主要目的皆不外乎此，将章太炎局限于古文经学，视其为所谓"清学殿军"，或强调其以佛代儒，虽能得其著书立说之一面，但都有将他的思想窄化甚至矮化的危险。另一方面，章太炎极为重视历史，他所谓的"历史"，既非传统学术分类里"四部"中的"史部"，也与近代西方的新史学不尽相同。章氏论学论政，极为重视探讨其渊源流变，从历史演变中分析事物的本质与得失。历史之于章氏，已非学术分类中的一科，而是他看待各种问题的重要参考。在此思路之下，他扬榷中国历代学说得失与政俗美恶，基本是从本国历史出发，在充分认识历史与现状的基础上展开讨论。他强调治学应从"自国自心"出发，背后意涵即为尊重历史，通过明晰史事演变，构建真正符合国情、能为中国文化发展做出贡献的学问。①他强调法家学说在中国历史上的重要性，建议当下制度建设吸取古代的良法美意，晚年视读史为真正的致用之学，都是这一思想的具体表现。

犹有进者，本书着重强调章太炎极为重视法治，他对法家学说的阐释，对历代制度的梳理，对古今道德状况的关注，以及扬榷中西政论之得失，在笔者看来，就是试图建立一种符合中国国情的循名责实、纲纪井然的政治文化，使之能成为近代民族国家的重要基础。而他的这一关怀，置诸近代中国历史的发展，其实并未实现。1947年萧公权观察到："法纪是政治的基本，这是人所共喻的'老生常谈'，然而在今日的中国，这常谈似乎有被遗忘或蔑视的倾向。全国到处可以看见违法、偾事、殃民、误国的行为，然而受到正当制裁的官民似乎只是其中

---

① 诚如江湄所论，章太炎思想体系中的"历史"，"积极鼓励每一种文化追求价值自足与自立，从而成为一种新力量来源，以否定、转化以'普遍性'为名的固化的现实秩序"（氏著：《历史的无意义与意义——论章太炎〈易〉学、〈春秋〉学中的历史观》，《史学理论研究》2016年第4期）。

的一小部分。安分守己的官吏人民,不但不一定得到应得的鼓励,有时候反而成为奸猾者的笑柄,甚至为豪强所侵压。政府立一法,行一令,便会有人假借法令去营私利己。近年来政府推行的粮食、兵役、建设、金融等政事给予了莠官莠民不少活动的机会,当局虽有望治之心的求治之言,总难于抵挡许多人'弁髦法纪'的积习。"①萧氏发表这番话两年多之后,国民党政权遂从大陆败亡,其原因虽多,但法度废弛,贪污盛行,遍地营私,无疑是其失去民心的主要原因。由此可见,当年章太炎的谆谆之言,绝非无的放矢,今日再看,更觉意味深长,发人深省。

章太炎治学,虽然曾一度醉心于引进新知,但随着论学观世的进一步深入,开始反思这种单方面的趋时求新,是否真正有补于中国学术之进步。他对中国传统学术诸面向的各种阐释,很大程度上乃是实践其所强调的以"自国自心"为出发点。他的"齐物哲学",除了分析哲理,很大程度上的现实关怀就是为近代的古今东西之争寻求一条各安其位的出路。他认为中国传统学术自有其特色,在近代变局之下,当然会显露各种各样的缺失,讳疾忌医,自然极不可取。然解决之道,也不是以决绝态度,将其弃之不顾,以至于玉石俱焚。针对长期居于官学地位的儒家学说,他认为由于学说本身与历史环境,及至清末,已然积弊不浅。他强调儒学在当时难以规范人心,社会道德流于虚伪,提倡儒学者,多是借之以博取利禄,因此他写下了不少批判儒学的文章。但他这样做,与后来新文化运动其间的全盘性反传统思潮并不相同。正如毛泽东所说,新文化运动流于"形式主义的方法……对于现状,对于历史,对于外国事物,没有历史唯物主义的批判精神,所谓坏就是绝对的坏,一切皆坏;所谓好就是绝对的好,一切皆好"②。而章太炎虽对孔学无甚好感,却依然表彰荀学,并对明末诸遗老的立身行事极为推崇,而这些同样都是儒家学说的一部分。与之相似,他称赞秦政,抬

---

① 萧公权:《别良莠、明赏罚、立法纪》,载汪荣祖编:《萧公权先生全集之九·迹园文录》,第 297—298 页。

② 毛泽东:《反对党八股》,载《毛泽东选集》第 3 卷,第 832 页。

高五朝学术,疏解老庄之学,也是在中国传统学术内部不同门类之间进行选择,非但未曾打倒传统,反而丰富了人们对中国传统学术的认识,为未来的中国文化建设提供了丰富的内在资源。①

犹有进者,近二十余年来,在民族主义研究里,认为民族主义的符号虽然借自往昔,但却是在近代出于现实的政治目的被"发明"的观点在近代史学界大为风行。在所谓"想象的共同体"这一主题下的各种概念,如"印刷资本主义""官方民族主义""殖民地民族主义"等,②被大量运用到中国近代史的研究当中。此外,"传统的发明……那些表面上看来或者声称是古老的'传统'其起源的时间往往是相当晚近的,而且有时是发明出来的"③,这一观点亦为不少研究者使用。凡此种种,常被借以"分析"中国各种传统事物、学说、史迹在近代的情形。一时之间,仿佛各种在近代呈现出来的传统事物、学说、史迹,与过去皆无直接的根源,乃是近代官方与民间的"民族主义者"们共同"制造"出来的。顺此推论,在近代中国影响极大的民族主义思潮下,关于救亡图存、国富民强等诉求,都成了一种不"真实"的存在,甚至都被视为

---

① 不可否认,章太炎在重订本《訄书》中的《订孔》,以及后来的《诸子学略说》等文章,批判儒家不遗余力,给时人极大的冲击。他门下的弟子钱玄同、鲁迅等人,在新文化运动中更是表现抢眼,因此给后人造成一种章太炎乃开启近代大规模反传统思潮的先驱者之一的印象。不过正如本书反复论证的,所谓"传统",内容十分繁复,在章太炎看来,他所抨击的,只是中国传统中流于僵化的部分,并非不顾良莠,一起推翻。而他一直强调在近代作为民族国家的中国必须正视自身的独特性,这本身就为传统在遭受冲击之后,得以重新光大,打下了坚实的基础。后来胡适、毛子水等人挪用章太炎"国故"的概念,其实已经另作别解,远非章氏原意。(参见陈以爱:《中国现代学术研究机构的兴起——以北大研究所国学门为中心的探讨》,第30—48页)。因此,今日的研究,应该重视章太炎思想中的丰富内涵,在此基础上进行仔细梳理。

② 参见〔美〕本尼迪克特·安德森:《想象的共同体——民族主义的起源与散布》,吴叡人译,上海:上海人民出版社2005年版。按:这本书中所叙述的例子,比较集中于东南亚、南美洲、东欧等地,在此基础上提炼出来的观点,是否适用于中国这一本身具有延续性(当然,今天的许多所谓研究,不但不承认这一"延续性",甚至不承认历史上有具备统一政治与文化形态的"中国"。明眼人一看便知,这背后的现实政治企图至为明显。因此,道不同不相为谋,与其展开商榷,实乃鸡同鸭讲)的文明,这本身就需要仔细考量,切不可率尔操觚。

③ 〔英〕霍布斯鲍姆、兰格编:《传统的发明》,顾杭、庞冠群译,南京:译林出版社2004年版,第1页。

"官方"有意"形塑"的政治动员口号。如此一来,不但中国传统在认知上日趋虚无化,而且近代无数中国人抛头颅洒热血为之奋斗的目标,俨然不再具备合法性。依笔者愚见,这一诠释方式,在今日早已溢出学术讨论的范围,带有很强的政治论述之特征。相形之下,如若本书的观点能够成立,那么以章太炎的这一诠释方法为视角,或许可以顺势进一步思考中国传统与近代政治文化变革之间的复杂关系。

其实在章太炎高唱"自国自心"之道的时期,其他思想界的领袖人物也开始重新思考如何正确认识中西文化之关系,如何面对中国历史与文化的巨大遗产。康有为在戊戌年间曾激进地遍疑群经,认为先秦经籍泰半为刘歆伪造,通行后世两千余年的乃是"伪经",这不啻从根基上否定了经学作为中国政教体系核心的地位。然他在20世纪初期以来游历寰宇各国,随着见闻日广,他开始重新思考中国传统的意义,意识到虽然暂时处于劣势,但中国在文化上并不逊色于西方列强。在《物质救国论》中,康有为强调国之强弱,不在于"道德哲学",而在于是否具备完善的现代工业体系。民国肇建,他目睹诸多除旧立新之举,疾呼"以今兹之革命,非止革满洲一朝之命也,谓夫教化革命、礼俗革命、纲纪革命、道揆革命、法守革命,尽中国五千年之旧教、旧俗、旧学、旧制而尽革之;如风雨迅烈而室屋尽焚,如海浪大作而船舰忽沉。故人人彷徨无所依,呼吁无所诉,魂魄迷惘,行走错乱,耳目不知所视听,手足不知所持行,若醉若狂,终之惟有冷死沉溺而已"①。同时他批评新政府汲汲于改造民俗,认为不但违反大多数民众意愿,更背离了真正的共和之道。是故康有为强调一国之中"无其教以为人心之本,若是者可谓之国矣乎?"②因此呼吁士人"保存国魂"③。虽然康、章二人

---

① 康有为:《中国以何方救亡论》,载姜义华、张荣华编校:《康有为全集》第10集,第35页。

② 康有为:《〈中国学会报〉题词》,载姜义华、张荣华编校:《康有为全集》第10集,第16页。

③ 同上,第17页。

政见与学说势同冰炭,但他们都认识到中国传统在建国道路上的重要作用。

梁启超在清末虽然以宣扬新民、鼓吹破坏、介绍新知而闻名四方,但他一直未产生极端反传统的思想,而是希望汲取中西文化中的精华,融汇成塑造中国国民精神的学说,这些体现他思想中"调适"之倾向。①在思想实践方面,他表彰墨学与王学,并编辑《明儒学案》的节本。同样是在民国建立之初,梁启超强调:"国于天地,必有与立。国之所以与立者何?吾无以名之,名之曰国性",国性包含"国语""国教"与"国俗",此乃"无形之信条,深入乎人心",并且"可助长而不可创造也,可改良而不可蔑弃也";反之,若对国性"无一不怀疑,无一不轻侮,甚则无一不厌弃",那么一国之人"共同生活之基础,日薄弱以即于消灭",导致人心涣散,社会离心力加剧,再也难寻凝聚人心之方。②正是基于此,梁启超在逐渐淡出政坛之后,开始集中精力整理中国学术流变,重新宣传孔学的价值,并参与到20世纪20年代整理国故的论争当中。虽然《欧游心影录》被世人视为他回归传统的象征,但在清末民初,他一直未曾忽视中国传统的重要性。

在清末民初的中国,严复被许多人视为"西学钜子"。然正如黄克武教授的分析,严复受到柏克式保守主义的影响,认为文明社会对人类发展至为关键,而这一社会的形成,就牵扯到与传统之间的连续性,特别是固有的道德与宗教。因此严复主张中西文化之会通,发掘儒道思想在当代的价值。③于制度抉择上,严复认为:"制无美恶,期于适时;变无迟速,要在当可。"④在《政治讲义》中,严复强调分析政治必须

---

① 参见黄克武:《梁启超与儒家传统延续与断裂:以清末王学为中心之考察》,载氏著:《近代中国的思潮与人物》,北京:九州出版社2013年版,第177—178页。
② 参见梁启超:《国性篇》,载吴松等点校:《饮冰室文集点校》第4集,第2332—2333页。
③ 参见黄克武:《惟适之安:严复与近代中国的文化转型》,台北:联经出版事业公司2010年版,第207—208页。
④ 严复:《宪法大义》,载王栻主编:《严复集》第2册,第240页。

根植于历史,从历史流变中探讨政治发展的可能性。他之所以对卢梭颇有微词,从学理上讲,便是不认可后者的学说建立在一种历史本不存在的"原初社会"之上。这一思想,虽然具体观点有别,但在总体认识上与章太炎的论政之道极为相似。因此严复在民初高倡"思古",指出中国近几十年的衰微不能成为全盘否定传统的理由,中国"其国性民质所受成于先圣先王数千年之陶熔渐渍者,有以为之基也"①。所以必须重视传统思想的意义。本乎此,他与梁启超一样强调国性,认为中国的国性便是孔子之道,声称"治制虽变,纲纪则同,今之中国,已成所谓共和,然而隆古教化,所谓君仁臣忠,父慈子孝,兄友弟敬,夫义妇贞,国人以信诸成训,岂遂可以违反,而有他道之从?"②总之,康、梁、严诸人,在辛亥革命前后,与章太炎类似,都关注到中国传统的意义,提倡从中国自身出发,挖掘其中的巨大价值,作为立国的重要根基。这些人的主张,在民初动荡岁月里难有回应,随着新文化运动的勃兴,更被新世代的思想巨子视为老朽落后,长期被贴上批判的标签。因此如何重新看待他们在经历一系列世变与学变之后的思想观点,摆脱那种"早年进步,晚年落后"的线性史观,重新审视辛亥革命前后,特别是民国初年种种看待中国传统的主张,窃以为是中国近代思想史研究中一个值得重视的议题。

再回到本书主角。章太炎的这一工作,十分可惜的是,实话说来并未得到很好传承。章门弟子,多是只得其学术之一端,特别是后来由于黄侃的影响,学界所艳称的太炎学派长期局限在小学训诂之内,使之气象顿减。朱希祖虽也重视历史,并长期担任各大学史学系主任,他汲汲援引近代西方社会科学,希望以此作为史学新方法,但如何运用,却难以真正把握,因此他的论史之作依然多为史事与史籍考订,少有具体诠释中国历史之作。吴承仕对三礼名物与宋明理学造诣极深,可是后来参与政治活动,在学术方面未能留下太多较有体系的著

---

① 严复:《思古谈》,载王栻主编:《严复集》第2册,第324页。
② 严复:《读经当积极提倡》,载王栻主编:《严复集》第2册,第332页。

作。其余对章氏思想颇为青睐者，也多是固守回护有余，发扬光大不足，章太炎在哲学方面的思考，近代学界只有贺麟、侯外庐等少数人能认识到其中的巨大价值。而钱玄同虽然在许多方面与章太炎一脉相承，但在新文化运动中他情绪大于理智，主张将中国传统，甚至包括中国文字完全抛弃，这更是堪称将章太炎十数年来念念在兹的为中国学术再开新局之构想尽皆推翻。吴虞虽对章氏子学甚为青睐，但也只是吸取其中借诸子以批孔的部分，此外不曾顾及其他。更遑论"暴得大名"的胡适借用源自于章太炎的"国故"二字，广为鼓吹，几乎完全不顾本相地来"整理"中国传统学术。虽然钱玄同等人在当时确有自己的苦衷与思虑，但历史进程发展至此，不能不说是极大的遗憾。可以说，章太炎的学术与文化理想，在当时遭逢到极大的时代阻力。他为了让中国传统思想能够得以更生，自然难免会对其弊病展开剖析，此一方面，被后来者充分继承，甚至成为构筑他们反传统思想的重要资源。但是章氏思想中的"建设"之面向，却少有人能真正深刻体会，更遑论传承光大。从这一点来看，章太炎一生孜孜以求的文化事业，最终难逃挫败的命运。

今天再来重新审视章太炎当年的所思所想，如何像他看待中国古代的学术与制度那样，在明晰其思想的来龙去脉、左右影响之基础上，总结其中的利弊得失，从而继承前人未尽之业，由中国历史本身出发，在符合国情的前提下，根据中国自身的状况与需求，对中国传统思想展开充分研究，进而成为未来中国人从立身处事到面对家国天下时的重要精神基础与知识来源，使中国数千年的历史文化成为激发人们思想灵感的源头活水，让中国文化经历百余年的顿挫之后，能够真正从"自国自心"出发，真正做到"依自不依他"，探寻中国历史自身的特色与流变，形成具有中国特色的话语体系，这些都有待于今人的发奋努力。"闻道长安似弈棋，百年世事不胜悲"，近代中国，遭受到了太多的苦难与挫折，未来中国文化何去何从，如何树立具有中国特色的思想理论话语，这些值得四海之内每个有良知的中国人认真思考。述往事，思来者，不尽翘首以盼。

附录一:《国故论衡》何以名"国故"

章太炎的《国故论衡》在中国近代学术史上的地位已毋庸赘言。但是,关于章太炎为何在书名里面使用了"国故"二字,学界却有着不同的解释。钱穆认为章太炎不喜西学,亦不满于中学,因而对中国传统学术一以批评为务。"所谓'国故论衡',犹云批评这些老东西而已。故太炎此书,实即是一种新文化运动,惟与此下新文化运动之一意西化有不同而已。"①朱维铮则认为章太炎在得知宋恕撰《国粹论》以抨击"国粹"一词犯了逻辑错误之后,"或许正是考虑到了宋恕的批评,而借这次结集的机会为自己论传统的取向'正名'"②。卢毅在比较"国故"与"国学"两个概念之后,认为章太炎语境下的"国故"更多的乃是着眼在文化传承的意义层面上,意谓作为中国文化根系所在的文化传统。③以上观点都有一定的道理,然依笔者愚见,此一问题犹有更进一步探讨的余地,特别是应回到清末具体的思想语境里展开分析。故不揣浅陋,试做分析,以求教于方家。

一、"国粹"与"国故"

近代中国学者对于传统文化的重新阐扬,其思考方式很大程度上

---

① 钱穆:《中国学术思想史论丛(卷八)》,合肥:安徽教育出版社2004年版,第341—342页。
② 朱维铮:《求索真文明——晚清学术史论》,第292—293页。
③ 参见卢毅:《"国学"、"国故"、"国故学"——试析三词在清季民初的语义变迁和相互关联》,《南京社会科学》2005年第2期。

受到了日本明治时期的"国粹主义"思潮之影响。以政教社诸成员为代表的一批日本知识分子，目睹日本自明治维新以来举国上下醉心于欧化的现象，为了建立民族自尊以及增强日本人的主体意识，因而提倡"国粹主义"。①而这一思想风气，也颇为迅速地被留学日本的中国人所关注。1902年7月《译书汇编》上刊登佚名所撰的《日本国粹主义与欧化主义之消长》一文。其中叙述彼邦之国粹主义者"谓保存己国固有之精神，不肯与他国强同。如就国家而论，必言天皇万世一系；就社会而论，必言和服倭屋不可废，男女不可平权等类"②。戊戌变法之后避难日本的梁启超于是年10月致信康有为时也指出："日本当明治初元，亦以破坏为事，至近年然后保存国粹之议起。"③之后他又想创办一《国学报》，特商之于黄遵宪，后者强调日本古时视中国若上国，近代以来又尊西方为楷模，之后才开始反省，于是有保存国粹之说。因此劝告梁氏此刻效仿日本，尚非其时。④而杨度在记载他与日人嘉纳治五郎的谈话时提到日本在全面接触西方文化以后，先趋于欧化主义，其后乃归于国粹主义。⑤秉此见解，他在《〈日本学制大纲〉后序》一文里提到："欲于今日持欧化主义，则顺国民之感情而动摇国家之基础，其弊也，舍己从人而外不知其他。欲持国粹保存主义，则亦不足以固国家之基础而先以阻国家之进步，其弊也，是己非人而外不知其他。"⑥因此主张："欲求其无弊，则莫如以日本之两主义后先相继者，吾以之同时并重，以相反之理为相救之法：一以导国民之进步而采他人之长，一以固国民之团力而存一己之善。"⑦可见，当时中国知识分

---

① 参见赵德宇：《简论日本明治时代的国粹主义》，《日本研究》2010年第1期。
② 佚名：《日本国粹主义与欧化主义之消长》，载刘东、文韬编：《审问与明辨——晚清民国的"国学"论争》上册，北京：清华大学出版社2012年版，第83—84页。
③ 梁启超：《与夫子大人书》，载丁文江、赵丰田编：《梁任公年谱长编（初稿）》，第140页。
④ 参见黄公度：《致饮冰主人书》，载丁文江、赵丰田编：《梁任公年谱长编（初稿）》，第147页。
⑤ 参见杨度：《中国教育问题》，载刘晴波主编：《杨度集》第1册，第57页。
⑥⑦ 杨度：《〈日本学制大纲〉后序》，载刘晴波主编：《杨度集》第1册，第72页。

子之中的有识之士，在对日本的"国粹主义"有所了解之后，遂思借用或改造，以求裨益于中国文化的建设。

章太炎也是一样。早在1903年致宋恕的信中，他就谈道："国粹日微，欧化浸炽，穰穰众生，渐离其本。"①而他对"国粹"一词最具代表性的诠释，当为1906年在东京留学生欢迎会上的演讲中所说的"用国粹激动种性，增进爱国的热肠"，并将历史视为国粹最主要的载体。②对于他此处所言的国粹之意涵，汪荣祖指出，便是受到了政教社的主要成员贺志重昂所标榜的"国粹主义"之启发。③此外，章太炎在一些地方还将"国粹"与"国学"同时使用。比如他因《苏报》案入狱不久之后所写的《癸卯狱中自记》中说道：

> 上天以国粹付余，自炳麟之初生，迄于今兹，三十有六岁。凤鸟不至，河不出图，惟余亦不任宅其位，系素王素臣之迹是践，岂直抱残守阙而已，又将官其财物，恢明而光大之！怀未得遂，系于仇国，惟金火相革欤？则犹有继述者。至于中国闳硕壮美之学，而逐斩其统绪，国故民纪，绝于余手，则是余之罪也。④

又比如他致信孙诒让：

> 荐岁以来，经术道息，视亭林、穊若之世，又若羲皇、燧人，国粹陵夷，虑禹域终不我属。而闻所著《周礼正义》已付雕印，高文典册，蔚为国光，亦虑知此者希，神宝终秘，念我懵愚，尝聆言教，侧身岛屿，不睹天府球图之珍，寤寐伏枕，伤如之何？方今国故衰

---

① 章太炎：《与宋恕》，载马勇编：《章太炎书信集》，第17页。
② 参见章太炎：《在东京留学生欢迎会上的演讲》，载章念驰编订：《章太炎演讲集》，第3页。
③ 参见汪荣祖：《章太炎对于现代性的迎拒与多元文化思想的表述》，《"中央"研究院近代史研究所集刊》第41期。
④ 章太炎：《癸卯狱中自记》，载《章太炎全集》第4册，第144页。

微,大雅不作,文武在人,实惟是赖。①

很明显,在这里"国粹"与"国故"皆指中国传统学问。诚如卢毅所言,章太炎实为"最早在近代意义上使用'国故'一词者"②。但是他为何将这一词语用于自己学术代表作的书名中呢?这或许与他对近代"国粹"一词之语源地日本的感观极有关系。

关于章太炎的日本观,学界已有论述。③并通过举了许多例子来证明在他眼中日本并无"国粹"。不过这些研究似乎并未指出,章太炎之所以要批评日本文化的更深一层考虑,并不是由于所谓的认识到了彼邦的"狼子野心",而是如他在1909年所写的一封信中所言的那样:"当云日本人之短,在处出规仿泰西,无一语能自建立。不得为著作者,非不得为师也。今中国复处处规仿泰西,无一语能自建立,即与日本人同过。"④因此,"仆所以鄙夷日本者,欲使人无蹈日本之过耳"⑤。可见,他名为批评日本,实则在警诫中国。

此外,在这封信里,他又阐述了对于各国文化的认识。其中谈道:"盖宇宙文化之国,能自建立者有三:中国、印度、希腊而已。罗马、日耳曼人虽有所建立,而不能无藉于他。其余皆窃取他人故物,而剪截颠倒之者也。今希腊已在沈滞之境,印度于六七年中,始能自省。中国文化衰微,非如希腊、印度前日之甚也。勉自靖献,则光辉日新。若徒慕他人,由此已矣。"⑥可见,在章太炎心目中,中国文化有其自身的特点与原创的能力,因此应该保持其独特性,不能像日本那样只知食他人余唾。而这一认识,也在《国故论衡》的《原学》中被进一步发挥,

---

① 章太炎:《与孙诒让》,载马勇编:《章太炎书信集》,第187页。
② 卢毅:《"国学""国故""国故学"——试析三词在清季民初的语义变迁和相互关联》,《南京社会科学》2005年第2期。
③ 参见左汉卿:《章太炎在日本的活动及其日本观的变化》,《中国文化研究》2001年第4期;李群、赵炎秋:《日本国粹主义思潮与近代中国——析章太炎对日本"国粹主义"的接受现象》,《湖湘论坛》2010年第4期。
④⑤⑥ 章太炎:《与人书》,载马勇编:《章太炎书信集》,第267页。

同时章太炎在其中对"学"也做了定义,并且拿日本作为主要的反面例子,认为它没有文化独特性,而是惯于模仿别国:

> 通达之国,中国、印度、希腊,皆能自恢弘者也。其余因旧而益短拙,故走他国以求仪刑。仪刑之与之为进,罗甸、日耳曼是矣;仪刑之不能与之为进,大食、日本是矣……夫为学者,非徒博识成法,挟前人所故有也。有所自得,古先正之所观縶,贤圣所以发愤忘食,员舆之上,诸老所不能理,往释其惑,若端拜而议,是之谓学……日本者,故无文字,杂取晋世隶书章草为之,又稍省为假名,言与文缪,无文而言学,已恧矣,今庶艺皆刻画远西,什得三四。然博士终身为写官,更五六岁,其方尽,复往转贩。一事一义,无匈中之造,徒习口说而传师业者,王充拟之,犹邮人之过书,门者之传教。①

在这篇文章中,章太炎的着眼点是强调"中国之不可委心远西,犹有远西之不可委心中国",主张讨论中国学问,应当坚持中国文化的特性与学问上的自主得,如此方能光大固有学问,这也是他自1906年东渡日本之后的一贯主张,②更可看作《国故论衡》一书的论学主旨。而在他看来,日本文化本无自己的特性,只是以善于模仿而闻名。对于这种行为,他嗤之以鼻,认为不能和拥有自己独特文化的中国相提并论,并力劝国人不要步其后尘。③

与之相似,在那一时期的章太炎看来,日本人对于中国学问的研究,其不足取之处也甚多。如他认为:"日本人所读汉籍,仅中唐以后

---

① 章太炎:《国故论衡》,第102页。
② 参见汪荣祖:《章太炎对于现代性的迎拒与多元文化思想的表述》,《"中央"研究院近代史研究所集刊》第41期。
③ 罗志田指出,晚清中国学人提倡国学或国粹之正当性,乃是应付"西学"以及"倭学"之冲击。(参见罗志田:《国家与学术——清季民初关于"国学"的思想论争》,第81页)

之书耳。魏晋盛唐之遗文,已多废阁。至于周秦两汉,则称道者绝少。虽或略观大意,训诂文义,一切未知,由其不通小学耳。……彼方取其最衰之文,比较综合,以为文章之极致,是乌足以为法乎?"①又如他在与罗振玉的信中谈到日本学者治中国学问"大率随时钞疏,不能明大分,得伦类。及其好傅会,任胸臆,文以巫说,盖先后进所同。谓徐福所携燕、齐怪迁之士,作法于诬,令彼国化之也。有所答问,取给于《佩文韵府》诸书,亦其成俗然也"②,因此劝告他"今以故国之典,甚精之术,不自校练,而取东鄙拟似之言,斯学术之大蜮,国闻之大稗,领学校者,胡可以忽之不忌哉?"③本着以上见解,章太炎自然不愿意在《国故论衡》这本研究中国学问的著作中用"仪刑之不能与之为进"的国家所赋予意义的词语作为书名,而转用由自己所自创含义的"国故"一词。④

二、与晚清国粹派的差异

要说起晚清提倡中国传统学问的流派,自然应瞩目于以邓实、黄节、刘师培等人为代表的国粹派。而有论者也指出,此一学派的主帅"非章太炎莫属"⑤。诚然,章太炎与国粹学派的主要人物关系是颇为紧密。如他致信刘师培强调"与君学术素同,盖乃千载一遇"⑥。民国建立之后他回顾清季往事,认为《国粹学报》"发挥民族主义甚详,鼓吹革命,足与《民报》比肩"⑦。以至于"士大夫倾心革命自此始"⑧。不

---

① 章太炎:《论文学》,载章念驰编订:《章太炎演讲集》,第33—34页。
② 章太炎:《与罗振玉》,载马勇编:《章太炎书信集》,第284页。
③ 同上,第285页。
④ 包括所谓"国学"一词,其近代意义亦是创生于日本人(参见姜义华:《近代中国"国学"的形成与演进(上)》,《学术月刊》2007年第7期),故很可能出于相同的原因,章太炎在那一时期亦不采用。
⑤ 郑师渠:《晚清国粹派:文化思想研究》,第19页。
⑥ 章太炎:《与刘师培》,载马勇编:《章太炎书信集》,第81页。
⑦ 章太炎:《与冯自由》,载马勇编:《章太炎书信集》,第510页。
⑧ 章太炎:《黄晦闻墓志铭》,载《章太炎全集》第5册,第263页。

过值得注意的是，章太炎的事后追忆着眼点为国粹派的政治影响，却未谈及其学术。而他自己又是向来坚持"依自不依他"，在学术上形成极具特色的体系，不顺从于时俗之见。因此仔细分析章太炎与国粹派诸人的论学之语，可以发现其中还是有着不小的差别，而这或许也就是《国故论衡》之所以名"国故"的另一原因。

在1906年出狱东渡日本之后，章太炎论学的一大特色就是主张"学在求是，不以致用"①，甚至于认为"学者在辨名实，知情伪，虽致用不足尚，虽无用不足卑"②。力倡实事求是的治学态度，而不主张借道古人情状来评说衡鉴当下世局，或者是借疏解前人学说来用作今人立身行事的准则。关于前者，他在《官制索隐》一文里指出之所以致力于此，"独奇觚与众异，其趣在实事求是，非致用之术……其微旨，在使人周知古始，以兴感慕，耿然识旃裘引弓之非吾族。思古人也，而非期于取法，故不欲掩其点污"③。关于后者，他在《思乡原》一文中强调："夫六籍本以记事，数典不为立德，谈言微中，而往往及德行。故六籍之化人，犹滑稽之称说，主文谲谏之流。今纵弗能广及史传，而又专于《论语集注》，其不足化民固明矣。"④当然，章太炎关于"求是"与"致用"的论述，与其对古代经书性质、人类知识与道德来源以及历史之作用等方面的认识极有关系，然此非本文主旨，故暂不展开。

而反观国粹派，其对于通经致用却是非常提倡。邓实认为，所谓"通经"，不是章太炎所主张的借之来考索前人遗事，而是在于"读古人之经，贵得古人之意。以古证今，而权以时义，用之则可行，则可谓通经之士矣"，因此邓实进而强调"两汉经儒，通经皆以致用。西汉诸儒，如以《禹贡》行水，以《洪范》验五行，以《齐诗》测性情，以《春秋》决疑狱，以《礼》定郊禘大典，以三百五篇当谏书。东汉郑君，隐修经业，黄

---

① 章太炎：《与钟正楙》，载马勇编：《章太炎书信集》，第250页。
② 章太炎：《与王鹤鸣书》，载马勇编：《章太炎书信集》，第64页。
③ 章太炎：《官制索隐》，载《章太炎全集》第4册，第86页。
④ 章太炎：《思乡原下》，载《章太炎全集》第4册，第136页。

巾不入其境。比牒并名,早为宰相,毋失其素风。此皆行乎经术而能致用者也,汉学之真也。呜呼!古之汉学,岂如今之汉学之丛脞无用者哉?以声音训诂名物考据,而号之曰汉学,此近两百年之学风之所以敝也,非汉学之真也"。①在这里,他不但热衷于鼓吹汉代学者(主要是今文经学)所惯用的因经义以制事,而且对章太炎所推崇的清代朴学治学方法大加讥评,这便更能体现出二人在学术见解上的差异了。因此邓实所主张的"学术者,所以通时变而为用者也"②。极有可能不会被章太炎所接受。

章太炎在那一时期学术主张的另一特色就是反对将中西学说遑顾事实地任意比附。他指出:"中西学术,本无通途,适有会合,亦庄周所谓'射者非前期而中'也。今徒远引泰西,以征经说,有异宋人以禅学说经耶……稽古之道,略如写真,修短黑白,期于肖形而止,使妍者媸,则失矣;使媸者妍,亦未得也。"③在《〈社会通诠〉商兑》一文里,他更是明确反对那种"于中国事状有毫毛之合者,则矜喜而标识其下;乃若彼方孤证,于中土或有抵牾,则不敢容喙"④的治学方法。而与之相反,国粹派则认为当下"思想日新,民智日沦,凡国学微言奥义,均可藉晢种之学,参互考验,以观其会通,则施教易而收效远"⑤。刻意强调用西方学说对中国传统学术进行"新诠"。一个颇为明显的例子,章太炎在《〈国粹学报〉祝辞》中批评"及夫学术所至,不简择则害愈况,横政横民,虽新学阶之哉,始自曹司游士,取则于吾先正,适其胸府,视新学与之合,弥以自坚。莠言浸昌,盲风卷舒,学童漂焉亦视是为取舍"⑥。随后以时人对于明末清初诸大儒的评价为例,来告诫同人今日治学

---

① 参见邓实:《国学讲习记》,载《国粹学报》第 5 册,扬州:广陵书社 2006 年影印版,第 1529 页。
② 邓实:《明末四学说·序》,载《国粹学报》第 5 册,第 1455 页。
③ 章太炎:《与人论朴学报书》,载马勇编:《章太炎书信集》,第 159 页。
④ 章太炎:《〈社会通诠〉商兑》,载《章太炎全集》第 4 册,第 323 页。
⑤ 邓实:《拟设国粹学堂启》,载《国粹学报》第 7 册,第 3011 页。
⑥ 章太炎:《〈国粹学报〉祝辞》,载《章太炎全集》第 4 册,第 207 页。

"非碎与朴是忧,忧其夸以言治也,忧其丽以之淫也,忧其琦傀以近谶也,忧其扭杂以乱实也,忧其缴绕以诬古也"①。而通观这篇祝词,名为祝贺,实则劝诫,似乎也暗示了章太炎对于国粹派弘扬旧学之方法的微词。据汤志钧的《章太炎年谱长编》,此文虽刊于 1909 年,但作于 1907 年,而同年 6 月的《国粹学报》上就登出了邓实的《国学无用辨》一文。作者颇具自信地认为"夫使数君子之学,得以见施于时,则亭林乡治之说行,而神州早成地方自治之制;梨洲原君原臣之说昌,则专制之局早破;船山爱类辨族之说著,则民族独立之国久已建于东方矣。是故数君子之学说而用,则其中国非如今日之中国可知也"②。依然用西方的政治学说来比附顾、黄、王诸人(或者章太炎的那篇祝词,就是针对邓实之说而发,也未可知)。

另一个例子,章太炎的《国故论衡》初版于 1910 年 5 月。同年他于《学林》杂志上刊登了《征信论》一文。在其中对于时俗所推崇的几种学术观点进行了匡正。比如"戴氏作《原善》及《孟子字义疏证》,遂人情而不制以理。两本孟子、孙卿。王守仁以降,唐甄等已开其题端,至戴氏遂光大之,非取法于欧罗巴人言自由者"③。又比如"世以三苗为神州旧人,汉族攘其地有之,益失实状。汉族虽自西方来,传记所见,不及安息、条支沙碛之地。今人复因以傅会"④。而关于这两点,国粹派诸人亦尝为之。邓实在《国学今论》里面就认为戴震的著作"所言多发明公理,排斥专制,与近日哲儒所言平等、共和之说相合"⑤。黄节在《黄史》当中通过援引西人之说以参验旧籍,得出了"信夫！吾民族来自西方,吾质于古书犹信"⑥的结论。可以说章太

---

① 章太炎:《〈国粹学报〉祝辞》,载《章太炎全集》第 4 册,第 208 页。
② 邓实:《国学无用辨》,载《国粹学报》第 7 册,第 3048 页。按:文中的"数君子",指顾炎武、黄宗羲、王夫之。
③④ 章太炎:《征信论下》,载《章太炎全集》第 4 册,第 56 页。
⑤ 邓实:《国学今论》,载《国粹学报》第 3 册,第 66 页。
⑥ 黄节:《黄史》,载《国粹学报》第 3 册,第 413 页。按:当然,章太炎自己也曾经对于中国人种西来说颇为认同(参见《訄书(重刻本)·序种姓》),只是后来对于西方社会科学的"普世"性有所警醒之后,才放弃了这一观点。

炎在《征信论》所言虽然不一定是专门针对邓实、黄节的观点而发,但是他们二人的学术主张却恰与章太炎所批评者相符。而以章太炎同国粹派颇为频繁的往来,他也应该对后者与自己学术观点上的差异有所了解。

1911年8月30日,章太炎致信钱玄同。其中谈道:"邓秋枚向无违言,惟去岁拟刊《学林》,本由同人合股,恐《国粹报》钞录原文,则销数绌而刻资空。故先与秋枚书,令弗妄登(此书同人为之,辞销厉)。然《国粹学报》自去岁已鲜佳篇,想彼亦无意为此也。"①可见,他除了道出对于邓实的微词之外,更透露了自1910年起已对《国粹学报》感到失望,而《国故论衡》恰恰付梓于是岁。这或可更为直接地证明,在《国故论衡》即将面世的那段时间里,章太炎已经与国粹派有着不小的距离了。综上所论,由于在学术见解上与邓实等人不尽相同,所以导致章太炎在决定书名时舍"国粹"而用"国故"。

三、余 论

以上就是笔者对于章太炎的《国故论衡》何以名"国故"的一些看法。当然,在直接证据被发现之前,笔者的看法终究也只是一种推测而已。最后,还有两个问题值得一谈。首先,在宋恕去世不久,章太炎致信钱玄同,询问宋恕"著述不知有何种?"并且谈及宋恕"天性畏祸,其言政事者,固宜秘不示人,然他种学问,亦皆深藏不出,未知何意"②。可见,他对于宋恕的著作读过的其实并不多,所以根据该函所言推测,章太炎很可能在当时并未看到过《国粹论》一文。其次,《国故论衡》一书,固然未对儒学过多阐扬,但是其中对于道家之学(《原道》)与魏晋文章(《论式》)的推崇可以说还是颇为明显的。除非对于中国

---

① 章太炎:《与钱玄同》,载马勇编:《章太炎书信集》,第140页。
② 同上,第110页。

传统学问的定义只限于儒学(或者是理学),那么章太炎在这本书里就不仅仅是在"批评这些老东西"而已了。至于胡适、毛子水等人在新文化运动中如何对"国故"另作别解,那属于另一个问题,而与章太炎本人无甚关系。①

---

① 关于"国故"一词在新文化运动时期的被诠释情况,参见陈以爱的《中国现代学术研究机构的兴起——以北大研究所国学门为中心的探讨》(第30—48页)。

附录二：近代中国的"国学"

近代中国，遭遇到了亘古少有的巨变。不少肇自古昔且支配人心许久的事物，在纷纷世变面前，不是显得疲软无力，就是被冲击得支离破碎。正如陈寅恪所言："自道光之季，迄于今日，社会经济之制度，以外族之侵迫，致剧疾之变迁，纲纪之说，无所依凭。"[①]在这样的局面之下，中国传统学术，面临着巨大的挑战，需要重新被诠释、被研究，以便能在新的时代里占据一席之地，所谓"国学"一词，遂因之出现，成为中国各种传统学术的总称。各派学人，或是鼓吹"国学"乃是"国粹"，希望借此振衰起微，弘扬传统学术的现代价值；或是主张借"整理"国学（国故）而使得传统学术的"真面目"大白于世，使得人们不再对之盲目崇拜；或是力言传统思想，价值犹存，历代的心性之学，实为挽救盲目沉迷于科学、进化这样观念中之世人的一剂"清凉散"。而不少青年学子，也纷纷致力于传统学术的研究，虽然所抱目的各不相同，对于传统学术的看法也是言人人殊，但是凡此种种，皆可展示在近代中国，"国学"以及与之相关的问题成为知识分子群体中颇受关注的一个焦点。

一、西学东渐与古学复兴

"国学"一词，古已有之，但其所指，乃是一种古代官方所设立的教

[①] 陈寅恪：《王观堂先生挽词并序》，载陈美延编：《陈寅恪集·诗集》，北京：生活·读书·新知三联书店2001年版，第12页。

育机构,其入学对象主要是皇族贵胄与官员子弟。而近代意义上的"国学",其意义与古时大为不同。所以钱穆指出:"'国学'一名,前既无承,将来亦恐不立。特为一时代的名词。"①在这里,所谓"时代的名词",显示出"国学"这一概念,乃是根植于近代中国古今东西之争纠缠不清的特殊时代背景之中。

近代中国人所理解的"国学",主要受到当时日本学界的影响。日本学者运用"国学"这一概念,来区别于西洋学术与中国学术,近代日本厉行"脱亚入欧"的同时,一批知识分子力倡"国粹主义",希望在西化的浪潮之下,能够保持日本自己的独特文化与学术。而这一思潮,遂被近代东游日本的中国知识分子所借鉴,用来诠释中国传统学术。

1902年,当时在言论界影响力极大的梁启超打算创办《国学报》,特意致函黄遵宪征求意见。后者指出:"中国旧习,病在尊大,病在固蔽,非病在不能保守也。今且大开门户,容纳新学。俟新学盛行,以中国固有之学,互相比较,互相竞争,而旧学之真精神乃愈出,真道理乃益明。"基于此他劝告梁启超:"吾有所恃,恃四千年之历史,恃四百兆人之语言风俗,恃一圣人及十数明达之学识也。公之所志,略迟数年再为之,未为不可。"②言下之意,黄遵宪认为中国传统学术有其弊病,若此时提倡,则会阻碍西学在中国的传播。而他自信满满,认为中西学术交汇之后,中国传统学术自有其优点,且国人信之甚笃,因此届时能够立足于世间。

但是随着西学以及消化西学的东学大量涌入中国,不少人已无黄遵宪这样的乐观。黄节痛陈:"海波沸腾,宇内士夫,痛时事之日亟,以为中国之变,古未有其变,中国之学,诚不足以救中国。于是醉心欧化,举一事革一弊,至于风俗习惯之各部相俟者,靡不惟东西

---

① 钱穆:《国学概论》,载《钱宾四先生全集》第1卷,台北:联经出版事业公司1998年版,第3页。
② 黄遵宪:《致梁启超书(节选)》,载桑兵等编:《国学的历史》,第1页。

之学说是依。"①流风所及,不少中国人"尊西人若帝天,视西籍如神圣"(邓实1904年所言),对于西学崇拜有加,反之因近代中国国势衰微而"迁怒"于中国传统学术,对之弃若粪土。黄节、邓实、马叙伦等人正是有感于这种情形,遂于1905年创办《国粹学报》,希望借此鼓吹"国学",从而振衰起微,表彰旧学,同时激励民气,鼓吹民族主义。

但是晚清国粹派对于中国传统学术的诠释,虽然目的乃是弘扬后者,但是其诠释方式较之古昔却是大为不同。他们重新梳理中国学术史,强调"国学"与"君学"的区别,认为"君学者,经历代帝王之尊崇,本其学说,颁为功令,而奉为治国之大经,经世之良谟者也"②。而国学乃是"一二在野君子,闭户著书,忧时讲学,本其爱国之忧,而为经生之业,抱残守缺,以俟后世而已。其学为帝王所不喜"③。如此一来,按照邓实等人的标准,先秦诸子以降,汉代的经学,唐代的义疏之学,明代的程朱理学,皆属"官学"之列。而真正称得上"国学"的,唯有明末清初顾炎武、黄宗羲、王夫之、颜元等坚持气节、不仕清廷的遗民之学说。当然,他们的这种诠释方式,与其排满革命、反对专制的政治立场息息相关。不过照此标准,中国历史上的学术思想,可供表彰者,已然寥寥无几。而"弘扬"的背后,恰恰暴露出中国传统学术易于被专制君主利用这一惨痛"史实",反而更容易引起人们对于旧学的鄙夷,同时也割裂了中国学术发展流变的整体脉络,与历史本相差距甚远。

此外,近代以来,随着正统学术的衰落,长期遭忽视的先秦诸子重新被发掘出来,当时不少惊异于西学奇异无比的中国士人,开始发现诸子遗言当中,有不少地方在表面看来与远西学说极其相似,遂对之大力提倡,以此证明东海西海,心同理同,许多西方新学,中国古已有之。晚清国粹派通过对西方文艺复兴历史的理解,认为近代西方的强盛,乃是因为有过一段"古学复兴",即文艺复兴时期对古希腊、古罗马

---

① 黄节:《〈国粹学报〉叙》,载桑兵等编:《国学的历史》,第18页。
②③ 邓实:《国学无用辨》,载桑兵等编:《国学的历史》,第94页。

思想学说的大力表彰，于是效法其道，鼓吹当代中国的"古学复兴"。他们认为战国时期，诸子蜂起，百家争鸣，学界形成了后代少有的繁荣景象。这与古代希腊诸家哲学流行于世的场景极为相似，而诸子各派，其学说内容也能与希腊哲学的诸流派一一对应。不特此也，诸子学说，在邓实等人看来，其内容和西方近代形成的各学科也有许多相似之处。所以刘师培在《周末学术史序》中，将先秦旧籍参照当时的西方学术分类，以进行重新整理。分为理学史、伦理学史、论理学史、社会学史、宗教学史、政法学史、计学史、兵学史、教育学史、理科学史、哲理学史、术数学史、文字学史、工艺学史、法律学史、文章学史等类别，来达到与近代西方学术接轨的目的。这样一来，晚清国粹派所力倡的"古学复兴"，其背后依然是西学以另一种方式在中国传播，中国传统学术，其价值必须在符合于某一种西学的前提下才能彰显，究其实际，依然是中国学术得依附于西学方可自立。当然，前人苦心，不容一味抹杀，邓实、黄节等人所希冀的，是近代中国能够在充分现代化的情形下，达到民族独立，国民具备爱国之心。然而时过境迁，这种诠释传统的方式，今日却依然被不少研究中国文史之学为业者奉为治学良方、成名捷径，以此"与国际接轨"。

二、有待"整理"的"国故"

20世纪初的新文化运动以来，胡适等人一时间暴得大名，他们的言论主张被青年人奉若圣典，成为新的学界领袖。新文化运动的一大主题便是批判中国传统文化，从鲁迅高呼"礼教吃人"，到周作人力言"思想革命"，陈独秀坚持孔子学说与现代生活不相符合，包括钱玄同对传统文化嬉笑怒骂，大肆抨击，其目的皆不外乎此。而在胡适看来，除此之外，还应该对于传统学术有一番新的认识。他在《新思潮的意义》一文中指出："我们对于旧有的学术思想，积极的只有一个主张——就是'整理国故'。整理就是从乱七八糟里面寻出一个条理脉络来;从无头无脑里面寻出一个前因后果来;从胡说谬解里面寻出一个真意义来;从武断迷信里面寻出一个真价值来。"①在胡适看来,中国传统学术只是一堆有待于整理的"材料",并不具有内在的脉络与意义,其价值在今日看来更是少足观者,而有待今人依据新的"科学方法"对其一一"整理",使之能够符合现代学术的相关标准。而在学术方法上,胡适在那一时期发表的《清代学者的治学方法》中对于清代朴学的治学路数有所表彰,认为当时的学者在研究学问上与近代西方的"科学方法"颇有相似之处,值得在今日引为借鉴,而他们的"缺点",在于他们只是钻研古书,未曾涉及自然万象。

由于胡适等人的大力提倡,"整理国故"运动在20世纪20年代盛极一时。当时北京大学成立了"国学门",聚集一批颇有名望的学者与青年学子,在"整理国故"的大旗之下对传统学术进行研究。值得注意的是,胡适等人认为"国故"这一概念源自章太炎刊于晚清的学术代表作《国故论衡》,即章氏在那本书中已经对中国传统学术展开批评,所以名之曰"国故",而胡适以及当时北京大学文科中为数不少的章门弟子,他们正是接续章太炎的思路,进一步对传统学术进行研究。不过章太炎在《国故论衡》当中,虽然对儒家学说有所批评,但是同时他对于道家之学(《原道》)与魏晋文章(《论式》)的推崇可以说还是颇为明显,这与胡适等人对于"国故"的认识,实话说来,相异处着实不小。

在《国学季刊》的发刊词中,胡适明确指出,"整理国故"运动的方向就是"用历史的眼光来扩大国学研究的范围""用系统的整理来部勒国学研究的资料""用比较的研究来帮助国学的材料的整理与理解"。因此在研究领域上,北大国学门除了关注到中国传统的经史之学,还致力于对民歌、方言、古代小说的整理与研究,胡适、顾颉刚、周作人等人就对此颇为关注。而所谓系统整理国学资料,在胡适看来,就是

---

① 胡适:《新思潮的意义》,载《胡适全集》第1卷,合肥:安徽教育出版社2003年版,第698页。

"索引式的整理""结账式的整理""专史式的整理",其目的是做成一部众人皆能读懂的"中国文化史"。胡适身体力行,对中国古代思想、中国古典小说皆有研究,特别是他的《中国哲学史大纲(卷上)》,截断众流,撇去《尚书》《春秋》等典籍,直接从春秋末期的老子、孔子讲起,并且用白话文来叙述,评价古人思想时经常带有所谓"批判精神",一时间深受青年学子青睐,虽然一二老辈对之摇头不满,认为是书根底不足,但是却依然成为当时国学研究的代表之作。

在"整理国故"运动下的另一项影响极大的学术活动,便是顾颉刚等人所进行的古史辨伪工作。在顾颉刚看来,中国的古史系统,堪称一笔谬说众多的糊涂账,许多地方都需要重新认识。依他之见,通过进行古史辨伪工作,可以说明时代愈往后,传说的古史期就愈长;时代愈往后,传说中的中心人物愈被放大;今人虽然很难在现存的古史系统中确知某一件事的真实状况,但是可以接着古代典籍知晓某一件事在传说中的最早之状况。在1926年出版的《古史辨》第一册中,顾颉刚写了一篇数万言的长序,在其中坦言自己生活与思想的变迁轨迹。他自言青年时代治学方法屡变,直到在北京大学学习时,受到胡适、钱玄同等人的启发与鼓励,开始对于古书与古史进行考辨,同时康有为、崔东壁的著作也给了他很大的启示。

顾颉刚进行古史辨伪,其潜台词即是认为中国的传世古籍多不可信,宁可疑而过,不可盲目信而过,所以他在当时敢于提出"大禹是条虫"这样颇为惊世骇俗的观点。虽然他自称自己乃是为学术而学术,并不带有其他目的,但其背后依然是一种颇为明显的反传统思想。所以在《古史辨》第四册的自序中,他强调:"我们要使古人只成为古人而不成为现代的领导者;要使古史只成为古史而不成为现代的伦理教条;要使古书只成为古书而不成为现代的煌煌法典。这固是一个大破坏,但非有此破坏,我们的民族不能得到一条生路。"①总之,"我们的

---

① 顾颉刚:"顾序",载罗根泽编:《古史辨》第四册,第8页。

工作只是博物院中的分类陈列的工作而已"①。虽然后来胡适也批评顾颉刚在具体问题上宁可怀疑司马迁的论述,而不愿反思崔东壁的观点,然从胡适的整理国故到顾颉刚的古史辨伪,其间的思想传承至为明显。

由于胡适等人在当时名气极大,并且晚年渐渐淡出政坛的梁启超也开始争做"老少年",加入研究国学的队伍当中(虽然胡适始终视梁启超为异路人),以及顾颉刚等青年一代的极力宣传,从20世纪20年代开始,许多青年学子也开始致力于研究中国传统学术。胡适与梁启超分别向青年人开列"国学必读书目",关于如何研究国学的讨论在当时也尘嚣直上。许多高等院校与学术机构创办国学刊物,组织国学讲演,一时间大量与国学有关的出版品纷纷面世,包括一些对新文化运动持批评态度的学人也参与其中,希望能表达不同的意见,凡此种种,显示出一派颇为热闹的景象。但是在一些学有根底的人看来,对于中国传统学术的了解,绝非旦夕之间便可做到,而是需要很长一段时间的积累,但是在当时群众运动式的国学研究风气下,许多年轻人却出于各种各样的目的,率尔操觚,发表见解,这一现象实不足取。庞俊痛陈:"尝见学子抵掌与人论诸子流别,及阅其所读之书,则在在点破句,操笔作简,则近鄙别字,相望于寸幅。又或专己不学,而武断事理,驳难既穷,则并其平日服膺之新派名士,而皆以为偶像,则一切推倒之,父兄师保之诫,愈不能动其胫之一毛矣。是故《六经》之文,不必知其句度;三史所载,不必识其姓字。若夫王仲任之《论衡》、刘子玄之《史通》,《问孔》《刺孟》之谈,疑古惑经之说,则无不口角流沫。举其篇目,而又非能周览其书,则自以谓能定古人之真价值,嚣然以整理国故自命矣。"②这种学术研究当中急功近利的心态,在近代以来也绝非只是整理国故运动中才有所体现。

---

① 顾颉刚:"顾序",载罗根泽编:《古史辨》第四册,第8页。
② 庞俊:《与吴雨僧书》,载白敦仁纂辑、王大厚整理:《养晴室遗集》上册,第277—278页。

三、举世滔滔中的砥柱中流

在辛亥革命前夕,章太炎于日本进行了一场名为"教育的根本要从自国自心发出来"的讲演。他指出:"本国没有学说,自己没有心得,那种国,那种人,教育的方法,只得跟别人走。本国一向有学说,自己本来有心得,教育的路线,自然不同。"①在他看来,当时很多中国人对于传统学术的认识,基本都是紧跟西学或东学,域外之人对于中国某家学说有所表彰,则国人便对其趋之若鹜,也跟着极力吹捧;而若是域外之人对于中国某家学说有所批评,则国人便步武其后,跟着极力抹杀,这都是对本国学说无心得的表现。章太炎自己在清季也曾热衷于当时流行的西学,试图用西方的社会学来重新诠释中国历史。但是他1906年东渡日本之后,便开始反思如何从中国历史本身来认识中国的思想与学术。他强调研究国学,应当"研精覃思,钩发沈伏,字字征实,不蹈空言,语语心得,不因成说,斯乃形名相称"②。他不满意于当时国人对于中国传统政治制度与学术思想的认识,重新梳理历代典章制度与学术流变,力图寻找出中国文化自身的特色所在。正是在这样的思想基调下,他虽然先前与邓实等人关系密切,但在为自己的学术代表作《国故论衡》命名时,不用"国粹"而用"国故"。

1924年,章太炎发表《救学弊论》一文,在其中指出:"夫国无论文野,要能守其国性,则可以不殆。"③而放眼当下,"今之学子慕远西物用之美,太半已不能处田野。计中国之地,则田野多而都会少也。能处都会不能处田野,是学子已离于中国大部。以都会为不足,又必实现远西之俗于中国然后快。此与元魏、金、清失其国性何异?"④在他

---

① 章太炎:《教育的根本要从自国自心发出来》,载吴齐仁编:《章太炎的白话文》,第37页。
② 章太炎:《与人论国学》,载马勇编:《章太炎书信集》,第219页。
③④ 章太炎:《救学弊论》,载《章太炎全集》第5册,第101页。

看来,对于中国传统礼俗的忽视,会泯灭人们的爱国之心,一旦外患来临,将无以激扬民气,团结一致抵御外敌。所以他于"九一八"事变之后组织国学会,希望重新发扬顾炎武等人当年的讲学精神,通过研究传统学术,在国难当头之际激励人们的爱国之心。而与之相似,唐文治在20世纪20年代创办无锡国学专修学校,也是希望重新弘扬当地先贤的讲学风气,使得青年一代能够对中国传统学术有真正的了解,同时砥砺道德,能够在乱世当中做到君子有所不为。

此外,章太炎有感于民国建立以来政局混乱、国势衰微、学术纷杂,在许多场合疾呼阅读中国历史的重要性。而与胡适等人对待中国典籍的态度绝不相同,章太炎强调阅读中国历史应识"大体",即对传世典籍尽可能做到全面且客观的披览,不要趋新骛奇,更不要过分疑古,而是要对历代的政治社会变迁、典章制度与疆域地理的沿革皆了然于胸,如此方可为研究中国传统学术打下坚实的基础,否则若没有对于中国历史整体性的把握,径直寻一小题目大做文章,则视野有限,流弊甚多,所以他批评当时大学中讲中国通史课程者无异于茶馆里的说书人,因为其本身即对中国历史的脉络并无整体了解。不过虽然如此,章太炎并不主张一味复古,在1922年于上海进行的国学讲演中,他指出研究国学需注意的面向之一,便是了解古今的人情变迁,认识到古代的许多伦理道德并不可适用于今日。这一点与当时许多不满于新思潮的老辈学人大不相同。

说到史学研究,在近代陈寅恪更是堪称翘楚。1931年他在《吾国学术之现状及清华之职责》一文中指出:"国可亡,而史不可灭。今日国虽幸存,而国史已失其正统,若起先民于地下,其感慨如何?"[①]胡适等人的"整理国故"运动,一个重点即是对先秦诸子进行研究,而在陈寅恪看来,"今日之谈中国古代哲学者,大抵即谈起今日自身之哲学

---

① 陈寅恪:《吾国学术之现状及清华之职责》,载陈美延编:《陈寅恪集·金明馆丛稿二编》,第362页。

也。所著之中国哲学史者,即其今日自身之哲学史者也。其言论愈有条理统系,则去古人学说之真相愈远。此弊至今日之谈墨学者而极也。今日之墨学者,任何古书古字,绝无依据,亦可随其一时偶然兴会,而为之转移"①。因而感慨"此近日中国号称整理国故之普通状况,诚可为长叹息者也"②。

陈寅恪并未对"国学"有过太多议论,他的主要关注点是中国历史的变迁。与章太炎不同,陈寅恪有过留学西方的经历,较为系统地受到了当时西方学术思想的熏陶,因此他初回国内任教,所开课程为佛经翻译等与西方比较语言学密切相关的领域。不过他对于西学的吸收,并非简单地用中国历史去比附西学,以求成一"体系",而是通过对西方历史与文化的了解,使得对本国历史的认识更为全面,视角更为独到,所以他20世纪30年代以来的许多史论,皆能从一不大的问题出发,进而讨论历史上的民族与文化变迁这一非常宏观的议题。加之陈寅恪长于簪缨之家,自幼便受到比较系统的中国传统学术训练,且对晚清的一系列政局变动有切身观察,所以对中国历史上的政治、社会,包括人情的变迁能有深刻认识。如他讨论魏晋玄学,认为当时士人对于玄言的取舍与辩论,背后乃是有着具体的政治立场之分野,代表着当日政治上之实际问题,不可单纯以口头虚语视之。研究曹操在建安年间所颁布的求贤令,指出东汉末年士大夫多出于儒家大族,强调道德,严于修身,故力倡仁孝廉让。而曹操出身卑贱,欲有所作为,必须摧破前者所奉行之信条,于是强调才能为要,不计德行。而他在代表作《隋唐制度渊源略论稿》中,首章用大量篇幅讨论礼制的变迁,便是认识到"礼"在中国历史上的重要性,同时寄托着对未来中国重建礼制的深切关怀,这绝非近代不少一面大喊打倒礼教,一面高论中国历史者所能为。

---

①② 陈寅恪:《冯友兰中国哲学史上册审查报告》,载陈美延编:《陈寅恪集·金明馆丛稿二编》,第280页。

回到文章开头所引钱穆之语,"国学"一词,乃是近代西学东渐、传统学术面临危机这一特殊时代里的产物。它背后体现的乃是近代中国人对于如何肆应时代变局的各种思考。今日的中国,与近代国力衰颓之际早已大为不同,"国学"这一时代的产物,在今日也应该被重新反思。这一点牵涉问题极多,绝非区区一篇短文所能详论。但是以史为鉴,前贤典型犹在,章太炎、陈寅恪所强调的对中国历史与文化的整体且深入的认识,从中国历史发展本身来认识中华文明的特色,在对中国传统学术研究当中坚持从历史本相出发,力避趋时与媚外之论,总结出中华文明的根柢所在,使之成为民族复兴的核心价值,这皆有待于后来人的发奋努力。

后　记

　　一直以来，我读书、思考的最主要动力与问题意识，就是探寻中国历史与文化的特质在哪里？如何看待中国传统思想在近代的命运？如何形成一个比较恰当的审视近代以来中国变革的视角？在晚近扑朔迷离的世局及其意识形态氛围之下，如何凝聚中国人的文化认同与政治认同？本书就是从这些问题意识出发，以章太炎的思想为切入点进行一番阐述。当然，本人学力与见识有限，许多问题虽有一探究竟之心，但乏洞察本源之径，还请读者诸君不吝赐教，匡我不逮。

　　本书的立论，直接启发为导师姜义华教授近年来一系列关于中华文明根柢及其近代转型的思考与论述。包括题目借用章太炎所说的"自国自心"，也是源于姜老师2014年秋季课程的一个子目。这些年来姜老师对我教诲良多，对我思考中国的历史与现实给予极大启示。包括要将主要精力放在思考大问题、真问题上面，养成宏观的分析视角，重视每一事物与学说的历史沿革，广泛阅读各个学科的经典著作，看待问题要从中国最基本的实际出发，认真理解20世纪中国那场波澜壮阔的革命及其思想资源，等等。凡此种种，也是我今后继续从事相关研究的基本起点，希望能以更好的成果来回报老师。

　　此外，这些年游学四方，得到了海峡两岸许多师长的大量帮助与指点，在此虽不一一具名，但我会永远铭记心中，感激不尽。特别值得一提的是，十分感谢我的本科母校华中师范大学，以及我现在就职的华东师范大学历史系的领导与老师们一直以来对我的支持、鼓励与包容。2006年9月入学军训的空余时间，在八号楼一楼的教室里懵懂地翻阅张舜徽先生的《周秦道论发微》与章开沅先生的学术论著自选集，这一场景虽然宛如昨日，但转眼间已成十余年前的回忆。多么怀念那些上午读书，下午踢球，想看什么书就看什么书，愿意思考什么问题就思考什么问题，没有俗事缠身的日子。我虽离开桂子山，可那里的许多人和事，依然时常想起，难以忘怀。2015年下半年开始，各种因缘，让我有机会结识不少研究哲学、现代文学、法学、政治学、古典学的朋友与师长，使我理解中国与世界的视野顿时开阔许多，让我意识到此间犹有立足中国大地、心系天下苍生的真学问存焉，至今受益匪浅。

本书的一些章节，曾分别发表于《华中师范大学学报》《现代中文学刊》《杭州师范大学学报》《思想史》等刊物。找饭碗不易，保饭碗更难。为发文章，经常倍感焦虑，头晕失眠，心情沉郁。因此更要感谢这些刊物予以录用刊登。

最后，感谢商务印书馆，让我的硕博士论文都有机会在这里出版。

2018年2月于南宁民歌湖畔